王承绪研究丛书

丛书主编\陈伟　郑文　吴世勇

王承绪学术思想研究

吴世勇　著

广东高等教育出版社
Guangdong Higher Education Press
·广州·

图书在版编目（CIP）数据

王承绪学术思想研究/吴世勇著. —广州：广东高等教育出版社，2018.2
（王承绪研究丛书）
ISBN 978-7-5361-6110-8

Ⅰ. ①王… Ⅱ. ①吴… Ⅲ. ①王承绪-教育思想-研究 Ⅳ. ①G40-092.7

中国版本图书馆 CIP 数据核字（2018）第 025918 号

王承绪学术思想研究
WANGCHENGXU XUESHU SIXIANG YANJIU

出版发行	广东高等教育出版社 地址：广州市天河区林和西横路 邮编：510500　　营销电话：（020）87553335 http://www.gdgjs.com.cn
印　　刷	广东信源彩色印务有限公司
开　　本	787 毫米×1 092 毫米　1/16
印　　张	20.5
插　　页	1
字　　数	340 千
版　　次	2018 年 2 月第 1 版
印　　次	2018 年 2 月第 1 次印刷
定　　价	68.00 元

“王承绪研究丛书”支撑项目

教育部人文社会科学研究规划基金项目（项目编号：14YJA880007）

广东省哲学社会科学规划项目（项目编号：GD16CJY05）

华南师范大学哲学社会科学优秀学术著作出版基金资助项目

“王承绪研究丛书”主编简介

陈伟 教育学博士，华南师范大学职业教育学院院长、教授、博士生导师。2004年浙江大学教育学院比较教育学专业博士毕业，师从我国著名教育学家王承绪先生；2015年加州大学洛杉矶分校访问学者。在《教育研究》《高等教育研究》《比较教育研究》等刊物发表学术论文近90篇；出版专著《西方大学教师专业化》，主编《当代外国教育》《广东高等教育发展研究：1978—2008》等多部著作；获得省部级哲学社会科学优秀成果奖一等奖2项、二等奖和三等奖各1项，广东省高等教育教学成果奖一等奖1项。

郑文 教育学博士，研究员，华南师范大学高等教育学专业博士生导师、广东省教育厅高等教育处处长。2005年浙江大学教育学院比较教育学专业比较高等教育方向博士毕业，师从我国著名教育学家王承绪先生。主要从事高等教育管理、比较高等教育的教学和研究。先后在《教育研究》《教育发展研究》等刊物发表学术论文40多篇，出版《美国教育问题透视》《英国大学权力协调与制衡》等专著。曾获广东省哲学社会科学优秀成果奖一等奖、二等奖，广东省高等教育教学成果奖一等奖等。

吴世勇 教育学博士，副研究员，华南师范大学职业教育学院硕士生导师。主要从事高等教育、职业教育和教育史研究。先后在《教育发展研究》《高教探索》等刊物发表学术论文20余篇，主持广东省、广州市、广东省教育厅规划课题3项，曾获中国高等教育学会科研管理研究优秀成果奖二等奖。

出版说明

一、"王承绪研究丛书"共三卷，分别为《王承绪文集》（上、下）、《王承绪研究文集》和《王承绪学术思想研究》，集资料性和学术性于一体。

二、《王承绪文集》（上、下）和《王承绪研究文集》为文献汇编。《王承绪文集》（上、下）收集王承绪先生本人的文章、档案、图片等各类文献资料；《王承绪研究文集》收录若干篇国内外著名学者、社会活动家、重要组织等研究、评价和纪念王承绪的文章。

三、《王承绪学术思想研究》是基于对《王承绪文集》（上、下）等史实的解读、对《王承绪研究文集》的借鉴而撰写的学术专著，旨在梳理和研究王承绪的学术思想和活动，并尝试从学术史的角度分析、评价王承绪的思想贡献和学术影响。

总 序

王承绪先生离开我们已有四年时间了，但一提到比较教育，就会立即想起他，想起他对我国比较教育学科建设的贡献，想起他敬业爱生、严谨笃学的精神。今年是比较教育学科诞生200周年，在纪念这个日子的时候，我们更加怀念他。

王承绪先生是我国老一辈教育家，他的百年生涯见证了中国教育发展的百年沧桑。王先生与我同乡，他出生于江阴县沙洲镇，中学毕业于梁丰中学，后就读于浙江大学。我认识王先生已是改革开放以后，从1980年一起编写新中国第一部《比较教育》开始，30多年来我们几乎年年见面，他的博士生答辩邀我去主持，我的博士生答辩请他来主持；后来我在杭州师范学院（现杭州师范大学）担任学术委员会主任，每年到杭州，总要去看望他。我们常常促膝长谈，成为忘年之交。

我一直只了解王先生改革开放30年来为我国比较教育建设做出的巨大贡献，今天拜读了“王承绪研究丛书”，才了解他教育的一生，他为中国教育的现代发展做出的巨大努力。他青年时就立志“教育救国”，投身于中国的教育事业。早在20世纪30年代就发表了多篇论文，论述中国教育的问题，特别是介绍和评论各国的教育，这是我国早期的比较教育重要论著，是比较教育理论宝库中的重要财富。“王承绪研究丛书”的出版填补了我国比较教育发展史的空白。

“王承绪研究丛书”不仅收录了王承绪先生的论文，而且收录了他的弟子研究王先生教育思想的专著。其中，《王承绪学术思想研究》介绍了王先生的生平和他的学术生涯，研究了王先生关于“基本教育”“高等教育”“比较教育”“教育史学”以及翻译等领域的思想，使我对王先生的学术生涯有了全面的认识。我祝贺“王承绪研究丛书”的出版。

顾明远

2017 年 7 月 19 日

前 言

本书以20世纪的社会发展和教育变革为背景，以王承绪学术生涯研究为基础，以王承绪教育思想为核心研究对象，梳理和分析王承绪在基础教育、成人教育、教育史、比较教育、高等教育、教育名著翻译、国际教育交往等多个领域的学术活动、学术思想和学术成就，挖掘王承绪在延续八十余载的学术生涯中所彰显出来的学术精神，进而从王承绪典型个案的角度，富有特色地展示中国20世纪的教育思想史、教育变革史及教育与社会互动史。具体研究内容如下。

（1）王承绪的学术人生。王承绪百年学术生涯可分为六个阶段：一是早年求学期(1919—1928年)，奠定“教育救国”的学术旨趣；二是学术启蒙期（1928—1932年)，明确了“以研究和借鉴外国先进经验来发展本国教育事业”的学术理路；三是学术积累期(1932—1938年)，初窥学术门径，在教育界崭露头角；四是学术探索期（1938—1947年)，留学英伦，创办《东方副刊》杂志，参加联合国教科文组织成立大会，比较教育思想初具雏形；五是学术沉淀期（1947—1979

年)，因政治运动而潜心翻译外国教育名家名作，学术渐成气象；六是学术成熟期（1979—2013 年)，形成了“以原杭州大学、现浙江大学为基地，以研究英国教育和比较高等教育为特色，集师承、地域和问题为一体的比较教育研究的‘杭州学派’”，在国际比较教育学术界占据重要一席。

（2）王承绪的“基本教育”思想。受民国时期政治、经济、文化等外缘因素影响，在一批矢志“教育救国”的名师熏陶下，王承绪以自身教育体认为素材，在青年及中年时期，致力“基本教育”相关理论研究。他对“基本教育”的内涵的认识与国际同仁界不谋而合；他将成人教育看成民族复兴的希望，认为成人完全有可能通过教育改变命运，并且对异国成人教育经验进行了分析。在儿童教育方面，王承绪主要从进步主义和新实在论等教育理论、设计教学法、课程、儿童权益保障等方面进行了研究。同时，理论联系实际，就中国儿童教育存在的问题进行了剖析。王承绪的“基本教育”思想具有时代性、先进性和发展性特点。

（3）王承绪的教育史思想。王承绪在新中国成立后至改革开放这段复杂时期，潜心于教育史研究，形成了由史入论、以论概史、史论兼具的研究理路。在中国教育史方面，王承绪形成了以“孔子—董仲舒—朱熹—蔡元培”为发展节点演绎中国教育思想史的研究观；在西方教育史方面，则注重从“柏拉图（以《理想国》为载体）—卢梭（以《爱弥尔》为载体）—杜威”等关键性节点构成的“三点一线”中考察其逻辑关系。尽管王承绪的教育史思想波澜不惊，不为世人所悉，但其教育史修养不可谓不深，正是在坚实深厚的史学基础上，王承绪以史入论，构建了成熟完备的比较教育及高等教育学术大厦。

（4）王承绪的比较教育思想。王承绪的比较教育思想是其学术思想的轴心。在庄泽宣、劳锐斯的影响下，王承绪的比较教育思想蔚为壮观，开创了具有中国特色的比较教育学科体系。王承绪对比较教育的定义、学科性质、学科作用、研究方法等基本命题进行了精妙阐述，研究内容涉及国别研究、问题研究和历史研究等范畴。可以说，王承绪比较教育思想的发展是我国比较教育学科发展的一个缩影，它代表着我国比较教育研究的整体水平，具有符号学意义，其比较教育思想为个体内心升华、社会外缘因素及学科发展逻辑相互作用的产物，具有强烈的爱国性、鲜明的时代性和敏锐的前沿性特点。

（5）王承绪的高等教育思想。王承绪开展高等教育研究几乎与比较教育研究同步，孟宪承和伯顿·克拉克的思想对其影响最大。王承绪从历史的、发展的、组织的观点，对世界高等教育的分期、各国高等教育发展的模式和特点、高等教育系统的模式和特点进行了深入研究。并从中心论和移植论的视角，对英美等发达国家和亚非拉发展中国家高等教育的历史、现状、模式等进行了比较研究。与此同时，王承绪也从本土论的视角，按照部分到整体的逻辑顺序，对中国高等教育的诸多领域和问题进行了实证研究。王承绪的高等教育思想具有放理论、攻实践，重比较、轻建构，抓典型、促整体的特点，实为中国高等教育界被忽视的思想奇葩。

（6）王承绪的教育名著翻译思想。王承绪以严复的“翻译三经”为翻译标准，吸纳郑晓沧翻译思想，因应翻译功能主义观点，形成了以教育名著翻译为杠杆的研究范式。王承绪的翻译思想具体包括三个方面：以适切国情需要的名家名作为选择对象，以严复的“信、达、雅”为翻译标准，以语文、技巧、精神为修养的译者素质。王承绪的翻译思想集中体现在“汉译世界高等教育名著丛书”中，通过统计分析和文本比较发现，王承绪形成了“适度翻译”的翻译风格和以译代述、译有所抑、译有所为的翻译特点。

（7）王承绪的组织活动史。王承绪自青年时期便活跃于学界政坛，参加过学生组织、学术组织、党群组织和国际组织。综观王承绪的一生，学术为主、为明，活动为辅、为暗，呈现出“学以致‘仕’”、“‘仕’以崇学”的既主次分明又交相辉映的人生脉络。王承绪的这种社会组织活动旨趣，其背后折射的是中国传统知识分子的济世情怀、民国一代教育先驱的救国理想，以及个体内心知行合一的志业追求。

（8）学术史视域的王承绪学术思想。任何思想都是时代的产物。王承绪的学术思想，上承晚清以来以“教育救国”为主旨的老一辈教育学流派及教育学家群体，下启新中国成立以来的第三代知识分子，其传奇丰富的世纪人生见证了百年中国的教育变迁。同时，他集传统儒士教育和英伦绅士教育、救国志士情怀和无为隐士情怀于一身，致力教育文化交流，为沟通“二战”之前与之后的欧洲和西方、民族主义与社会主义时期的中国的发展、欧洲与中国的文化，以及中国、英国和北美教育与比较的研究等方面做出重要的贡献。王承绪学术及其思想既是他基于个体人生体验、内省升华的心灵独创，也是在其所处时代的社会外缘影响与学术发展的内在逻辑交互作用下的历史产物。他的学术成果既是中国的，也是世界的，其价值具有奠基性、开拓性和时代性，历久弥新；其影响蜚声中外，已隐具一派宗师气象。

概言之，王承绪作为中国第二代教育学群体的代表人物，学术旨趣坚持道、治、学的统一，学术思想广博精微，学术风格自成一派；教书育人70年，授课无数，培养出许多优秀教育人才，影响了几代教育学人。其为人“承先贤之余绪”，为学开一时之风气；其成就，足可跻身于20世纪世界的“教育学家”行列。

著　者

2017年8月8日

目　录

绪 论

社会的转型变革，常以文化变革为先，教育变革又与文化变革相生相伴。[①] 从“师夷长技”到“思想启蒙”“国民之养成”，从“教育救国”到教育强国，中国教育现代化和国际化的进程与中国社会现代化的发展同步，也是由无数前赴后继的无畏探索者和坚定实践者共同推动的结果。在这些探索者的身影中，我们无法绕开王承绪（1912—2013 年）。作为 20 世纪中国教育学界的泰斗之一，王承绪不仅是我国比较教育学科的创始人和奠基人，也为高等教育学科的发展做出了特殊贡献。他一生矢志教育报国，学海泛舟百余载，终成一家之言。其才、情、学、识皆臻至境，为学界所

① 尚洪波. 大学的“我性”与“和而不同”的伦理方法：蔡元培国际化视域中的中国大学制度选择［J］. 华南师范大学学报（社会科学版），2015（5）：54－59.

推崇，誉满中西。① 检视王承绪在推进中国教育现代化和国际化进程中的诸多思想及行动，对当今深化教育领域综合改革仍有很强的现实意义。

一、意义

王承绪曾被评价为“中国最有影响力的比较教育研究者”和“比较教育的领军人物”[（加拿大）Ruth Hayhoe，即许美德]，“新中国比较教育学科的创始人和奠基人”（顾明远），学术生涯漫长而曲折，学术思想丰富且深邃，不但在中国近百年教育思想发展史中产生了重大影响，如2010年获中国高等教育学会颁发的“高等教育科学研究特殊贡献奖”，而且也赢得了广泛的国际声誉，如1993年获伦敦大学教育学院授予的“荣誉院士”称号、2003年获联合国教科文组织颁发的“亚太地区教育革新终身成就奖”。2013年年底，王承绪与世长辞，寿高102岁。王承绪驾鹤西去，标志着晚清以来那一批以“教育救国”为主旨的教育学流派在时间史上的终结，预示着辛亥革命以来老一辈教育学家群体的逐渐消失。

王承绪在基础教育、比较教育、教育史、高等教育、西方教育名著翻译等领域的学术贡献十分引人注目，而且，他的这些学术贡献与“教育救国”、科教兴国、教育强国等宏大的历史背景和时代使命紧密联系。王承绪的学术视野并不仅仅局限于教育学领域，在其非正式出版的口述史中，在其研究生培养的课堂中，大量呈现了他跨学科研究的学术思想，且对后辈学人产生了深远的影响。王承绪的学术思想，亟待整理与挖掘。

1. 理论意义

研究王承绪学术思想，有助于进一步推进中国近代以来的教育思想史研究。20世纪是中国社会及教育快速转型的百年，其中包含了丰富的社会发展经验、教育发展智慧。王承绪跨越世纪的百年人生、八十余载学术生涯，基本贯穿了20世纪，并在新中国成立、改革开放等两个时代节点上，发挥了重要的历史作用。王承绪的学术思想，是研究20世纪中国教

---

① 唐人刘知几在其传世之作《史通》中曾言，一个优秀的史学家必须具备史才、史学、史识三长。其中，史才是研究能力和表述技巧；史学指历史知识；史识是历史见解。史学家“三长”必须兼备。季羡林先生亦曾有一专文论及“才、学、识”，谓外语和汉文属才；知识面属学；套用理论属识。“才、学、识”三字，非只治史，实可做衡量一切学问技艺修为的标杆。此外，笔者再加上“情”字，用以标识王承绪的个性情感，探析王承绪的人格养成。

育思想史、教育变革史的绝佳视角，王承绪教育思想的进化过程是梳理中国20世纪教育思想史的重要线索。研究王承绪的学术思想，直接有助于推进国内教育学名家思想研究，间接有助于丰富20世纪中国知识分子研究、中国近代教育思想史研究，因此具有明显的学术史价值。

2. **实践意义**

研究王承绪学术思想，具有很强的现实意义。有助于后辈学人借鉴其学术研究的经验和方法，思考教育研究“如何因时而变并不断创新”“如何服务于教育改革与发展实践”等现实问题，有助于进一步探索、继承并弘扬老一辈教育学家的学术精神。

二、 王承绪研究综述

因为王承绪漫长而曲折的百年人生和宽广而深邃的百年建树，致使对他的研究既具深远的意义，亦具一定的难度。尽管早在1935年《江苏教育》就对王承绪做过介绍，但真正有关王承绪的研究始于1982年版的《比较教育》发行之后。其中，2010年7月《王承绪教育文集》的出版及10月中国教育学会比较教育分会第15届学术年会暨庆祝王承绪教授百岁华诞国际学术研讨会的召开是对王承绪开展专题研究的标志性事件。截至目前，学术界有关王承绪的研究日渐增多。综观这些研究，展现出以下几个特征。

第一，从研究队伍上看，主要有五大群体。

一是王承绪的朋友、同事，如顾明远、潘懋元、林崇德、单中惠、吴自强、肖云瑞等国内学者，以及加拿大 Ruth Hayhoe（许美德）、英国 Keith M. Lewin（柳基思）、美国 Robert Arnove（罗伯特·阿诺夫）等国外学者。二是王承绪的亲传弟子，如汪利兵、徐辉、徐小洲、陈伟、郑文、阚阅等人，他们是王承绪研究的主力军。三是王承绪的晚辈学生，如大理学院的褚远辉、河北大学的李文英、河北师范大学的葛丽亚、浙江大学的何晓雷等高校的教师及学生。四是各路媒体工作者，如《中国社会科学报》、《中国教育报》、《浙江日报》、浙江卫视、人民网、凤凰网、新浪网等记者编辑。五是出版界工作者，如《教育研究》、人民出版社、各类文史资料词典的编辑等。

上述五大群体若从研究王承绪的问题聚类来看，第一类群体发表的主要是评介性文章，即对王承绪的学术成就及影响做出评判，对王承绪的历史地位具有定性意义。第二类群体发表的主要是研究性和回忆性文章，他们是王承绪学术思想研究及生活叙事研究的主体，对王承绪的学术思想具有传承意义。第三类群体发表的亦为研究性文章，但数量和质量要稍弱于第二类，可作为王承绪研究的补遗。第四及第五类群体发表的主要是访谈性文章或人物事迹简介，多展现王承绪生活轶事，对王承绪叙事研究具有参考意义。就上述五类研究的质量来看，无疑第二类群体的研究具有一定优势；但总体来看，上述研究皆以严谨、正面研究为主。

第二，从研究内容来看，主要集中在两个方面：学术经历和学术思想。

有关王承绪的学术经历研究的资料主要来源于三方面：一是各类文史资料、教育词典、名人传记等工具书，如《中国当代名人录》（上海人民出版社，1991 年）、《中国社会科学家自述》（上海教育出版社，1997 年）、《浙江统战五十年》（浙江大学出版社，2001 年）等；二是访谈报道，如 *Portraits of Influential Chinese Educators*（Ruth Hayhoe）、《个人旨趣、社会责任与比较教育工作者的使命》（《教育研究》杂志记者）、《比较教育的世纪回顾——我国著名比较教育学家王承绪教授访谈录》（汪利兵）等；三是回忆性文章，如《善教者使人继其志——追忆王承绪先生的学术生涯与教育艺术》（李振玉）、《一个人和他的一个世纪——记浙江大学终身教授王承绪》（谢喆平、董建红）、《学习工作奉献——记王承绪教授的经历片断》（万行健）等。其中，工具书中有关“王承绪”的词条多简明扼要地介绍其求学和任职经历；访谈报道多集中在某个时间点或事件经历；追忆则多以缅怀、纪念为主，且其资料来源多引证前两者相关叙述，间或穿插个人对王承绪口述经历的再回忆。对王承绪学术经历阐述最具代表性的当属《王承绪教育文集》（徐小洲编），该书除收录王承绪各个历史时期的重要文章外，还记叙了王承绪的教育人生，是目前王承绪研究最具文献价值的资料。

对于《王承绪教育文集》在王承绪研究中的贡献，笔者认为主要集中在两个方面：一是通过《教育·人生——王承绪先生教育探索历程的世纪回顾》一文，对王承绪的学术经历做了详细梳理，尤其是收集了许多王承绪早期的资料，并进行了认真的考证、整理，为后人研究青年时期的王承绪提供了相对充实的资料。该文亦经过王承绪的亲自审阅，是目前王承绪学术经历研究中最详细、最具可信度的文章。在此之前，唯有《中国社会科学家自述》里收录的“王承绪”词条是专门记叙其新中国成立前大略经历的（该文亦为王承绪本人提供）。二是较为全面和系统地收集和整理了王承绪的学术论著，展现了王承绪孜孜不倦的学术探索和广博精深的学术智慧，为传承和发展王承绪的教育思想奠定了基础。其中，《王承绪生平大事记》《王承绪著作一览表》可谓以点带面，清晰明了地描绘出了王承绪的学术演变轨迹。

《王承绪教育文集》在王承绪研究上具有奠基性意义，但同时也存在不足。以笔者浅见，主要有以下几个方面：一是史料仍有遗珠，尽管有些文章系独家收录且未公开发表，但对王承绪早期论著仍有所疏漏，如未收录的《囚徒的死》《旅琴归来》《悲剧的人生》《月夜》《春光旖旎的西子湖畔》等，这些文章恰恰是分析王承绪早期个性心理发展和志趣演变的关键文献。二是考证有待加强，尽管书中收录的资料大部分有据可查，但对王承绪早期开展学术活动的某些时间和事件尚有所疏误，如对王承绪参与“一二·九”运动的角色定位、联合国教科文组织远东基本教育国际会议的召开时间等，其中缘由既有历史资料收集不够全面、王承绪因年事已高对早年经历记忆有所偏差等客观原因，也有考据不严等主观原因。这种史实谬误也同样存在于其他作者的有关叙述中，如许美德著 *Portraits of Influential Chinese Educators* 中有关王云五和王承绪在伦敦的际会等。三是个人经历与社会发展联系有待加强，对王承绪的学术经历阐述偏向于个体发展，而对社会外缘因素影响揭示不够深刻，未能将个体命运置于宏大历史背景中去演绎分析。

此外，陈伟、郑文的《我国比较教育研究的奠基者——记王承绪先生的学术生涯》（《教育发展研究》2010 年第 10 期）是另外一篇研究王承绪学术经历的重要文献。除按时间顺序划分王承绪教育生涯外，该文还从社会发展史、教育变革史的角度分析了王承绪学术生涯的精神特征，即“以学术为业、以教养人为己任”“且具备深厚的中国特色”。这篇文章及后来的《王承绪先生的“百年之功”与“百年之耕”》［《华南师范大学学报》（社会科学版）2015 年第 10 期］很好地弥补了《王承绪教育文集》留下的遗憾。

另外是有关王承绪的学术思想研究。“文化大革命”结束后，王承绪获得平反，重获教学科研自由，同时亦恢复了与联合国教科文组织的联系，挑起了恢复与重建新中国教育事业的重任。随着学术参与度和话语权的提升，王承绪的研究成果亦愈加丰富，为他人研究其思想提供了直接素材。

1983 年，随着新中国第一部比较教育学科的《比较教育》教材的出版，部分与王承绪有过交往的学者或受其影响的学人，开始以此为媒介对王承绪的比较教育思想进行研究。薛理银就曾指出："尽管该书内容是由多位学者共同撰写的，但该书的观点也应该看成是他们的观点。"① 1985 年，肖云瑞发表《一本帮助我们了解世界教育动向的好书——〈比较教育〉》，认为该书"把寻找规律、总结经验、洋为中用作为写作目的，符合我国四化建设需要。"② 吴自强在《新的历史时期怎么建设具有中国特色的比较教育——兼论王承绪教授的〈比较教育〉》中亦对该书做了中肯评价，总结出了五大优点。但他也指出了该书存在的不足，如罗列现象，研究有余，比较不足；比较的对象比较单一，全为发达国家；章节之间联系不紧密，缺少连续性等。同时他也指出，作为新中国成立后第一次集体创作的作品，有所不足是难免的，这也为后来的持续研究提供了空间。③事实也正是如此，1999 年的修订，该书新增了中国为比较研究的对象，这也反映了王承绪比较教育思想的渐趋成熟。薛理银则认为，王承绪是"以联系的、发展的和实践的观点来分析比较教育中的问题"，"从国外比较教育学科的发展状况看我国比较教育教学中的若干问题"，"他为中国比较教育发展初期的教材和学科建设作出了很大的贡献"④。2003 年，王英杰也对该教材进行了评价，认为这是一部"学风严谨、文风朴实的基础之作、经典之作"。⑤

此外，顾明远还在 1998 年对王承绪主编的《比较教育学史》进行了评价，认为该书有三大特点：在廓清前期历史的基础上侧重整理介绍当代

---

① 薛理银．当代比较教育方法论研究：作为国际教育交流论坛的比较教育［M］．北京：首都师范大学出版社，1993：188.

② 肖云瑞．一本帮助我们了解世界教育动向的好书：《比较教育》［J］．外国中小学教育，1985（1）：25.

③ 吴自强．七十年教育生涯［M］．南昌：江西高校出版社，1995：188－196.

④ 薛理银．当代比较教育方法论研究：作为国际教育交流论坛的比较教育［M］．北京：首都师范大学出版社，1993：192.

⑤ 王英杰．我国比较教育的一部奠基之作：评王承绪和顾明远主编的《比较教育》兼议学风问题［J］．中国大学教学，2003（6）：32－33.

比较教育的发展状况、紧扣各个时期的重要人物和主要学术流派来架构比较教育的历史框架及国际化的开阔视界。① 王承绪的史学观开始进入学术视野。综合来看，学界对王承绪编写的教材中蕴含的比较教育思想分析是以书中原句为基点，或赞允，或阐发，或反思的。

对王承绪比较教育思想研究的迅速升温是在2006年中国教育学会比较教育分会第13届学术年会之后，此时王承绪已界95岁高龄，因年事已高无法亲至现场，特以视频的方式向大会致辞，老一辈比较教育学家的身影逐渐淡出一线，后来者也开始意识到“为长者立言”的重要性和必要性。2008年，河北师范大学教育学原理专业的硕士研究生葛丽亚撰写的学位论文《王承绪的比较教育思想研究》是严格意义上第一个对王承绪比较教育思想进行研究的人。该文从五个方面论述王承绪的比较教育思想，包括王承绪比较教育思想的形成过程、对比较教育的概念界定、对比较教育研究方法的阐释及王承绪比较教育思想的主体内容。作者认为，王承绪比较教育思想的形成过程从一定程度上反映了中国比较教育学科发展的过程。从1982年《比较教育》到1999年《比较教育》的变化正是这一过程的具象缩影。王承绪是以马列主义为指导的比较教育思想的倡导者，是以辩证唯物主义和历史唯物主义为立足点的比较教育方法论的践行人。具有中国特色的比较教育思想则是王承绪比较教育思想中最显著的特点，也是他最为突出的历史贡献。② 尽管该文在体系上尚显粗陋、在深度上还有待加强，但在王承绪研究上具有重要的意义，标志着学界开始对王承绪的学术人生和思想进行整理和挖掘、传承和创新，且研究力量从开始的同辈唱和到晚辈下移，吹响了王承绪研究的号角。

王承绪研究的高潮出现在其百岁华诞之际。2010年，浙江大学承办的中国教育学会比较教育分会第15届学术年会暨庆祝王承绪教授百岁华诞国际学术研讨会在杭州召开，会议特设“王承绪先生比较教育思想研究”专题，共收到有关王承绪研究的论文20余篇，涉及王承绪的学术经历和学术思想的各个方面，主要有李志永的《王承绪先生与比较高等教育：兼论王承绪与伯顿·克拉克的学术情缘》，刘文丽的《王承绪先生比

---

① 顾明远. 历史钩沉向未来：介绍王承绪先生主编的《比较教育学史》[J]. 比较教育研究，1998 (4)：54.

② 葛丽亚. 王承绪的比较教育思想研究 [D]. 石家庄：河北师范大学，2008.

较教育思想研究——庆祝王承绪先生诞辰一百周年》，诸惠芳的《比较教育研究的一代宗师：王承绪先生与人教版教育图书》，陈伟、郑文的《开宗立派、修德臻善：评王承绪的学术贡献》，李文英、颜蒙莎的《中国特色比较教育研究的开拓者：王承绪教授比较教育思想研究》，李强、张谦的《王承绪比较教育思想摭谈与世界一流大学之比较》，何晓雷的《中学为体西学为鉴：王承绪先生比较教育研究思想管窥》，薛珊的《志存高远建学科甘为春雨育人才：王承绪先生与浙江大学比较教育学科的发展》等。作为比较教育学会会刊的《比较教育研究》也在第9期推出王承绪研究专栏，刊发了顾明远的《博学笃行的学界楷模：庆贺王承绪先生百岁华诞》，陈伟的《论王承绪的比较教育研究方法》，徐辉的《士志于道　不舍昼夜：回忆王承绪先生关于比较教育研究几个重要问题的看法》，罗伯特·阿诺夫、许美德、阚阅的《思想肖像：纪念王承绪教授百岁华诞》，徐小洲的《王承绪比较教育思想与实践》，单中惠的《不倦的学术追求　杰出的学者楷模：百岁学者王承绪先生学术人生记事》等文章。与此同时，《中国高教研究》《世界教育信息》《教育发展研究》《中国社会科学报》等杂志报纸也纷纷刊发阚阅、熊建辉、陈伟、郑文等人有关王承绪研究的文章。

综观这些论文，主要从四个方面对王承绪展开研究。一是比较教育思想研究。许多论文从不同的维度对王承绪比较教育思想进行解构，既有做全貌分析的综合性研究，如比较教育思想体系，也有侧重于某个领域和方法的专题性研究，如比较教育研究方法。二是学术生涯回顾，重点在于对王承绪学术发展阶段进行分期。三是比较教育思想应用或实践，如王承绪的人才培养观、学科建设观等。四是高等教育思想研究，主要阐述王承绪翻译伯顿·克拉克著作体现的方法论观点。这些文章中虽然有不少回忆性文章，但也不乏高质量的学术论文，既富有生活叙事气息，又兼具理性严谨态度，基本展现了王承绪为人、为学的君子风貌。

在庆祝会上，罗伯特·阿诺夫、柳基思、林崇德、顾明远、周满生、茅临生、杨卫、张民选等人还对王承绪的学术贡献和影响进行了评价，如罗伯特·阿诺夫认为王承绪“在建立持久的知识、文化和学术交流以及建立跨越中国和其他国家边界的长期友谊方面具有卓越的学术领导力”；柳基思也认为他在“沟通两国特别是两国学会之间的关系所做出的巨大贡献是无可估量的”；顾明远则称其为“新中国比较教育学科的创始人和奠基人”。[①] 这些评价都是基于王承绪为国家、社会、教育谋发展的百年探索，可谓实至名归。因之，中国高等教育学会亦授予王承绪“高等教育科学研究特别贡献奖”。

随后，王承绪研究开始归于平静，但这并不意味着销匿，而是趋于一种人潮散去的理性。作为王承绪研究的坚守者，陈伟于2011年发表《学海勤耕百年灯：王承绪先生的比较教育研究》，此文可谓是王承绪比较教育思想研究的集大成之作。该文从历史与逻辑的维度，客观评价王承绪为中国比较教育的发展做出了两大贡献：奠定必要的知识基础、建构基本的研究方法体系；并指出其丰富的学术成就、深远的学术影响，根基于他鞠躬尽瘁的报国精神、以学术为业的学问志趣以及物我两忘的人生境界。[②] 与此同时，陈伟继续对王承绪开展比较教育做历史回溯，于2012年发表《超越战争的战时比较教育研究：论参与创办〈东方副刊〉时期的王承绪》，展现了王承绪早期开展比较教育研究的“战地弦歌”，彰显了老一代学者在战火纷飞、民族存亡的历史关键时刻所坚守的学术救国梦想和超越战争、追求和平的终极关怀情操。[③]

2013年年底，王承绪溘然长逝，中国学术界痛失巨擘，短时沉寂的王承绪研究再次出现第二波高潮。王承绪的亲传弟子纷纷撰文缅怀恩师，浙江大学开通纪念王承绪专题网站，分栏介绍王承绪生平、各界悼念、往事追忆、学术思想、图片展示等。[④] 与此同时，浙江大学教育学院也对王承绪的有关档案进行了整理、归档。通过各界缅怀，王承绪为国谋者、为民谏者、为邦使者的士子情怀令人敬仰；借助往事回忆，王承绪和蔼可亲的师者、长者形象跃然纸上。

2014年，“王承绪学术思想研究”课题正式获批教育部人文社会科学研究项目，该课题旨在以中国近代百年社会变革为宏大叙事背景，从教育

① 《世界教育信息》于2011年第3期的“人物对话：教育名家”专栏刊登了上述学者的讲话。

② 陈伟. 学海勤耕百年灯：王承绪先生的比较教育研究［J］. 教育研究，2011（4）：55－59.

③ 陈伟，郑文. 超越战争的战时比较教育研究：论参与创办《东方副刊》时期的王承绪［J］. 比较教育研究，2012（4）：24－28.

④ 详情参见浙江大学缅怀王承绪先生专题网站。

思想史、教育变革史的视角对王承绪学术思想的演变做全景梳理，并应用其智慧及精神，探讨教育研究“如何因时而变并不断创新”“如何服务于教育改革与发展实践”等现实问题。2015 年，该课题产生 5 篇阶段性成果，分别是汪利兵的《不言之教，嘉惠后学》，郑文的《王承绪先生与比较教育研究的“杭州学派”》，陈伟的《王承绪先生的“百年之功”与“百年之耕”》，李振玉的《善教者使人继其志——追忆王承绪先生的学术生涯与教育艺术》，以及吴世勇的《王承绪先生的基础教育情缘》。[1] 其中，郑文在文中首次提出“以师承王承绪及其弟子或深受王承绪比较教育学术思想影响者为主体，以原杭州大学、现浙江大学为基地，以研究英国教育、比较高等教育为特色，集师承、地域和研究选题为一体的比较教育‘杭州学派’”的命题，且指出，此非王承绪刻意为之，实乃顺势使然。陈伟也将王承绪的学术发展和贡献与“教育救国”、科教兴国、建设教育强国等历史背景和时代使命相结合，揭示了个体命运与民族存亡、国家发展的辩证关系。这两篇文献在系统研究王承绪学术思想及影响上具有重要的参考价值。

此外，褚远辉在 2015 年发表了《王承绪比较教育价值取向之研究：基于文献的分析》一文，重点分析了王承绪比较教育研究的价值取向。尽管该文是 2010 年后为数不多的非王承绪谱系作者的研究，但从内容和逻辑上看，新意并不突出。

除直接以王承绪为研究对象外，还有一些论著间接涉及王承绪研究，如邵海燕的《关于教授资格的哲学思考：读布鲁贝克的〈高等教育哲学〉》（《师资培训研究》，1996 年第 4 期）、陈廷柱的《高等教育管理研究的有益探索——读伯顿·克拉克：〈高等教育系统——学术组织的跨国研究〉——高等教育管理研究的方法》（《高等教育研究》，2000 年第 5 期）、卢勃的《冲突的视角：对现代高等教育问题的一种诠释——读约翰·S. 布鲁贝克〈高等教育哲学〉有感》（《现代教育论丛》，2005 年第 6 期）、龚放的《中国教育研究领域学者、论著影响力报告：基于 2005—2006 年 CSSCI 的统计分析》（《复旦教育论坛》2009 年第 2 期）、易高峰等人的《〈高等教育研究〉研究热点及其知识基础图谱分析》（《高等教育

---

① 《华南师范大学学报（社会科学版）》在 2015 年第 5 期以专题笔谈形式刊出。

研究》2009年第10期)、任增元的《比较教育研究的文献计量学研究:CSSCI数据揭示的热点主题与知识基础》(《比较教育研究》,2013年第11期)、姜照霞的《从〈比较教育研究〉载文剖析我国比较教育的研究现状》(《比较教育研究》2014年第2期)、高耀明等的《高等教育学专业核心知识研究领域的构建——以研究生必读书目为例》(《高等教育研究》2015年第2期)等。这些文献或从文本分析的角度,对王承绪组织翻译的比较高等教育名著加以阐释、引申;或从计量学的角度,对这些著作的引证率、推荐率加以科学统计,从侧面佐证了王承绪突出的学术贡献和强劲的学术影响力。

第三,从研究方法来看,这些研究主要运用的是文献分析法,且相互引用较为频繁。如在研究王承绪比较教育思想时,主要文献来源于其主编的《比较教育》、《比较教育学史》、《中外教育比较史纲》、"汉译世界高等教育名著丛书"等。而引证他人研究的文章则以许美德的《思想的肖像》和教育研究杂志记者的一篇访谈文章最为频繁。国内外学者开展的王承绪研究活动中,交叉引证以上文献的,达到85%以上,形成了王承绪研究的经典二次文献。

第四,来谈谈王承绪研究的不足。综观近30年的王承绪研究,参与者众,涉及面广,发表的成果、对王承绪做出的评价都极具参考价值。但同时也存在不足之处,综合来看主要有以下几点。

第一,研究资料有待进一步挖掘。现有研究对王承绪新中国成立前、新中国成立初至改革开放前发表的文章,未做全面收集和整理,尤其是王承绪晚年的口述史资料未得到充分利用。即便是已掌握的文献,亦缺乏系统梳理和挖掘。

第二,研究群体有待多元化。由于学缘关系的局限,现有研究群体难出"五服",亟须远亲、非亲学缘研究力量的深度介入,以利于更加客观、全面评述其思想,提升研究信度。

第三,研究领域有待进一步拓展,学术思想尚待全面梳理。已有研究关注的重心仍然局限于其比较教育这一高光领域,偶有高等教育的论及,亦被冠以比较高等教育而纳藏于比较教育中。但即使是对其比较教育研究,研究路线和方法也较单一,未能从学术史的角度分析王承绪比较教育思想的渊源、发展、传播等,这种静态研究致使王承绪研究略显单薄突兀，人物形象亦不够丰富完整。再者，从关注的时期来看，主要集中在改革开放后，对王承绪新中国成立前的学术活动缺乏专门梳理，对王承绪的思想未做本源回溯，而这一时期恰是奠定其后期学术志趣和心理行为的发轫期。王承绪的学术思想就如一座储量丰富的复合矿藏，以其比较教育为主矿，基础教育、成人教育、高等教育、教育史、名著翻译、学术活动为伴生矿，矿脉规整而深邃。我们在发掘其学术宝藏时，既需对其学术思想做全面开采，亦要对其蕴含的各部要旨做精确分离。

第四，研究范式亟须转变，尽管作为个体意义上的王承绪已然远去，但作为符号学意义上的王承绪——晚清以来以“教育救国”为主旨的老一辈教育学流派及教育学家群体——并未消亡，他们的思想和精神对当今教育改革仍具有巨大价值。因此，应研究王承绪而不止于王承绪，应秉从史学家陈寅恪“同情之理解，理解之同情”原则，以“从比较教育看王承绪”的远景全息视角替换“从王承绪看比较教育”的近景聚焦视角，立足于中国近百年的社会变革史、教育发展史，深度揭示出王承绪教育思想的学术史价值和现实意义。

第五，王承绪的学术贡献和地位尚待合理评价及定位。王承绪的一生演绎过多重角色，其师者的“学”、译者的“才”、谏者的“直”、思者的“识”、长者的“情”、使者的“节”、编者的“慎”等，需全面梳理、凝练和评价。

诚然，王承绪后期治学循“述而不著”之制，以比较教育系列教材和高等教育译著富于盛名，借传世大作以窥思想堂奥是研究之要途，但若仅限于此，则难免落入窠臼，且无法与时俱进。陈寅恪曾言：“一时代之学术，必有新材料与新问题。取用此材料，以研求问题，则为此时代学术之新潮流。治学之士，得预于此潮流者，谓之预流（借用佛教初泉之名）。其未得预者，谓之未入流。此古今学术史之通义，非彼闭门造车之徒，所能同谕者也。”① 王承绪是中国近现代教育史之重要人物之一，其民国时期的活动史迹、刊印文稿，新中国成立后的个人档案、口述历史等即是新材料；于历史的鸿泥雪爪中还原时境、探寻真相，世事的纷繁芜杂中抽丝

① 陈寅恪．陈垣敦煌劫余录序［M］//金明馆丛稿二编．陈寅恪文集之三．北京：生活·读书·新知三联书店，2001：266.

剥茧、去蔽存真，借鉴其学术研究的经验和方法，思考并解决新问题，则是本研究之宗旨。

三、研究设计

（一）研究思路

以整理王承绪口述历史为基础，在分析口述历史及相关文献的过程中，梳理王承绪的学术生涯，研究王承绪的“基本教育”思想、教育史思想、比较教育思想、高等教育思想及教育名著翻译思想，讨论王承绪创建“杭州学派”的学术价值，进而诠释王承绪学术思想特征，阐释王承绪的学术精神、评价王承绪的学术影响。

（二）研究方法

王承绪在《比较教育》和《中外教育比较史纲》中提到了有关比较教育的研究方法，笔者认为，这些方法也同样适用本论文的研究。具体来讲，主要有以下三个层面。

1. 方法论层面

主要是用系统的、联系的、发展的观点来研究，如研究王承绪，离不开研究当时的政治、经济、社会、文化、教育等。

2. 学科方法层面

第一，运用学科学的方法，分析王承绪学术思想的生成逻辑，解决学科演变规律与个体发展需要之间的衍生关系，尤其是学科领军人物与学科创生之间的辩证关系。

第二，运用历史学的方法，秉持“同情之理解、理解之同情”的人物研究原则，对象即我，我即对象，还原王承绪百态人生。

第三，运用统计学、信息技术的方法，检索王承绪所有的论文、著作及翻译的西方名著，采用词频分析、CITESPACE 等软件，分析王承绪学术思想的问题聚类、语言特性等独有学术风格，研究王承绪在建构中国比较教育学科话语体系等方面的学术贡献；运用引用率、发行量、再版率等指标，统计分析国内教育学研究成果，研究王承绪所有的论文、著作、译著的学术影响。

第四，运用政治学、社会学、心理学的方法，研究王承绪学术进阶过程中因地域、政治等生态转换带来的心性志趣演变。

第五，运用符号学的方法，研究以王承绪为代表的“教育救国”流派名家的成长规律。

第六，运用口述历史、叙事研究的方法，探寻王承绪学术上、政治上、生活上鲜为人知的趣闻轶事，丰满人物形象。

3. 研究的操作技术层面

第一，立足王承绪的学术活动史，放眼整个中国百年社会变迁史、教育变革史、教育思想史及中外交流史。

第二，以史为经，以问题为纬，全面梳理王承绪不同历史时期的学术发展侧重点。

第三，纵横比较，准确定位，纵向向上比较王承绪与授业恩师、向下比较与弟子思想之承传，横向比较与其同时期教育名家思想之异同，从思想史、教育史的角度刻画王承绪学术思想的历史坐标。

第四，有所侧重，不求全备，重点分析王承绪比较教育、高等教育、教育史思想，尝试分析基础教育、成人教育、名著翻译思想及学术活动史，合理评价王承绪历史贡献。

王承绪学术思想研究技术路线如图 1 所示：

图 1　王承绪学术思想研究技术路线示意

第一章 王承绪的学术人生

王承绪一生跌宕起伏，学术始终为国家发展服务，治学深受时代影响。其百年教育耕耘，可分为六个阶段：1919—1928 年，王承绪在五四运动民主与科学思想及“教育救国”风潮的熏陶下，接受新式教育，自小埋下革命热情和“教育救国”大志，奠定了其一生的学术旨趣。1928—1932 年，王承绪入读师范科，正式接触并喜欢上外国教育，明确了“以研究和借鉴外国先进经验来发展本国教育事业”的学术理路。1932—1938 年，王承绪就读国立浙江大学，在郑晓沧、庄泽宣等名师教诲下，初窥学术门径，在教育界崭露头角，完成了先期学术积累。1938—1947 年，王承绪留学英伦，取得博士学位，奠定了坚实的学术基础，并开辟了英国教育研究的新领域；创办《东方副刊》杂志，践行学术报国理念；亲证联合国教科文组织成立，融入国际大家庭。此时，其比较教育思想初具雏形。1947—1979 年，王承绪学成归国，以饱满热情投入祖国建设中，尽管蒙受冤屈，仍不改本色，宠辱不惊，潜心治学，翻译外国教育名家名作，学术渐成气象。1979 年改革开放后，王承绪迎来蛰伏后的爆发，以编写《比较教育》、《中外比较教育史纲》、组织翻译“汉译世界高等教育名著丛书”等为标志，形成了“以原杭州大学、现浙江大学为基地，以研究英国教育和比较高等教育为特色，集师承、地域和问题为一体的比较教育研究的‘杭州学派’”①，学术体系已然成熟，在国际比较教育学术界占据重要一席。

第一节　早年求学

1912 年 6 月 15 日，王承绪出生于江苏省江阴县三甲里镇（现张家港市南沙镇）。1912 年正值中华民国南京临时政府成立，可以说是出生在“新时代”；而南沙地区位于香山以南，属古大陆，自古文化发达，在科举时代产生过很多秀才等。② 无论是世家大族，还是一般家庭，都非常崇尚耕读之风。王承绪的祖父参加过科举考试，父亲曾进私塾接受过传统教育，母亲也识字知书，伯父是一名教师③，也算是一个“教育世家”。因此，无论是从时代背景、地缘文化，还是从家庭环境来讲，王承绪自小所受的熏陶是非常传统、深厚的。

清末新制以来，学堂之风渐浓，但农村最基层的教育仍由“私塾”代行，塾师多是清末秀才。他们中科举以后，大多不求功名，而是设塾授徒，近代教育界的“第二代”人都受到他们的启蒙教育，如刘半农、王承绪等。王承绪 6 岁时，就在镇上私塾启蒙，熟读“四书五经”。

1919 年，王承绪入读江阴县大南乡立第二初级小学，接受新式教育。时任校长为殷念乔。殷念乔以“诚勤”为校训，治学严谨，注重教学质量，培养新式人才；同时对师生关爱有加，集“严父慈母”于一身，深受师生爱戴。学校既向学生传授科学文化知识，又教学生为人处世应具的道德品质，使学生在德智体诸方面都得到了全面发展。他在亲自编写的校歌

① 郑文. 王承绪先生与比较教育研究的“杭州学派”［J］. 华南师范大学学报（社会科学版），2015（5）：42－45.

② 南沙小学百年简史［EB/OL］. http：//blog. sina. com. cn/s/blog_769546080100tlvf. html.

③ 谢喆平，董建红. 一个人和他的一个世纪：记浙江大学终身教授王承绪［J］. 人物，2010（9）：48－53.

中勉励学生道："哥弟姐妹来此究何为？学德育、智育、体育、群美。莫谓幼小，社会事业建设、改造，责任尽在吾曹。"① 正是在此优良学风熏陶下，王承绪自幼筑牢了格知、修身和陶情的根基，体味到了师者的淳爱，种下了以天下为己任、探索"教育救国"理想的种子。

1923 年，王承绪前往离家 20 多华里的杨舍镇梁丰两等小学住读学习。王承绪因已修完四年初小，遂从高小二年级开始学习，其数学老师为其父亲好友，故其颇受关照。1925 年，梁丰小学增设初中部，改为江阴县私立梁丰初中。② 由于办学有方，学校曾有江阴东乡"最高学府"之称。

同年，王承绪读完高小后，继续进入初中部学习。学校各方面的条件非常优越，"教师多大学毕业生，受到五四新文化运动熏陶，校长张亦良为南京高师英语系毕业。"③ 当时，教授王承绪英语的老师毕业于上海圣约翰大学，教法新颖，对欧美风土人情皆能娓娓道来，王承绪学习英语的兴趣在老师潜移默化的影响下完全被激发出来。自此，王承绪对英语的热爱和倚重与日俱增，为其日后研究外国教育思想奠定了语言基础。

民国初年，政局上陷入袁世凯复辟帝制阴谋，经济上尽管有所复苏但国民生活仍然窘迫，文化上新旧思想碰撞激烈，尤其是五四新文化运动以后，马克思主义传入中国，陈独秀、毛泽东、周恩来等一大批知识分子四处传播共产主义思想，更是将这场社会变革推向了高潮。受社会外缘因素的多维影响，王承绪的教育经验也呈现出新旧杂糅的特点，集传统儒家教育和西方新式教育于一身。得益于风气的开明、家庭的资助、良师的教诲，王承绪顺利完成初中学业，走上了一条孜孜求学之路。

第二节 学术启蒙

1928—1932 年，是王承绪初窥学术门径、践行"教育救国"理想的第一阶段，也是奠定其研究外国教育旨趣的重要时期。除此之外，王承绪

① 丁品森. 民众教育家殷念乔［G］//章艺欣，张志宏. 张家港. 南京：江苏人民出版社，1990：49.

② 张家港市地方志编纂委员会办公室. 沙洲县志［G］. 南京：江苏人民出版社，1992：704.

③ 徐中玉. 六十五年前的中学生活［M］//季羡林. 我的中学时代. 福州：福建教育出版社，1999：14.

热衷组织活动和社会实践的特长也充分展现出来。尽管后来由于志趣的转变，王承绪暂别基础教育一线，但其追求高深学问、矢志“教育救国”的志愿却更加清晰、理性。

一、 报读师范专业

1928 年初中毕业后，王承绪决定报读师范学校，一则可以免去所有费用，二则将来有从事小学教师的就业保障。当时，师范学校办学声誉最好的当属陶行知创办的南京晓庄师范学校，王承绪因其离家太远无法兼顾家人而放弃，继而选择了离家较近的江苏省立无锡中学师范科（以下简称“无锡中学师范科”），考完试后即在家帮工候信。不久，上海《申报》刊登无锡中学新生录取名单，王承绪名列正取榜单。①

当时的高中实行单轨制，普通科主要培养继续深造的大学生，而师范科则主要培养合格的小学教师，但毕业生在小学服务满两年后，凭证仍可报读国立大学。尽管普通科和师范科的培养目标不同，但两者的师资、设施都是一样的，且师范科不收学费、饭费，甚至还发给学生生活费。师范科如此优厚的待遇遂成为众多寒门学子的第一选择。也正是基于此，初中毕业后的王承绪选择了报读门槛不高、录取概率大且无家庭经济负担和就业后顾之忧的无锡中学师范科。

二、 初窥学术门径

王承绪在无锡中学师范科度过了三年青葱岁月。经过不懈的努力，他在专业方面获得了很大提升，为以后志业发展奠定了基础。

入读无锡中学师范科后，聪颖好学的王承绪很快得到教师们的赏识。

---

① 中央大学区立无锡中学本届录取新生揭晓［N］. 申报，中华民国十七年八月六日，星期一，1928 年 8 月 6 日版. 当年无锡中学高中部师范科一年级正取 42 名，他们是（正取以报名先后为序，备取以成绩高低为序）：许鉴明、殷秋松、张志澄、万金生、蒋志达、陈国庠、朱宝藩、章浩雄、徐元龙、高广誉、王文熙、吕仲甫、王齐贤、柳铭、陶廷献、王彤、吴荣怀、谈鸣珊、史楚琪、朱陟熊、邵锦元、高致中、顾允庆（以上由无锡中学初中部直升，共 23 人）、唐应晨、向颖、瞿遂理、庞翔勋、王承绪、许自强、杜玉山、丁祖荫、罗廷栋、朱庆云、潘亚权、陈良玉、李伯翰、夏泽霖、夏绩西、陆新球、任穆清、钱钟汉、何叔达（共 19 人），另外备取五名：胡瑞良、吴以清、张荣臻、钮重光、吴连城。

当时无锡中学的教务科主任兼教育专任教员是张念祖（仲友）、师范科主任兼教育专任教员是吴宗望（伯昂），此二人在杜威访问南京高师时，担任翻译和负责整理杜威的演讲稿，也正是他们的言传身教，让王承绪喜欢上了教育。在名师的教导下，王承绪的学业进步非常快，仅1930年就在杂志上公开发表《青年苦闷的分析及其补救》《旅琴杂感》《她的烦恼》《演讲笔记：道德教育与学生自治》等文章，针砭时弊，为国家谋策，为青年立言，展现了其忧国忧民的志士情怀。其中，《青年苦闷的分析及其补救》是王承绪撰写的第一篇学术性文章。在文中，他诤言："青年是国家的主人翁，社会的健全分子，具有光明灿烂的前途，綦重伟大的责任，好像含苞的鲜花，光芒的旭日"，"可是在中国目下黑幕重重的环境中，被摧残殆尽。青年所触到的，哪一处不是滴滴的苦闷呀"，"因为青年的生活没有自律性，很容易心灰意冷地沉入苦闷的深渊，而他们的行径就充满着苦闷，把那希望和光芒付诸东流"。王承绪分析了青年苦闷的主要来源：两力冲突的苦闷、知识不足的苦闷、作文时的苦闷、恋爱婚姻上的苦闷、交友上的苦闷、择业的苦闷、经济的苦闷等，并一一提出了补救方法。他号召青年用自己坚强的意志来预防、抵制苦闷的侵袭，为人生成功、国家前途担起青年应有的责任。① 他将贪恋舒适被窝的堕落青年与早起辛勤劳作的工厂工人做了对比，对青年的不思进取表达了愤恨和谴责以及深切的自省。②

在校期间，王承绪刻苦钻研教学法、心理学等课程，"无锡师范的三年，使我扩充了文化知识和教育专业知识，奠定了稳固的专业思想基础。融中外教育史于一炉的教育史课程，使我拓宽了专业的视野。名垂千秋的教育家的业迹，使我向往，成为我学习的典范"③。

三、 小学教员经历

王承绪毕业后，按规定来到无锡中学附属实验小学履行免费师范生义务，成为一名小学教员。他在该校担任四年级的班主任，并负责语文、数

---

① 王承绪. 青年苦闷的分析及其补救［J］. 中学生文艺，1930（1）.

② 王承绪. 旅琴杂感［J］. 中学生文艺，1930（1）：67－69.

③ 王承绪. 王承绪［G］//国务院学位委员办公室. 中国社会科学家自述. 上海：上海教育出版社，1997：496.

学以及除了音乐与体育外其他各学科的教学。

小学教员的生活是轻松的，面对一群天真烂漫的小朋友，王承绪获得了为人师表的乐趣，精神上得到了很大的满足。每逢星期天，王承绪就和陆新球走出西水关，在梅园的道上散步，领略大自然的春光。每当他们去散步时，后面总会跟着几个小朋友，他们就和小朋友们比赛跑步、唱歌，充满了诗意。①

此外，王承绪还加入了中华儿童教育社②，开始接受进步主义观点，试验克伯屈的设计教学法，并对杜威教育思想产生兴趣，萌生了学习借鉴国外优秀经验发展本国教育事业的观念。③

第三节　学术积累

1932—1938 年，王承绪求学并任教于国立浙江大学，在教育系诸多名师教导下，学术正式登堂入室，在教育界初露峥嵘。这一时期王承绪的研究兴趣主要集中在译介欧美各国先进教育思想和制度上，以期革新中国陈旧的教育理念和方式，造就新式急用之才。抗日战争爆发后，时局愈加动乱，救亡图存成为第一要务。适逢中英庚款留学考试增设教育类，王承绪由此投考并中选，从而迈上求学彼邦、光复中华的伟大征途。

一、 浙大英才

因王承绪毕业时的成绩是全班第一名，按规定只需服务一年后，即可直接保送至中央大学教育学院学习。可惜受 1932 年学潮影响，王承绪未能如愿至中央大学教育学院学习，而是凭吴伯昂给时任国立浙江大学教育系主任郑晓沧的介绍信，成为国立浙江大学教育系的一名旁听生。④ 一年借读期满，勤奋好学的王承绪得到了诸位教师的赏识，在郑晓沧的大力举荐下，王承绪得以免试转为正式生，此举开国立浙江大学免试接受学生先例。“身份”得到正“名”后，王承绪学习更加刻苦积极，并不断向杂志

---

① 陆新球．逗留在天真群中［J］．砺学，1935（6）．

② 林煌天．中华翻译词典［Z］．武汉：湖北教育出版社，1997：684．

③④ 教育·人生：王承绪先生教育探索历程的世纪回顾［M］//徐小洲．王承绪教育文集．南京：江苏教育出版社，2010：1．

投稿介绍国外新教育。在国立浙江大学求学4年间，他累计发表了20篇教育学术文章，其中，1933年4篇，1934年3篇，1935年9篇，1936年4篇。这些文章大都是翻译国外教育名家的论作，如克伯屈的《教育之新趋势》和《现代教育之三种趋势》、汉斯的《各国成人教育政策的比较观》、柏格莱的《教学技术概要》等，涉及教育基本理论、教育制度、成人教育、教学技术、心理学、社会学等领域。其中，仅在《教育杂志》上就发表文章2篇：《苏俄教育的新趋势》和《墨西哥新教育给我们的启示》。《教育杂志》是上海商务印书局于1909年创办的专业教育刊物，在中国教育期刊史上占有十分突出的地位，最具代表性。《教育杂志》的作者队伍都是当时国内一流学者，学术水平极高，发行广泛、影响巨大，是中国近代教育变革发展的见证者和推动器。① 王承绪能以一个在读本科生的身份在如此高规格的专业期刊上发表文章，可证其学术功底之扎实、见解之敏锐。除此之外，王承绪还在《江苏教育》上发表了3篇文章，即《现代教育之三种趋势》《意大利的新教育》及《德国教育新动向》。有鉴于此，《江苏教育》特辟专栏，介绍这位教育学界的后起之秀，称其“浙大高才生”。“在校除功课每试辄冠侪辈外，课余颇善译作，投登各杂志，故每年的资金和稿酬亦是他读书经费的大来源”。② 随着文章的不断发表，王承绪从事教育研究的信心也日益倍增。

二、 初任浙大

1936年，王承绪浙大教育系本科毕业，获学士学位，本科毕业论文以“民族性与教育”“自然环境与教育”等为议题，体现了王承绪对国家民族存亡、中国乡村建设与教育之间密切关系的深刻认识。因在校学业成绩优秀，品行端正，王承绪得以留校担任助教。

在前期学习积累的基础上，这一时期的王承绪继续在学术上发力，共发表了6篇学术论文，分别为《美国学制的改革》《日本学制的改革》《战后欧洲各国教育的总检讨》《最近苏俄教育的再检视》《土耳其教育的今昔》《独裁国家统治下的教育动态》。其中，前五篇均发表在《教育杂志》上。这一时期的王承绪，观察教育问题、探索教育规律的视角已从微

---

① 王有亮.《教育杂志》与近代教育考论［M］. 北京：中央民族大学出版社，2012：1－3.

② 《江苏教育》报刊社. 作者小传：王承绪［J］. 江苏教育，1935，4（4）.

观逐渐向宏观过渡，将重心更多放在与上层建筑息息相关的教育制度层面，并对欧美教育新动态予以密切关注。这些研究成果的发表，一举奠定其研究外国先进教育思想青年专家的地位，已然成为当时教育界一颗冉冉升起的新星。除此之外，王承绪还利用空余时间，继续在语言学习上深造，旁听和自学了德文和法文。

1937年7月，“卢沟桥”事变爆发，日军发动全面侵华战争；8月，日军进攻上海；11月，登陆仅距杭州100公里的上海金山卫，杭州局势危急。为坚持学业，积极抗日，在校长竺可桢的率领下，国立浙江大学师生踏上了西迁流亡办学的艰苦历程。① 1938年年初，因王承绪的女友，即后来的夫人赵端瑛毕业后在江苏省立松江中学教书（后属上海管辖），上海沦陷后，王承绪向学校请假前往上海帮忙搬家，因此暂住沪上。是时，王承绪浙江大学求学时的恩师孟宪承（1929—1933年任教浙大）在其创办的光华大学任教，正好与王承绪住同一里弄。因上学时一直未能聆听孟宪承的教育哲学，王承绪就常与其一起，步行去光华大学，然后听孟宪承的教育哲学课。即使在炮声轰鸣中，王承绪也未曾中断学习，并与赵端瑛一起，坚持学习外语。

三、庚款留英

1938年7月，第6届中英庚款留学考试在上海举行。庚款留英考试是20世纪三四十年代最难考取也最具吸引力的留学考试，历届录取人数只占报名人数的百分之几，② 考取者甚至被誉为“状元及第”。③ 而1938年的第六届考试名额共计20名，其中，“因时局需要，首设教育类考试，限额1名，教育、哲教、教育心理名学毕业者得应考”④。

---

① 喻朝璧．一支“文军”的长征：浙江大学西迁办学史略［G］//中国人民政治协商会议湄潭县委员会文史资料征集办公室．湄潭文史资料第8辑“浙江大学西迁历史陈列馆”史料专辑，1991：11－18.

② 刘晓琴．20世纪三四十年代的中英庚款留学生述论［J］．天津师大学报（社会科学版），2000（5）：51－56.

③ 钱荣堃．漫漫求索路，悠悠南开情：八十自述［J］．南开学报（哲学社会科学版），1999（5）：37－39.

④ 编辑部．国内学术团体消息：管理中英庚款董事会招考第六届留英公费生：名额定物理算学经济，生物教育等廿名［J］．协大周刊，1938，1（4）.

获知此消息后，王承绪激动异常。众所周知，英国高等教育发达，拥有汉斯、阿尔德里奇、劳锐斯等国际一流教育名家。可以说，英国是学习外国先进教育思想和经验的圣地。有志于研究比较教育的王承绪决定抓住这个天赐良机，投考庚款留英考试。同时，孟宪承也支持他这一决定，并对其进行了备考指导。如期参加完考试后，王承绪继续留在上海，在一所中学边教书，边等候消息，并做好回到已西迁至广西宜山的浙江大学任教的准备。

8 月 31 日，管理中英庚款董事会对外宣布，决定录取陈仲秀、王承绪等 20 人①，并于 9 月 17 日乘 Chitral 号放洋。② 此次考试报名者 439 人，应考者 338 人，录取率不到 6%，除第一届外，历年最低。③ 而教育类考试的竞争尤为惨烈，应考者达 120 来人，皆为各校教育系精英，有些人还曾是王承绪的师长。王承绪能以外语类第一名的骄人成绩金榜题名，得益于他教育理论知识的深厚及外语水平的高超。获此喜讯后，孟宪承亲临王承绪住所道喜，远在江西办学的郑晓沧则专门写了贺诗《喜闻门人王承绪中选赴英留学》："忧时方鼎沸，吾子适遐征。入选原非易，一朝事竟成。天驹怀远略，云隼上前程。闻捷予心喜，寒门亦自荣。"④

9 月 19 日，第六届庚款留英生共计 20 人乘坐英国轮船 Chitral 号正式离港，王承绪自此踏上异国求学之路，进入学术发展的中心国度。未曾想，原定三年的留学期限，却因战事延留，历近十载，王承绪方得以回国效力。然而，也正因此际遇，王承绪在异国他乡，学业精进，学缘深种，集朋之力，为危难中的祖国输送着学术营养。

---

① 这 20 人分别是：张万久、王大珩、彭桓武、黄用諏、徐近之、铁明、储钟瑞、张民觉、朱树屏、宁榥、赵国华、史家宜、夏震寰、璩定一、卢焕章、王应睐、王承绪、谢志耘、陈仲秀、王显湘。其中，王大珩和彭桓武为我国"两弹一星"元勋；朱树屏为我国海洋生态学的奠基人。见李滔. 中华留学教育史录（1840—1949）［M］. 北京：高等教育出版社，2005：485.

② 教育要闻. 中央部分：管理中英庚款董事会第六届留英公费生［J］. 江西地方教育，1938：123.

③ 刘晓琴. 中国近代留英教育史［M］. 天津：南开大学出版社，2005：359.

④ 谢喆平，董建红. 一个人和他的一个世纪：记浙江大学终身教授王承绪［J］. 人物，2010（9）：48 – 53.

第四节 学术探索

1938—1947 年，王承绪求学于伦敦大学教育学院，在弗雷德·克拉克（Fred Clarke）、约瑟夫·劳锐斯（Joseph Lauwerys）等名师指导下，相继获得硕士和博士学位，醉心于世界先进学术研究，开辟了英国教育研究新领域。留学期间，王承绪将关注重心聚焦在政治、社会、民族、文化与教育的关系上，在哲学、政治学、经济学、国际关系等领域，颇有研究。这一时期，最能反映王承绪研究旨趣及志士情怀的，当属其作为核心成员创办《东方副刊》，书写了一段“超越战争的战时比较研究”佳话[①]；作为见证人参与联合国教科文组织成立事宜，为维系中国与世界先进学术联系做出了杰出贡献。

一、攻读学位课程

1938 年 10 月 18 日抵达伦敦后，王承绪旋即前往伦敦大学教育学院报到。按英国制度，凡读教育专业学位的人，必须首先取得有教师资格的教师证书。而考教师证书，需要修读多门基础教育学科，修习期满，要经过严格考试，对外籍学生与本国学生要求相同。其次，还要去中小学实习，然后通过全面考试，合格后方能得到证书。如此高标准的学业要求和严苛的入学资格，并未难倒志在献身教育的王承绪。一年学习期满，王承绪顺利获得了伦敦大学的教师证书。随后，王承绪师从伦敦大学教育学院院长、著名教育学家弗雷德·克拉克，继续攻读硕士学位[②]，其硕士论文《中国的乡村学校与农村重建》（*The Village School and Rural Reconstruction in China*）获得了导师和评委的极高评价。

硕士毕业后，王承绪选择继续攻读博士学位，仍师从弗雷德·克拉克。他的博士论文选题集中在 19 世纪英国哲学思想和教育，特别是边沁

① 陈伟，郑文. 超越战争的战时比较教育研究：论参与创办《东方副刊》时期的王承绪［J］. 比较教育研究，2012（4）：24－28.

② 万行健. 学习工作奉献：记王承绪教授的经历片断［G］//浙江省政协文史资料委员会，浙江省归国华侨联合会. 浙江文史资料（第 55 辑）报国情深：归侨侨眷在浙江. 杭州：浙江人民出版社，1994：2.

（Jeremy Bentham）和密尔（John Stuart Mill）的著作。他注意到英国工人运动史及其与伦敦大学的联系，认为伦敦大学是一所受社会主义价值观影响的世俗学校。① 王承绪试图通过对英国社会、政治、经济、法律等与教育之间关系的全景分析，揭示两者之间的逻辑关联，表明其学术水平已上升到了一个综合系统的层次，从侧面体现出了其辩证、综合、系统、联系的学术涵养。

遗憾的是，由于战事频仍，王承绪把过多的精力投入学术救国志业中，从而耽误了博士论文的撰写，未能按期完成答辩；庆幸的是，归国后，他在原有研究基础上，出版了《伦敦大学》一书，弥补了这一未竟之憾；更令人击节的是，在耄耋之年，伦敦大学教育学院授予其荣誉院士称号，遂成一段学术佳话。

二、 创办《东方副刊》

留学期间，为打破日军文化封锁，王承绪与其他留英学子愤而起之，毅然创办《东方副刊》杂志，并亲任总干事，为中国学术续脉，报国家培育之恩。《东方副刊》1944 年 11 月正式发行，至 1947 年 1 月停刊，共出版 20 期，发表论文 280 篇（其中分期连载的论文合并计算为 1 篇），其中，王承绪一人发表论文 27 篇，占总数近十分之一。

王承绪译介的文章主要有三个特点：一是聚焦英国教育研究。从国别角度看，共计有 10 篇文章以英国教育为研究对象，美国、德国各 2 篇；西班牙、法国、苏联、瑞典、波兰各 1 篇，再佐以东欧、西欧等国际区域，形成了一个以英国为轴心、欧美诸国环拱，以教育为主旨、兼论各类问题的伞状态势图，为中国了解欧美局势、借鉴其先进教育理念及体系提供了生动的案例。二是广纳各界名作时论。从内容来源看，共计有 17 篇文章节译自欧美名家著作，3 篇文章撷选于各大报刊时论，7 篇文章来源于各国委员会的研究报告和发展计划，内容涉及哲学、教育学、心理学、政治学、社会学、国际关系学等多个学科，体现了王承绪从多元维度观察社会问题、思考教育理论与实践的学术修养，以及多而不散、由博返约的

---

① 许美德. 思想肖像：中国知名教育家的故事［M］. 北京：教育科学出版社，2008：35.

多学科研究理路。[①] 三是紧扣国际合作主旨。王承绪在创刊第 1 期、1945 年和 1946 年分别发表《国际教育合作之前途》及《国际联盟与教育合作》，从学理上探讨新型国际教育合作机构的意义、价值、架构、运行等问题。

1945 年秋，抗战胜利，郑晓沧到英国访问，住在王承绪家，力邀其回母校工作。此时，王承绪的夫人赵端瑛女士也即将毕业[②]，于是决定回国，买了船票后静候船位。1946 年 11 月，竺可桢去法国参加联合国教科文组织会议，王承绪作为代表团秘书参与陪同；12 月底，竺可桢顺道赴英访问，王承绪夫妇热忱接待，竺可桢再次向他们发出回母校任教的邀请。[③] 竺可桢于 1947 年 1 月初离英，王承绪也于本月稍晚轮候到船位。随后，夫妇二人乘坐战后英国开往上海的第一艘货轮离英，历时三月有余，方抵达上海，旋即赴杭。莼鲈之思终得解，漂泊异乡十载的游子终回祖国母亲的怀抱，王承绪即将开启他教育报国的新篇章。

第五节　学术沉淀

1947—1979 年，是王承绪学术生涯中跌宕起伏的一个时期。新中国成立前，王承绪先是在母校国立浙江大学任教，并担任教育系主任，开设比较教育课程，继续开展外国教育研究；新中国成立初期，一面为新中国第一次教育改革出谋划策，一面积极学习马列主义、毛泽东思想，接受社会主义思想改造。1957 年，受时局牵连，王承绪遭遇人生最大坎坷，蒙受 20 多年冤屈。即使在如此残酷的环境下，王承绪也未放弃学术追求，以一颗坚忍、淡泊的赤子之心，潜心外国教育资料翻译，直至黎明的到来，

---

① 陈伟，郑文. 超越战争的战时比较教育研究：论参与创办《东方副刊》时期的王承绪 [J]. 比较教育研究，2012 (4)：24 – 28.

② 根据《中华人民共和国享受政府特殊津贴专家、学者、技术人员名录 1992 年卷第 1 分册》(中华人民共和国人事部专家司编，北京：中国国际广播出版社，1995：774)，赵端瑛先生 1946 年毕业于伦敦大学心理学院，师从奥地利精神病医师、心理学家、精神分析学派创始人西格蒙德·弗洛伊德 (Sigmund Freud) 的女儿安娜·弗洛伊德 (Anna Freud)。

③ 竺可桢，樊洪业. 竺可桢全集：第 10 卷 [M]. 上海：上海科技教育出版社，2006：287.

为改革开放后的学术争鸣传承了薪火。王承绪这一时期的学术砥砺大致可从四个方面简要概述。

第一，新中国成立前的学术反刍。1947 年 4 月，甫一到国立浙江大学报到的王承绪，就满腔热血地投入到工作中去。他利用从英国带回的外文资料，开设了“比较教育”“外国教育论著选”“群众教育”等课程，并先后翻译出版了联合国教科文组织的《基本教育》（上、下）（1947/1948 年上海商务印书馆出版）、邓特（H. C. Dent）的《英国教育》（1949 年上海商务印书馆出版），以及编写了《战后英国的小学教育》（1948 年上海印书馆出版）、《新教育》（1948 年上海华夏图书出版公司发行）等著作，为新中国成立后的教学改革发挥了重要的参考作用。

第二，土改时的思想改造。1950 年，中共中央颁布《中华人民共和国土地改革法》，全国上下掀起轰轰烈烈的土地改革运动。1951 年秋，王承绪与浙江大学文学院师生一起到皖北参加土改，并任土改队队长，受到了一次深刻的社会主义生产劳动教育。随后，在思想改造运动中，他积极学习马列主义，自觉接受毛泽东思想洗礼。[①] 他曾撰文表示，要将学习毛主席教育思想作为一个起点，“在这一个基础上，继续深入学习毛主席的教育思想，做好培养年青一代的伟大工作”。[②]

第三，教改时的建言献策。王承绪在担任浙江师范学院教育系教授、系主任、副教务长期间，组织师生学习教改文件和苏联师范院校教学工作经验、开设教育理论和各科教学法课程、编写教材讲义、改革教育实习、建立教学组织等。1953 年，全国第一次高师会议召开。王承绪先后去北京、上海等地参加多次教改工作会议，并主持学院教学大纲的改革编写工作，组织教师自编教材 96 种、讲授提纲 35 种、教学大纲 33 种。[③]

第四，劳改时的砥砺沉淀。正当王承绪意气风发，深感有用武之地时，不料厄运降临，变故突生。1957 年，王承绪被错划为“右派”，住房被造反派强占，家中藏书悉数被抄，王承绪亦被下放劳动改造。一个年富

---

① 万行健. 学习工作奉献：记王承绪教授的经历片断［G］//浙江省政协文史资料委员会，浙江省归国华侨联合会. 浙江文史资料（第 55 辑）报国情深：归侨侨眷在浙江. 杭州：浙江人民出版社，1994：3.

② 王承绪. 几点体会［J］. 浙江文教，1951（2）：14－15.

③ 杭州大学校史编辑委员会. 杭州大学校史（1897—1997）［M］. 杭州：杭州大学校史编辑委员会，1997：64－67.

力强、一心想以自己的专长为新中国服务的教育战士，转瞬间成为专政对象，就此被剥夺走上讲台与进行学术研究的权利。1958 年，“大跃进”开始，“教育大革命”也随之爆发。同年 12 月底，浙江师范学院并入新成立的杭州大学，王承绪亦随恩师郑晓沧一起进入杭州大学教育系，继续接受改造。1961 年，“高教六十条”颁布，知识分子的境况有所改善，王承绪也恢复了部分工作，按照组织的安排，潜心从事资料及俄文、英文教育书刊及教育经典著作的翻译等工作，先后编辑出版了《西方资产阶级教育论著选》（1964 年人民教育出版社出版）和沛西·能的《教育原理》（1964 年人民教育出版社出版）。令人扼腕的是，即使这样短暂的平淡也未能持续多久。1966 年，“文化大革命”席卷全国，知识分子如坠地狱、如堕深渊，王承绪再次罹受池鱼之殃，困顿无力、报国无门。直到 1977 年“十年动乱”结束，王承绪才迎来人生的春天。

第六节　学术成熟

“文革”结束后，尤其是十一届三中全会以后，王承绪的人生渐入坦途，学术思想亦走向成熟，教史哲融会贯通，终成国际比较教育大家，其标志为 20 世纪 80 年代编写改革开放以来第一部比较教育学教材《比较教育》，开创了“具有中国特色的比较教育学”①，并发表《比较高等教育引论》，探索比较高等教育新领域；20 世纪 90 年代合作编写《中外教育比较史纲》，该著作“集中外智慧，探育人真谛”②，被誉为王承绪最为重要的学术成就③；组织翻译“汉译世界高等教育名著丛书”等，最终形成了“以师承王承绪及其弟子或深受王承绪比较教育学术思想影响为主体，以原杭州大学、现浙江大学为基地，以研究英国教育、比较高等教育为特

① 薛理银．当代比较教育方法论研究：作为国际教育交流论坛的比较教育［M］．北京：首都师范大学出版社，1993：188．

② 顾明远．集中外智慧，探育人真谛：评《中外教育比较史纲》［J］．中国图书评论，1999（4）：51－52．

③ HAYHOE R. Portraits of influential Chinese education［M］. Hong Kong，China：Comparative Education Research Centre，The University of Hong Kong，2006：75.

色，集师承、地域和研究选题为一体的比较教育研究的‘杭州学派’”。[①]

一、 开创新中国比较教育学科

1976年10月，“四人帮”倒台，“文革”结束，国家进入新的发展时期，教育领域也迎来了拨乱反正，知识分子获得平反，恢复一切声誉及教学科研活动。此时，困顿压抑了20年的王承绪恨不得长出三头六臂，将那蹉跎的光阴找回，只争朝夕；然则，事物皆有正反，王承绪也正是得益于那段蛰伏岁月的积攒，才有挣脱缰绳后的自然爆发及绵长后劲。

1979年3月至4月，全国首届教育科学规划会议在北京召开。会上，教育部高教一司领导组织部分院校同志合作编写比较教育教材，指定王承绪、顾明远和朱勃为牵头人。对此，王承绪早有准备，因为一年前他与顾明远等人就讨论过相关话题。同年10月，全国第二次外国教育学术讨论会在上海召开，宣布成立中国教育学会外国教育研究会（1982年更名为比较教育研究会），时任上海师范大学校长的刘佛年为理事长，王承绪为顾问；并创办会刊《外国教育》，从第1期起陆续选登讨论会的部分文章，王承绪提交的论文《从国外比较教育学科发展的现状看我国比较教育教学中的若干问题》就发表在首期上。这篇文章极具影响，是我国比较教育学登堂入室的前奏，为我国比较教育学科恢复与发展吹响了号角，该论文也于1990年获全国首届教育科学优秀成果一等奖。他在文章中主要讨论了四个问题：比较教育发展的阶段、比较教育的性质、比较教育研究的对象国和可比性问题，并对比较教育核心概念、教学内容和方法等问题进行了分析，为编写比较教育教材做好了铺垫。[②]

为编写一部适合中国特色的比较教育教材，王承绪等人可谓煞费苦心。“为争取时间，比较教育的教材建设，采取引进与自编相结合和领导与群众相结合的原则。首先引进康德尔的《教育的新时代》和卡扎米娅斯等的《教育的传统与变革》，组织六所院校比较教育任课教师协作翻译，作为参考书；同时，在教育部高教一司的领导下，组织有关专家协作编写

① 郑文. 王承绪先生与比较教育研究的“杭州学派”［J］. 华南师范大学学报（社会科学版），2015（5）：42－45.

② 王承绪. 从国外比较教育学科发展的现状看我国比较教育教学中的若干问题［J］. 外国教育，1979（1）：3－10.

我国自己的比较教育学教材。”[①] 当时，国外有代表性的比较教育教材就内容体系而言，大致分为两类：第一类按问题排列，逐题论述各种教育情况；第二类按国家排列，逐国论述各种教育问题。这两种教材各有千秋，互有短长。为创建一种新的体系，兼收两者优点，王承绪等人多次召开协调会，前后用了三年的时间，进行了三次讨论，四易其稿，最终《比较教育》在1982年完稿，由人民教育出版社出版发行。

1982年版的《比较教育》共分九章：导论、学制述要、学前教育比较、初等教育比较、中等教育比较（一）——普通中等教育比较、中等教育比较（二）——中等职业技术教育比较、高等教育比较、师范教育比较、教育行政制度比较。它的问世，填补了当时我国比较教育教材的空白，也为后来比较教育教材的建设奠定了基础。[②] 这本教材的出版，不仅对比较教育教材的建设具有重要意义，而且对整个比较教育的研究也有重要意义。它不仅是一本教材，也是一本比较教育的理论著作，是一本运用辩证唯物主义和历史唯物主义对世界教育进行比较分析，初步具有中国特色的比较教育教材和理论著作。这本书出版以前，我国比较教育的研究主要处于资料搜集和情况介绍的阶段（当然也有不少理论研究，但这是比较零散的），而这本书的出版，标志着我国比较教育的研究开始进入系统的理论研究阶段（当然也仅仅是开始）。[③]

诚然，这本书的编写工作由于时间紧，任务重，又无例可循，也存在一些不足和遗憾。1980年，王承绪等人曾设想出一个既有绪论（论述比较教育的意义、方法等），又有各国教育概况介绍、各级各类教育问题比较、总结与展望的完整的综合的教材体系，力图使读者既对各国教育状况有一个完整的印象，又对各种教育问题有比较深入的了解。根据这种设想，当时做了分工，由十几位同志分别撰写上述四编的内容。由于同志们天南海北，联系困难，结果第三编比较部分与第二编概况部分，内容有较多重复，于是不得不把第二编各国教育概况（共六章）压缩成“学制述

---

① 王承绪．比较教育学史［M］．北京：人民教育出版社，1999：305．

② 田小红．近三十年来我国比较教育学学科建设发展历程研究：基于知识的角度［J］．外国教育研究，2009（10）：1－6．

③ 肖云瑞．比较教育教材建设的回顾与展望［J］．外国中小学教育，1991（1）：1－3．

要”一章，结论部分又由于来不及修改而暂缺。这样一来，全书从整体看，又成为问题排列体系，最初设想的综合体系没有成功。①

然而，瑕不掩瑜，这本教材从 1982 年问世，就被高等师范院校作为教材，为新中国比较教育学学科的人才培养发挥了重要作用。不仅如此，为弥补教材的不足，王承绪等人对教材进行了两次大修订。第一次修订是 1985 年，除对原有文字做少量改动外，新增了第十章“回顾与展望”，已然构建了一个“完整的综合的教材体系”；第二次修订是 1999 年。由于受当时历史条件的局限，第二版教材仍未把中国作为比较研究的对象。随着国际政治、经济的巨大变化，随着我国改革开放的深入发展和经济、社会的深刻变化，王承绪和顾明远主持对这本教材进行了较大的修订，在内容上进行了更新，在原有的六个发达国家的基础上增加中国为比较研究对象，反映了 20 世纪 80 年代以来世界教育发展与改革的新经验。② 该书到目前为止，仍是我国高等学校比较教育专业的主要教材之一，截至 2011 年，已刊印了 26 次，近 17 万册，它伴随我国比较教育学中青年人才茁壮成长。王英杰说：“《比较教育》是一部学风严谨、文风朴实的基础之作、经典之作。我已经读过多遍，还会再读，也建议从事比较教育的青年学者们反复阅读。”③ 由于在中国比较教育学科体系建设和学科本体建构中的原创性和奠基性作用，该书 1988 年获国家教委“第一届全国高校优秀教材奖”二等奖（第二版）、1989 年获光明日报社组织的“全国首届优秀教育理论著作奖”优秀奖（第二版）、2002 年获教育部全国普通高等学校优秀教材一等奖（第三版）。

---

① 吴文侃，杨汉清. 建设具有中国特色的比较教育教材刍议［J］. 教育研究，1985（9）：58－62.

② 诸惠芳. 比较教育研究的一代宗师：王承绪先生与人教版教育图书［C］. 中国教育学会比较教育分会第 15 届学术年会暨庆祝王承绪教授百岁华诞国际学术研讨会论文集，2010.

③ 王英杰. 我国比较教育的一部奠基之作：评王承绪和顾明远主编的《比较教育》兼议学风问题［J］. 中国大学教学，2003（6）：32－33.

二、探索比较高等教育新领域

在谋划中国比较教育学科发展的宏观战略的同时，王承绪也以其敏锐的学术洞察力开始布局杭州大学抢占比较教育研究战略制高点的工作。新中国成立初期，由于全面学习苏联，高校停止了比较教育课程。直到20世纪60年代初，杭州大学教育系才重新开设面向高年级学生的“外国教育现状”课程，由王承绪主讲。为解决教材资料问题，他开始与其他高校教育系联合编译西方教育名著，介绍西方教育思想。随后的“文革”再次中断了比较教育学科的发展。改革开放后的1982年，王承绪在当时的杭州大学发起成立比较教育研究中心和高等教育研究所，王承绪为此开设了比较高等教育课程，撰写了讲稿《比较高等教育引论》，并为上海华东师范大学高校干部进修班做了题为“英国高等教育研究”的专题报告。当时，阿尔特巴赫的《比较高等教育》等著作尚未被引进到中国。1983年7月，全国比较教育研究会第四届年会召开，王承绪将《比较高等教育引论》提交到会上与同行专家交流，并被作为开篇之作收入年会论文集（共收录36篇）；[①] 随后，该文在《外国教育》第6期上发表。文章共分两部分，第一部分为世界高等教育发展的几个阶段；第二部分为各国高等教育的基本模式，主要论述了“二战”以来西方发达国家的五种模式：英国模式、法国模式、联邦德国模式、美国模式、苏联模式。[②] 尽管20世纪80年代初期，中国学界对比较高等教育研究有所涉猎，但这一命题真正成为一个专门研究领域却肇始于王承绪《比较高等教育引论》的发表，且该文在中国高等教育界第一次使用了“比较高等教育”这一概念，可以被视为建立比较高等教育学科之先声。[③] 1986年，该文获浙江省哲学社会科学优秀论文二等奖。

与此同时，自1982年12月起，在王承绪的指导下，杭州大学高等教育研究室出版发行《高教研究丛刊》（以下简称《丛刊》），不定期发表各

---

① 全国比较教育研究会．全国比较教育研究会第四次学术年会论文选集［C］．全国比较教育研究会论文集，1983.

② 王承绪．比较高等教育引论［J］．外国教育，1983（6）：10－19.

③ 李均．中国高等教育研究史［M］．广州：广东高等教育出版社，2005：173.

国高等教育动态。[①]《丛刊》共发行 17 期，计 170 余万字。[②]

基于在比较高等教育领域中的斐然成绩，王承绪随后承担了国家教育科研“六五”到“十五”的重大课题，其中，“七五”重点课题“各国高

---

① 杨建华. 20 世纪中国教育期刊史论［M］. 杭州：浙江工商大学出版社，2012：306.

② 《高教研究丛刊》第一期为《亚洲和太平洋地区的高等教育》（1982 年 12 月），选译了 1981 年在新加坡召开的亚太地区高等教育为发展服务合作计划会议上的日本、菲律宾、印度尼西亚等 10 国代表在会议上所做的报告；第二期为《东南亚国家的人力规划》（1983 年 4 月），对本地区 10 个国家的经济、高级人才的现状与存在的普遍性问题做了总的分析，并对其农、工、医、师等 4 个方面的人力需要及其规划做了详细的阐述；第三期为《世界高等教育统计与分析 1960—1970》（1983 年 9 月），是联合国教科文组织统计局的专题报告，报告中以大量的统计图表和数据对世界六大洲及有关国家的高等教育状况及其发展趋向进行了分析；第四期为《高校干部进修班论文选辑》（1983 年 9 月），选编了部分高等学校干部进修班的研究成果；第五期为《德国的大学》（1984 年 5 月），选译了德国鲍尔生的名著《德国大学和大学学习》和美国邦莱克斯纳的名著《美国、英国和德国的大学》两者的部分内容；第六期为《浙江省中学师资供需研究》（1984 年 7 月），是关于浙江省中学师资队伍建设的研究专辑；第七期为《高等学校管理基础》（1984 年 8 月）；第八期为《日本的大学》（1984 年 10 月），日本久保利谦原著，书中回顾了明治维新以后日本近代大学的发展与变化，阐述了日本逐步建设“现代日本大学”的发展历程及日本大学的性质和作用；第九期为《新中国浙江高等教育》（1984 年 11 月），主要介绍和总结新中国成立后浙江省高等教育发展的历史、现状和经验；第十期为《学无止境》（1985 年 2 月），译自世界著名未来学组织——罗马俱乐部的一个研究报告；第十一期为《美国的高等教育》（1985 年 9 月），翻译了美国哈佛大学校长帕西的《美国的高等教育》一书，介绍美国高等教育从 1945 年至 1970 年的发展史；第十二期为《英国的大学》（1985 年 11 月），包括徐辉的《论英国新大学的产生及其发展》和俞天红翻译的英国高等教育研究会关于英国高等教育研究的总报告全文和 9 个专题报告的摘要；第十三期为《美国教育法研究》（1986 年 9 月），详细介绍了美国教育法的历史发展、形式、立法程序、立法技术、内容、执行等方面，阐述了从制定到执行教育法过程中的各个环节的相互联系和相互作用；第十四期为《教育管理科学——定量化技术》（1986 年 10 月），主要介绍教育管理和研究工作中的定量化技术；第十五期为《法国教育》（1986 年 11 月），是杭州大学兼职教授李爽秋在杭州大学高教所和教育系所作有关法国教育的报告文集；第十六期为《印度教育管理的分析研究》（1987 年 10 月），对印度的教育管理体制做了全面的介绍与分析研究，并评述了其中存在的主要问题；第十七期为《人力需求预测》（1988 年 3 月），对各国人力预测活动进行了评价，对预测结果和实际教育结构、职业结构进行了比较。

等教育比较论”的成果“外国高等教育丛书”是比较高等教育研究的一大理论成果。该丛书1987年由浙江教育出版社出版，收入16世纪以来具有代表性的外国高等教育理论名著。首辑出版有《高等教育哲学》（1987年）、《高等教育新论——多学科的研究》（1988年）、《学术权力——七国高等教育管理体制比较》（1989年）。1999年，王承绪等人通过校译原译著、增补新译著的方式，组织编写“汉译世界高等教育名著丛书”，除收录上述“外国高等教育丛书”3部外，新增了英国纽曼（John H. Newman）的《大学的理想》、美国赫钦斯（Robert M. Hutchins）的《美国高等教育》、弗莱克斯纳（Abraham Flexner）的《现代大学论——美英德大学研究》、博克（Derek Bok）的《走出象牙塔》、克拉克·克尔的《高等教育不能回避历史》、伯顿·克拉克的《探究的场所——近代大学的科研和研究生教育》和《研究生教育的科学研究基础》、西班牙加塞特（Ortega Y. Gasset）的《大学的使命》、荷兰范富格特（Frans Van Vught）的《国际高等教育政策比较研究》等9部世界高等教育名著。该套丛书对国内高等教育研究产生了极大影响，杨汉清认为，“这些成果将对我国比较高等教育作为一门分支学科的形成起到十分重要的作用”。[①] 2003年，该丛书荣获浙江省哲学社会科学优秀成果奖一等奖。截至目前，该套丛书仍然排在高校研究生必读书目的榜首，尤以《高等教育哲学》最受追捧，引用次数呈逐年增长趋势，不仅对我国高等教育理论研究和实践探索产生了深远影响，且已然形成一股“布鲁贝克”现象。[②]

此外，王承绪还应人民教育出版社之约，参编或亲自指导学生编写了“外国教育丛书”“比较教育丛书”“比较教育译丛”等[③]，他撰写的《几个国家高等教育的发展模式》被收入“外国教育丛书”的《高等教育的发展与改革》中；他指导李克兴写成的《六国高等学校招生制度比较研究》被收入《教育行政与学校管理》。1983年和1986年，王承绪还先后用英文撰写《中国高等教育》和《中国大学文科教育》，分别发表在联合

---

① 杨汉清，韩骅．比较高等教育概论［M］．北京：人民教育出版社，1997：5.

② 高耀明，周小晓．高等教育学专业核心知识研究领域的构建：以研究生必读书目为例［J］．高等教育研究，2015（2）：27－33.

③ 诸惠芳．比较教育研究的一代宗师：王承绪先生与人教版教育图书［C］．中国教育学会比较教育分会第15届学术年会暨庆祝王承绪教授百岁华诞国际学术研讨会论文集，2010.

国教科文组织亚太地区教育办事处专刊和美国 ME Sharpe 公司出版的《中国教育》（英文版）。[①]

这一时期，王承绪正是以原杭州大学、现浙江大学比较教育研究中心和高等教育研究室为阵地，以《比较高等教育引论》为旗帜，以《高教研究丛刊》、“汉译世界高等教育名著丛书”为载体，引领中国比较高等教育研究，学术生涯达到一个新的高峰。

三、 布局发展中国家高教研究

如果说早期王承绪所关注的研究领域主要是英美发达国家教育的话，那么，从 20 世纪 90 年代中期开始，他就像一个围棋高手一样布局、引导高教所成员及弟子们关注发展中国家的教育改革与发展。[②] 这种研究兴趣和重心的转移并非突兀的，而是一种伴随性的、渐进式的转变，也是学术发展由中心向外围扩散的必然逻辑。

早在 1980 年，王承绪恢复与联合国教科文组织联系并任亚太地区教育合作咨询委员会委员时，就开始关注和研究亚太地区高等教育发展状况。在连任三届委员会委员期间（1980—1992 年），他多次赴泰国、新加坡、菲律宾、印度尼西亚等国参加会议和考察，“遇故知、交新友、察国情、促交流”。1981 年，王承绪赴新加坡出席亚太地区高等教育项目开发会议，这是亚太地区教育革新为发展服务新设立的项目，杭州大学被列入其中。“不久，杭州大学高等教育研究所和亚太地区教育革新为发展服务计划（APEID）联系中心先后成立。杭州大学高等教育研究所于 1982 年 12 月起出版《高教研究丛刊》，前两辑就是《亚洲和太平洋地区的高等教育》和《东南亚国家的人力规划》”。[③] 1982 年，人民教育出版社编写“外国教育丛书”时，王承绪指导徐顺松写成《印度高等教育的发展与改革》，收录在《高等教育的发展与改革》（1984 年出版）一书中。1983 年，高教所成员邵珊、徐顺松应邀赴联合国教科文组织亚太地区教育办事

① 浙江省哲学社会科学志编辑部. 浙江省哲学社会科学志［G］. 杭州：浙江人民出版社，1999：339.

② 李振玉. 善教者使人继其志：追忆王承绪先生的学术生涯与教育艺术［J］. 华南师范大学学报（社会科学版），2015（5）：48 – 50.

③ 王承绪. 我与联合国教科文组织［M］//徐小洲. 王承绪教育文集. 南京：江苏教育出版社，2010：710.

处（设在泰国曼谷）进行访问与考察，实地观测东南亚发展中国家高等教育现状。1984年招收博士生后，共有3位博士生的研究课题选在发展中国家，分别是安双宏的《论影响印度高等教育质量的几个因素》（2001年）、连进军的《马来西亚与菲律宾高等教育发展的比较研究》（2002年）、陈立的《越南高等教育发展研究》（2004）。

为贯彻1998年世界高等教育大会精神，联合国教科文组织2001年和2002年先后在杭州召开会议，成立全球大学创新联盟亚太中心（GUNI－AP），秘书处设在浙江大学。2004年，GUNI－AP在杭州召开“高等教育质量保证和文凭互认”国际研讨会，促进亚太地区高等教育协同发展。王承绪先后出席了这三次会议，与亚太地区各国建立了深厚的合作机制；也正是通过浙江大学APEID中心和GUNI－AP，王承绪对亚太地区发展中国家高等教育进行了近距离的观察、研究和探索，产出了一批高质量成果和培育了一批高等教育项目人才。

2009年，王承绪的收官之作《发展中国家高等教育模式的国际移植比较研究》付梓，这一成果即是他20多年对发展中国家高等教育历史、发展的研究结晶。该书“从国际移植的角度对发展中国家高等教育的发展、变革及现代化问题开展了专题研究。广泛选取了亚洲、拉丁美洲和非洲的泰国、马来西亚、菲律宾、印度尼西亚、巴西和加纳等七个具有典型特征的国家作为研究案例，试图由此来窥探发展中国家高等教育模式国际移植的整体情况”，它很好地回答了“西方国家是怎样将其高等教育模式引入发展中国家的，外国高等教育的组织形式又是如何适应发展中国家的特定情境的，以及外国模式与本土传统和文化发生了怎样的冲突与融合等”问题。[①] 至此，王承绪学术版图中的最后一块拼板完美嵌接，为其充满传奇色彩的学术生涯画上了一个完美的句号。

2013年11月19日，王承绪与世长辞，享年102岁。他的去世，“标志着晚清以来那一批以‘教育救国’为主旨的教育学流派在时间史上的终结，预示着辛亥革命以来老一辈教育学家群体的逐渐消失”。[②] 尽管作为

① 王承绪. 发展中国家高等教育模式的国际移植比较研究［M］. 杭州：浙江大学出版社，2009，前言：1－2.

② 陈伟. 王承绪先生的“百年之功”与“百年之耕”［J］. 华南师范大学学报（社会科学版），2015（5）：45－47.

符号象征意义的个体消失了，但承载着王承绪教育智慧的等身著作却仍泽惠后人，其治学精神及人格魅力仍为当世典范！

王承绪一生的治学经历，可借用余立的一首诗来形象概括："一见倾心十载从，中西学贯说元龙；精神矍铄今犹昨，笑语温良我愧公；晚岁依然多述作，华年早已决雌雄；相期去国开新域，促膝燕京话别衷。"①

① 余立. 从心诗词集：晤王承绪教授［M］. 上海：华东师范大学出版社，2000：113.

第二章

王承绪的『基本教育』思想

何谓“基本教育”？1946年，联合国教育科学文化组织（以下简称“联合国教科文组织”）指出：“基本教育（Fundamental Education）包括又不止于民众教育（Mass Education）、成人识字运动、国民教育和小学教育。”在1946年7月的伦敦预备会议上，还成立了“基本教育委员会”，其宗旨即为“扫除文盲，于较落后之国家中，促进初等教育，以及倡导民众教育”①。这一观点于1947年联合国教科文组织在我国南京召开远东地区基本教育会议上，得到了国内外同行的认可，“基本教育”这一概念遂成为学界通用术语。

整个民国求学时代，王承绪在基础教育和成人教育领域着墨颇深。他以一个当事人

---

① 王承绪．基本教育［M］．北京：商务印书馆，1948。该观点的提出为我国驻联合国教科文组织代表、教育组组长郭有守。在他的谏言下，联合国教科文组织成立了基本教育委员会。

的“同情”亲历了这场“基本教育”运动，从莘莘学子到为人师表，获得了感性素材；以一个研究者的“理解”致力于“基本教育”理论工作，从学术前沿到微观实践，夯实了理论功底，《教育之新趋势》《现代教育之三种趋势》《意大利的新教育》《苏俄教育的新趋势》《墨西哥新教育给我们的启示》《德国教育新动向》《教学技术概要》《替代反射说的检讨》等即为代表性成果。他关注青少年儿童的身心健康，《青年苦闷的分析及其补救》《英国儿童保护事业的借镜》等反映了他为此所做的努力。他亦对成人教育及乡村建设做过深入研究，《成人教育的心理基础》《各国成人教育政策的比较观》《物质建设与心理建设》及硕士论文《中国的乡村学校与农村重建》（*The Village School and Rural Reconstruction in China*）等体现了其理论关怀。他的“基本教育”思想集中体现在联合国教科文组织成立大会期间提交的《略论基本教育》一文和翻译的《基本教育》一书，以及随后在南京召开的远东区基本教育会议期间撰写的《迎联合国教育科学文化组织远东区基本教育研究会议》和《出席南京基本教育分区研究会议的经过和感想》中。

第一节 王承绪“基本教育”研究动因

史学大师陈寅恪曾言：“一时代有一时代之学术”，某一时期的学术研究总是与时代思潮、文化走向密切相关。梁启超亦言：“凡‘时代’非皆有‘思潮’；有‘思潮’之时代，必文化昂进之时代也。”① 民国时期，正是一个“文化昂进之时代”，是一个思想的盛世，各种社会思潮喷薄而出，交相辉映、此消彼长。在这场思想洪流中，萌生于晚清的“教育救国”思潮异军突起，一枝独秀，为众多知识界精英所尊信，社会各阶层皆曾不同程度地被卷入这场声势浩大的运动中，其发展逻辑与中国近代社会救亡图存的主题高度契合。适逢其会的王承绪，恰是在“教育救国”思潮的外缘刺激下，受良师熏陶，及个人内心志趣牵引，投身“基本教育”救国大业。

① 梁启超．清代学术概论［M］．北京：中华书局，2011：1.

一、“教育救国” 思潮的影响

在民国众多社会思潮中，源于晚清、盛于民国，借助西方庸俗进化论、教育万能论的“教育救国”思潮空前活跃，为当世之显学；其内部又衍生出诸多流派，交相辉映，如国民教育思潮、职业教育思潮、平民教育思潮、乡村教育思潮、学术救国思潮等。这些流派在宗旨、方法、路径上大同小异，皆从中国当下问题入手，以教育为改造社会的主要或唯一工具，以普及和提高公立学校义务教育、失学民众补习教育为手段，期冀通过提高国民知识文化水平、道德修养、民主观念等，实现政治上、经济上、文化上的复兴，救中华于倾覆。但就其规模和影响来讲，乡村教育思潮最为蓬勃和深远，因其关涉的对象是占中国人口百分之八十的广袤农村，触及了民族文化心理层面。王承绪“基本教育”研究即在乡村教育思潮的影响下开展的，其代表人物梁漱溟对其影响尤深。

梁漱溟对王承绪的影响可从两处略窥一斑。其一，1936 年 11 月 5 日，梁漱溟应卢守耕①之邀，前往浙江大学农学院做演讲，演讲题目为“中国农村建设”。因为主题并非纯粹农业学术方面，而是侧重于乡村教育，加上梁漱溟的声望，众多外院系的师生亦来捧场，作为对“基本教育”关注颇深的王承绪当然不会错过如此良机。尽管此时已毕业留校担任助教，但演讲结束后，王承绪旋即整理出梁漱溟的演讲记录稿，刊发在次日的《国立浙江大学日刊》上。虽因梁漱溟当晚离杭，记录稿未经其审阅，但事后梁漱溟对此未有二言，可见记录稿与其演讲内容并无出入。这篇演讲记录稿也是王承绪发表的四篇名家演讲记录稿的最后一篇。从王承绪听演讲的热情、做记录的认真、出稿件的速度、未得梁漱溟亲阅的遗憾等细节来看，梁漱溟及其乡村教育思想深得王承绪仰慕。其二，如前所述，梁漱溟

---

① 卢守耕（1896—1988），浙江余姚人。1918 年毕业于北京农业专门学校，1925 年至 1930 年，在省立农业专门学校（后改为第三中山大学劳农学院、浙江大学农学院，即浙江大学前身）任教。1930 年公费留美，1933 年在美国康乃尔大学获哲学博士学位后回国。1936 年 8 月应竺可桢校长之聘，出任浙江大学农学院院长兼农艺系教授。1939 年辞去院长之职，专任农艺系系主任，直至 1945 年抗战胜利，奉派到台湾接管农业，担任台湾糖业试验所所长，后在台湾大学任教至 1973 年退休。

乡村建设思想的经典之作《乡村建设理论》直接影响了王承绪硕士论文的选题，梁漱溟为中国农村建设提供了方法论指导，王承绪则发扬了这一思想，从实践的角度，以外邦为参照，聚焦中国的乡村学校与农村重建，最终将选题定为《中国的乡村学校与农村重建》。

可以说，同当时的诸多青年学子一样，梁漱溟亦是王承绪的精神导师和学术引路人，其引领下的乡村教育思潮成为王承绪青年时期“基本教育”研究的思想来源。尽管抗战爆发后，在抵御外侮的强力外缘刺激下，“教育救国”思潮受到了挑战和质疑①，并由此导致了分化，最终走向终结，但“教育救国”思潮的影响和作用却不容小觑，王承绪等一大批在“教育救国”思潮淬炼下成长起来的知识分子在新中国成立后的科教兴国、教育强国时期，于各自领域里开疆辟土、鞠躬尽瘁，尽显民国一代人物的神采和风华。

二、 授业良师的熏陶

王承绪就读国立浙江大学教育系时的老师郑晓沧、孟宪承、庄泽宣等人，皆是著名的教育家，在他们的影响下，王承绪打下了坚实的基础教育和成人教育的理论基础。但由于三人均以“教育救国”流派中的民众教育

① 九一八事变后，国人对“教育救国”发生动摇，极不利于以后的教育研究和教育发展。值此靖难之际，于 1935 年刚刚复刊不久的《教育杂志》组织数十名国内著名的教育专家对“教育救国”问题发表各自的意见，试图用权威专家的意见来匡正教育界中不利于教育研究的消极舆论，以达到组织教育研究力量，共同攻关国内重大教育问题的目的。在“全国专家对于教育救国的信念”专栏里，共有 35 位专家发表了各自的高见，包括郭一岑、陈东原、周予同等许多近代有名的教育专家。论战专家大体分为两派：一派认为，教育不能救国，“教育不能独轮车，能够载着社会的负担向前推进”，“欲以教育的力量去挽救中国的危亡，那简直是倒果为因，不明社会原理的议论”；一派认为，教育可以救国，可用教育的力量和方法“以谋中华民众之复兴”。还有人认为，“救国的工作是个极巨大的设计”，“教育不过其中的一端”。也有人倡议，应特别注重推行国民教育，认为民众教育或农村教育最为迫切。具体资料请参见《教育杂志》1935 年第 25 卷第 1 期“全国专家对于教育救国的信念”专栏；陈志科著《留美生与民国时期教育学》（天津人民出版社，2008 年版）。

家著称①，因此，对王承绪“基本教育”研究影响最深的还在于成人教育领域。在他们的直接教导下，王承绪大学期间将民众教育、成人教育、乡村教育、乡村建设等作为研究重点。

毕业于美国哥伦比亚大学的郑晓沧很早就关注社会教育，他翻译了杜威来华时在国立浙江大学所做的有关教育和社会的演讲②，并在浙江大学教育系讲授“教育社会学”课程。他认为，“学校教育的对象是儿童，社会教育的对象是已有常识之成人”“学校教育应预备人能充分利用社会教育，继续不断地学习”“社会教育可以辅助学校教育本身之所不及，一方面是要去指导社会上毫无知识的人，一方面也要去辅导青年有增加知识的进修机会”。③ 对于如何实施社会教育，他借助心理学上的刺激和反应学说，认为社会教育的普及亦需从这两方面入手，注重环境的扩充、整治、供给、控制等。关于成人教育的心理学理论支撑，直接影响了王承绪对成人教育的认识，这从其撰写的《成人教育的心理学基础》可见一斑。

毕业于伦敦大学的孟宪承是一位民众教育实验家，他创造性地将西方成人教育与中国社会实际有机结合起来，形成了一套中国化的民众教育理论体系，并于1933年亲自创办和领导浙江省民众教育实验学校，进行各种教育实验研究，曾著有《民众教育》一书。他认为，民众教育要以增进民众生计和满足民众娱乐需要为目的。④ 当时，政府和大多数教育界人士都认为，民众教育的目标主要是从事成人识字实习与公民训练，而孟宪承的主张则“与时下人所主张的民众教育，迥然不同”。⑤ 九一八事变后，

---

① 这些流派主要有：平民教育派（以晏阳初为代表）、乡村建设派（以梁漱溟为代表）、生活教育派（以陶行知为代表）、乡村教育派（以高践四为代表）、职业教育派（以黄炎培为代表）、实业救国派（以卢作孚为代表）、土地革命派（以毛泽东为代表）等。具体参见巴战龙《中国乡村教育研究的回顾与评论》（湖南师范大学教育科学学报，2009年第5期）。团体组织影响比较大的有：中国社会教育社、中华乡村教育社、中华平民教育促进会（陶行知、晏阳初等为创始人）、中华职业教育社（黄炎培为创始人）、江苏省立教育学院等。具体参见“民国丛书”第4编　社会科学总类《乡村建设实验》第2集（上海书店出版社，1935年版，附录）。

② 郑晓沧翻译了杜威的《教育者之责任》《小学教育之趋势》《学校与社会》等文。

③ 郑晓沧. 学校教育与社会教育［J］. 浙江教育行政周刊，1931，2（45）.

④ 孟宪承. 成年生活的需要与教育［J］. 教育与民众，1929，1（5）.

⑤ 孟宪承. 成年补习教育研究发端［J］. 民众教育月刊，1929，2（2）.

乡村教育渐被乡村建设取代，他在中国社会教育社第七届年会上被选为乡村建设具体方案编辑委员会委员，并提交了《乡村建设具体方案之讨论》一文。明确指出民众教育的目的即“培养民众的几种基本的力量——尤先的，是‘生产’和‘组织’的力量；——使渐能以自己的力量，改善自己的生活；期于以乡村为起点，使整个民族，能以自己的力量，光大自己的生命”。①

同样毕业于哥伦比亚大学的庄泽宣亦是中国社会教育社的创始人之一，早期编写过民众教育读本《人人读》，出版《民众教育通论》（中华书局 1934 年版）、《乡村建设与乡村教育》（中华书局 1939 年版）等著作，其民众教育思想或乡村教育思想、成人教育思想颇具特色。他认为，民众教育的任务主要有三个方面：一是使民众能认识和应用普通的文字；二是予民众以相当的公民训练；三是增进民众的谋生技能。② 同时，他认为，中国教育有出路必须中国民族有出路；中国民族的出路，在整理内地以安定人民的生活；而为整理内地起见，最需要的是乡村建设领袖人才的训练，一般人应受广义的民众教育。③ 在乡村建设领袖人才的培养方面，非赖乡村教育不可；乡村教育的目标即是：①保留成年及儿童长在农村；②培养儿童及成年从事农业；③改革乡村社会；④创造乡村文化；⑤培养乡村人民使具与城市人民携手共同改造整个社会的能力。④

综合来看，上述三人对王承绪的影响各有千秋，郑晓沧偏重于理论，孟宪承集中于实验，庄泽宣兼而有之。再者，由于庄泽宣在新教育、比较教育上对王承绪的引领，可以说，庄泽宣对王承绪的学术旨趣影响最大，这点从王承绪留学英国时以“中国乡村建设与农村教育”作为硕士论文选题就可窥见一斑。

三、个人志趣的牵引

唯物辩证法认为，内因是事物变化的根据，外因是事物变化的条件，外因通过内因起作用。王承绪青年时期研究“基本教育”，固然离不开秉

① 孟宪承. 乡村建设具体方案之讨论［J］. 教育与民众，1934，6（1）.
② 庄泽宣. 民众教育建设纲领［J］. 教育研究（广州），1928（5）.
③ 庄泽宣. 中国民族与中国教育的出路［J］. 民众教育通讯，1932，2（1）.
④ 庄泽宣. 乡村建设与乡村教育［M］. 上海：中华书局，1939.

持“教育救国”理念的授业恩师们的外缘影响，但更根本的原因在于个人内心志趣的价值驱动。换言之，王承绪开展“基本教育”研究，是“教育救国”思潮下的一种理性自觉。

基础教育方面，在家庭环境的现实影响、新旧交替的学习经历和“教育救国”的人生理想交互作用下，王承绪对基础教育的志趣可谓与生俱来、悠远绵长，分别在求学期、留学期、新中国成立初期演绎了一个基础教育实践者、研究者、指导者的不同角色，既体现了鲜明的时代特征，也蕴含了其曲折的心路历程。无锡中学师范科时，王承绪就认为“天真活泼的小孩，又是何等温柔可爱，小学教师的生活，竭诚钦羡”，决定“努力自爱，悉心初步基础的建树，将来做一个优良的小学教师，改进乡村的教育”。[①] 他刻苦钻研教学法、心理学等课程，积极为将来献身基础教育做好准备。在国立浙江大学就读期间，王承绪对基础教育的热情不减，持续关注儿童教育问题，撰写《参观了实话生产教育的小学——慈幼以后》，关注流行教育理论对中小学教育实践的影响[②]；特意于 10 月 10 日“双十节”撰写《英国儿童保护事业的借镜》，详细介绍英国儿童保护事业的诸多做法，为当时中国儿童及青少年权益保护和教育革新提供决策参考[③]。留学英伦时，他注重从比较中吸收他国基础教育改革与发展优秀经验。学成回国后，编写《战后英国的小学教育》一书，详细介绍英国小学教育的历史沿革、文化背景、现行架构、课程与教学、教师、保障设施等。新中国成立后，他积极参与基础教育教学改革工作，亲自指导成立初期的杭州第十四初级中学（现杭州学军中学）进行英语课程教学改革。[④] 21 世纪初，我国全面推进新一轮基础教育课程改革，王承绪又为新课改出谋划策，强调要提供“恰到好处”的教育。[⑤] 此外，在他的极力撮合下，杭州大学成立 APEID 中心（亚太地区教育革新为发展服务计划），与联合国教育科学文化组织开展全方位合作，承担了“建立行动研究机制，促进学校

---

① 王承绪. 月夜［J］. 现代学生（上海 1930），1931，1（4）.

② 董宝良，周洪宇. 中国近现代教育思潮与流派［M］. 北京：人民教育出版社，1997：491.

③ 王承绪. 英国儿童保护事业的借镜［J］. 教育杂志，1936，26（1）.

④ 沈伟红. 学军中学：见证 50 年杭州教育［N］. 浙江在线新闻，2006－09－26.

⑤ 本刊记者. 个人旨趣、社会责任与比较教育工作者的使命：访王承绪教授［J］. 教育研究，2006（7）：44－47.

改革与发展”“流动人口子女的基础教育”等课题。

成人教育方面，王承绪对其偏爱来源于其自身的实践经历，他从一个成人教育的参与者、组织者到研究者，对面向成人的识字扫盲教育、职业教育、高等教育皆有涉猎。尽管他对有关成人教育的专题研究仅限于民国时期，但却折射出其救国理念的转变。在无锡中学师范科时，王承绪即开始了人生的第一次任教经历——成人教育学校教师，他于二年级下学期被聘为常识科教员。正是这次试教经历，使王承绪对成人教育产生了浓厚的兴趣，并在他浙江大学求学和留学英国期间，继续投身民众学校教学研究实践工作。浙江大学求学期间，王承绪曾担任国立浙江大学教育学会主席，统领民众学校一应事务①；同时，兼任国立浙江大学求是暑期学校，常务董事兼校长。② 这一时期，王承绪不但亲自参与民众学校的教学工作，同时也积累了一点成人教育管理经验；也正是基于7年多的成人教育实践经验，在郑晓沧、孟宪承、庄泽宣、梁漱溟等民众教育家的影响下，王承绪对成人教育研究情有独钟，并推演至乡村建设，发表了诸如《各国成人教育政策的比较观》《成人教育的心理基础》《墨西哥新教育给我们的启示——乡教运动与农村复兴》等文章。在英国留学期间，王承绪选择了以乡村教育作为硕士论文选题；毕业后，在诺丁汉大学成人教育学院担任讲师，继续从事成人教育教学和研究工作，并从比较的角度将其研究触角扩展到成人职业教育、高等教育领域，发表了诸如《英国青年就业机构》《瑞典的民众高等学校》等文章；同时，参与联合国基本教育事业，撰写《略论基本教育》论文，翻译《基本教育》一书。归国后，王承绪全心投入“基本教育”指导工作，担任浙江国民教育实验区委员③，组织远东区基本教育研究第一次会议，促进远东地区的“基本教育”从“黑暗带”向“光明带”迈进，引领学术界开展“基本教育”地位和功能的大讨论，

---

① 编辑部. 教育学会与省立图书馆合办民众夜校即正式上课［J］. 国立浙江大学校刊，1935（206）.

② 编辑部. 文理学院民二五级决定继续开办求是暑期学校［J］. 国立浙江大学校刊，1935（206）.

③ 杭州市教育委员会编纂组. 杭州教育志［G］. 杭州：浙江教育出版社，1994：207。指导委员会的成员组成如下：郑晓沧为名誉主任委员（时任师范学院院长）、俞子夷为主任委员（时任教育学院教授）、王承绪为委员（时任教育学院教授）、赵端瑛为委员（王承绪夫人，时任教育学院副教授）。

带动了诸多具有极高历史价值的成果，如俞子夷担任浙江国民教育实验区主任时主编的《基本教育》杂志、教育部远东基本教育研究会议筹备委员会编辑的《中国的基本教育》、中国代表团顾问吴研因出版的《基本教育》等。20世纪90年代，王承绪重新取得与联合国教科文组织的联系，参与了联合国儿童基金会研究项目《基本教育与国家发展——中国和印度的历史经验》的研究工作，并担任课题顾问委员会主席，撰写了《中国农村基本教育与社会发展——浙江省诸暨县案例研究报告》。[①]

总而言之，王承绪开展“基本教育”研究的动因是由时代、师承、内省等因素多元引发，其研究热情及成果在民国时期达到峰值，其学术旨归为以教育开民智，以民智促建设，以建设增国富，以国富保民生。

第二节　王承绪“基本教育”思想抉微

受民国时期政治、经济、文化等外缘因素影响，在一批矢志“教育救国”的名师熏陶下，王承绪以自身教育体认为素材，在青年及中年时期，致力“基本教育”相关理论研究，在教育原理、教育心理学、教学法、教育政策、乡村建设等方面颇有建树，相继撰写了《青年苦闷的分析及其补救》《现代教育之三种趋势》《物质建设与心理建设》《替代反射说的检讨》《教学技术概要》《成人教育的心理基础》《英国儿童保护事业的借镜》《战后英国的小学教育》《略论基本教育》《迎联合国教育科学文化组织远东区基本教育研究会议》《出席南京基本教育分区研究会议的经过和感想》等论著，为构建本土化、现代化的“基本教育”研究体系做出了贡献。其中，王承绪为联合国教科文组织成立大会撰写的《略论基本教育》一文及翻译的《基本教育》一书是其“基本教育”思想的代表作。由于历史资料的散佚，本文以《基本教育》一书为主要对象，佐以《迎联合国教育科学文化组织远东区基本教育研究会议》和《出席南京基本教育分区研究会议的经过和感想》等其他相关文章，综合分析王承绪“基本教育”思想。

---

① 王承绪，徐顺松，等. 中国农村基本教育与社会发展：浙江省诸暨县案例研究报告［M］//上海市智力研究所. 基本教育与国家发展：中国四十年的历史经验. 上海：华东师范大学出版社，1991：252－272.

一、“基本教育”的内涵

王承绪认为，所谓“基本教育”，即是每一个国民所必需的基础教育，它不限于儿童的国民教育，也不限于失学成人的实习教育，它是两者的合流；它不仅教人读、写和算，还授予各种基本的知识，使他们可以满足生计的需要，改善经济的地位，改良健康的环境，培养发展的能力，参与社会的活动，和享受完美的生活。①

王承绪对“基本教育”的意义、目的和价值的认识，与联合国教科文组织对“基本教育”的界定异曲同工。联合国教科文组织筹备委员会秘书处教育组援引法国殖民部教育督学主任夏通（Albert Charton）的文章称，“基本教育”是一种基础教育（Basic Education）、全体人民的教育。一方面，基础教育是最大多数人民的教育，没有限制、差别或不平等，它与建筑在宗教或社会阶级的少数特权阶级或士大夫阶级愿望的任何教育制度相违反。因此，它是民治主义的构成因素之一，又是在各国建立民治生活的主要工具。另一方面，它是适应人民的需要和希望的教育。基础教育的根本目的，在于扫除文盲，传播基本知识和求知的方法。它必须以改进人民生活，影响自然和社会环境和灌输世界知识为目的。从这点来说，基础教育有着不可比拟的社会价值，它是一个求进步和演进，甚至求根本改造的力量。②

当时国内学者对“基本教育”的理解也多援引王承绪翻译的《基本教育》一书中的观点。吴研因认为，“基本教育”的意义在于：它是一切教育文化的基础、是机会均等的全民教育、是引导充实完善人民生活的教育。关于“基本教育”的目的，他赞成《基本教育》中的主张，“训练识字，授以科学知识，抗拒愚昧的威胁”“培植生活能力，改进生活水平，抗拒贫弱的威胁”“增进国际了解和合作，加强平等和平的信念，解除动乱的威胁”。而中国“基本教育”的目的，在儿童教育方面基本上与联合国的倡导保持一致，在成人教育方面，第一，在于需使他们识字、有知识、懂得自己的命运，为想脱离牛马生活而追求光明；第二，在于使他们

---

① 王承绪. 迎联合国教育科学文化组织远东区基本教育研究会议［J］. 浙江民众教育，1947，复1（1）.

② 王承绪. 基本教育：下册［M］. 上海：商务印书馆，1948：3－4.

有卫生、生产、为自己增加活力改善生活的能力，不再为封建、强权当流血的苦力；第三，在于使他们有保障世界和平安全的志愿，决不做造谣挑拨以图引起战争者的应声虫。唯有这样，才能实现“基本教育”的价值：促进民治国家的实现、实现世界和平、实现国际的社会主义。①

当时的世界，有半数以上的人民既不能读，也不能写。② 诚如联合国教科文组织宪章所言：“战争既发动于人心，故和平之壁垒，仍须建筑于人心……文化的传播、交流，正义自由与和平的教育，为人类所需。”联合国教科文组织的目的，“在于促进各国教育、科学、文化的合作，有所贡献于和平以及安全”。赫胥黎也曾说过：“扫除文盲是必需的，因为识字是知识理解的先决条件，也是民治主义的先决条件，也是国际了解的先决条件。但是，光是识字是不够的，识字运动应配合在‘基本教育’的研究之内。”③ 可以看出，借“基本教育”扫除文盲，促进知识传播，提高人民生活，进而实现世界和平安全是国际社会的共识，也是教育研究者的时代使命。王承绪对“基本教育”内涵的理解和认识，与当时国际学术界保持高度一致。

那么，如何推行“基本教育”？王承绪认为：“推行基本教育，第一，须宽筹经费，第二，须广备师资。关于前者，中央和地方政府，应指定专款，办理基本教育；关于后者，应动员全国知识青年，从事基本教育工作。战前我国中学毕业生有劳动服务办法，欧洲国家亦然。美国青年营，亦从事社会活动。英国中等教育改造计划中，有中学毕业后须为社会服役一年方能升学的拟议。我国中学毕业生的未能升学的，何止千万，似乎应激发他们的服务观念，发动这广大的力量，充实基本教育的师资，解决基本教育的师荒。我们不妨规定中学毕业后须担任一年基本教育工作，方得升学，这又岂属苛求?!”④

除此之外，王承绪也强调运用新的教学方法和技术。“儿童教育方面，

---

① 吴研因，叶岛．基本教育［M］．上海：中华书局，1949：1－8．

② 编辑部．基本教育之意义及其重要性［J］．国民教育辅导月刊（台北），1947，1（2）．

③ 王承绪．基本教育：上册［M］．上海：商务印书馆，1948：10．

④ 王承绪．出席南京基本教育分区研究会议的经过和感想［J］．基本教育，1947（3）．

注重自由研究和实验，采用设计教学法，发展社会服务精神，培养公民道德，发展天才和独创，改进休闲活动。成人教育方面，注重培养各地方领袖人才，强调家庭关系的认识，注重社会团体活动，适应学生日常生活需要，多方应用电化教育和流动教学等方法。”① 在工具方面，要利用教育电影、教育广播、图书杂志等新型教育形式，将教育、生产、卫生、语言、民主、国际了解等结合起来，将国家统筹和社会协办结合，促进成人教育和儿童教育的普及和发展。

二、 成人教育思想

不可否认，尽管“基本教育”包括成人教育和儿童教育两个方面，但由于失学成人数量庞大、成分复杂，而成人对社会的贡献又极为显著和重要，因之，成人扫盲教育一直是“基本教育”的重头戏。当时的中国，约有55.9%的民众不识字，这一水平，高于世界平均值。因此，“中国基本教育目前最重要的问题，就在使这些不识字的同胞，得到受教育的机会”。“我们应当用最新的方法，最大的决心与力量，积极推行民众教育。同时我们应积极注意学龄儿童的入学问题，如果全国学龄儿童都能按时入学，那么新的文盲就不再产生。我们对于不识字的成人，又可用分区、分期，用强迫入学的方法，逐渐施以教育。那么中国的‘基本教育’问题，就可以解决了。”② 因之，政府、社会团体投入大量的人力、物力和财力，开设各种类型的识字班、技能班，开发功能各异的读物、教具，以期提高占绝大多数比例的成人教育水平。与此同时，学界也对成人教育理论和方法进行了深入探讨和研究，涌现了许多学派和教育名家，其中也不乏学有所长的青年才俊，王承绪即其中之一。

首先，王承绪强调了成人教育的重要性。他认为，成人教育已由附庸而变得蔚为大观，成为世界教育的主流，为农村建设、民族的复兴立下了不朽的功绩。而在中国，民众教育的前途更是无可限量，无论是在农村的

---

① 王承绪. 出席南京基本教育分区研究会议的经过和感想［J］. 基本教育，1947(3).

② 教育部远东区基本教育研究会. 中国的基本教育［M］. 上海：商务印书馆，1947：4-6.

改造、国力的提高，还是在国运的挽救或民族的复兴上，都占着不可忽视的地位。正因成人教育如此重要，急需从哲学上、经济上、心理上予以构建成人教育的理论基础。

其次，王承绪谈到了实施成人教育的可能性。他认为，社会上大部分人受习俗和谚语影响，种下了成人不能学习，或学习远不如儿童的根深蒂固的成见。如“少壮不努力，老大徒伤悲”“老来学打拳，自讨苦吃”，以及西方谚语“教老狗翻花样，难乎其难”等。即使是成人自身，亦怀自卑心理，认为学习的黄金时代已经过去，不能学习；而即使勉强学习，亦是徒劳无功。不但一般人如此，有许多心理学家也因袭了这种谬误的观念，如心理学权威詹姆士（James）认为，25 岁之后再学习新鲜事物，就非常困难，因为好奇心已经消灭。支持这一论调的霍林沃思（H. L. Hollingworth）也认为，成人以后，年龄愈高，学习的能量愈低。弗雷曼（Freeman）、爱德华（Edwards）等亦秉持此观念。然而，这种种论调，都被实验心理学的代表桑代克（Thorndike）予以击破，他认为无论是从兴趣、需要，还是从知识上讲，学校教育不应只集中在早年期，而应延及成年期。社会健康之一线希望，在于成人之学校教育。他的《成人的学习》一书，是一部从实验奠定成人教育心理基础的精心之作。

在谈到成人教育的心理学基础时，王承绪从成人的学习能力、成人与儿童学习能力的比较、年龄对学习能力的影响三个方面，介绍了相关心理学实验。在学习能力方面，主要介绍了霍林沃思、桑代克等人的无意义材料的学习实验，桑代克、陈礼江等人的觉动合作的学习实验，桑代克、Sorenson · H 等人的有意义文字材料的学习实验，以及 Hicks · V. C、Husband · R. W 等人的迷宫学习实验；在学习曲线方面，主要介绍了 Snoddy · G. S 的镜画学习曲线，桑代克的译写号码学习曲线；在记忆保持和追忆方面，主要介绍了亨德森（Henderson · N）、陈鹤琴等人的立时记忆实验，艾宾豪斯（Ebbinghous）的记忆保持实验，布朗（Brown · W）等人的追忆实验；在学习迁移方面，主要介绍了桑代克的新新监狱实验。尽管这些实验，可能得出的结论不一定一致，但却从不同角度论证了成人教育的可能。从年龄与学习能力的相关研究中可以看出，年龄对学习的影响几乎等于零；从儿童与成人学习能力的比较实验中看，各有优劣；从记忆保持等实验看，尽管两者都有差异，但成人仍然可以学习的事实不容否认。

总之，王承绪认为，人类的学习能力是继续增加，直到二十岁为最高点，停止五年后至二十五岁，始逐渐降低，其数量只有每年百分之一。自二十五岁至四十岁，能力下降百分之十三到百分之十五。到五十岁，学习能力也不减于十五岁左右。一个三十七岁的成人和他二十岁的儿子学习能力一样；六十岁的老人可以和他十四岁的孙子相等。这仅从心理能力而言，如果再从知识的广博、动机的明白和需要的增加上看，成人实际学习的希望一定更大。诚如他所推崇的克伯屈所言："我们因此将见成人教育有很大改进。壮年的母亲、灵敏的农夫、熟心的商人、负责的公民、城市的官吏，都应有机会在适当的指导下，随便研究一种有价值和有关系的科目，种种的成人教育，都应该在相当范围内联合起来，作共同的努力。"①

在成人教育比较研究上，王承绪翻译了比较教育专家汉斯（Hans）的名著 *The Principles of Educational Policy* 中第十二章"成人教育"。此章为该书 1934 年再版时新增加的一章，足见理论界对成人教育的关注和重视，以及王承绪对成人教育的偏好。在简单介绍了成人教育的意义和起源后，王承绪详细译介了各国成人教育的政策，包括苏联的国家统制政策、丹麦的国家不干预政策、德国的国家和自由协会共存政策、英国的国家与地方和自由团体相互合作政策，以及美国的同化政策与公共夜校制度等。通过比较分析各国成人教育政策的异同，王承绪认为，实行国家统制的成人教育政策，不免流于偏狭的党派训练，如意俄两国；反之，如果国家对成人教育抱不闻不问的态度，则又不可以激起私人团体的努力，法国便是一个好例，法国的成人教育运动原是不值一提的。在这种场合看来，国家和自由团体的相互联络、密切合作，共谋成人教育的发展，乃成人教育的最好方策。②

在成人教育的类别和国别研究上，王承绪较关注成人高等教育，遴选了国内较少研究的瑞典作为对象，并将其与已被世人认可的丹麦民众高等教育进行对比。他翻译了英国教育家玛格丽特·福斯特（Margaret Forster）的 *School for Life, A Study of the People's Colleges in Sweden*，该书是第一本系

① 王承绪. 成人教育的心理基础［J］. 民众教育季刊，1935，4（3）.
② 王承绪. 各国成人教育政策的比较观［J］. 民众教育季刊，1935，4（2）.

统地介绍瑞典民众高等教育的英文著作。在追溯了瑞典民众高等学校的起源和发展后，将其与早20年兴起民众高等教育运动的丹麦做比较，得出两者八点不同：一是丹麦的民众高等学校具有深厚的宗教色彩，而瑞典则较开放；二是丹麦的民众高等学校具有浓厚的民族主义色彩，而瑞典则相对淡薄；三是丹麦的民众高等学校侧重农民，志在改革农村，而瑞典则城乡并重；四是瑞典的民众高等学校极重社会改造，而丹麦则极少感兴趣；五是两者在学校归属上有较大差异，瑞典皆为董事会制度，中央与地方派代表参加，而丹麦则多为校长私有；六是行政方面的差异；七是学科设置上不同，丹麦重人文，瑞典重科学；八是丹麦民众高等学校较瑞典普及。除此之外，还详细介绍了瑞典民众高等学校的运行制度，如学校目标、课程设置、董事会组织、校长与教师遴选、环境设施、日常操行等。[①]

此外，王承绪还考察了墨西哥的乡教运动和农村复兴。他引用 Frank Tannebaum 的话指出："墨西哥革命产物中最伟大卓绝的，莫如农村教育运动，其规模的宏大，计划的周详，方法的新颖，感人的深切，以及影响于社会文化之甚，不特是美洲所未见，或亦全世界各国所未有。"教育成为墨西哥复兴的灵魂，而墨西哥教育最重要的特点就是乡村教育的发达。墨西哥新教育的目标在于教化村民和发展农村，通过渐次变更社会和经济的环境，以改进村民的生活。在墨西哥，教育不是教学，而是服务；教育的对象，不单是儿童，还有成人；教育的目的在陶冶群体中所包含的价值，所以教育是社会的教育，不是个人的教育；教育上的一切设施，举凡课程的厘定、教材的选择、教法的运用、校舍的建筑、设备的添置等，皆以此目标为出发点。王承绪认为，从教化村民的目标出发，成人教育应占据重要地位；倘使推行乡村教育而忽略了成人，即使不归失败亦是事倍而功半。儿童在学校所学的知识、技能和习惯，回到家中却发现与父母的言行习惯大相径庭，这种教育是完全脱离实际的。我国过去教育的失败就是此种原因之一，即只教儿童不教成人，导致两者教育上的脱节和背离。墨西哥却从一开始就认识到了这点，主张成人教育与儿童教育并重，且将成人夜校附设于小学内，应用不同教法和内容，贴近生活实际。墨西哥乡教运动的成功，此为关键之一。尽管墨西哥民族复杂、语言多样、乡村落

① 王承绪. 瑞典的民众高等学校［J］. 东方副刊，1946（12）.

后、经济凋零，但墨西哥当局却迎难而上，积极推行乡教运动，这种精神对处于同样社会背景下的中国具有极大的借鉴意义。近年来，我国复兴农村、推行义教的呼声甚嚣尘上，而中墨的社会背景又颇多吻合之处，可作为我们的模范……增加我们教育的新的生活素材。①

通过分析不难看出，王承绪对成人教育进行了全领域关注，包括以读写算为主的扫盲初等教育、成人夜校式的中等教育、培训班式的职业教育、成人学院式的高等教育等。研究的时间跨度从浙江大学求学到中华人民共和国成立前期长达 10 多年，研究的范式以译介比较研究为主，并佐以成人教育实践活动。尽管理论、方法上的创新尚显不足，但其对新问题的敏锐和对新材料的运用却颇具独到之处，迎合了时代的需求，在一定程度上丰富了成人教育国别研究素材，开阔了国人的研究视野。

三、 儿童教育思想

作为一名教育学专业的高才生，且从事过基础教育一线工作，王承绪具有深厚的基础教育理论素养和丰富的实践经验，主要体现在他对当时各种流行教育理论的精确理解，以及对国外基础教育改革动态的精准把握。

在教育理论方面，20 世纪上半叶最为盛行的莫过于进步主义教育哲学，其主要理论和观点有以儿童为中心的学生观，以生活为内容的课程观，以解决问题为方法的教学观，淡化权威意识的教师观，强调合作精神的学校观。进步主义教育的代表人物有杜威、克伯屈等人。杜威的教育思想通过其学生胡适、蒋梦麟、郭秉文、陈鹤琴、陶行知、冯友兰等人，在中国得到了更加广泛的传播和产生了重大影响。杜威于 1919 年到 1921 年来华讲学期间，一大批文化精英和教育专家成为他的追随者，他们积极运用进步主义理论和方法，改造中国教育实践。王承绪的老师当中就有很多是杜威的拥趸，如吴伯昂、张仲友。而克伯屈作为杜威最得意的门生，创造性地发展了杜威的教育思想，他依据杜威的“从做中学”的教育理念创造了一种新的教学组织形式和方法，即设计教学法。与杜威一样，克伯屈也分别于 1927 年和 1929 年先后两次来华推行他的设计教学法，孟宪承、

---

① 王承绪. 墨西哥新教育给我们的启示［J］. 教育杂志，1935，25（4）.

郑晓沧等人参与了接待。[①] 可以说，王承绪求学时期受的教育，根本上是一种带有进步主义色彩的新式教育。在授业恩师的潜移默化下，王承绪早期对进步主义教育理论颇有偏好和感悟，这也可从他后期致力翻译杜威系列名著窥见端倪。

王承绪早在入读国立浙江大学时，就翻译了克伯屈的一篇文章，介绍现代教育的新趋势。受社会的变迁、民治的扩张和教育的研究的影响，学校正发生着前所未有的变革，尤其是后者。大学对教育的研究大概有两个趋势：其一，对儿童极感兴趣并研究其如何发育；其二，有关科学事实与法则的建立，尤重实验与测量。从学校内部讲，亦有三种趋势，即进步的教育、教育科学化和精神健康。在进步的教育方面，由于民治的扩张，儿童获得了足够的尊重，增加了他们活动的责任心和快乐的机会；得益于大学的研究，人们形成了对儿童有效学习的坚定信念。然而，这些观念也潜伏着可能的危险，即父母为了儿童的快乐流于姑息、教师醉心自由而放任学生仿效怪想。这种危险的消除有赖于对儿童兴趣、价值、毅力等品质的正确引导和教育。科学化的倾向则表现在测验、智慧的测量和学校成就的考验。以往的分组教学严重侵害了学生的权益，促进了学生的不公；只有实行生活化的教学，不同能力的儿童才更易无阻碍地共同学习。精神的健康主要表现在儿童没有观察或驾驭自身而使其经验无疵的习惯和态度。解决这个问题，需要明其害、知其因、求其方，且需家庭和学校共同努力，父母和教师都应深切明了现代教育的原理，相互了解和合作。[②] 该文译出后，得到了郑晓沧的校阅，在《江苏教育》上发表后，又被选载于文理学院的院刊《文理》上，可见这篇文章颇具新意。

与此同时，王承绪也关注其他教育理论，如新实在论。他翻译了芝加哥大学勃立德（Freerick S. Breed）的《教育与新实在论》（*Education and the New Realism*），以期提供不同的教育哲学观。该书批判了实用主义教育哲学的偏狭和缺陷，指陈教育科学家与教育哲学的对立造成了教育思想与学校实施的分歧与迷离。克伯屈曾想综合桑代克与杜威的学说，但没有成功，这需要从另一个哲学体系来建构教育理论，即新实在主义的教育观。

---

① 编辑部. 教育界消息［N］. 申报，1927－1－19.

② 王承绪. 现代教育之新趋势［J］. 江苏教育，1933，2（12）.

新实在论的优点在于，它是一门以科学研究的方法与发现为基本的哲学，同时承认客观科学的局限和哲学精神在人类思想上的重要任务。实在论者与实用论者对于教育的不同看法表现在：①实在论者注重价值的保存，实用论者注重价值的改进；②前者重视科学的研究，后者侧重哲学的思考；③前者重习惯与经验的固定因素，后者重变的哲学；④前者尊重社会文化的传统与学习的科目，后者尊重个人与自发的活动；⑤前者置信权威，后者崇仰自由；⑥前者重努力，后者重兴趣；⑦前者重抵制，后者重发表；⑧前者重必修，后者重选习；⑨前者重社会的兴趣与需要，后者重个人的兴趣与需要；⑩前者重个人的适应社会，后者重个人的改造现实。实在论者对教育的观点，在杜威学派支配下的美国教育学术界，独树一帜，影响广泛。两者在相互论争的同时，也促进了相互理论的完善与发展。①

在教学法方面，王承绪偏向于要素主义教育哲学的代表人物巴格莱（William Chandler Bagley）的思想，他大篇幅翻译了巴格莱的《教学技艺》（*Craftsman of Teaching*）一书，认为书中叙述的是美国的例子，但教学方法，早已风靡全球；况且教法本无国界，只要根据国情，截长补短，则中国教法一道，思过半矣。在教师如何提问方面，王承绪列举了35条注意事项，包括问题的内容、形式、方法等。如发问要引导学生注意书中要点、提起学生兴趣、发现学生长处和短处、激起学生思考、多问“如何”“为何”等问题、不能讥诮学生的答语等，并佐以中国语境下的情境问题来予以说明，如“上海是中国最大的商埠，为什么”“门户开放政策的意义是什么”“你认为谁是中国最大的伟人，为什么”等。② 接下来，王承绪介绍了美国中小学盛极一时的社会化教学法，指出社会化教学法的基本要素在于作业指定不是全班的，而是个别的或是小组的，并总结出21条注意事项，如精密计划、培养良好品格、增进发表能力、发言应有秩序、防止领袖垄断等。同时，也指出社会教学法的局限，如不运用其介绍新教材、创立原则，只能用于综合科目而不能用于练习和表现科目等；特

---

① 王承绪. 教育与新实在论［J］. 东方副刊，1946（11）.
② 王承绪. 教学技术概要［J］. 教师之友，1935，1（7）.

别指出，应用社会化教学法后，不能摒弃其他一切有系统的教法，流于偏狭。[①] 在如何布置作业方面，王承绪指出，作业不应成为学生的负担，而应具有真实教学的特性，应注意有计划指定作业、唤起学生兴趣与努力、具有一定思想、使新旧工作相关联、根据学生能力指定不同作业等。[②] 在如何指导自学方面，王承绪指出，教师应多视察学生学习的习惯，指出学生学习方法上的错误，并使其能获得最有效的学习方法，即自学辅导。在具体技巧方面，他列举了 23 个注意事项，如要培养学生自学精神、鼓励学生合作、协助学生组织已有观念、鼓励批评的态度等。[③]

巴格莱的《教学技艺》源于他在奥斯威戈师范学校的毕业典礼上所做的题为“教学技艺”的演讲，其核心观点是，教学应该被视为一种技艺而不是简单地当作应用科学。[④] 尽管作为要素主义的代表人物，他批判以杜威为首的进步主义教育对传统教育的过多否定，过度强调儿童的个人经验和选择学习内容的自由，而忽视课堂学习的系统性，放松严格的课程标准，导致学习质量下降，普及教育水平低下，教育“意外地软弱无力”。但实际上他对杜威抱有终生的敬仰和尊重，对克伯屈的设计教学法亦怀谨慎认可和接受。[⑤] 从这点上说，要素主义与进步主义并非完全水火不容，而是形成了一种理论互补。这也从侧面反映，王承绪对教育理论的学习并未囿于一家之见，而是博采众长，各取其精。

在课程观上，王承绪援引怀特海“课程应起于疑惑（Wonder）”的观点，认为教学改革应该遵循“教育的节奏”，按照儿童心理发展的三个不同阶段——“奇异”“准确”“概括”——提供“恰到好处”的教育，教学质量应该适应学生达到的节奏中的阶段，这就是教育的成就所在。而当前的教育则过早集中于第三阶段，而忽视了较早的两个阶段，导致学生基

---

① 王承绪. 教学技术概要（续）[J]. 教师之友，1935，1（8）.

② 王承绪. 教学技术概要（续）[J]. 教师之友，1935，1（9）.

③ 王承绪. 教学技术概要（续）[J]. 教师之友，1935，1（10）.

④ BAGLEY W C. Craftsmanship in teaching [M]. NewYork：Macmillan，1911：1–22.

⑤ 金传宝. 从乡村教师到教育领袖：巴格莱教育思想研究 [D]. 保定：河北大学，2005.

础不扎实。[①] 同时，他也十分认同杜威有关“兴趣”的观点和斯金纳着重知识分步强化的“程序教学”，认为他们与怀特海有关课程的论断有异曲同工之妙。

在儿童权益保护方面，王承绪坚信，儿童及青少年是国家的未来、民族的希望，要保证他们每一位能在法律的保护下享受完整齐备的“基本教育”。在民国政府指定的第一个“儿童年”（1935 年 8 月 1 日至 1936 年 7 月 31 日），他特意于 10 月 10 日“双十节”撰写《英国儿童保护事业的借镜》一文，详细介绍英国儿童保护事业的历史演进、相关教育法案中关于儿童保护事业的具体规定等，分析英国儿童保护事业在“家庭教育”上的缺失，为当时中国儿童及青少年权益保护和教育革新提供决策参考。[②]

此外，王承绪还善于理论联系实际。20 世纪 20 年代到 30 年代中期流行的“生产教育”思潮席卷全国，盛极一时。在民国政府的大力倡导和推行下，各大中小学均“改弦易辙”，以“生产教育”为办学指导方针。[③] 王承绪在参观了实行“生产教育”的杭州私立慈幼小学后，撰文对其办学实况进行了分析总结，并提出要注意培养儿童劳动习惯和生产兴趣、合理分配儿童劳动时间、改进儿童生产教育方法等针对性建议，且援引大战后的德国和革命后的俄国实行“生产教育”的成功先例，对比国内实际，提出“教育要适应社会的需要，站在时代的先锋，负起改造社会的重任”。[④]

小　结

通过对王承绪“基本教育”思想的动因分析和内容建构，不难发现，王承绪“基本教育”思想呈现出三个特点：一是时代性。20 世纪上半叶，世界各国都处于战后恢复和重建阶段，急需培养大批具有一定文化和技能的民众，即时投入社会生产中去。而作为国家和民族未来的儿童教育则历

---

① 本刊记者．个人旨趣、社会责任与比较教育工作者的使命：访王承绪教授［J］．教育研究，2006（7）：44－47．

② 王承绪．英国儿童保护事业的借镜［J］．教育杂志，1936，26（1）．

③ 董宝良，周洪宇．中国近现代教育思潮与流派［M］．北京：人民教育出版社，1997：491．

④ 王承绪．参观了实话生产教育的小学：慈幼以后［J］．浙江教育行政周刊，1933，5（5）．

来是教育的重心所在。消弭战争的动乱、慰藉受伤的心灵、维护世界的和平、促进文化的繁荣，等等，“基本教育”被寄予了太多的厚望。可以说，“基本教育”是那个时代的主题和显学，研究“基本教育”理论和从事基本教育实践，是每一个具有时代使命感和良知精神的学人的必然之选。二是先进性。王承绪的“基本教育”思想，主要来自当世公认的哲人、教育家，这是一种源头性、先进性的思想。这些影响了社会进程的符号性人物带给王承绪的不仅仅是思想的启迪，更多的是一种精神的引导，即以先进文化和教育铺就强国的必由之路。同时，王承绪在面对这些精微妙论时，亦能保持节制的理性，并未照搬硬套，而是有所甄别，甚至适当阐发，验之于实情，很好地解决了先进和合时的辩证关系。三是发展性。理论的生命力在于与时俱进，王承绪的“基本教育”思想从民国时期的侧重成人教育，到新中国成立后的侧重基础教育理论，从关注成人扫盲教育到侧重成人职业教育，从关注教学法到侧重课程知识，无不体现出其认为因时而变、因地而宜的特点。

然而，由于心智、经历的关系，民国时期的王承绪仍处于思想的探索期，尚未构建起具有高识别度的理论体系；尽管其立论不乏新颖之处，但就其思想深度和广度来说，仍显单薄，未完全挣脱出时代巨匠的思想笼罩，具有明显的依附性。换言之，民国时期王承绪的“基本教育”思想，更多意义上是一种引介式思想，其本身如一鉴明镜，将国外贤人思想映射于国内，以飨同好、以新陈论。然就其本质来说，王承绪“基本教育”思想稚嫩中隐含老到之处，虽无激荡时代之用，仍发明目醒神之音。

第三章 王承绪的教育史思想

由于社会外部环境的变化以及出于学术发展的内部需要，王承绪在新中国成立后至改革开放这段复杂时期，潜心于教育史研究，沉浸于前人的微言妙义以纾解现实的困顿，并以此形成了由史入论、以论概史、史论兼具的研究理路。教育史研究是王承绪构建学术大厦的基石，中外悠久瑰丽的教育发展史为王承绪学术生成提供了丰富的思想营养。在中国教育史方面，王承绪形成了以“孔子—董仲舒—朱熹—蔡元培”为发展节点演绎中国教育思想史的研究观；在西方教育史方面，则注重从“柏拉图（以《理想国》为载体）—卢梭（以《爱弥尔》为载体）—杜威”等关键性节点构成的三点一线中考察其逻辑关系；基于中外教育史，进一步将研究视角迁移延伸至比较教育，古今结合，中外相佐。出于研究兴趣，王承绪将更多的重点放在外国教育史研究上，致力于构建历史和国际的双重坐标。王承绪曾言，自己首先是一位外国教育史研究者，既关心外国思想史，也关注外国教育实践史。遵循此旨趣，在具体国别历史研究上，王承绪先后出版了《英国教育》《新教育》《山顶国王锡金》《现代西方资产阶段教育思想流派论著选》（2001年再版改为《西方现代教育论著选》）等书，并发表了一系列国别历史研究的相关论文；在宏观历史研究上，王承绪厚积薄发，于20世纪90年代先后出版《比较教育学史》《中外教育比较史纲》等书。《中外教育比较史纲》则是王承绪教育史思想的集中体现。

第一节　王承绪教育史思想来源

王承绪的教育史思想来源极其清晰明了，即课程学习和教师讲授。根据1928年大学院公布的高级中学师范科课程标准草案，高级中学师范科应开设“教育史”课程，计3学分。[①] 另根据张文昌对1930年和1931年度九省144所中学的教学调查结果显示（江苏省立无锡中学在列），各校均开设有“教育史”课程。[②] 由于民国时期中学教学大都采取美国的教本制度，而不是欧洲式的演讲制度，[③] 因之，王承绪的早期教育史思想直接来源于教材。在浙江大学求学期间，正值孟宪承的《新中华教育史》面世，作为孟的得意门生，王承绪也不可能不受此书影响。此外，国立浙江大学教育史课程开设在三年级上学期，由庄泽宣主讲。[④] 由于庄泽宣兼讲“比较教育”课程，其对外国教育史的偏重直接影响了王承绪对外国教育史的偏爱。及至留学英国随伦敦大学教育学院院长兼教育学教授弗雷德·克拉克爵士攻读博士学位，在其直接影响下，王承绪的外国教育史观得以正式形成。本文即从教材和教师这两个角度来分析其教育史思想来源。

一、孟宪承《新中华教育史》的影响

民国前期，尽管“中国一般大学的教育学院，或教育学系，大都开得有‘教育史’这个学程，可是一般讲授这个学程的先生们，大半都是抱着

---

① 编辑部. 高中师范科课程标准草案［J］. 广西教育，1929，1（13）.

② 张文昌. 中学教务研究［M］. 上海：民智书局，1932：233.

③ REEDER W G. The fundamentals of public school administration［M］. New York：Macmillan，1951：443.

④ 编辑部. 文理学院二十二年度上学期各系二三四年级上课表［J］. 国立浙江大学校刊，1933（148）.

一两本洋装的书籍，上堂来说希腊时代的教育如何，罗马时代的教育如何，很少提到中国过去的教育如何”。[1] 中国教育史只是作为一项并不显要的内容掺杂在西洋教育史中。及至 1919 年陶行知在南京高等师范学校开设“中国教育史”课程，“中国教育史”方以独立课程身份出现在教育体系中。

与此同时，一大批学者、特别是海外归来的留学生，他们要么接受过系统的史学专业训练，要么接受过正规的教育学专业培养，成为当时各类学校讲授“中国教育史”课程的主力军，如王凤喈、陈青之、蒋梦麟、余家菊等人。这些人在讲授“中国教育史”课程的同时，也开始着手编撰相关中国教育史教材。据统计，民国时期仅有关中国教育通史研究的专著就多达十多本，其中就有孟宪承的《新中华教育史》[2]。

该书 1932 年由中华书局出版，系中华书局“新中华教科书”系列教材之一，为“高级中学师范科用”。中华书局的“新中华教科书”系民国成立后第一套面世的教科书，风行一时，几乎独占了中小学教科书市场。[3] 在体例上，该书循传统教育史教科书编排格式，中西合璧，分上下两编，上编为“世界教育史”，下编为“中国教育史”。本文在此着重分析其“中国教育史”分期部分。

孟宪承将中国教育史分为四期：虞、夏、商、周、秦、汉、魏、晋为上古期；南北朝、隋、唐、宋、元为中古期；明、清同治之前为近世期；清同治元年到民国近七十年为现代期。尽管梁启超对“治史者强分为古代、中世、近世”颇有不满[4]，但孟宪承认为，“话虽如此，为叙述的便利和明了计，还是不得不划分几个时期”。他将中国教育史分为四期的依据有三：一是参照世界史的分期；二是我国文化史上的三个变动，即固有文化开发时期、兼收全部亚洲文化调和发扬时期、欧洲文化初步输入时期；三是我国教育上的三个特点。在第一期，公家教育、学校和选举相辅；私家讲学和公家教育共荣时期。到第二时期，选举变为考试，考试的

---

① 蒋成堃. 王凤喈著中国教育史大纲［J］. 图书评论，1934，2（5）.

② 资料来源于《商务印书馆图书目录（1897—1949）》、民国时期总书目（教育、体育）、《八十年来史学书目》等。

③ 王维新，陈金林，戴建国. 中国百年师范教育图志［M］. 上海：上海辞书出版社，2009：68.

④ 梁启超. 中国历史研究法［M］. 上海：上海古籍出版社，1987：17.

盛和学校的衰恰成比例，最后则私家讲学的风气大兴。到第三时期，则公家只行考试，学校徒有虚名，教育和学术几全在私家之手。而现代 70 年的教育则为一种全新的教育运动。[①] 孟宪承的这一历史分期法，与黄炎培的《中国教育史要》几近相同，都是以文化的观点作为分期的中心。[②] 而黄炎培的《中国教育史要》在写作上亦深受梁启超的《清代学术概论》的影响，如其在序言中提及的“自定的五条规律”与《清代学术概论》中梁启超总结的朴学学风十大特色语近义同。与此同时，王凤喈的《中国教育史纲》也是该书参考的唯独两篇中国教育史著作之一。

诚然，亦有时人认为该书亦有商榷之处。就分期法而言，由于该书和黄炎培的三分法并无二致，所以存在同样的缺点，如上古分期太长，应以殷或周为起点，殷周之前的时代可大致划为一期，称之为传说时期；中古期仅从教育制度来看，隋唐以后是科举制度盛兴期，南北朝沿袭魏晋选举遗制，不尽相同；近世期中国正式吸收欧洲文化应自明末始；现代期又分新教育运动开始前四十年、学堂章程颁布后的十年、民国学校系统公布的十年、学校系统改革后的十年四段，前两段划分大体得当，后两段应再细分为三段，凡此种种。[③]

尽管如此，孟宪承的教育史分期法，侧重孔子、朱熹等大儒的学说论排，对王承绪中国教育史观的形成产生了直接影响。后者批判地吸收了王凤喈、孟宪承、黄炎培等人以点带面、紧扣关键人物事件的切面史观，尤其是孟宪承的教育史分期法，以秦以前之孔子（上古）、两汉之董仲舒（中古）、宋元明清之朱熹（近世）、民国之蔡元培（现时）作为人物节点来理解中国教育发展变革史，充分显示出了其宏大的理论视野和高深的学术史、教育史造诣，最终形成了以“孔子—董仲舒—朱熹—蔡元培”为人物节点来把握中国教育发展史的宏大思想。

---

① 孟宪承. 新中华教育史·西洋古代教育史［M］. 上海：华东师范大学出版社，2010：251－252.

② 黄炎培在《中国教育史要》的序言中，将中国教育史分为三期：第一期为两汉以前——中国固有文化开发时期的教育；第二期为魏晋到清中叶——中国兼收全部亚洲文化调和发展时期的教育；第三期为清末到现在——中国初步吸引欧洲文化时期的教育。

③ 宋隆任. 中国教育史分期说商榷［J］. 安徽大学月刊，1933，1（3）.

二、 弗雷德·克拉克教育思想的熏陶

国立浙江大学期间，在庄泽宣、孟宪承等大师的精妙讲授下，王承绪打下了坚实的外国教育史基础。至留学英伦，受业于弗雷德·克拉克爵士门下，王承绪最终形成了其具有个体特色的外国教育史观。然而，客观来讲，尽管庄泽宣等人为王承绪打开了外国教育史的学术之窗，甚至奠定了其研究外国教育史的基本理路，但真正令王承绪的外国教育史思想豁然贯通的还是弗雷德·克拉克，这点不仅可从二者思想的传承脉络上窥见端倪，也得到了王承绪的亲承。因之，本文此处着重分析弗雷德·克拉克教育思想对王承绪的影响。

弗雷德·克拉克（Fred Clarke，1880—1952）是英国著名教育家、教育社会学家和教育改革家，乃英国教育界公认的领袖，被誉为“20 世纪最伟大的教育家之一”（J. E. Burger 语），“一位伟大的教育政治家”“最早把社会学的维度引进教育分析的教育学家之一”（Brian Simon 语）。1935 年在伦敦大学教育学院讲授“教育原理”和“英国教育制度”两门课程，并兼任海外留学生导师。1936 年继沛西·能担任教育学院院长，直到 1945 年任退休。① 王承绪留学英国期间，硕士、博士的指导老师皆为弗雷德·克拉克。

“弗雷德·克拉克深受柏拉图、卢梭和杜威教育思想的影响，重视教育的社会功能和儿童发展。”② 在教育目的上，他认为，“一切的教育目的就是获得对永恒（或上帝，或绝对，或精神）的正确理解，并且在共同的生活方式中通过它们表达这种理解”。“在教育中，我们面对一个表面上充满矛盾的世界：心理与身体、个人与社会、自由与管理、工作与休闲、本能与道德、时间（或历史）与永恒。教育的任务在于超越这些矛盾而并不消灭矛盾的任何一方。”他把在个人教育中和通过个人教育揭示它的性质作为教育的真正目标和意义。但克拉克也并非机械地将唯心主义应用于教育，他认为，“教育首先不属于科学而属于哲学，特别是希腊人称之为政治学的人生哲学”，而杜威等人把科学和宗教进行了调和，他并不赞成这

---

① 王承绪. 弗雷德·克拉克［M］//赵祥麟，王天一. 外国教育家评传：第 4 卷. 上海：上海教育出版社，2002：3 -7.

② 顾明远. 教育大辞典：第 12 卷［Z］. 上海：上海教育出版社，1992：283.

种观点。他反对科学的另一个理由是科学的态度是“分析的和科学的”。他认为，教育心理学倾向于把具体现象可以用数量表示和测量的性质抽象化，并集中这些性质。“心理测验也许有以精确的数字形式表明小约翰的一切方面——除小约翰自己以外！”为什么小约翰的真正个性逃脱了“狡猾的科学之网”？这是因为“当你发现他的时候，你发现‘永生的灵魂’恰好是整体（wholeness）自己，而小约翰转过来从完全的整体导出整体自己”。①

在教育与社会的关系上，弗雷德·克拉克认为，一切社会组织都是潜在的教育者，“我们为社会进行教育，同时也通过社会进行教育”。他认为，人的成长是由本性和环境造成的，而环境即他在其中成长的社会秩序。我们吃的食物、穿的衣服、使用的语言、获得的技能、培养的情感等，都决定于社会秩序。社会秩序是一个宏伟的系统，由许多比较小的系统组成，例如家庭、教会、行业、职业、俱乐部、政党等，这些小系统即社会组织和制度。社会通过社会组织和制度进行教育。社会组织发挥教育作用，主要有三种方式：一是社会组织把它们的思想或理想传递给各个成员，使之在每个成员身上成长；二是间接促进成员成长；三是自我启示。同时，他也对家庭、学校、行业或职业等社会组织的教育功能进行了阐述，认为各种社会组织中决定和保持其所进行的教育的恰当关系，是国家最重要的教育职能。他对柏拉图在《理想国》中描述的国家作为最高且是唯一的教育者的理想进行了批判吸收，认为国家的作用不是许多进行教育的组织的争者或许多教育者之一，而是“支持、激励和协调进行教育的真正组织的工具”。②

在教育与文化的关系上，弗雷德·克拉克认为一切正确的教育，它的最终基础不是探究，而是信念，而权威和纪律是获得这种信念的保证。权威是通过稳定而弥漫的社会和文化秩序得到扩散的，社会和文化秩序包围着学生，并且把个性的营养传达给他。③ 在这点上，他十分赞赏柏拉图和

---

① 王承绪．弗雷德·克拉克［M］//赵祥麟，王天一．外国教育家评传：第4卷．上海：上海教育出版社，2002：21.

② 徐小洲．王承绪教育文集［M］．南京：江苏教育出版社，2010：613－616.

③ 王承绪．弗雷德·克拉克［M］//赵祥麟，王天一．外国教育家评传：第4卷．上海：上海教育出版社，2002：9－13.

卢梭的观点，认为两者都注意学生十分重要的内向性（inwardness）和自发精神，“两人都把一个净化和简化了的环境视为教育的真正实施者”。对于柏拉图，这是城市社会，学习内容经过道德检查的净化和浓缩；对于卢梭，这是在乡村社会隐居，不受不可救药的腐朽的城市生活的污染，可以按“自然”的告诫顺利行动。“一个要建立至高无上的善，另一个则要逃离恶。然而两者遵循的原则是相同的：卢梭的‘教员’就是柏拉图的‘审查员’”,[①] 他们代表社会和文化秩序的教育活动的象征性人物，以提高德行的行动纯粹可靠，使学生根本感觉不到在“受教育”，可以自由地对环境所提供的每一个刺激做出反应，通过这种反应稳定地获得体现道德的个人存在模式。道德原则的自我意识在适当的时候产生，但其基础是在因为被完全接受所以具有权威的环境的自由中而不是在受限制的活动中奠定的。

在道德教育上，弗雷德·克拉克认为，柏拉图和卢梭对“自由”的理解也是十分相似的。他一语道破，“柏拉图和卢梭都没把这种自由看作‘自然’性情的纯粹自发的、不受旁物制约的‘生长’，而是把它看作学生毫无阻碍地吸收养料的过程——这种养料是要靠一个经过清洗而得到再生的道德文化秩序来提供的”。从道德的角度看，柏拉图和卢梭对教育功能的看法更有共同之处：两人都认为教育有启迪灵魂、陶冶善行、祛除邪恶的功能。他指出：“柏拉图和卢梭都十分强调要坚持不懈地培养‘德’，并以此作为人类幸福的基本前提。”柏拉图认为教育的关键在于向人传授善的理念（或者说引导人发现善的理念）这一知识，“若无此种知识，其他知识都是无用的”。[②] 至于卢梭，他在《爱弥尔》一书中始终十分注意如何把孩子教育成“有德之人”的问题。两人对“善”的解释也不无相似之处，都把“爱秩序”作为最大的“善”，都想通过教育来培养“爱秩序”的人。[③]

总而言之，弗雷德·克拉克批判吸收了柏拉图的国家公民、卢梭的自

---

① CLARK F. The conflict of philosophies [M]. The Year Book of Education, London: Evans Brothers LTD. 1936.

② 柏拉图. 理想国 [M] //陈村富. 古希腊名著精要. 杭州：浙江人民出版社，1989：42.

③ 殷企平. 柏拉图和卢梭教育思想的异同 [C] //纪念《教育史研究》创刊二十周年论文集，2009.

然人和杜威的社会人思想，提出了新的教育社会学观，且“能够用新的眼光研究英国的教育问题”。在弗雷德·克拉克近10年的亲传下，王承绪完全继承了其西方教育史观，并且开辟了自己的英国教育研究领域。

第二节　王承绪教育史思想拾遗

王承绪的教育史思想集中体现在《中外教育比较史纲》一书。在该书中，他从比较的角度，对中外教育发展史上的名家学说、制度演进、文化背景等进行了纵向描述和横向比较，剖析了中外教育发展史上的异同、得失。此外，他的教育史思想也散见于国别研究中。另据与王承绪相交甚密的一位学者言，王承绪曾在某本教育史著作上做了大幅批注。这些批注无疑是研究其教育史思想的最佳素材，可惜至今无从考轶。因之，从目前所掌握的材料看，《中外教育比较史纲》是最为全面反映其教育史思想的唯一著作。本文即以此为蓝本，对王承绪的教育史思想进行捡摘。

一、 中国教育史观

中国教育史，一言以蔽之，儒家教育是也，其核心在“道统”二字，即“仁义道德”。作为中国教育史上最伟大的教育家，孔子上承尧舜禹汤、下及文、武、周公，于礼崩乐坏之际，自承道统，挽狂澜于既倒。幼年时，“孔子为儿嬉戏，常陈俎豆，设礼容”①。成年后，孔子以“述而不作，信而好古”作为自己的信条，“思不出其位”“不逾矩”。孔子毕生宣扬、坚守的道统，至董仲舒而得成显学，在“独尊儒术”的施政纲领下，儒家思想成为中国文化的灵魂中轴，上至达官贵胄，下及渔樵采猎，皆奉圭臬。隋唐以降，佛道兴起，儒学正统之位颇受冲击，韩愈遂创道统说，抗衡之。及朱子出，理学大行其道，儒学道统得以存续；藉注解《四书》，奠定有宋以降近七百年的儒学一统地位。辛亥革命以后，封建社会寿终正寝，儒学亦失去政治庇护，黯然隐退。然而，作为中国文化砥柱的儒家教育并未真正消亡，一大批饱读“四书”“五经”的传统士人或开馆授学，或转而进入新式学堂担任国文教师，继续着传经授道的文化使命，影响了出生于民初的一大批知识分子。与此同时，另一批既受过传统儒家教育，

---

① 司马迁．史记·孔子世家［M］．北京：中华书局，1982：1906.

又受过西方现代思想洗礼的有志之士，高举民主科学旗帜，矢志革新文化，发展新教育，重塑中华民族之魂。被誉为科举之后教育第一人的蔡元培，秉“兼容并包，学术自由”之理念，致力养成人格健全之才，被民国时期知识分子奉为精神导师，影响绵延至今。从孔子创立儒家学说、董仲舒光大儒家学说、朱熹发展儒家学说，到蔡元培批判重塑儒家学说，中国教育史形成了一个脉络分明、兴替有序的儒家教育画卷；理解了这四位大家的教育主张及其演化关系，也就理清了中国教育史发展的整体脉络。《中外教育比较史纲》将这一思想融入其中，在古代卷和近代卷中，分别对孔子、董仲舒、朱熹的思想进行了述评。王承绪作为主编之一，对以上内容的甄选和编排付出了努力、贡献了智慧，尽管具体章节内容并非其撰写，但他们的观点是一致的，亦可视为其教育史思想的代言。而对于近世的蔡元培思想，王承绪则在教育实践活动中给予了宣扬。

（一）孔子教育思想评说

书中指出，孔子是中国教育史上最早的大教育家。在人性论上，他重人事、轻鬼神、张人权、抑神权，剥夺了神鬼的权威，从神权下解放了人，提高了人的使命，使人从神鬼的奴隶变成了自裁的主人。无论从哲学、政治、伦理的观点，还是从教育的观点看，这都是思想史上的一次飞跃。这次飞跃的出现，比西欧早 2000 年。西欧直到文艺复兴时期才发出人对神的抗争。孔子对人的尊崇，为以后中国 2000 多年中文化、教育的人间性、现世性、入世性奠定了理论根基。神学始终没有在中国文化、教育史上取得垄断地位。一部中国教育史，从总体上说，是一部俗世教育史。教育是为现实的人、现实的社会服务的。教育学并不劝导人们为了来世的幸福而放弃今生的追求、使命和努力，忍受今世的苦难。中国教育史上的这一特点，在很大程度上应归功于孔子。①

在教育对象上，孔子提出“有教无类”的方针，不仅扩大了文化知识的传播面，推动了文化的发展，为以后战国时代的诸子并起、百家争鸣准备了条件，而且使教育的社会功能发生了重大变化。这时，教育已具备两种新的社会功能：一是对人才进行筛选，区分出愚、智、贤、不肖，将真正的“贤才”举荐去参与国事管理，实行“学而优则仕”，以改进国事管

① 张瑞璠，王承绪．中外教育比较史纲：古代卷［M］．济南：山东教育出版社，1997：50－51.

理人员的素质；二是促进社会变动，使一批出身寒微的有志之士通过教育培养得以跻身仕途，改变自己的社会地位。所以，“有教无类”的历史意义，远远超出了教育本身。①

在教育目的方面，孔子明确提出要培养贤士、君子类治国人才。考《论语》一书，内容十分丰富，但归结起来，论述最多的问题无非两大类。第一类是关于为学、修身的，涉及学习的内容、方法、态度和道德修养；第二类是关于治国安民的，涉及政治理想、为官之道、使民之方以及对政务活动家的要求等。两大类问题关系密切，不可分割。为学、修身的目的是造就贤能的治国人才，实现孔子的政治理想。② 孔子将德才的学习和从政结合起来“仕而优则学，学而优则仕”③，从此埋下了中国读书人出仕的济世情怀。

在教育内容方面，孔子以文、行、忠、信为四教，《诗》《书》《礼》《乐》是孔子的主要教材，从政是主要的培养目标。此外，孔子的教育活动中并不排斥军事、体育，恰恰相反，他强调内外兼修。后代人往往从破落寒酸的儒生形象去想象孔子，把孔子臆想为弱不禁风的白面书生，这是极大误解。其实，孔子身体强壮，多才多艺，能歌善舞，文武兼备。平时与学生相处，也是活泼、诙谐，是一位精力旺盛、虎虎有生气的教育家。④

在道德教育方面，孔子构建了一套完整的伦理体系，其基本概念为礼、仁、中庸、道、德、恕。礼是规范，“不学礼，无以立”。⑤ 仁为内省，“克己复礼为仁”。⑥ 中庸为至德，“不偏之谓中，不易之谓庸”。⑦ 恕即度人，“己所不欲，勿施于人”。⑧ 道为理想，“朝闻道，夕死可矣”。⑨

---

① 张瑞璠，王承绪．中外教育比较史纲：古代卷［M］．济南：山东教育出版社，1997：61－62.
② 张瑞璠，王承绪．中外教育比较史纲：古代卷［M］．济南：山东教育出版社，1997：68－69.
③ 《论语·子张》。
④ 张瑞璠，王承绪．中外教育比较史纲：古代卷［M］．济南：山东教育出版社，1997：74.
⑤ 《论语·季氏》。
⑥ 《论语·颜渊》。
⑦ 《论语·雍也》。
⑧ 《论语·卫灵公》。
⑨ 《论语·里仁》。

德如韩愈在《原道》中所言，“无待于外谓之德”。孔子在伦理学上的贡献远非苏格拉底所能及，他为中华民族的民族精神奠定了规模。[①]

在教学方法上，孔子提倡启发式教学。他认为知识来源于感觉，主张“多闻”“多见”“多识于兽草木之名”“多问”“多学”；学习要能举一反三、闻一知十。孔子善于激发学生学习兴趣，注重培养学生独立思考能力。“不愤不启，不悱不发，举一隅不以三隅反，则不复也。”[②] 综观中外教育史，孔子是世界上最早的、在古代也是独一无二的伟大教学法者。孔子的教学法在古代是最先进、水平最高的教学论。这是华夏民族对世界教育的珍贵贡献，也是中华民族的骄傲。[③]

（二）董仲舒人性论简评

儒学在其发展演变的过程中，经过了两次重大的改造，西汉的董仲舒和南宋的朱熹是这两次儒学改造的关键人物。董仲舒不仅是西汉儒学的代表人物，也是一位有重大历史影响的教育家。[④] 董仲舒对儒学的最大贡献在于，他从天人感应论出发，主张天下大一统，以儒家思想作为统一学术思想的准绳，因此提出“兴学校以养士”“兴教化以正万民”“独尊儒术，罢黜百家”的文教政策，对整个封建社会教育文化产生了极为深远的影响。王承绪在《中外教育比较史纲》中也着重对其人性论进行了评介。

书中指出，董仲舒是汉唐等级人性观的首倡者，他以“君权神授”“阳尊阴卑”的神学目的论为君主专制的中央集权统治做出理论说明。中国的封建统治由此奠基。他从人是天的副本的观点出发，认为：“身之名取诸天，天两有阴阳之施，身亦两有贪仁之性。”[⑤] 他中和了孟子的性善论和荀子的性恶论，将人性分成了三个等级，即不教而善，纯乎仁的“圣人之性”；教亦不善，全是贪的“斗筲之性”；兼有仁贪之气，教而后善的“中民之性”。此后的王允、韩愈均沿袭了董仲舒的人性论。表面上看，董仲舒及其后的性三品说与先秦人性有善有恶论相近，实则为糅合孟子、

---

① 张瑞璠，王承绪．中外教育比较史纲：古代卷［M］．济南：山东教育出版社，1997：87－94．

② 《论语·述而》。

③ 张瑞璠，王承绪．中外教育比较史纲：古代卷［M］．济南：山东教育出版社，1997：94－99．

④ 孙培青．中国教育史［M］．3版．上海：华东师范大学出版社，2009：116．

⑤ 《春秋繁露·深察名号》。

荀子及法家人性论而与专制政治制度结合的产物，先秦人性论的原始平等精神就此被破坏。作为硕儒，董仲舒固然也崇尚人的主体作用，但在君主专制权力初步建立和日趋稳定的政治条件下，个人处于从属的地位，个人的主体作用微不足道。因此，其人性论总体上倾向于环境决定论的人性论。①

总之，被称为“汉代孔子”的董仲舒继承、发扬，特别是改造了先秦儒学而构成汉代新儒学，为维护和强化王权统治提供并推行了儒家修齐治平的思想理论，谋划并实施了儒家教育政策，为整个封建社会奠定了基础，其理论和实践对后世产生了深远的影响。②

（三）朱熹教育思想简述

随着佛道在隋唐的兴盛，儒学地位受到了巨大挑战，道统沿袭岌岌可危。在韩愈提道统论后，儒学即进入了漫长的自我演化历程。至北宋中期，理学教育思想发轫，周敦颐、张载、程颢、程颐等濂、关、洛各家学派互相撞击、融合和发展，终在南宋朱熹手中发扬光大，理学形成了自身独特的学术规模和体系。朱熹的教育思想集理学教育思想之大成，是儒家教育思想发展的高峰。朱熹的教育思想也代表着中国封建社会教育思想的最高成就。③ 王承绪在《中外教育比较史纲》中对朱熹的教育思想做了较为详尽的论述。

在教育的作用和目的上，朱熹从“理”一元论出发，认为人性就是“理”，即儒家的“仁、义、礼、智”等道德规范。他将人性分为“天命之性”和“气质之性”，将心分为人心与道心，认为只有通过后天教育和主体自身的自觉学习，才能变化“气质之性”以恢复“天命之性”，制约“人心”以听命于“道心”。由此出发，朱熹得出教育的目的在于“明人伦”，即“父子有亲，君臣有义，夫妇有别，长幼有序，朋友有信”，并明确指出：“学者，学此而已。”④

---

① 张瑞璠，王承绪．中外教育比较史纲：古代卷［M］．济南：山东教育出版社，1997：198.

② 张鸣岐．董仲舒教育思想初探［M］．长春：吉林教育出版社，1988：序言.

③ 陈学恂．中国教育史研究：宋元分卷［M］．上海：华东师范大学出版社，2009：59.

④ 张瑞璠，王承绪．中外教育比较史纲：古代卷［M］．济南：山东教育出版社，1997：550.

在教学内容上，朱熹秉持“理在我”“学在外”的原则，“以《大学》《论语》《孟子》《中庸》为入道之序，而后及诸经。”虽然他也说：“至如天文、地理、礼乐、制度、军旅、刑法，皆是着实有用之事业，无非自己本分内事”，但实际上，天文、地理以及于一艺一能之学习，在理学教育思想内容中并不占有什么地位。从教育内容的实质意义而言，理学与原始儒学并无多大区别，都以传授封建伦理为己任。所不同的是：一方面，理学把儒家伦理上升到“天理”高度；另一方面，理学又特别要求个体在“尽心”“复性”中达到“穷天理、灭人欲”的目的。在朱熹看来，天理虽然为我之所固有，但不经过一番理性的学习和领会，“便只是个死底孝悌忠恕”。虽能力行，充其量不过“冥行”而已。朱熹主张通过格物致知、积累渐进、日用切己、主敬涵养等一系列“下学”理性功夫，“上达”到对封建纲常伦理自觉自愿（即“真知笃行”）的境界。①

朱熹集理学之大成，开启中国封建社会后期七百余年教育之路径，成为中国史上继孔子之后第二个最有影响力的杰出教育实践家和思想家。②他的教育思想博大精深，纵横开阖，全祖望以“致广磊、尽精微、综罗百代”誉之，实不为过。③ 可以说，儒学经朱熹改造后，影响达到峰值，其后由于社会变化加快，接受的挑战也越加剧烈和频繁，特别是明末心学、实学的兴起，儒学墨守成规、禁锢呆板的弊端愈显其短，如朱熹所培养的“醇儒”，就是专注于义理之精微，热衷于辨析古今异同的道学先生。这种人迷恋于“原心于秒忽，较礼于分寸，以积累为功，以涵养为正”，可是在实际事务上却一无所能。④ 及至辛亥革命爆发，儒学赖以附着的封建政权土崩瓦解，其存在合法性亦饱受质疑，面临着被世人彻底遗弃的命运。在此生死存亡之际，儒学将何去何从，成为一时人物的扬弃之争。

（四）蔡元培教育思想拾遗

蔡元培作为中国近代最负盛名的教育家，其在 30 多年的教育和学术活动中，着力于融合以孔子为代表的儒家思想和以康德为代表的西方哲

---

① 张瑞璠，王承绪．中外教育比较史纲：古代卷［M］．济南：山东教育出版社，1997：552－553.

② 毛礼锐．朱熹教育思想论稿序［J］．上饶师专学报（社会科学版），1986（4）：1.

③ 黄宗羲．宋元学案：卷四八［M］．北京：中华书局，1986：1495.

④ 张瑞璠，王承绪．中外教育比较史纲：古代卷［M］．济南：山东教育出版社，1997：594.

学，而以吸取康德思想的长处为主。[①] 可以说，蔡元培是中国传统教育和现代教育的接驳点，在中西方文化激烈碰撞下，其教育思想具有鲜明的民族性、先进性，至今仍散发理性光芒；他对中国传统文化教育的观点和看法，代表了晚清以来身受“教育救国”思潮影响的老一辈学人的家国情怀。诚如梁漱溟所言，“蔡先生一生的成就不在学问，不在事功，而只在开出一种风气，酿成一大潮流，影响到全国，收果于后世”。[②] 蔡元培之教育理念及教育实践对当代中国之教育改革，有极深极广的借鉴意义，为现代教育向和谐教育转向提供了不竭的理论和实践支持。[③] 也正因如此，尽管在偏重于思想史的《中外教育比较史纲》中，王承绪并未论及蔡元培的教育思想，但对蔡元培在中国教育史上立下“返本开新”之功的教育实践，却深表激赏，在给学生讲课、做学术报告等多个场合予以肯定。

如前所言，无论是儒学祖师孔子，还是董仲舒、朱熹等致力改造的集大成者，抑或蔡元培等批判继承者，儒家学说的洪流在他们这里，或激昂交汇，或沉沙易道，或化为潜流，滋润着中华古老文明，造就了一批批仁人志士，这既是社会文明的物竞天择，也是历史规律的必然结果。尽管儒家教育思想在不同时期经受了来自不同文明和思想的冲击，尤其是晚清以来的西方宗教哲学和科学主义的冲刷，儒家教育思想一度面临改弦易辙的绝境；然而，深埋于中华民族血脉的儒家传统文化精髓却并未随诡谲的政治、凋敝的经济、颓败的国情而湮灭消亡。相反，在经过近一个世纪的试错后，忽视和摒弃中华传统文化带来的诸如社会道德沦丧、民族认同缺失、国家发展式微等灾难性后果却日益凸显。这种文化心理修复是极为艰巨和漫长的，唯有通过教育来涵养，日积月累，以至充盈；唯有从中国教育史中重拾那些散落各处的智慧结晶，方能为中国教育文化乃至民族国家续脉。这其中，孔子、董仲舒、朱熹、蔡元培及他们之间一以贯之的儒家“道统”即不二之选。诚如蔡元培所言，“宋之有晦庵，犹周之有孔子，皆吾族道德之集成者也”。而自董仲舒出，儒家教育成一统；蔡元培出，

---

① 张翼星．时代呼唤蔡元培：蔡元培教育思想的鲜明特色［J］．北京行政学院学报，2009（3）：96－101.

② 梁漱溟．纪念蔡元培先生［M］//中国蔡元培研究会．蔡元培纪念集．杭州：浙江教育出版社，1998：133.

③ 刘长明．蔡元培和谐教育思想及其当代之意义［J］．北京大学学报，2008（4）：18－25.

传统教育进新风，二者之道德亦何其大也。尽管王承绪在对四人教育思想的论述上，以儒家祖师孔子为最详，理学大师朱熹次之，策论名师董仲舒再次之，而对中西兼修的导师蔡元培不做论述，但正是对他们这种主次、轻重、先后、学行的逻辑关系的精妙把握，才完整演绎了中国教育发展史上思想与实践的交替沉浮。

二、外国教育史观

在强调以中国教育史塑造中华民族之魂的同时，王承绪也重视以外国教育史淬砺民族之魂，提升中华文明的包容性和生命力。王承绪的整体教育史观即建立在“古为今用、洋为中用”的原则上，即“一只手伸向古代，一只手伸向外国，屁股坐在现在的中国”。钻研外国教育思想研究数十载的王承绪，对外国教育发展脉络的梳理如同他对中国教育史的透析，即以关键节点人物和事件来把控宏大历史进程。在西方教育史上，出现了三位具有划时代意义的人物，分别是柏拉图、卢梭和杜威；柏拉图的《理想国》、卢梭的《爱弥尔》和杜威的《民主主义与教育》并称人类教育史上的三部标志性著作。无论是柏拉图的哲学王、卢梭的自然人，还是杜威的教育无目的，都是寄望于通过教育达到社会目标，促进社会变革，这点与中国儒学通过入仕来实现干政异曲同工；但较中国教育史的平稳和连续而言，西方教育史则更加裂变和多元，这是由自柏拉图始的敢于超越恩师，唯真理是从，不以师道害真理的教育传统而定的。细究柏拉图、卢梭、杜威这三位特定人物的思想，可以斑窥豹，化繁为简，对外国教育史的发展逻辑如指诸掌，这亦是王承绪编撰《中外教育比较史纲》的指导思想。

（一）柏拉图教育思想简述

柏拉图晚于孔子 124 年出生，是西方历史上第一个有许多著作被完整保存下来的思想家，他的著作中讨论教育问题较为集中的是《理想国》和《法律篇》。

在教育的作用和目的上，柏拉图认为，教育和培养是当政者应注意的一件大事。理想国的建立和保持，端赖于教育。[1] 教育不仅是实现理想国

---

① 张瑞璠，王承绪．中外教育比较史纲：古代卷［M］．济南：山东教育出版社，1997：104.

的工具，更是改造人性的手段。他说："一种适当的教育，只要保持下去，就能使一国之人性得到改造，而具有健全人格的人受到这样的教育又变成更好的人，胜过他们的祖宗，也使他们的后裔更好"。① 他继承了苏格拉底"美德即知识"的观点，相信美德可以通过某种方式习得。教育可以使人变得具有德行，去追求正义的行为，获得幸福。同时，理念是抽象和难以理解的，但理念是人们追求的理想，对理性的真、善、美的渴望是人的本性的彰显。只有通过教育才能使人具有理性和产生对善的追求，认识理念世界。② 基于此，他认为，教育的目的在于复归人的自然本性，甄别、培养、训练出能够管理国家的哲学王、保卫国家的军人和供养国家的农工商人，"使那些禀赋好的人去得到我们认为最伟大的知识，使其能够看到'善'，帮助他们不断前进，使他们登峰造极"。③

在教育阶段划分和教育内容上，柏拉图将培养未来哲学王的教育过程划分为不同的阶段，即3~6岁是幼儿教育阶段，6~10岁是接受初等教育阶段，10~17岁是接受中等教育阶段，在17岁或18岁前后，受教育者必须暂时中断学校教育，为所在城邦履行2~3年的"强制性军事义务"。20岁以后是接受高等教育阶段，在这一阶段，受教育者边学习高深的文化知识，边参与管理城邦政治事务，直到50岁，培养哲学王的教育才结束。④ 柏拉图为上述教育阶段设计了广泛而系统的课程，幼儿教育从音乐、游戏和讲故事开始，主要训练勇敢、乐观等品质；初等教育阶段的教育内容主要是算术、几何和天文，主要训练思维；中等教育阶段主要教授五项竞技、骑马、射箭等，用以训练体格；高等教育主要传授"四艺"和辩证法，主要训练理性的美德。30岁后，极少数天赋独特、聪慧而好学的优秀者继续研究哲学，直到35岁，成为国家的重要官吏。他们继续在社会实践中学习管理、政治知识和军事技能，经过15年的经验积累和实际锻炼，到50岁时，已经获得了对善的理念，具有绝对的能力和美德，可以被授予统治国家和社会的权力，成为国家的最高统治者——哲学王。⑤

---

① 柏拉图. 理想国［M］. 吴献书，译. 北京：商务印书馆，1957：64.
② 王保星. 外国教育史［M］. 北京：北京师范大学出版社，2008：23.
③ 柏拉图. 柏拉图论教育［M］. 郑晓沧，译. 北京：人民教育出版社，1958：17.
④ 黄福涛. 外国高等教育史［M］. 2版. 上海：上海教育出版社，2008：13.
⑤ 王保星. 外国教育史［M］. 北京：北京师范大学出版社，2008：24.

柏拉图在《理想国》中描述的国家主办教育，建立系统的、层次不同的初等、中等和高等三级学校教育制度，以及归纳出的“四艺”，为后世描述了一个教育通达理性的理想之国，其观点受到了后代思想家，如亚里士多德、莫尔以及卢梭等的推崇。尽管他的教育理想没有被实现，但是在西方社会以后2 000多年的文化、思想史上，他是一颗清辉不灭的巨星，被黑格尔称为“人类的导师”。[①]

（二）卢梭教育思想简述

卢梭处于近代社会的转折点，是法国18世纪最为杰出的思想家。他的理论涉及社会、政治、宗教、文学、教育等领域，其中，教育名著《爱弥尔》乃其二十年之大成。该书融哲学、教育、文学于一体，提出了自然教育理论，塑造了未来社会新人的形象，不但极富意蕴，而且具有极高的历史价值和现实价值。[②] 王承绪在《中外教育比较史纲》中，将卢梭视为外国近代启蒙运动的领袖，对其“自然人”的教育目标和感觉教育主张进行了介绍。

在教育目标上，与柏拉图旨在拯救分崩离析的奴隶社会、培养固化阶层的哲学王、军人、农工商者等国家公民的教育观大相径庭，卢梭提出培养“自然人”的教育目标。他在《爱弥尔》中说，“教育的目标是什么？……那就是自然的目标”。他要培养的，“既不是行政官员和士兵，也不是牧师，而是一个真正的人”。[③] 这个“真正的人”或“自然人”并不是完全脱离了社会制约、生活在真空中的人，而是一个身心调和、自食其力、智勇双全并能胜任各种工作、适应各种环境的人。[④] 简言之，卢梭自然教育的最终目的，不再是旧教育所培养的王孙公子、达官显宦，而是新社会的公民、爱国者，是一代新人。[⑤]

在感觉教育上，卢梭认为：“由于所有一切都是通过人的感官而进入

---

① 张瑞璠．王承绪．中外教育比较史纲：古代卷［M］．济南：山东教育出版社，1997：135.

② 卢梭．卢梭的民主哲学［M］．刘烨，译．长春：吉林出版集团，2014：210.

③ 卢梭．爱弥尔［M］．北京：商务印书馆，2001：13.

④ 殷企平．柏拉图和卢梭教育思想的异同［C］//纪念《教育史研究》创刊二十周年论文集，2009.

⑤ 张瑞璠，王承绪．中外教育比较史纲：近代卷［M］．济南：山东教育出版社，1997：50.

人的头脑的，所以人的最初的理解是一种感性的理解，正是有了这种感性的理解作基础，理智的理解才得以形成。”① 在他看来，知识的获得，判断能力的养成，摆脱传统文化影响的理智，都靠感觉能力。他赋予感觉教育以双重任务：一是认识世界、获得知识、培养品德的基础；二是判断是非、决疑断难的哲学思维。卢梭把感觉教育当作儿童时期的重要教育内容，并提出进行感觉训练的三种方法。一是体育，这是一切教育的基础。在他看来，12 岁之前是“理智睡眠期”，主要进行儿童感官训练并继续发展身体，应该使儿童“身体锻炼和思想锻炼互相调剂”。二是智育，根本任务是发展学生的智力，培养对科学的兴趣和研究科学的方法。他认为，12～15 岁是学习知识的最佳时期。他强调，教给学生的知识，要能学以致用、行以求知、培养智力和能力。三是德育，以培养人的善良情感、正确的判断能力和坚强意志。他认为，15～20 岁是进行道德教育的最佳时期。在培养儿童优良品德时，要为儿童树立典范，顺应人性，切忌体罚。②

卢梭由“自然”而“自由”的教育思想贯穿于《爱弥尔》全书，他强调儿童在教育中的主体地位，其丰富的教育理论对各国近现代教育事业的发展都产生了巨大影响，也曾滋养过各国教育哲学和教育科学的成长。③因此甚至有教育史家如美国的 F. Mayer 据此把教育思想史分为“卢梭之前”和“卢梭之后”。尽管卢梭本人因缺乏科学实验而无法将这一理念落实到学校教育中，但它却对近现代教育产生了深远的影响，被称为“哥白尼式的革命”。他的教育观点不断被教育理论家，如皮亚杰、杜威等探讨、继承、深化。

（三）杜威教育思想简述

杜威（John Dewey）是美国实用主义教育思想的创始人，也是一位具有世界性声誉的教育家。在现代西方教育史上，他有着重要的地位。杜威曾对世界上许多国家的教育产生了影响，但是，他的“最大影响在中国”。通过杜威本人 20 世纪 20 年代的访华讲学活动以及他在哥伦比亚大学任教时的学生、近代中国教育家胡适、陶行知、陈鹤琴的宣传，不仅推动了杜

① 卢梭．爱弥尔［M］．北京：商务印书馆，2001：49.

② 张瑞璠，王承绪．中外教育比较史纲：近代卷［M］．济南：山东教育出版社，1997：51－55.

③ 滕大春．卢梭教育思想述评［M］．北京：人民教育出版社，1984：25.

威实用主义教育思想在近代中国的传播，而且也推动了近代中国教育的改革。[①] 因之，王承绪在编撰《中外教育比较史纲》时，将其与胡适、陶行知、陈鹤琴合并成章，从比较的角度分析了杜威教育思想的“中国化”。

杜威在《学校与社会》一书中第一次用“传统教育”一词来称呼以赫尔巴特为代表的主知主义教育思想，并对其进行了强烈批判。他认为，传统学校教育的主要弊病之一就是学校教育同儿童现在的生活经验相割裂，没有给儿童充分生活或生长提供必要的和合适的条件。传统的学校教室、设施和布置都是同实际的经验情境相反的，儿童缺少进行活动的空间，教材和教法单一，在根本上忽视了每个儿童的不同能力和需要。他还指出，传统学校教育忽视培养儿童的思想习惯和能力，缺乏引起思维的经验的情境，对儿童的兴趣和经验的需要考虑太少，甚至忽略了儿童这个教育对象。[②] 总之，传统学校教育的弊病可概括为：“消极地对待儿童，机械地使儿童集合在一起，课程和教学法整齐划一。”[③]

在批判传统学校教育的基础上，杜威提出了“教育即生活”的教育本质论。他强调说：“生活就是发展，而不断发展，不断生长，就是生活。”“用教育术语来说，就是教育过程在它的自身以外无目的，它就是它自己的目的；教育过程是一个不断改组、不断改造和不断转化的过程”。[④] 他还提出，“教育即生长”。“生长是生活的特征，所以教育就是生长；在它自身以外，没有别的目的。”[⑤]因此，在杜威看来，“教育即生活”“教育即经验的改造”“教育的生长”实际上是同一个意思。[⑥] 此外，他还认为，“学校即社会”，学校作为一种特殊的环境，应该具有三个比较重要的功

---

① 张瑞璠，王承绪．中外教育比较史纲：近代卷［M］．济南：山东教育出版社，1997：302.

② 张瑞璠，王承绪．中外教育比较史纲：近代卷［M］．济南：山东教育出版社，1997：312－313.

③ 赵祥麟，王承绪．杜威教育论著选［M］．上海：华东师范大学出版社，1981：31.

④ 赵祥麟，王承绪．杜威教育论著选［M］．上海：华东师范大学出版社，1981：154.

⑤ 赵祥麟，王承绪．杜威教育论著选［M］．上海：华东师范大学出版社，1981：158.

⑥ 张瑞璠，王承绪．中外教育比较史纲：近代卷［M］．济南：山东教育出版社，1997：320.

能，那就是“简化和整理所要发展的倾向的各种因素；把现存的社会风俗纯化和理想化；创造一个比青少年任其自然时可能接触的更广阔、更美好的平衡的环境”①。

在课程与教学方面，杜威提出了以儿童现在的生活经验为核心的课程观以及在世界上广为流传的“从做中学”理论。关于学校课程，杜威强调，“一个课程计划必须考虑到能适应现在社会生活的需要”。② 课程设置必须站在儿童的立场上并以儿童的出发点来考虑，课程与教材的价值是以服务于儿童生长和发展的各种需求来衡量的。由此出发，他认为，学校课程的主要内容应该是各种不同形式的主动作业，如园艺、纺织、木工、烹饪等。③ 关于教学，杜威认为，儿童应该从自身的活动中进行学习。他曾明确说过：“人们最初的知识，最牢固保持的知识，是关于怎样做的知识；……应该认识到，自然的发展进程总是从包含着从做中学的那些情境开始的。”④ 他甚至认为，“从做中学”使儿童从那些真正有教育意义和兴趣的活动中进行学习，标志着对于儿童一生有益的一个转折点。此外，杜威还强调教学活动应该唤起儿童的思维，培养其思维习惯和能力。据此，他将教学过程分为五个步骤：一是给儿童提供一种与实际经验相联系的情境以及暗示；二是使儿童具有足够的资料，其中首要的是其现在生活的经验、活动或事实；三是思考并提出解决疑难问题的假设；四是对解决疑难问题的方法加以整理和排列；五是通过儿童亲自动手做去验证它们是否有效。⑤

在儿童与教师的关系上，杜威强调“儿童是中心”⑥，教师最主要的

---

① 赵祥麟，王承绪．杜威教育论著选［M］．上海：华东师范大学出版社，1981：154.

② 赵祥麟，王承绪．杜威教育论著选［M］．上海：华东师范大学出版社，1981：200.

③ 张瑞璠，王承绪．中外教育比较史纲：近代卷［M］．济南：山东教育出版社，1997：330.

④ 赵祥麟，王承绪．杜威教育论著选［M］．上海：华东师范大学出版社，1981：192.

⑤ 张瑞璠，王承绪．中外教育比较史纲：近代卷［M］．济南：山东教育出版社，1997：331－332.

⑥ 赵祥麟，王承绪．杜威教育论著选［M］．上海：华东师范大学出版社，1981：32.

任务是“经常而细心地观察儿童的兴趣”。[①] 在他看来，学校的一切教育活动都要服从儿童的兴趣和经验的需要，以儿童为自己的出发点。儿童的生长和发展，应该是学校生活的理想，因为学校以儿童为中心是与儿童的本能和需要协调一致的。但同时他也认为，教师对儿童的生长和发展要给以指导，而应该采取“放手”的政策，只问儿童喜欢什么。他还指出，教育过程实际上是儿童和教师共同参与的过程，也是儿童和教师真正合作的相互作用的过程。[②]

应该指出，杜威的实用主义教育思想对批判传统的封建教育以及形式主义的传统教学方法起到了积极的作用。与此同时，在近代中国教育史上，杜威的学生及其追随者，如胡适、陶行知、陈鹤琴、吴伯昂、孟宪承等人，在教育实践中吸取了杜威理论和学说中的合理因素，并结合中国的国情和教育实际进行了改造，对近代中国教育的改革和发展起了很大的推动作用，影响了一代学子。王承绪求学时期正是处于杜威教育思想在中国的盛行期，对王承绪的教育观、学习观、教学观影响至深，这也是他后期翻译杜威系列作品的直接动因。

小　结

诚然，王承绪的教育史思想创见并不多，但胜在中正平和。在中国教育史方面，他博采众家之长，化繁为简，以儒家教育的开创者孔子、将儒家学说推至统制地位的董仲舒、将儒家学说发展成理学的朱熹，以及赋予传统儒学时代新元素的蔡元培为人物支点，以检视整个中国教育史的发展历程，他们之间的这种承传关系，既带有学术谱系的连贯性，也具有一定的革新和跳跃，其间的更迭也折射出否定之否定的发展规律——学（学术）、仕（政治）、行（实践）的相辅相成，中国教育史的波澜壮阔正隐匿于这条由此四人串联起的发展脉络中。尽管中国教育史上各派学说林立、名家辈出，如儒之孟荀、心之陆王，但无疑对中国教育影响最大的，

---

① 赵祥麟，王承绪. 杜威教育论著选［M］. 上海：华东师范大学出版社，1981：10.

② 张瑞璠，王承绪. 中外教育比较史纲：近代卷［M］. 济南：山东教育出版社，1997：340－341.

无出这四人之右，这既是王承绪之隅见，亦为中国教育史家之共识。在外国教育史方面，王承绪则兼容庄泽宣、克拉克的观点，以古时之柏拉图、近世之卢梭、现代之杜威为人物节点，透视欧美教育史的发展进程。与中国教育史观相比，王承绪的外国教育史观更显简要，如果说他的中国教育史观是建立在学术衍生史上的，那他的外国教育史观则是基于思想变革史上的，因为中国教育史实质上是一场内部学术自我发展史，其中的核心理念并未被否定，是一种同质超越性发展；而外国教育史则更多的是一场外部思想斗争史，众多学派各秉一说，是一种异质对立性发展。在中外教育史观上的不同持见，也赋予王承绪不同的气质——既有中国传统知识分子对先贤真说的敬畏，亦有西方自由民主之士的争鸣。王承绪的教育史观最大的亮点在于从比较的视角研究中外教育史发展的异同，以史为经，以问题为纬，“一只手伸向古代，一只手伸向国外，屁股坐在现在的中国”。[①]然而，尽管王承绪的教育史思想波澜不惊，不为世人所悉，但其教育史修养不可谓不深，正是在坚实深厚的史学基础上，王承绪以史入论，构建了成熟完备的比较教育及高等教育学术大厦。

---

① 张瑞璠，王承绪. 中外教育比较史纲［M］. 济南：山东教育出版社，1997：4.

第四章

王承绪的比较教育思想

比较教育是王承绪学术研究的中轴，毕其一生，皓首穷经。民国求学时期，王承绪通过修习“外国教育史”“比较教育”等课程，在庄泽宣、孟宪承等人的熏陶下，比较教育思想初具雏形，发表了多篇外国教育研究论文；及至负笈海外，经过长达10年的留学深造，在约瑟夫·劳锐斯（Joseph Lauwerys）等人的影响下，比较教育思想遽然小成，创办《东方副刊》，参与联教事业；新中国成立初期，在“文化大革命”的洗礼下，王承绪的比较教育研究暂归沉寂，转而埋首编译，出版了《西方资产阶级教育论著选》《西方古代教育论著选》《现代西方资产阶级教育流派论著选》《杜威教育论著选》《杜威学校》等外国教育著作；改革开放后，在国家和人民的信任和召唤下，王承绪以“筚路蓝缕，以启山林”之姿，积极投身比较教育学科重建，与朱勃、顾明远一起编写了新中国成立后我国第一部比较教育学教科书——《比较教育》，开创了“具有中国特色的比较教育学”①，并承担多项国家重点课题，产出了《比较教育学史》《中外教育比较史纲》等系列重大成果，形成了以英国为主要国别、以高等教育为主要领域的比较教育研究特色，比较教育思想已然大成。王承绪正是以比较教育研究为主轴，以教育史为依托，以高等教育为引申，以名著翻译为载体，以基础教育、成人教育、职业教育等教育子系统为补充，以学术组织为平台，积极践行学术理想，终成一家之言，享誉国际，其有关比较教育研究的理论和方法，施泽至今。

第一节 王承绪比较教育思想来源

王承绪正式修习“比较教育”课程始于国立浙江大学，任课教师即庄泽宣。庄泽宣于1934年由国立中山大学教育研究所主任转任国立浙江大学教育系主任，主讲“外国教育史”和“比较教育”，后又兼讲“教育社会学”和“教育学”，直到1937年抗日战争爆发方离开浙江大学。尽管在国立浙江大学任教时间不长，但作为王承绪的授业恩师，庄泽宣的比较教育思想对王承绪产生了深刻的影响。许美德甚至认为，王承绪是庄泽宣比较教育思想的直接继承者。② 此外，王承绪在英国伦敦大学教育学院攻读学位期间，与国际著名比较教育学家约瑟夫·劳锐斯（Joseph Lauwerys）关系密切，其比较教育思想亦对王承绪产生了一定影响。因此，本文通过分析庄泽宣和劳锐斯两位中外比较教育大家的思想，以印证三个不同时代、不同国度的比较教育大家的心灵对话和学术共鸣。

一、庄泽宣的比较教育思想

作为中国早期三大比较教育家之一，庄泽宣的比较教育思想对当时的中国和后世影响至深。他于1929年出版的《各国教育比较论》是我国出

① 薛理银．当代比较教育方法论研究：作为国际教育交流论坛的比较教育［M］．北京：首都师范大学出版社，1993：188.

② 罗伯特·阿诺夫，许美德．思想肖像：纪念王承绪教授百岁华诞［J］．阚阅，译．比较教育研究，2010（09）：17－20.

版最早的一部比较教育专著，较美国康德尔的名著《比较教育》早四年出版。[①] 该书与常导之的《各国教育制度》和钟鲁斋的《比较教育》并称民国三大比较教育代表作，分别代表了民国比较教育的三大体系：问题比较体系、国别教育体系和既有国别教育，又有问题比较，以国别叙述为主的综合体系。[②] 随后，庄泽宣又出版了《各国学制概要》（商务印书馆 1931 年版）、《各国教育新趋势》（中华书局 1936 年版）、《民族性与教育》（商务印书馆 1939 年版）等书，比较教育思想日趋成熟，自成体系。其中，《各国教育比较论》《各国学制概要》和《民族性与教育》为庄泽宣比较教育思想的集大成之作，同时也是他在国立浙江大学进行“比较教育”教学的教材。因此，本书也着重从这三本著作分析其比较教育思想及其对王承绪的影响。

在比较教育研究的意义和作用上，庄泽宣认为进行比较教育研究有助于当时中国教育的进步。“世界上教育最进步之国而其方法组织一切影响于吾国教育制度者，在既往为德、法及日本，在现在为英、法、美，在将来或为俄及新德，兹数国之教育制度，吾人乌可不一研究之?”“我国新教育尚在萌芽时代，对于此种研究之不可缓，更不待言”。[③] 具体表现在两个方面：一是促使新教育中国化，这是庄泽宣比较教育研究的价值旨趣所在。[④] 庄泽宣认为，中国自从兴办学校以来“即从事于抄袭，跟在别人背后走，总觉得跟不上，到现在已经有很多感到现行制度不良”。他大声疾呼，“现在中国的新教育不是中国固有的，是从西洋日本贩来的，所以不免有不合于中国的国情与需要的地方！如何能使新教育中国化，这是一件很大的问题，而且非经专家长期的研究与实验不可！”[⑤] “一种教育制度若可称为‘中国的’，绝不是模仿任何国的陈规所可形成的，非自己去建设不可！”[⑥] 在如何使新教育中国化上，庄泽宣提出了以下观点：首先，教育改造不能重蹈覆辙。“改造并不是抄袭别人的制度，一定要大家观察社

① 王承绪．比较教育学史［M］．北京：人民教育出版社，1999：296.
② 王承绪，顾明远．比较教育［M］．3 版．北京：人民教育出版社，1999：8.
③ 庄泽宣．各国教育比较论［M］．上海：商务印书馆，1929：1－2.
④ 陈伟，郑文．新教育中国化：论庄泽宣的比较教育思想［J］．学术研究，2012（4）：152－158，160.
⑤ 庄泽宣．如何使新教育中国化［M］．上海：民智书局，1929：23－24.
⑥ 庄泽宣．中国教育制度改造之我见［J］．中华教育界，1932（3）.

会的需要，各种背景，如历史背景、经济背景、政治背景等，并且大家要觉到教育与中国的各种组织制度不能离开”①。其次，新教育中国化必须满足四个条件：一是合于中国的国民经济力；二是合于中国的社会状况；三是能发扬中国民族的优点；四是能改良中国人的恶根性。② 最后，新教育中国化必须遵循四个原则：一是从各国新实验里找，欧美教育制度因为历史、经济、政治种种关系而不能依照最新的理想来发展，它已不是理想的制度，对中国更加不适用了。因此，欧美出现了如道尔顿制、设计教学法等各种新运动，中国改造教育应从这些新运动中寻求借鉴。二是从专家研究中找，教育作为一门科学，并不是任何人都可以谈的，需要专门的研究，需经过专家多年的研究实验。三是从本国实例中找，中国有平民教育、乡村教育各种运动，这些运动中有许多办学的实例，可以为改造教育提供有益经验。四是从本国需要找，办教育要根据社会的需要培养相应的人才，因此改造中国教育也须依据本国的需要。③ 比较教育研究的另外一个目的在于为国内研究者提供翔实可靠的研究素材。他说，“比较教育的研究，真不容易，莫说教育与社会经济的关系，制度与理想的表里不易明了与解释，就是事实的认清，也麻烦得很，况且常常是在随时代而改变的”“凡遇到疑难的地方，我总是设法查该国本国人所叙述的，如再有歧异，则以官方报告为根据，希望如此或者可以减少些错误”④。此外，庄泽宣还提倡国内师范院校及大学教育科应该把比较教育作为必修科目，通过这一举措来培养比较教育研究者，足见他对比较教育研究的重视。

在比较教育研究方法上，庄泽宣经历了前后两个不同时期的发展变化：在中山大学教育学研究所工作期间（1927—1934 年），属于庄泽宣比较教育研究方法的初步探索和早期实践阶段；在国立浙江大学工作期间（1934—1937 年），是庄泽宣的比较教育研究方法日渐自成体系、走向成熟的阶段⑤。具体而言，主要运用了三种比较方法。一是列国并比法，其代表作为《各国教育比较论》。该书共十章，第一章为各国学校系统之比

---

① 庄泽宣. 如何使新教育中国化［M］. 上海：民智书局，1929：119.
② 庄泽宣. 如何使新教育中国化［M］. 上海：民智书局，1929：23－24.
③ 庄泽宣. 如何使新教育中国化［M］. 上海：民智书局，1929：137－145.
④ 庄泽宣. 各国学制概要［M］. 上海：商务印书馆，1931：2.
⑤ 陈伟，郑文. 新教育中国化：论庄泽宣的比较教育思想［J］. 学术研究，2012(4)：152－158，160.

较，沿用大陆派和英美派的划分方法，就其形成的历史背景、特点以及共同趋势，分析比较和总结。第二章至第八章分别为德、法、英、美教育行政组织之比较，四国初等教育之比较，四国中等教育之比较，四国高等教育之比较，四国师范教育之比较，四国职业教育之比较，四国成人教育之比较。第九章介绍日本教育之最近发展，第十章介绍俄国教育之最近发展。[①] 二是逐国叙述法，其代表作为《各国学制概要》。该书共分六章，分别叙述了德、法、英、美、日、俄的学校教育制度；且按发行社要求，并未对各国学制进行比较。该书亦未论及义务教育的推行、教员的待遇、社会教育的实施、教育与经济的关系等问题。庄泽宣也坦言，因时代的关系，《各国学制概要》与《各国教育比较论》有许多不同的观点；加上立场不同，两本书的体裁也两样，《各国学制概要》注重事实陈述，《各国教育比较论》则重并列比较。[②] 三是因素分析法，代表作为《民族性与教育》。《民族性与教育》成书于国立浙江大学期间，是他在研究和教学中将《各国教育比较论》由单纯制度层面的罗列比较深化阐发至教育制度与历史文化、社会经济、地理民族的结晶，为庄泽宣后期比较教育思想的集大成作。在书中，庄泽宣在广义的教育社会学构想框架下对民族性进行了分析，他从民族性的构成与控制、英美德法的民族性、四国民族性在教育上的反映、教育对四国民族性的影响、中国民族性的表现及其分析、中国民族性的构成、教育与中国民族性等方面进行了论述。他指出教育学的两大基础是心理学和社会学，但是研究教育心理学只能解决教育内涵，尤其是教与学方面的问题，而不能解决教育外延方面所发生的问题。作为社会各种事业的一部分，教育能够延续社会生命和促使社会进步，因此提高教育效率至关重要。“教育心理学之与教育社会学，犹之车之两轮，鸟之两翼，缺一无从前进，至少其发展必乏均衡性。”[③] 可以看出庄泽宣比较教育研究的转变，由侧重教育制度内部因素分析转变为注重教育制度外部因素，关注教育与文化的关系，注重多因素分析，尤其关注教育与民族性的

---

① 王承绪．比较教育学史［M］．北京：人民教育出版社，1999：297.

② 庄泽宣．各国学制概要［M］．上海：商务印书馆，1931：2.

③ 庄泽宣，陈学恂．民族性与教育［M］．上海：商务印书馆，1938：1.

关系。[①] 此外，也可以看出庄泽宣注重多学科研究，不仅注重从他国借鉴先进经验，也善于从其他学科借用其先进方法，为丰富和完善比较教育方法论体系做出了一定贡献。

总而言之，庄宣泽的比较教育研究极具"革命创见"，为时人所注意，"既为当时教育研究的繁荣贡献了智慧，又为后世教育研究的发展留下了遗产"[②]。王承绪即受惠者之一。庄泽宣的列国比较法、逐国叙述法、因素分析法不仅奠定了比较教育研究的基本范式，也对王承绪开展比较教育研究产生了深刻的影响。王承绪在新中国成立后编写新中国第一部比较教育教材《比较教育》时，就是对前两种体例的糅合，即第二章学制部分按逐国叙述法编写，后面几章按问题领域列国比较；而《中外教育比较史纲》则三者兼而有之，"立足中国，放眼世界"，"以史为经，以问题为纬"，注重社会文化变迁和教育制度变迁的关系。此外，庄泽宣的多学科研究方法，也可在王承绪身上觅见踪影，如王承绪留英期间在《东方副刊》上发表的论文，就充分运用了这一方法。[③] 因之，庄泽宣对王承绪比较教育思想的形成具有不可替代的指引作用。

二、 劳锐斯的比较教育思想

约瑟夫·劳锐斯（Joseph Lauwerys）是英国著名的比较教育学家，其在伦敦大学工作多年，曾任欧洲比较教育学会第一任会长，乃另一位比较教育学家霍尔姆斯（Brian Holmes）的老师（后接任劳锐斯的比较教育系系主任和欧洲比较教育学会会长），著有《比较教育学的方法》（1958）等书。他主张在比较教育学的研究中，除历史分析外，还应重视人类学和社会学的分析方法。[④]

在比较教育学的价值属性上，劳锐斯赞成马克斯·威巴的无价值性思想。比较教育学是以实证的研究为基础的。但是为了使这种实证的研究成

---

① 周莉. 民国时期比较教育思想研究：以庄泽宣、常道直、钟鲁斋为例［D］. 南京：南京师范大学，2014.

② 邓友超. 庄泽宣及其《教育概论》［J］. 教育史研究，2005（2）：53－57.

③ 陈伟，郑文. 超越战争的战时比较教育研究：论参与创办《东方副刊》时期的王承绪［J］. 比较教育研究，2012（4）：24－28.

④ 成有信，靳希斌. 教育科学分支学科研究述略［M］. 天津：天津教育出版社，1990：360.

为科学，在研究过程中，必须坚持禁欲的、无价值的态度。① 马克斯·威巴把理论与实践、经验的认识与价值判断做严格区别，认为发现具有约束力的规范和理想，并从中找出指导实践的处方，绝不是经验科学的任务，即经验科学是说明“是什么”的，而不是教人们“应当做什么”的。这就是威巴所主张的有名的无价值性思想。② 劳锐斯在他的论文《比较教育学——它的发展与课题》（托贝斯、米亚雷斯编《世界教育》）中说明比较教育学不是规范科学。总之，比较教育学不是规定教育应当做什么，而只是说明为什么是那样。按劳锐斯的说法，比较教育学类似航海学，航海学并不向船长说你应当往哪里去，它只是教给你风向、潮流情况、暗礁与浅滩等知识，而决定前进方向的是船长。③

在比较教育学的研究方法上，劳锐斯的哲学方法具有十分重要的地位。20 世纪 50 年代之前，以康德尔为代表的历史学方法大行其道；随后，社会科学的概念和方法被引进比较教育领域，到 60 年代，此法尤盛。④ 劳锐斯则是这一方法的代表人物之一，其于 1959 年发表的《比较教育的哲学分析》具有重要意义。在这篇文章里，他对那些早期的比较教育大家通常运用的一个概念——“民族特征”做了尖锐的批评。他说，“民族特征”基本上是个十分缺乏理论基础的概念，尽管他认识到这个概念是“一个有价值的发明，有助于提出问题和指引研究的方向”。⑤ 比较教育与其谈论“民族特征”，不如谈论哲学中的“民族风格”（estilos nacionales）；虽然哲学范围是普遍性的，但不同的民族确实只顽固地坚持某种具体的哲学，如英国的经验主义，法国的民族主义、笛卡儿主义，可能还有存在主义，德国的理想主义和浪漫主义，以及美国的实用主义。假如这种说法是对的，那么比较教育学家就可以建立和阐明“哲学论证方式”与教育实践和教育强度的关系。比较教育学家的工作就是要研讨甲种观点为什么在乙国被接受而在丙国被拒绝，这个研讨包括哲学的、历史的、社会学的、心

---

① 李文英. 冲原丰比较教育思想述评［J］. 河北大学学报（哲学社会科学版），2010（2）：8－13.

② 成有信. 比较教育学［M］. 北京：中国文化书院，1987：164.

③ 桂勤. 价值认识与我国的比较教育研究［J］. 比较教育研究，1992（1）：10－12.

④ 王承绪，顾明远. 比较教育［M］. 3 版. 北京：人民教育出版社，1999：10.

⑤ KANDEL IL. The methodology of comparative education［J］. International Review of Education，1959（5）：72－74.

理学的、行政的和教育学的因素的分析。这将不仅是一个“有成效”的研讨，还有助于对“在任何社会将会发生什么事情”这个问题获得更深刻的洞察力，因此它会引出预见。① “事实上大部分比较教育专家在他们的工作中都在有意或无意地、经常地或断断续续地从某种哲学基础出发进行比较。我们看到，他们每个人的分析，至少是建立在各自的哲学概念基础之上的。”②

当然，劳锐斯不愿把这种哲学方法推向极端，尽管他非常强调这一方法。他认为：“哲学研究只是比较教育研究的一个方面。其他分析方法，如历史学家、社会学家、人类学家、统计学家、政治学家、经济学家、管理学家及其他科学人员的研究方法，都是哲学研究的补充，这些研究人员的观点同样重要。但要严格分析这些学科的具体贡献在哪里，我们可能还得借助于哲学研究的方法。”③

在国际教育组织方面，劳锐斯在1964年发表的《教育年鉴》（与理查德·古丁合著）中曾预言：“20世纪下半叶，世界将成为统一体。”④ 因此，他强调需要以国际标准来搜集可靠数据，以便进行教育比较，并积极参与联合国教科文组织的教育工作。他受联合国教科文组织的委托而参与的一项重要工作，即《国际教育分类标准》（*International Standard Classification of Education*）的研究。该项成果旨在寻找一种能广泛应用于不同的教育制度的分类体系，便于国际编制和比较各国教育资料，为统计教育资料提供一个适当的工具。在这个标准里，教育被分为三级，第一级教育为初等教育，第二级教育为中等教育，第三级教育为高等教育。其中，实施第三级教育的机构主要为大学、独立学院、高等专科学校、各类成人高等教育机构等。可以说，劳锐斯等人的努力，不仅推进了国际教育交流和合作，也为统计法在比较教育研究中的运用奠定了基础。

劳锐斯的思想通过各种研究、文章和参与国际会议而传播开来，特别

---

① 卡扎米亚斯，马西亚拉斯. 教育的传统与变革［M］. 福建师范大学教育系，等译. 北京：文化教育出版社，1981：5.

② 何塞·加里多. 比较教育概论［M］. 万秀兰，译. 北京：人民教育出版社，2001：36.

③ 劳锐斯. 比较教育的哲学研究方法［J］. 国际教育评论，1959（3）：285－287.

④ 王长纯. 和而不同：比较教育的跨文化对话［M］. 北京：人民教育出版社，2007：134.

是他与国王学院的汉斯（Nicholas Hans）和贝雷迪（G. Z. F. Bereday）等合编的《教育年鉴》，对比较教育文献做出了创造性的贡献，它也是王承绪在国立浙江大学研究比较教育的必读经典文献之一。诚然，彼时的伦敦大学比较教育学名家云集，除劳锐斯和汉斯外，还有埃德蒙·金（Edmund King）、霍尔姆斯等人，与拥有艾萨克·康德尔（Issac Kandel）、贝雷迪、安德森（C. A. Anderson）、诺亚（H. J. Noah）、埃克斯坦（M. A. Eckstein）等名家的美国哥伦比亚大学遥相呼应，为世界两大比较教育研究中心之一。尽管劳锐斯并非王承绪比较教育思想的唯一，甚至并非最重要的来源（王承绪曾翻译过埃德蒙·金的《别国的学校和我们的学校》，并在其他比较教育著述中多次论及霍尔姆斯，此点将在下一节中详加论述），但其强调哲学性质的比较教育研究方法在比较教育史中仍占有重要的地位，并对王承绪日后形成的多学科比较教育方法论产生了一定影响。再加上其与王承绪亦师亦友的融洽关系，以及他对王承绪参与联合国教科文组织的大力引荐，两人在学术上的交汇尽管并非最深，但无疑是最为直接的。

第二节　王承绪比较教育思想管窥

通过自无锡中学师范科至国立浙江大学近10年的课堂书本式学习、留学英国近10年的旅行研究式学习、新中国成立后近20年的蛰伏闭关式钻研，及至改革开放后，王承绪的比较教育思想终破茧而出，蔚为大成。在随后的近30年教育实践中，王承绪不断修正、丰富和完善着自己的比较教育思想，为新中国比较教育学科的创立和发展做出了卓越的贡献，也为科教兴国、教育强国战略的实施贡献了智慧。王承绪精妙的比较教育思想和精彩的比较教育实践成为中外教育史上一段传奇的佳话，追随者众，赞誉者沸。王承绪的比较教育思想主要凝练在以《比较教育》《比较教育学史》《中外教育比较史纲》等为代表的著作，以《从国外比较教育学科发展的现状看我国比较教育教学中的若干问题》《比较高等教育引论》等为代表的论文，以及有关英国、法国、德国、美国等欧美国家的国别研究成果中。据笔者统计，王承绪有关比较教育的成果近百篇（部），可谓著作等身。与此同时，国内教育界自20世纪80年代起即对王承绪的比较教育思想不断加以引介、阐发，研究热潮方兴未艾，研究焦点主要集中在王承绪的比较教育方法论、比较教育研究内容、比较教育研究方法、比较教育学科建设、比较教育国际交流等方面。这些研究对王承绪比较教育思想的整理、丰富、深化和传播具有积极的意义。本书旨在前人研究的基础上，对王承绪比较教育思想做事实性全景描述，并结合自身的理解和发现，探寻王承绪比较教育思想的新元素。

一、审名——何为“比较教育”

研究、讨论一个事物时，首先要给这个事物下一个明确的定义。韩非子曾言：“用一之道，以名为首，名正物定，名倚物徙。”（《韩非子·扬权》）只要有了正确真实的“名”，就能规定客观的事物；如果“名”不实，客观事物就无法正确反映。孔子亦曾言：“名不正，则言不顺，言不顺，则事不成。”（《论语·子路》）审名即下定义，如果定义不明确，则容易导致概念模糊、逻辑混乱、思想离散。

那么，什么是比较教育呢？很遗憾，学术界至今对此未有定论。世界上各个国家的比较教育学者及流派都曾尝试对这一概念做出界定，有人认为，比较教育就是研究外国的教育，有的人干脆将其解释为分析研究外国教育制度的学科；但也有人对此持异议，认为外国教育并不就是比较教育。这些观点具有代表性的有：康德尔的“制度比较说”，即比较教育是“以现行的实况为基础而不以理论为基础，比较各国教育制度的原理”，“研究外国的教育制度就意味着评价、分析本国的教育实质，从而更清楚地分析对比本国教育制度的背景和基础”。还有苏联索科洛娃的“外国教育说”，即“比较教育学研究当前世界教育理论和教学、教育发展中的共同的和特有的特征及趋势，并揭示它们的经济、社会政治和哲学基础以及它们各民族的特性”。[①] 可以说，每个人心中都有一个比较教育的哈姆雷特。众说纷纭的背后，凸显出比较教育学科的特殊性、复杂性和不确定性。这些莫衷一是的观点一方面促进了这一领域或学科在不断论争中的纵深发展，另一方面也增加了学科把握的难度。以康德尔为代表的西方学者尽管研究比较教育时间早、影响大，但在基本范式研究方面却并不一致；而以索科洛娃为代表的苏联学者虽然以马列主义作为指导进行研究，但全盘向苏联学习在中华人民共和国成立初期已被证明此路不通。因此，我国

---

① 王承绪，顾明远．比较教育［M］．3 版．北京：人民教育出版社，1999：20－21．

比较教育的研究和发展可谓举步维艰，但同时也暗藏无限前景。

认识到这一挑战后，王承绪决定另辟蹊径，从比较教育发展的历史脉络和前人成果中寻找既具有规范普适性又符合中国国情的比较教育概念要素。基于以上认识，在1982年版的《比较教育》中，他就对比较教育做出了开创性的界定："比较教育是用比较分析的方法，研究当代外国教育的理论与实践，找出教育发展的共同规律和发展趋势，以作为改革本国教育的借鉴。"① 这个定义内涵极其丰富，指明了比较教育的研究方法、研究内容和研究目的。研究方法即"比较分析"；研究内容即"当代外国教育的理论与实践"；研究目的在学理上即"找出教育发展的共同规律和发展趋势"，在实践上则要求能"作为改革本国的借鉴"。从这个概念产生的背景来看，它无疑是辩证唯物主义和历史唯物主义指导下形成的一个内涵和外延较为明确的定义，并不像当时有些定义只片面强调研究外国教育的制度或为本国做借鉴。

然而，随着比较教育研究的日益深入，这一概念内涵的囊括性愈受挑战。随着多学科交叉研究的发展，比较分析的方法不再仅局限于比较教育这门学科，诸多教育子系统甚至是其他学科都在运用，且比较教育也越来越多地应用其他学科的方法来进行创新性研究，比较分析的方法对比较教育并无特殊性。再者，"定义中并没有指出教育发展共同规律的具体含义"②。各国因历史、国情不同，并非可以无差别地在对等水平上进行比较，而是要视具体情况而定。最重要的一点是，定义强调比较教育的实践目的是为本国提供借鉴，但却将本国教育研究排除在外，客观上有造成脱离本国实际的危险。正如朱勃所言："我国第一本《比较教育》教材的'美中不足'之处是没有把本国教育作为对象进行比较研究。"③

意识到这些不足后，王承绪和顾明远等人于1999年再次对《比较教育》进行了修订。在第三版的前言中即指出："国际政治、经济发生了巨大变化，各国教育也出现了许多改革的新思路、新方案和新经验。"④ 因

---

① 王承绪，朱勃，顾明远．比较教育［M］．北京：人民教育出版社，1982：12.

② 薛理银．当代比较教育方法论研究：作为国际教育交流论坛的比较教育［M］．北京：首都师范大学出版社，1993：190.

③ 朱勃．比较教育学科建设的探讨［J］．外国教育，1984（4）：1－5.

④ 王承绪，顾明远．比较教育［M］．3版．北京：人民教育出版社，1999：前言.

此，对比较教育的概念也有了新的认识。首先，增加了中国作为研究对象；其次，根据这一补充，修订了比较教育的定义："比较教育是对当代世界不同国家或地区的教育进行比较分析，找出教育发展的一般规律和特殊规律，为本国或本地区的教育改革作借鉴。"① 通过对比不难发现，新的定义发生了三个变化：一是对研究对象进行了"扩容"，将"外国教育"修改为"当代世界不同国家或地区的教育"，真正体现了比较教育研究的跨国性；二是对研究目的进行了"细分"，将"共同规律和发展趋势"修改为"一般规律和特殊规律"，既体现共性也体现个性，既具一般性也不排除特殊性；三是应用领域更加具体，将"以作为改革本国教育的借鉴"修改为"为本国或本地区的教育改革作借鉴"，进一步明确了适用范围为"教育改革"，消除了"改革本国"的歧义。应该说这个概念相对于第一版的概念指向更加具体，将研究对象前置，强调了比较研究的跨国性；将研究方法后置，弱化了比较方法的独特性；将研究目的深化，凸显学术价值和应用价值。同时，这个定义也更能体现出时代性，基本上弥补了第一版概念中的缺陷。

从王承绪等人对"比较教育"定义的不断修订与完善可以得知他们紧跟时代发展的步伐，勇于创新，充分体现了他们提出的"我国比较教育研究要以辩证唯物主义和历史唯物主义为指导思想"这一初衷。尽管历经三次修改，王承绪等人仍未就比较教育的属性概念做出界定，为比较教育的学科属性留下争议的空间。② 但总体来讲，"这一定义提出了既要寻找规律，又要立足本国，这与西方比较教育学者提出的定义有了质的差别，既不同于讳言规律的西方文化相对主义比较教育流派，又不同于一味强调实证研究而忽略从本国实际出发的西方比较教育研究中的实证主义学派，为

① 王承绪，顾明远. 比较教育［M］. 3版. 北京：人民教育出版社，1999：23.

② 比较教育学这门学科，究竟是称"比较教育"好，还是称"比较教育学"好，即它是一门学科，还是个领域，众人各持一说。支持"比较教育"者，因袭康德尔"Comparative Education"的提法，强调比较教育的性质和任务重在介绍和比较各国教育制度和设施，而非学派和理论的比较；支持"比较教育学"者认为，理论与实践并非割裂的对立，而是统一体，其内容和任务也不局限于冰冷的制度和设施，而是探究教育事实背后的复杂关系和历史演化，称"比较教育学"更具包容性，内涵更加丰富。参见"新的历史时期怎么建设具有中国特色的比较教育——兼论王承绪教授的《比较教育》"。

比较教育学科打上了中国的烙印”。[①]

此外，王承绪对比较教育的定义基本解决了“我是谁”的学科统一性问题，奠定了比较教育研究的基本范式，同时期其他学者对比较教育的界定皆以此为源。如成有信主编的《比较教育教程》认为：“比较教育学是把比较方法作为它的主要方法，去研究当代世界不同国家或地区的各种教育理论和教育实践问题，揭示影响它们发展的最主要的条件和因素，找出它们的共同性和差异性并做出比较性评价，探索问题的发展趋势和一般规律，以作为改进本国教育的借鉴的一门教育科学。”[②] 吴文侃和杨汉清在其主编的《比较教育学》中提出：“比较教育学是以比较法为主要方法，研究当代世界各国教育的一般规律与特殊规律，揭示教育发展的主要因素及其相互关系，探索未来的教育发展趋势的一门教育科学。”[③] 这三种定义可以说是相似之处多于不同之处，它们都要求使用比较方法，找出普遍的教育规律和共同的发展趋势，所不同的是王承绪、成有信二人把研究的最终目标确定为借鉴和改进本国教育，而吴文侃和杨汉清却没有提及这一目标。[④] 实际上，吴文侃和杨汉清二人虽未在定义上明确提出“借鉴”的目标，但在书中的行文里却隐含此意。[⑤] 因此，王承绪对比较教育的定义，可以说是一次开创性的、权威性的正名，部分缓解了比较教育的统一性身份危机，为比较教育学科独立性清除了理论障碍。

二、 定性——比较教育学科特性

黑格尔曾指出，一门学科首先要解决的问题是这门学科是什么及其是否存在。然而，比较教育自 1817 年朱利安提出以来，它究竟是一门学科还是一个领域，至今争论不休，未能形成共识。霍尔姆斯和埃蒙德·金就对比较教育能否发展成一门独立学科表示过怀疑。尽管早在 20 世纪初比较教育就传入中国，但很长一段时间内却并不发达。及至中华人民共和国成立后，历经各种政治运动的冲击，新中国比较教育学科更是凋落不堪。

---

① 王英杰．我国比较教育的一部奠基之作：评王承绪和顾明远主编的《比较教育》兼议学风问题［J］．中国大学教学，2003（6）：32－33.

② 成有信．比较教育教程［M］．北京：北京师范大学出版社，1987：13.

③ 吴文侃，杨汉清．比较教育学［M］．北京：人民教育出版社，1989：7.

④ 王英杰．比较教育学定义问题浅议［J］．外国教育研究，1993（3）：6－9.

⑤ 谷贤林．关于比较教育若干问题的探讨［J］．比较教育研究，2003（7）：5－8.

如何界定比较教育，明确比较教育的学科属性，促进比较教育健康发展，成为当务之急。尽管王承绪在比较教育的定义中并未指明比较教育的属性概念为“学科”抑或“领域”，但实际上，王承绪对此早有定论。1979年，王承绪发表《从国外比较教育学科发展的现状看我国比较教育教学中的若干问题》一文，明确提出“比较教育乃是一门以马克思主义、毛泽东思想为指导，分析研究各国教育制度，吸引其优良经验，以供我‘四化’建设借鉴的学科”。他认为比较教育具有两个基本特性：一是跨国家性、跨文化性。跨国家性即不是研究单独一个国家或地区的教育，而是研究若干国家或地区的教育；跨文化性即研究不同文化的国家的教育。他列举了康德尔、汉斯、马林森等人的多国家研究视角，并以布里克曼在《国际比较教育学会的创立及其初期发展》一文中提出的宗旨为例，指出比较教育研究的国际性特征。二是跨学科性，即综合运用哲学、历史、经济学和社会学等学科知识和方法，对各国教育进行历史的、社会的、政治的和经济的分析研究。他举例说明，康德尔把比较教育看作当代的教育史，注重教育与多种文化类型之间存在的必然联系，指出比较教育的跨学科性质；贝雷迪进一步认为比较教育不仅是当代的教育史，或教育社会学的一分支，它跨越了几门学科，它的任务在于集中几门人文学科和社会学科，应用于各国教育研究；诺亚和埃克斯坦则指出，比较教育具有跨学科性质，同时具有本身的独特性，它是一门起着综合作用的学科。[①] 而王承绪更是进一步发展了两人的观点，将比较教育置于整个社会子系统中去考察，借鉴和运用所有相关学科的理论和方法，同时注意比较教育学科的独特性。这是一种纳百家之长的思路和方法，体现出王承绪宏大的理论视野。后来在编写《比较教育》一书时，王承绪又提出第三个特性：可比性。“比较教育”按词源学来讲，是一个偏正结构的短语，“比较”为状态、方法，即进行“比较”的教育。那么，比什么，怎么比？王承绪认为，“比什么”是指对两个或两个以上国家或地区同一个教育问题进行比较，这其中涵盖了比的对象和内容。对象少了，比的结果不足以令人信服；比的不是同一个问题，则无法找到异同，失去比的意义。“怎么比”则要求在对待的水平上进行比较，即要求比的双方处于同一个范围、层次，否则无法进行比

---

① 王承绪．从国外比较教育学科发展的现状看我国比较教育教学中的若干问题［J］．外国教育，1979（1）：3－10.

较。再就是要具体问题具体分析，不能简单化地、笼统地比较，草率地下结论，而是要根据不同国家、不同历史、不同制度做差异化分析，否则得出的结果就不可靠，甚至是南辕北辙，贻笑大方。王承绪还进一步提出，“每一门学科领域研究课题的扩大和知识总量的增加，都导致本学科的逐步分化，出现新的研究领域，产生新的分支体系。同时相关领域的特定分支，又不断地通过联结与综合产生新的知识门类。教育科学从它成为独立的学科体系的时候起就逐步地分化，形成许多的分支学科。比较教育学科就是教育科学体系中的一个新的分支”。[①] 此外，在有关访谈中，王承绪还说过，“比较教育学科形成的标志就是在大学设置比较教育课程，出版反映比较教育学科体系的教材”[②]。

由此可见，王承绪认为，比较教育已经是一门独立的学科，比较教育已经不是教育科学中的一个普通的研究领域，它已经获得不断的发展，渐趋成熟，已经分化为教育科学的一个独立的新的分支学科。另外，还明确了比较教育是教育科学中的一个分支，即比较教育是一门教育学科，而非一门交叉学科或社会学科。虽然比较教育研究中不可避免地会使用哲学、历史、政治经济学和社会学等学科的分析方法，但这只表明它具有跨学科的特性或具有综合特性，但却不是这些学科的从属学科，抑或与之相交叉的学科。由此，确立了我国学者对于比较教育学科性质的看法，进一步明确了比较教育的学科地位、性质和特点。[③] 总之，自王承绪提出比较教育学科三大属性的完整表述始，国内有关比较教育是否是一门独立学科的质疑和论争尘埃落定，此说自此成为学界基本共识。[④] 如有学者认为，“尽管比较教育目前确实存在一些急需比较教育学界做出明确回答的基本理论问题，但这些问题的存在只能说明这门学科尚处在不成熟之中，而不能成为否定其作为一门独立学科存在的合法地位的理由。我们可以把对这些问

---

① 王承绪．比较教育［M］．北京：人民教育出版社，1982：1.

② 汪利兵．比较教育的世纪回顾：我国著名比较教育学家王承绪教授访谈录［J］．外国教育资料，1996（5）：1－4.

③ 李文英．颜蒙莎．中国特色比较教育研究的开拓者：王承绪教授比较教育思想研究［C］//中国教育学会比较教育分会第15届学术年会暨庆祝王承绪教授百岁华诞国际学术研讨会论文集，2010.

④ 阚阅，李志永．王承绪先生比较教育思想研究［J］．中国高教研究，2010（10）：6－9.

题进行的争论、该学科领域的不固定性及其广泛的变化等，看成是比较教育的基本活力所在”。[①]

三、论策——比较教育有何用

20世纪七八十年代，在全球性政治、经济、教育、文化危机和大萧条背景下，一些国家的政府和社会公众开始怀疑“比较教育到底有什么用，它究竟为增进国家利益做了什么”等问题。比较教育研究项目被大量压缩、经费被大幅削减，学者们的归属感大不如以前，比较教育的社会地位和社会价值受到了动摇和置疑，出现了所谓比较教育危机论者。20世纪90年代后，在相继出现的反思、批判理论，特别是后现代主义浪潮的冲击下，这一领域备受质疑，危机论者甚嚣尘上。[②] 在我国，也有诸多学者，如王英杰、刘卫东等持此危机论，认为比较教育面临着“研究对象、范围、目标、功能”等身份危机和“坚持‘西方中心’”“停留在介绍描述水平”等生存危机问题。[③]

王承绪对上述观点进行了有力的反驳，他并不认为“比较教育学出现了低谷”，比较教育学仍然具有广阔的发展空间。尤其是在我国，改革开放后，我国的教育事业迎来了春天，急需同世界其他先进国家进行比较、交流，所以根本不存在低谷一说。相反，我国的比较教育正处于“黄金时代”。所谓的比较教育危机则更不苟同。他认为，“危机是外国的东西，我们没有什么危机，现在全球化之后别人有更多的好东西都是我们需要的，要研究的。我们也有更多的东西给国外的同行学习，全球化是多向的，这给我们比较教育工作者更多的机会”。因此，从某种意义上说，“西方国家出现比较教育危机时代，正是我国比较教育发展的大好时机”[④]。此外，在中国教育学会比较教育分会第15届学术年会暨庆祝王承绪教授百岁华诞国际学术研讨会上，他再次重申中国不存在比较教育身份危机问题。王

---

① 卢晓中．对比较教育中几个问题的认识［J］．比较教育研究，1995（3）：37-40.

② 李现平．比较教育身份危机之研究［M］．北京：教育科学出版社，2005：9.

③ 参见王英杰的“比较教育学定义问题浅议”（载于《外国教育研究》1993年第3期）、刘卫东的“比较教育学危机之我见”（载于《比较教育研究》1995年第3期）等文。

④ 张文军．王承绪教授：杭州大学教育系主任［DB/OL］．http：//blog.sina.com.cn/s/blog_6785f7b60100hvtf.html.

承绪运用辩证思维的方式，从矛盾的普遍性和特殊性出发，有效瓦解了危机论的立论基础，危机论者所谓的身份危机和生存危机担忧及质疑不攻自破。

既然比较教育大有作为，那么比较教育的作用体现在何处呢？庄泽宣早在20世纪20年代就给出了这一问题的答案，他认为，比较教育的重要性体现在三个方面：一是借鉴外国教育经验，促进本国教育进步；二是比较教育知识应成为教育研究者的基本知识；三是对教育最进步之国家也有益处。① 王承绪继承并发扬了庄泽宣的观点，认为比较教育的作用体现在以下几个方面：一是教育改革和发展离不开比较教育研究。他说，“搞教育改革离不开比较教育。从比较教育发展的历史看，比较教育学科正是在各国教育改革的过程中发展起来的，可以说它是教育改革的产物。博采众长，为我国教育改革服务，乃是我们研究比较教育的一个主要目的”。② 这个目的也是比较教育的功能所在。他还说，“各国教育有一些共同问题，也各有其特殊的问题。外国是怎样解决这些问题的？有些什么经验教训可供我们参考和借鉴？通过比较教育的研究，可以结合我国具体教育实践，探索为发展我国社会主义教育可借鉴的经验，以便更好地为人民教育事业服务”。③ 二是有利于探索教育的本质特征。比较教育的目的在于探索教育发展规律，而功能则在于为揭示这种目的服务。具体而言，就是要深入各国教育实践，研究教育制度背后的形成原因，借以揭示各国教育制度的普遍规律和特殊规律。他说，“每个国家的教育都有自己的历史和传统，不是简单地参观一下就能学到的，一定要了解到其制度层面”。“没有比较充裕的时间，不深入进去，你就没有办法真正理解他们的东西。我们的比较教育不是学一点做法，而是要知道他们为什么要这么做，究竟是怎样做的，不是到哈佛大学或到牛津大学把他们的教材搬过来就可以解决问题的，所以需要专门的比较研究，需要了解他们的历史”④。因此，只有深入各国教育实际，沿波讨源，方能发现隐藏在教育现象背后的本质特征。

---

① 庄泽宣．各国教育比较论［M］．上海：商务印书馆，1929：1－15.

② 汪利兵．比较教育的世纪回顾：我国著名比较教育学家王承绪教授访谈录［J］．外国教育资料，1996（05）：1－4.

③ 王承绪，顾明远．比较教育［M］．3版．北京：人民教育出版社，1999：23.

④ 本刊记者．个人旨趣、社会责任与比较教育工作者的使命［J］．教育研究，2006（7）：44－47.

三是促进文化交流。在开展比较教育研究时要全面深入地掌握该国的政治、经济和文化等各方面的情况，并非简单的教育借鉴；不仅要输入文化，也要输出文化；不仅要了解一个国家的显性教育制度，更要深挖隐藏其背后的文化基因。在进行比较教育研究时，要充分展现我们的精神文化、制度文化、研究文化和教学文化，形成我们自己的特色理论和方法。只有处在同一个水平和维度的比较，才具有“可比性”，才能获得理论上的自信、文化上的自信、制度上的自信，才能获得文化认同，进而获得教育的进步。

比较教育的作用或功能是与其目的密切相关的，王承绪将比较教育的研究目的分为探索教育规律的理论目的和为本国教育改革借鉴的实践目的，在比较教育的功能上也坚持这一标准，认为比较教育作为一门学科，在积累学科知识的同时，也要具有现实的功能。比较教育的“借鉴”功能一直以来是其核心价值所在，也是王承绪研究比较教育的终极旨归，无论是在民国时期的“新教育”借鉴，改革开放初期的“四化建设”借鉴，还是后来的“教育改革”借鉴，他始终坚守比较教育研究借他国之长为本国教育改革、国家发展服务，进而为世界不同民族文化交流服务、为人类社会进步服务的价值理想，展现了比较教育研究顽强的生命力和广阔的舞台。诚如王英杰所言：“我们需要重新认识比较教育学科的重要地位，要有勇气大声宣称比较教育研究的不可替代性；比较教育是教育科学知识的源泉，是教育创新的源泉；比较教育是思想的实验室；比较教育是批判的利器；比较教育要为教育决策和教育实践提供咨询；比较教育是国际交流的平台”①。如斯重要，何患无用？何虑危机？何惧疵议？何愁盛荣？

四、 道与术——比较教育研究方法

比较教育研究方法是王承绪比较教育思想的核心部分，其探索、实践、完善、构建比较教育研究方法体系的过程贯穿于整个比较教育研究生涯。在系统考察了西方比较教育研究方法的资料分析、因素分析、科学实证分析、证伪主义方法、解释学方法等演变后，王承绪从中国现实出发，“融比较教育、中外教育史及文化科技交流史于一炉”，创造性地提出了一

① 刘健儿．不断向纵深发展的中国比较教育：中国教育学会比较教育分会第13届学术年会综述［J］．比较教育研究，2007（3）：87.

套涵盖宏观、中观、微观三个层面的完整的比较教育研究方法体系，确立了具有中国特色的比较教育研究范式。

（一）比较教育研究的方法论基础

科学的方法论基础是进行学术研究时所依据的前提和基本思想，方法论的正确与否决定了研究结果的优劣之分。因此，王承绪认为，比较教育的方法论是提高比较教育研究品质的保证。那么，比较教育研究所遵循的形而上者的“道”是什么呢？王承绪指出，这个“道”即马克思的“辩证唯物主义和历史唯物主义”。因为“辩证唯物主义和历史唯物主义是关于自然、社会和人类思维发展最普遍规律的科学，它为我们的一切实际工作指出了解决问题的正确方向，为一切科学研究提供了正确的方法论”。因此，“比较教育要成为一门科学，就必须以辩证唯物主义和历史唯物主义作为方法论基础”。[①] 辩证唯物主义和历史唯物主义既是研究的基本框架，又是推演基本教育命题或规律的逻辑前提。那么，在具体的比较教育研究中，应当坚持哪些观点呢？王承绪认为，主要有以下几个基本观点。[②]

第一，应以联系的观点来研究问题，切忌以孤立的观点看待一切。研究教育问题时要注意前后左右的联系。前后联系是指历史联系，这是纵的关系。任何教育制度的发生发展都有其前因后果，来龙去脉。在研究时，必须深入考察这种联系。左右联系指社会联系，这是横的关系。教育作为社会的一个部门，同社会其他部门，如政治、经济、文化等部门关系极其密切。它们之间的关系，是互相依存、互相制约的关系。在研究时，必须认真分析这种联系。

第二，应当从内在的本质来分析问题，切忌以表面现象来判断一切。在比较教育研究中，有一个重要问题，就是什么是决定教育性质的因素（或者力量）的问题。美国的康德尔认为决定教育制度性质的主要力量是国家政权，此外还有民族性和文化形式；英国的汉斯认为决定教育的是自然因素（种族、语言、地理和经济等）、宗教因素（天主教、圣公会、清教徒等）和世俗因素（人文主义、社会主义、民族主义、民主主义等）。与资产阶段学者不同的是，马克思主义认为，生产力发展水平、经济制度

① 王承绪，朱勃，顾明远．比较教育［M］．北京：人民教育出版社，1982：19.

② 王承绪，朱勃，顾明远．比较教育［M］．北京：人民教育出版社，1982：19－22.

的性质、国家政权的性质、社会意识形态的特点等对教育都有重大的影响，其中，决定教育性质的根本因素乃是社会的经济制度。

第三，应当以发展的观点来研究问题，切忌以静止的观点来看待一切。由于比较教育的研究对象是各国的教育，所以要特别注意用发展的观点来考察问题。要知道，一定的教育制度和教育实践，都是社会发展到一定历史阶段的产物。因此，可以用初等、中等教育入学率，教育经费在国民收入中所占的比例，15 岁以上人口的文盲率等指标来衡量各国教育的发展水平，却不能用这些指标来判断各国教育制度的优劣。教育制度的优劣要根据一定历史发展阶段的时间、地点和条件，从它是否促进人类社会的进步这个角度来考察。用发展的观点来研究问题，必须防止把某种教育制度视为完备无缺的制度，把某种教育理论看作是亘古不变的理论，把某种教学方法当成尽善尽美的方法。一切事物都在发展之中。教育制度、教育理论、教学方法也在发展，在比较研究中，必须高瞻远瞩，把握世界教育发展的趋势。

第四，应当用实践的标准来检验理论，切忌以主观想象来判断问题。比较教育的研究，不是为研究而研究，而是为了吸收外国的教育经验作为我国教育改革的借鉴，洋为中用，为“四化”建设服务。要达到这个目的，首先要通过科学的实践分析，来判断外国教育制度、教育理论和教学方法的优劣。更重要的是通过本国的实践，来鉴别外国经验是否适合我国的国情，能否取得应有的效果。通过试验，取得经验，再逐步推广。王承绪非常认同萨德勒的一段话：“我们不能像小孩逛花园那样，信步漫游于世界教育制度之林，从一棵树上采取一朵花，从另一棵树上摘取一些叶子，并且希望把所搜集到的东西栽种在自家的土地上，就会得到一棵活的树。”

王承绪的四大观点，虽然比较直接地移植了马克思主义的哲学方法论，但它顺应了时代需求，较早地结合比较教育研究的具体需要，按照拿来主义原则，从为我所用的角度做出了恰切阐述，产生了较为深远的影响。[①] 但王承绪并未止于此，他在第三版《比较教育》中，再次对以上观点进行了补充、深化，提出了五大基本观点，下面简述之。[②]

---

① 陈伟. 论王承绪的比较教育研究方法［J］. 比较教育研究，2010（9）：21－25.

② 王承绪，顾明远. 比较教育［M］. 3 版. 北京：人民教育出版社，1999：25－29.

一是客观的观点。这是辩证唯物主义的重要原则。比较教育研究，首先必须力求做到主观与客观的统一。也就是说，一切从世界各国客观存在着的教育实际出发，实事求是地从中引出固有的而不是臆造的教育规律性。必须防止两种偏向，一种是唯感情论，根据好恶判断是非；一种是唯生产力论，根据生产力发展水平判断优劣。这两种偏向都违反客观性原则，在实践中极易产生不良后果。

二是实践的观点。这是认识论的首要的和基本的观点。比较教育研究要注意两个问题：首先要通过实践检验真理。此观点的叙述与1982年版的第四个观点大同小异。其次，在此基础上，王承绪补充了第二个需要注意的方面，即实践不仅仅是检验真理的唯一标准，同时也要促进理论的发展。比较教育通过研究所肯定的教育理论，只具有相对真理性。教育理论还会随着时代的发展而发展。因此，比较教育研究者要善于推陈出新，揭示二级本质、三级本质的东西，使教育理论沿着真理的长河不断推进。

三是联系的观点。除强调1982年版的普遍联系观点，王承绪还指出了具体事物有其相对的独立性，每一个相对独立的事物都作为系统而存在。系统的基本特征是整体性、结构性、层次性和开放性。据此，比较教育研究也须注意以上四点。在观察和分析问题时，要着眼于有机整体，把整体的功能和效益作为认识和解决问题的归宿；在研究问题时，要注意分析教育系统内部诸要素相互联系和相互作用的方式，包括比例、秩序、结合方式等；还要注意分析教育系统的各个层次，分析系统与要素之间的地位、等级的相互关系；不仅要研究教育内部的关系，还要注意分析研究教育与国家政治、经济、文化的相互关系，以及与周围社会环境的相互关系。这点与1982年的联系观点中的左右联系相仿。

四是发展的观点。物质世界是永恒发展的，发展是量变和质变的统一。比较教育研究首先必须重视来龙去脉，通过纵横向比较，展望未来。这点与1982年版的联系的观点有所类似。其次还要注意质与量的结合，要把定性分析与定量分析结合起来，更好地判明教育的本质及其变化发展的规律。

五是矛盾的观点。矛盾的观点是唯物辩证法的核心观点。比较教育研究要全面研究教育中的普遍问题和特殊问题，只有异中求同，同中求异，才能探索各国教育的共同规律和特殊规律；要全面分析教育过程的各对矛盾，特别是其中的主要矛盾的性质和特点；要全面研究教育发展的内在动因和外部条件，并注意它们之间的转化。这与1982年版的本质的观点相近。

通过对比，不难发现，王承绪在第三版的《比较教育》中有关方法论基础的阐释，在理论深度和实践操作上比1982年的在逻辑上更严密，内容上更综合，组织上更系统，尤其是客观观点的提出，可谓振聋发聩，为清除教育领域中的政治倾向残留做出了表率，张扬了教育研究中的理性原则，这也从一个侧面反映出王承绪方法论思想上的发展性和开拓性。与此同时，王承绪认为只有把这些观点综合起来，作为比较教育研究的方法论，才有可能达到探索教育规律的目的。有学者对王承绪这五大观点予以很高的评价，认为“这五个观点闪现的理论光彩是在西方比较教育论著中所未曾见过的，应该说这是运用辩证唯物主义于比较教育方法论研究的范例，展示了以辩证唯物论武装起来的我国比较教育学者在方法论研究上的优势，这是我国比较教育学者对比较教育学科发展做出的原创性的特殊贡献”。①

（二）比较教育研究的方法

《周易》有云：“形而上者谓之道，形而下者谓之器。”“道”可指哲学层面的认识论、方法论；“器”可指现象层面的制度、法律等。“道”为“器”之统，“器”为“道”之实。而连接“道”与“器”的则是“术”，“术”即方法、手段。“道”借助“术”方能成“器”，无“术”则“道”无着落、“器”难升华。因之，孙子亦言：“道为术之灵，术为道之体；以道统术，以术得道。”在提出异于英美、别于苏联的中国特色的比较教育研究方法论基础后，王承绪以此为指导，探讨了比较教育研究的具体方法。这些方法可从两个维度加以阐释，一是基于学科层面的多学科研究方法，二是基于操作层面的具体研究方式和技术。②

鉴于比较教育的跨学科性质，王承绪非常推崇运用多学科的研究方法进行比较教育研究，而并不拘泥于一城一池之得，亦未执意构建比较教育学科自身独特的研究方法。早在留英期间创办《东方副刊》时，王承绪就充分展示了其开展多学科研究的学术素养。在《东方副刊》上发表的27

---

① 王英杰．我国比较教育的一部奠基之作：评王承绪和顾明远主编的《比较教育》兼议学风问题［J］．中国大学教学，2003（6）：32－33.

② 陈伟．论王承绪的比较教育研究方法［J］．比较教育研究，2010（9）：21－25.

篇文章，广泛涉及教育学、哲学、政治学、国际关系学、心理学、社会学等多个学科，且在每一个学科领域的论述都条理清晰、分析入理。这种多学科的理论修养在其晚年编撰《中外教育比较史纲》时得到了淋漓尽致的发挥。此外，王承绪还组织翻译了美国高等教育专家伯顿·克拉克的《高等教育新论》，该书分别从历史学、政治学、经济学、组织学、社会学、文化学、科学学、政策学等8个学科视角探讨高等教育问题，也从侧面印证了王承绪的多学科视野。此内容将在下章详加讨论。可以说，王承绪关于比较教育多学科的研究方法与西方比较教育研究方法的发展是同根同源的，也与其在留英期间受到伦敦大学比较教育学派汉斯、埃蒙德·金、霍尔姆斯等人的影响是分不开的。直到今天，多学科的研究方法在比较教育界仍然备受推崇，且已演变成一个具有方法论意义的基本研究方式。

在操作层面的具体研究方法上，王承绪构建了一套极具实用价值的研究方式："区域研究与问题研究相结合，以问题研究为主。区域研究是问题研究的前提，问题研究是区域研究的深化"。

区域研究是分析研究一个个国家的教育制度和教育实践，应采取以下步骤和方法：第一步是要正确使用参观访问、分析文献等调查研究法，全面了解情况，掌握丰富材料。在收集材料的过程中，还应注意材料的客观性、代表性和充足性问题。第二步是要对搜集的材料做深入分析研究，抓住问题实质；不仅要知其然，还要知其所以然。要以马列主义哲学作为方法论，适当运用因素分析、质量分析、数量统计等科学方法，分析研究重大教育问题，去粗存精，去伪存真，由此及彼，由表及里，达到对所研究问题有一个实质性的认识。①

问题研究是比较研究两个国家或几个国家的教育制度和教育实践，可分为专题比较和综合比较。专题比较就是把各国同一类问题并列在一起进行比较，这和庄泽宣的逐国叙述法颇为相近。王承绪还指出，比较研究一般先从专题比较开始为宜。综合比较是对国际教育的现状和趋势做全面的综合比较研究，其目的在于揭示各国教育制度和教育实践的总的特点和发展趋势，判明教育与政治、经济与社会发展的关系这样一些根本性的问

① 王承绪. 从国外比较教育学科发展的状况看我国比较教育教学中的若干问题［J］. 外国教育，1979（1）：3－10.

题。[①] 这是对庄泽宣的因素分析法的部分传承。

同时，王承绪也指出，不管是区域研究还是问题研究，在比较分析时，都要坚持马克思主义的立场和观点，坚持实事求是的精神，坚持客观的比较标准，注意质的分析和量的分析的结合。

不难看出，1982 年版的《比较教育》中，王承绪提出的这套研究方法仍然过于简单，更多的是一种偏方法论上的宏观方法，不易于操作。尽管他也提及过运用比较法、描述法、统计法、历史法、社会法等方法开展研究，但并未就此展开详细论述，稍显不足。王承绪也直言，“比较教育研究的方法论和比较方法，还存在许多问题需要做进一步的研究”。[②] 正是带着此臻于至善的学术追求，王承绪在随后的《中外教育比较史纲》和第三版《比较教育》中完美解决了这个问题，提出了一套成熟的、体系化的研究方式和技术。

在《中外教育比较史纲》中，王承绪从历史和文化的角度对比较教育的研究方式进行了高度概括，提出了四大原则：一是立足中国，放眼世界。从中国的国情和需要出发，比较研究世界教育发展的规律和历史经验，为建设有中国特色的社会主义现代化教育服务。具体而言，就是运用“古今中外法”：“一只手伸向古代，一只手伸向国外，屁股坐在现在的中国”。二是以史为经、问题为纬。按照时间顺序，对中外教育制度和教育思想进行比较，也对其形成的特点和历史原因进行比较。三是纵横比较，横向为主。强调以可比性与可比价值为选择问题的标准，找准可比点，并着重分析纵向（不同时代）比较与横向（同时代）比较及其相互的关系，把二者结合起来，灵活运用。四是有所侧重，不求全备。选择问题不受通史惯例约束，即不去考虑作为研究对象的面的平衡，根据研究者的价值判断，有所为有所不为。[③]

在《比较教育》第三版中，王承绪就第一版的具体研究方法进行了详细阐述，列举了比较教育研究常用的四大方法。一是比较法。比较法是比较教育研究最重要的、最常用的方法，也是比较教育学区别于教育学其他分支学科的特点之一，而运用比较法的关键是找出可比性。根据比较的对

---

① 王承绪，顾明远. 比较教育［M］. 3 版. 北京：人民教育出版社，1999：31.
② 王承绪，朱勃，顾明远. 比较教育［M］. 北京：人民教育出版社，1982：26.
③ 张瑞璠，王承绪. 中外教育比较史纲［M］. 济南：山东教育出版社，1997：1－6.

象和要求，比较法又可分为同类比较法和异类比较法、纵向比较法和横向比较法、宏观比较法和微观比较法。二是因素分析法。因素分析法是20世纪上半叶比较教育研究的主要方法，庄泽宣的后期比较教育研究亦秉持此法，英国的萨德勒、汉斯等人也娴于此技，他们都对王承绪产生过直接或间接的影响。因素分析法可以使研究者拓宽视野，把教育系统与外部条件联系起来，找出影响教育事实的关键因素。三是比较历史法。此法实际上是一种纵向比较法，因此与外国教育史、中国教育史密切相关。它也与因素分析法不无联系。研究历史即为了解释现在。四是比较统计法。用数字呈现的方式提高比较教育研究的科学性，这在当今日益倚重数据信息技术的今天仍不过时。除此之外，王承绪还提出了语文分析法、相关研究法等辅助性方法。①

总而言之，王承绪积半百之年，以辩证唯物主义和历史唯物主义为哲学方法论基础、以多学科方法为支撑、以具体研究方法和技术为实操，探索、思考、构建了具有中国特色的比较教育研究方法体系，不仅为我国比较教育学科的建设与发展做出了贡献，也为后辈学习和研究比较教育奠定了方法论基础，发挥了“授人以渔”的作用。其由史而入、博采众长的方法路径对于探索新时期的比较教育研究方法仍具启迪意义。② 诚然，如前所述，王承绪所提出的方法论基础和具体方法并非独创，但无疑是最适合中国国情的，这种基础性的思想和方法永不过时，且会随时代变迁而不断丰富、发展，交叉、融合，形成新的研究方法和范式。

五、 博与约——比较教育研究内容

如前所述，比较教育因其跨国性和跨文化性，需要对若干具有典型性和可借鉴性的国家或地区的教育进行比较研究，明了各自发展历史、现状和特点，然后由博返约，找出教育发展的一般规律和特殊规律。因此，比较教育研究的具体内容可分为三个层次：从对象国来看，是为国别研究；从问题域来看，是为教育类型研究；从时间轴来看，是为教育史研究。王承绪自20世纪30年代以来，就一直关注欧洲、美洲、亚洲的国家教育发展，研究领域涵涉基础教育、高等教育、国际与比较教育、教育史等多个

---

① 王承绪，顾明远．比较教育［M］．3版．北京：人民教育出版社，1999：32－35.
② 陈伟．论王承绪的比较教育研究方法［J］．比较教育研究，2010（9）：21－25.

教育子系统，极大地丰富和拓展了比较教育的研究对象和内容，成为国际比较教育研究中一块瑰丽的宝石。

（一）国别研究

国别研究是比较教育研究的基础，没有国别研究，多国比较则无从谈起。世界上不同国家和地区的教育或者说不同文化的国家的教育构成了比较教育研究的子集，比较教育研究就是要对这些国家进行甄选、研究，以得出其共性和个性。毫无疑问，王承绪的研究视域是全球性的，发达国家和发展中国家都在其关注范围之内。然而，由于发展的先后顺序、水平程度不同，尽管国与国之间在对象上是平等的，但并不代表其研究的价值或者说可比性是一致的，王承绪在国别研究上也并非“贪大求多”，而是有主次之分、先后之别。具体来说，王承绪是以英国研究为重心，辐射其他发达国家；以欧洲发达国家、美国、日本等国家为先，亚洲、非洲、拉丁美洲的发展中国家随后。他以“个案研究”为基础，推而广之，由一到多，从特殊到一般，形成了独具特色的研究思路。

1. 英国研究

王承绪是我国进行英国教育研究的先行者和倡导者，终生钟情于英国。在国立浙江大学求学期间，王承绪发表了多篇外国教育研究文章，其中只有《英国儿童保护事业的借镜》一文是有关英国的，那时对英国教育研究的独特兴趣还未显现出来。其对英国教育的浓厚兴趣源自于庚款留英经历。1938 年王承绪通过庚款留英选拔考试，至 1947 年方辗转回国，这期间一直在英国学习、生活和工作。他曾言，“深入地了解英国教育的实际，是留英的一大收获”。[①] 通过近 10 年的亲身经历和考察，王承绪对英国社会各方面都有了直观而深刻的了解，积累了丰富的感情素材和理性认识，他的研究重点也随即转移到英国教育研究上。留英期间，他在《东方副刊》上连续发表《英国教育制度之改造》（1944 年第 1 期）、《英国师范教育之现状及其改进》（1945 年第 5、6 期）、《英国公学之前途》（1945 年第 6 期）、《英国公学之改造》（1945 年第 7 期）、《英国高等工程教育的改进》（1946 年第 15 号）、《英国青年就业机构》（1946 年第 16 号）、《英国大学教育》（1946 年第 19 号）、《英国军队复员前之教育》（1946 年第 9

---

① 本刊记者. 个人旨趣、社会责任与比较教育工作者的使命［J］. 教育研究，2006（7）：44－47.

期）等论文。1947 年回国后，王承绪旋即发表了《英国教育的展望》（《基本教育》1948 年第 5 期），出版专著《战后英国的小学教育》（商务印书馆 1948 年版）。这些成果都是其留英期间的研究心得，几乎涵盖英国教育的各个层面。改革开放后，王承绪重燃对英国教育研究的热情，组织师生研读英国社会发展史，翻译教育法规，通过教育系和高教所订购的《泰晤士的教育副刊》和《泰晤士报高教副刊》了解和追踪英国教育最新发展情况。在此基础上，王承绪先后发表了《英国高等教育发展的历史和现行体制述略》（《教育论丛》1983 年第 2 期）、《英国高等师范教育》（《高师教育》1988 年第 1 期）、《英国高等教育改革新阶段》（《比较教育研究》1991 年第 3 期）等论文，相继出版了《战后英国教育研究》（江西教育出版社 1992 年版）、《伦敦大学》（湖南教育出版社 1995 年版）、《英国教育》（吉林教育出版社 2000 年版）等著作，并撰写了《中国大百科全书·教育卷》（中国大百科全书出版社 1985 年版）、《教育学文集》（瞿葆奎编，人民教育出版社 1993 年版）等工具书中有关英国教育的部分词条。

从这一系列的成果看，王承绪对英国的基础教育、中等教育、职业教育、师范教育、比较教育、教育史、高等教育、教育政策等均有研究，特别是对英国的高等教育有着深入的研究。前期成果主要集中于英国教育现状的介绍，着重考察英国高等教育发展的历史。通过对英国教育发展的纵向演变分析，王承绪得出了英国教育发展的规律，即“19 世纪中叶英国教育改革是从大学教育的改革开始的，进而改革中等教育和初等教育。第二次世界大战后，英国教育的改革则是根据 1944 年教育法首先进行了中小学的改革，进而推动了大学教育的发展和改革”。[①] 后期王承绪关注的是英国高等教育发展的新动态，注重分析其背后的社会因素。如经济、社会背景引发的高等教育对象和职能的转变，指出“高等教育为繁荣经济服务”的世俗取向。

除自身对英国教育持续不断的研究外，王承绪还对英国教育学者的成果给予了密切关注。他先是翻译了英国教育学家邓特（H. C. Dent）的

---

① 华东师范大学高校干部进修班. 高等教育专题报告选编（下册）：英国高等教育研究［R］. 上海：华东师范大学高校干部进修班，华东师范大学教科所高教研究室，1982：815.

《英国教育》（商务印书馆 1949 年版），该书“从推溯各类学校的起源，来说明教育改革的背景、学制的纷繁，乃是产生今日英国复杂社会的一个重要因素”。[①] 随后，他还翻译了托马斯·沛西·能（Thomas Percy Nunn）的《教育原理》、埃德蒙·金的《别国的学校和我们的学校：今日比较教育》、赫伯特·斯宾塞（Herbert Spencer）的《斯宾塞教育论著选》（与胡毅合译）。其中，埃德蒙·金的《别国的学校和我们的学校：今日比较教育》对我国比较教育发展产生了深远影响，乃比较教育学的必读书目。应该说，埃德蒙·金对王承绪的比较教育思想影响亦颇深，这从他谈比较教育必引其观点可见一斑，例如埃德蒙·金特别强调“考察对象国的背景和教育背景的重要性，认为这是进行有效决策的基础”[②]。埃德蒙·金还强调要将比较教育的研究密切与教育决策结合起来，与理论性相比，更突出了实用性。[③] 可见，邓特、埃德蒙·金都强调从历史、文化、政治等角度来考察教育，这与王承绪强调要分析研究教育与国家政治、经济、文化的相互关系的研究方法是一致的。

与此同时，在王承绪的带领下，浙江大学渐成英国教育研究的中心。在担任教育部教育发展研究中心兼职研究员时，适逢中心主编《当代外国教育改革著名文献》《当代国际高等教育改革的走向》等资料，王承绪及其领导的比较教育研究中心几乎提供了“英国卷”中的全部文献。[④] 他培养的近 30 名博士生中，有五分之一的博士论文是有关英国教育的。尽管随着研究的不断深入与扩展，浙江大学的比较教育研究开始逐渐将目光扩展到其他国家，但英国教育研究的传统仍在继续。[⑤]

王承绪之所以对英国教育如此眷顾，一方面缘于自身的学习和情感经历，另一方面也是因为英国教育传统和美国、欧洲大陆及苏联的教育传统

---

① 邓特. 英国教育［M］. 王承绪，译. 上海：商务印书馆，1949：2.

② 施红斌，殷冬玲. 埃德蒙·金比较教育思想述评［J］. 内蒙古师范大学学报，2007（3）：23－26.

③ 王承绪. 比较教育学史［M］. 北京：人民教育出版社，1999：137.

④ 张文军. 王承绪教授：杭州大学教育系主任［DB/OL］. http：//blog. sina. com. cn/s/blog_ 6785f7b60100hvtf. html.

⑤ 薛珊. 志存高远，建学科，甘为春雨育人才：王承绪先生与浙江大学比较教育学科的发展［C］//中国教育学会比较教育分会第 15 届学术年会暨庆祝王承绪教授百岁华诞国际学术研讨会论文集，2010.

一样，是一种源头性和上游性的教育传统，对世界上其他许多教育后发国家，特别是其他英联邦国家影响很大。了解了英国的教育传统，就可以触类旁通其他国家，如澳大利亚、新西兰、印度、马来西亚、南非等教育的传统与变革，相关研究的深度和广度就会得到很大的扩展。[①] 王承绪正是以英国教育研究为原点，向其他国家迁移、扩散，形成一种涟漪效应，从而抽丝剥茧、以点带面，探寻比较教育的一般规律和特殊规律。

2. 其他国家研究

如前所述，王承绪早期的比较教育研究是一种发散性的，中国之外的所有教育进步的国家都是其关注的对象。民国时，王承绪发表的论文涉及意大利、苏联、法国、德国、波兰、瑞典、英国、土耳其、美国、墨西哥、日本等多个国家，涵盖了欧、美、亚三大洲。中华人民共和国成立后，他在编写《比较教育》时，也沿袭了这种风格，除英国之外，还选取了美国、法国、德国、俄罗斯、日本等发达国家的教育状况；在《比较教育学史》一书中，他也同样考察了这几个国家比较教育发展状况，而且还专门撰文论述了日本比较教育研究的历史和现状。此外，他也曾对西德和日本的职业教育情况做过专门研究。20 世纪 90 年代后期，他将目光转向了发展中国家，特别是教育发展落后的亚非拉地区。这是因为第二次世界大战结束后，世界各国的教育迎来了一个空前的繁荣时期，欧美发达国家逐步完成了中等教育的普及，并实现了高等教育的大众化，发展中国家也由教育的极端落后一步步迈进教育普及的行列，发展势头非常迅猛。在当前欧美发达国家教育发展变缓、教育模式固化的情况下，以中国、印度等国为代表的后发国家为世界教育发展注入了新的活力，出现了新的发展模式。王承绪敏锐地捕捉到了这一变化，在 80 岁高龄再度开辟研究新领域，堪称学界不老翁。

（二）教育类型研究

比较教育是一门综合性的学科，不仅需要关注不同国家和地区，也需对不同类型的教育做深入研究，这就需要将区域研究和问题研究相结合。从王承绪发表的论文和出版的著作来看，他对基础教育、教育史、高等教育、职业教育、师范教育等做过专门研究；对学前教育、中等教育等做过

---

① 汪利兵. 不言之教，嘉惠后学［J］. 华南师范大学学报（社会科学版），2015（10）：40－42.

相关研究。首先，由于学前教育仅见于其编著中，而这一章节的编写工作多由其他编者承担，因此本书不将其作为分析对象。其次，有关师范教育、中等教育的文章，除见于英国专题研究外，亦如学前教育一般情况，因此亦不做探讨。再次，因本论文对王承绪的基础教育、教育史和高等教育思想各有专章论及，故此处仅对其职业教育研究略做探讨。

王承绪发表的有关于职业教育的文章主要有三篇：《英国青年就业机构》（《东方副刊》1946 年第 16 号）、《西德、日本的职业技术教育》［《教育研究（北京）》1979 年第 2 期］、《未来劳动世界对人才素质的要求与职业教育》（《未来教育面临的困惑与挑战——面向 21 世纪教育国际研讨会论文集》1991 年）。民国时，在诸多“教育救国”思潮中，“职业教育救国”呼声甚高，王承绪的老师庄泽宣、俞子夷等人皆是此派的支持者。尽管在浙江大学学习时，王承绪未就职业教育发表过专门看法，但在其有关新教育、成人教育等文章中，已隐含了类似观点。作为第一次工业革命的摇篮，英国的职业教育可谓相当发达。“二战”结束后，遭受破坏的工业生产亟待恢复，加之大量复员军人需要安置，职业教育愈加重要。1945 年，英国成立“青年就业机构委员会”，以研究如何改进英国青年就业机构，并向英国劳工部提呈报告书。王承绪即将此报告翻译发表在《东方副刊》上，为饱受战争创伤的中国恢复建设、增进民生提供借鉴。该报告详细分析了英国青年就业机构的现状及其特点，指出青年就业问题是战后教育扩充之重点；而现在的青年就业机构尽管已垂 30 余年，但存在职能未发挥、行政不稳定、与学校缺乏合作、没有共同标准、劳工部与地方教育当局关系失调、地方性限制多等缺点。为解决这些问题，首先，青年就业机构应注重发挥好四个职能：一是职业指导，教育及工业都需注意。教育方面，应熟知青年之能力品性及教育程度；工业方面，应熟悉工商及其他各业之现状、需要、趋势及就业机会。二是介绍职业，使青年依其资历、性能及兴趣获得适当职业，避免不利于健康或品性的职业，使青年就业分配迎合国家需要。对于青年就何职业，不应强迫。遇职业不适合时，可以改行。三是就业视导，定期召集已就业之青年进行个别谈话，对须接受训练之青年，给予经济上之协助。四是失业救济。其次，在行政上，青年就业机构最好是设立一个全国性的就业机构，由同一机关办理；鉴于历史原因，仍可沿用旧制，然而必须理顺隶属关系，中央方面由劳工部管理，地方方面则由劳工部与教育局分工管理。行政机构上，可分中央、区域及地方三级，各司其职。最后，报告还探讨了具体的视导问题、咨询问题、人员训练问题、研究及实验问题等。① 这份报告可谓观点明确、问题突出、措施得当。该报告提交后，英国即于1948年和1973年先后颁布有关青年就业和培训的法律，前者明确在中央设置中央青年就业指导委员会和全国青年就业委员会，负责监督和管理全国青年的职业指导工作。② 1973年的法律规定，提供职业指导属地方教育当局的法定职责，并规定设立人力服务委员会及其辅助机构——就业服务处和就业事务咨询委员会，办理职业指导的各项事务。这一法律对英国职业技术教育的发展和开展职业指导工作有重要作用。③ 王承绪翻译此篇文章，可谓独具慧眼，可见其对职业教育的动态把握极其精准。

1978年，邓小平在全国教育工作会议上指出，教育必须与国民经济发展相适应，与生产劳动相结合，学生的学习内容要与将来从事的职业相匹配。④ 十一届三中全会召开后，中华大地一扫阴霾，全面进入现代化的社会主义强国建设中。教育领域则肩负培养熟练掌握和运用先进科学技术人才的重任，职业教育被寄予厚望。由于国外在工业化培养技术人才方面积累了良好的经验，王承绪特地选择了职业教育发展最好的西德和日本作为研究对象，以期为职业教育的快速发展提供借鉴。在《西德、日本的职业技术教育》中，王承绪首先分析了西德职业技术教育的途径、职业学校的种类、职业技术训练方法等，并总结了西德职业技术的特点：一是深造制度与职业学校培养相结合；二是设立不同专业、不同程度、不同期限的各级各类职业学校，以适应培养各种技术人才的需要；三是在训练方法上，制订统一的训练计划，采取分阶段训练的制度，保证培养的质量；四是中学阶段实行文理分科，有利于高级科技人才的培养；五是工厂企业注意技术力量的培养。然后，他又介绍了日本的职业技术教育的发展状况及三大主要途径：一是职业技术教育体系，包括初级中学、技术中学、技术学院、初级大学、大学等；二是公立职业训练中心，包括普通职业训练中

---

① 王承绪. 英国青年就业机构［J］. 东方副刊，1946（16）.

② 黄日强. 世界职业指导的发展轨迹［J］. 职业教育研究，1991（6）：34－37.

③ 教育大辞典编纂委员会. 教育大辞典：第11卷　外国教育史［Z］. 上海：上海教育出版社，1991：147.

④ 邓小平. 在全国教育工作会议上的讲话［J］. 人民教育，1978（21）：3－7.

心、综合职业训练中心、职业训练研究所、残疾人员职业训练中心等；三是工业中的职业技术训练，企业主在工厂中组织工人学习，改进工作技能。最后总结出日本职业技术教育的特点：一是根据国民经济发展的需要，制订科技人才的培养计划；二是建立完整的职业技术教育体系；三是长期培养与短期训练相结合；四是发展企业内部的训练体制；五是高中阶段实行分科，强调课程设置多样化。① 从该文的发表时间看，它与《从国外比较教育学科发展的现状看我国比较教育教学中的若干问题》同年先后发表，这两篇论文也是王承绪获得平反、恢复正常教学科研后发表的第二篇文章，可见其对职业教育的浓厚兴趣。根据中国知网数据查询，该文亦是“文化大革命”结束后第一篇有关西德、日本职业技术教育的文章，足见王承绪在学术领导力和预见力方面的卓越才干。

20 世纪 90 年代后期，随着世界经济的快速发展，劳动力人才市场的结构、规模正发生着急剧的变化。而中国在改革开放后，经济开始进入飞速发展时期，同样面临着经济高速增长对人才的需求和劳动技术人才供给方面相矛盾的问题。此种情况下，各国都在积极探索培养高素质科学技术人才的有效途径和方法。鉴于此，王承绪发表了《未来劳动世界对人才素质的要求与职业教育》，并参与了杭州大学教育系发表的《发展职业技术教育　大力培训技术人才——现代西欧、日本职业技术教育给我们的启示》一文的撰写工作。在文中，他指出职业教育对于我国未来发展的重要性。职业教育的发展不仅是现在国家经济发展的武器，也是进入未来劳动世界的钥匙。王承绪指出未来劳动世界的一个最大特点就是有很强的职业流动性，所以要求未来的劳动者要通晓整个生产系统，达到全面发展；要具备极强的职业适应性，包括迁移和类化的能力、不断学习和再学习能力、认知能力和心理运动能力；要发展能够迁移的职业技能，包括数学技能、交流技能、人际关系技能、推理技能和操作技能。② 针对这样的目标，我们应当努力总结各国发展职业技术教育的经验，从西欧和日本等国发展职业技术教育的过程中得到有益的启示。这要求我们首先要充分认识职业技术教育的重要性，加强培养科技队伍的计划性，建立职业技术教育体

① 王承绪. 西德、日本的职业技术教育［J］. 教育研究，1979（2）：67－71.

② 王承绪. 未来劳动世界对人才素质的要求与职业教育［C］//未来教育面临的困惑与挑战：面向 21 世纪教育国际研讨会论文集，1989.

系，严格考核制度。[①]

此外，在《比较教育》中，王承绪也专列一章探讨各国中等职业技术教育情况。他首先分析了英、法、德、美、日、俄、中七国实施中等职业技术教育的两种主要形式：一种是通过学校进行，主要有初中阶段的职业预备教育和高中阶段的职业技术教育；另一种是通过企业与学校相结合进行，着重介绍了德国的“双重职业训练制度”、美国的合作职业教育、日本的产学合作。其次，对中等职业技术教育的教学内容也进行了探讨，在专业设置方面，指出各国中等职业技术教育的职业分类是与该国的产业结构密切联系的，并随着生产的发展和就业结构的变化而做出相应的调整；在教学计划方面，坚持普通教育与职业技术训练相结合、教学与生产劳动相结合的原则；在教学内容方面，呈现出普通教育职业化和职业教育普通化的趋向。再次，还对“二战”后美国、英国、日本等国的职业指导进行了介绍，并指出职业指导是更好地利用人力资源的一种方法。最后，介绍了国际中等职业技术教育改革和发展的新动向，包括美国的“生计教育”和德国的“职业基础教育年”的新尝试以及日本的“科学技术立国”战略下的新发展。

职业教育研究尽管并非王承绪学术“主业”，但却是其比较教育的教育类型研究中重要的一环；尽管其职业教育研究重在事实介绍，但却为新时期职业教育发展提供了可资借鉴的宝贵经验。正是这一研究，折射出王承绪注重教育与社会经济发展相适应的研究旨趣。

六、 教与学——比较教育学科建设

作为一名比较教育研究者和实践者，王承绪始终不忘其教师本职，坚持站在比较教育教学第一线，统筹推进比较教育教材建设和学科建设，取得了丰硕的教学成果，桃李遍天下，为国家建设输送了大批高级专门人才。可以说，他的一生是在“编写比较教育教材、承担全国教育科学规划办的比较教育课题、培养比较教育研究生、与研究生一起翻译引进国外比较教育和高等教育专著以及出国访问、讲学等活动中度过的”。他结合自身长期以来的比较教育研究和教学经验，在比较教育的课程设置、教学内容、教学方法、师资建设、人才培养等方面，形成了独到的认识和看法，

① 葛丽亚. 王承绪的比较教育思想研究［D］. 石家庄：河北师范大学，2008.

为推进新中国比较教育学科发展做出了不可磨灭的贡献。可以说，王承绪的比较教育思想是我国比较教育学科发展的一个缩影，其比较教育思想不断发展的过程也正反映了我国比较教育学科一步步走向成熟的过程。

（一）课程设置的目的和作用

在高等师范院校和大学设置比较教育课程是推进比较教育科学专业化、科学化的必由之径。庄泽宣在《各国教育比较论》中就言明，师范及大学教育科都应将比较教育设为必修课。王承绪更是认为，比较教育是教育研究者的基本素养。1978年6月，教育部在武汉召开高等学校文科教学工作座谈会，制订了《高等师范院校教育系学校教育专业的教学方案（征求意见稿）》，决定开设比较教育课程、编写比较教育教材。王承绪随后发表《从国外比较教育学科发展的状况看我国比较教育教学中的若干问题》一文，通过对国外比较教育学科发展的历史梳理和现状分析，探讨了我国比较教育课程设置、教学内容、教学方法等问题，为比较教育学科创建抛砖引玉，确定了基调。在课程设置方面，他认为在高等师范院校和大学设置比较教育课程具有以下几个重要意义：一是通过对外国教育的比较研究，增长知识，开阔眼界。教育科学有一些共同的规律，借鉴别国发展教育科学研究和改进教育事业的经验，可以提高对本国教育制度和自身教育工作的认识。二是通过比较教育的研究，可以结合我国具体教育实践，探索为发展我国社会主义教育足资借鉴的经验，以便更好地为人民教育事业服务。找出各国教育存在的共同问题，借鉴外国的经验，更好地为本国教育发展服务。三是培养学生学会运用马列主义的立场、观点和方法，分析研究外国教育上的一两个问题，培养分析问题和解决问题的能力，运用辩证唯物主义和历史唯物主义的观点和方法来分析和处理问题。①

（二）教学内容及方法

明确了课程设置的目的和重要性后，还要对教学内容和方法进行甄选。在教学内容上，王承绪认为，比较教育研究对象国的选择应遵循代表性和可借鉴性的原则，既包括发达国家也包括发展中国家；既包括资本主义国家也包括社会主义国家。在教学方法上，王承绪认为，国外比较教育教学一般分为区域研究、问题研究和系统教学三种形式。对初学者多采取

---

① 王承绪．从国外比较教育学科发展的状况看我国比较教育教学中的若干问题［J］．外国教育，1979（1）：3－10.

系统教学形式，结合进行区域研究和问题研究。在问题研究方面，或以问题为线索，列举各国比较；或以国家为线索，单研究某一国家的问题。据此，他认为，我国比较教育课程教学的方案，可采取区域研究和问题研究相结合的方式，从我国教育建设的实际问题出发，吸取国外比较教育教学的有用经验，反映科学研究的成果。同时，王承绪还对教学中的一些具体问题做了探讨，如概念名词的统一问题、比较的问题、教材和资料问题、视听教具问题等。此外，王承绪也从比较教育的视角对新课程改革提出了中肯的建议。他援引怀特海“课程应起于疑惑（Wonder）”的观点，认为教学应遵循“教育的节奏”，提供“恰到好处”的教育，教学质量应该适应学生达到的节奏中的阶段，这就是教育的成就所在。当然，也要根据我国实际情况有选择性地借鉴。

（三）师资队伍建设

王承绪自 1947 年回国后，就一直从事比较教育教学和研究工作。他率先垂范，学高为师，“脑子里就是教师，只有教师这个职业”毕生最大的愿望就是“得天下之英才而教授之”。他以研究促教学、善于启发引导、关爱学生成长，不仅是比较教育的一代宗师，也是一位和蔼可亲的良师益友。他认为，比较教育工作者需具备以下基本素养。一是要有报国情怀，这是比较教育研究者学术理想之魂。王承绪见证了近代中国的曲折发展，自身也曾遭受不公，但他从未动摇理想与信念，坚持学术报国，为中国知识分子之典范。他一再告诫学生要报效祖国、报效党的事业；他也曾向广大师生表白心声，“高举中国特色社会主义伟大旗帜，跟共产党走，为中华民族伟大复兴尽毕生精力”。二是要有专业胜任力，这是比较教育者安身立命之本。具体来讲，要具备以下技能：①练好三门基本功：外语、资料和考察；②用好三个研究法：比较法、因素法和问题法；③树立三个方向标：学术目的、借鉴目的和咨政目的；④理好三个关键性：民族性、主观性和可比性；⑤敢于开创三个新：新理论、新方法、新模式。[①] 三是要具有国际视野。比较教育研究者要沉浸到不同国家、民族中去，不能闭门造车，要立足本国，胸怀天下。尤其是在当今国际化的今天，更要融入世界大家庭，成为国际型学者。四是要有创新精神。比较教育研究不是“拿

① 徐辉. 士志于道，不舍昼夜：回忆王承绪先生关于比较教育研究几个重要问题的看法［J］. 比较教育研究，2010（9）：4－8.

来主义”，要吸收再创新，进而推进原始创新；比较教育研究者要敢于突破固有理念和框架，发出独有的声音，不能亦步亦趋、墨守成规；要善于利用其他学科的方法，从理论层面、实践层面、技术层面进行创新。总之，作为新时期的比较教育工作者，首先，需要打好基础，修好内功，提升自己的学科理论和方法论品质，融入国际化的时代。其次，要积极参与实践研究，多多思考怎样对国家的政策做出更多贡献，做一个专业的政策贡献者和专业的批评者。最后，要积极参与学科建设，突破在比较教育方法论上总是步人后尘的局面，要多研究和总结我国目前教育发展过程中的经验和专业方面的发展，供国际同行学习和参考借鉴。①

（四）人才培养

1981 年，王承绪成为改革开放后第一批硕士生导师。1985 年，又成为全国第一批比较教育学博士生导师，是一名元老级博导。王承绪在担任研究生导师期间，不仅培养了大批优秀硕士生、博士生，充实了比较教育学科人才队伍，其自身学术成就也达到了巅峰，真正实现了教学相长。他曾荣获“浙江省培养高质量研究生省级优秀教学成果奖二等奖”、浙江大学教师最高荣誉“竺可桢奖”、“中国高等教育科学研究特殊贡献奖”等奖励。桃李无言，下自成蹊，尽管王承绪已达“物我两忘”的学术境界②，但细究其近 30 年的研究生导师生涯，仍能发现他在研究生培养理念及实践上独特的个人风格，令人产生强烈的时代共鸣。他认为，要培养五种类型的复合型人才，分别是：学以致用的经世型人才、功底扎实的专业型人才、视野开阔的国际型人才、勇于超越的创新型人才和身心和谐的健全型人才。这其中的要求和标准与师资培养相差无几，可见其对比较教育专业人才培养方面的重视。

王承绪认为，第一，应培养学以致用的经世型人才。他特别重视从比较教育研究的咨政目的，强调教育的“promote”功能。在培养接班人上，他十分注重培养学生的报国情怀，教导学生学好本领、报效祖国。在他逝世的前一年，得知学生要去国外学习，他还用颤巍巍的手艰难写下“要好

① 本刊记者．个人旨趣、社会责任与比较教育工作者的使命：访王承绪教授［J］．教育研究，2006（7）：44－47.

② 陈伟．学海勤耕百年灯：王承绪先生的比较教育研究［J］．教育研究，2011（4）：55－59.

好学习，珍惜机会多学东西，不要浪费国家的钱，回来后好好报效国家”的字条，这份将经世报国融入生命的伟大情怀，令人动容。他也非常重视历练学生的经世能力，丰富学生咨政经验，形成梯队。在担任教育部教育发展研究中心兼职研究员和专家咨询委员会委员期间，他带领研究生多次承担重大研究课题，为中心出版的《八十年代外国高等教育改革述评》《发达国家教育改革动向与趋势》等书提供了大量的文献，对我国教育决策科学化、民主化进程产生了重要影响。[①] 在他的言传身教下，有的学生已成长为重要岗位的领导者和决策者，有的担任着政府部门的顾问和智囊，他们都尽己所学，为国家教育事业出谋划策，传承着王承绪等老一辈知识分子的报国情怀。

第二，要培养功底扎实的专业型人才，强调学生要练好三门基本功。为系统训练和提高学生专业能力和水平，他采取以项目促学习的方式，带领研究生一起承担了国家“六五”到“十五”期间的一系列国家重大课题，产出了诸如《中外教育比较史纲》《比较教育学史》等重要学术著作；组织学生共同编译了“汉译世界高等教育名著丛书”，该丛书已成为目前高校比较教育和高等教育专业研究生必读书目，在推荐频次排名前10的必读书目中，占了8本；前20中占了11本，几乎左右了我国高等教育研究的概念框架、思维方式和研究策略[②]。通过这种学、研、用三位一体的训练方式，学生的语言功底、研究能力和专业水平都得到了极大的提升，获得了同行的高度认可。

第三，要培养视野开阔的国际型人才，按照“请进来”和“走出去”的双向模式培养。为帮助研究生了解最新国际学术动态，增加直接与教育名家对话的机会，王承绪利用他在国际比较教育界的良好关系，先后邀请了众多一流学者前来讲学，其中包括：美国著名学者库姆斯（Philip Coombs）、克拉克（Burton Clark）、卡扎米亚斯（Andreas M. Kazamias）以及印第安纳大学的阿诺夫（Robert Arnove）；英国伦敦大学教育学院的劳顿（Denis Lawton）和黎安琪（Angela Little）、英国萨塞克斯大学的柳

---

① 周满生. 王承绪先生为国家教育改革和发展积极献计献策，影响重大［J］. 世界教育信息，2011（3）：29.

② 高耀明，周小晓. 高等教育学专业核心知识研究领域的构建：以研究生必读书目为例［J］. 高等教育研究，2015（2）：27－33.

基思（Keith Lewin）、比彻（Tony Becher）和艾劳特（Michael Eraut）以及莱斯特大学的怀特塞德（Tom Whiteside）；法国巴黎第八大学的德博韦；德国的米特（Wolfgang Mitter）；以及日本的小林哲也（Tetsuya Kobayashi）。层次之高、交流之频繁，可谓是盛况空前![1] 通过与这些国际知名专家、学者面对面交流，比较教育学专业的研究生不仅领略到了大师风范，而且“近水楼台先得月”，始终保持着与世界比较教育研究前沿的紧密联系，开阔了视野，提升了境界。除了“请进来”，王承绪也想方设法把研究生“送出去”。除为学生争取参加国际学术会议、出国交流学习的机会外，他还与英国萨塞克斯大学、美国印第安纳大学开展校际合作与交流，实施联合培养博士生、学生互访学习等计划，为学生出国学习打造良好平台。那时，比较教育学专业的研究生，都排着队轮流出国学习，羡煞其他专业学生。

第四，要培养勇于超越的创新型人才，即要敢于研究和提出“新理论”“新方法”和“新模式”。他激励学生不断实现自我超越。在课堂上，他鼓励学生大胆表达自己的观点，甚至可以随时打断他的讲话，向他提出质疑；他允许学生根据自己的兴趣爱好选择研究方向，进行开创性的研究，形成自己的特色和优势。徐辉当初在撰写博士论文《论大学与工业的关系》时，尝试用“职能冲突”理论解释大学与工业之间存在的种种问题。这个思路受到了王承绪的极大鼓励，甚至建议他在博士论文的基础上建立起一种新的“职能冲突”模式。[2] 此外，由徐辉在担任浙江师范大学校长期间一手创建和发展起来的“非洲教育中心”也已成为国内非洲教育研究的权威机构，产出一批高水平、独创性的研究成果[3]；浙江师范大学的安双宏也是在王承绪的支持下选择了印度教育作为自己的研究方向，并由此取得了突出的成绩，入选了教育部新世纪优秀人才支持计划，成为哈尔滨师范大学博士生导师，继而成为浙江师范大学特聘教授，浙江省二级

---

① 汪利兵．王承绪先生与比较教育［DB/OL］．http：//www.news.zju.edu.cn/wcx/redir.php？catalog_ id＝911&object_ id＝1197.

② 徐辉．士志于道，不舍昼夜：回忆王承绪先生关于比较教育研究几个重要问题的看法［J］．比较教育研究，2010（9）：4－8.

③ 李振玉．善教者使人继其志：追忆王承绪先生的学术生涯与教育艺术［J］．华南师范大学学报（社会科学版），2015（10）：48－50.

教授。[1] 与此同时，他也认为“弟子不必不如师”。从他本人来讲，因时代所限，未能在比较教育研究上更多地超越他的师长，终究有所遗憾。[2] 因此，他期望学生能青出于蓝而胜于蓝，接过学术创新的旗帜，开疆辟土，将比较教育研究推向一个新的高度。当学生取得成绩时，他都会亲自表示祝贺，鼓励学生再接再厉，百尺竿头，更进一步。即使学生毕业后另投门第，他也还是一如既往地不吝指教。这种不遗余力提携后辈和甘当人梯的胸怀真乃大师风范。

第五，他还强调要培养身心和谐的健全型人才。他不仅关心学生的学术成长，也关心学生的身心健康。学生遇到困难，他都会尽力帮忙解决。他的研究生，特别是博士生，经常去他家里请教。在很多个阳光温暖的午后，他迎来一个个求知若渴的学子，沏上一杯馥郁的浓茶，摆上一盒精致的饼干，师徒就开始促膝长谈，聊学术、聊生活、聊文学、聊时趣。兴致好的时候，他会给学生讲他求学时期的轶事、讲述他在英国的留学经历、回国之后创建比较教育学的过程与经验，以及如何做学问和做真学问，等等，让学生学习到了许多终身受益的知识并领悟到了许多无法从书本中获取的做人与做学问的道理。[3] 他常留学生在家吃晚餐，改善学生的伙食；寒暑假的时候，会给学生带回小礼物，问候家人。每次学生去他家里，收获的不仅仅是学业困惑的廓清，生活压力的缓解，更是一种心灵上的慰藉。一堂课、一席话，身体与心灵，都受了洗礼。

王承绪担任研究生导师时，已是古稀之年，但他却“好像一个有着三头六臂的和尚”，事事亲力亲为。他一直坚持用英文原版教材为研究生上课，即使年届90岁高龄，仍坚持给博士生上课，一周一次课，每次2小时；研究生的毕业论文，他用放大镜逐字逐句地看，从思路、框架、文字、注释、参考文献、标点符号等一一提出修改意见，甚至还亲自查校文献修正错误。他对学生既尊重热爱，又严格要求；与学生的关系，既是师徒，又如父子，亦同友人。他用自己渊博的知识、谦逊的为人、平和的心

---

① 安双宏. 德才典范，福泽世代：怀念恩师王承绪先生［DB/OL］. http：//www.news.zju.edu.cn/wcx/redir.php？catalog_ id =605&object_ id =662.

② 谢喆平，董建红. 一个人和他的一个世纪：记浙江大学终身教授王承绪［J］. 人物，2010（9）：48 -53.

③ 付淑琼. 忆恩师［EB/OL］. http：//www.news.zju.edu.cn/wcx/redir.php？catalog_ id =605&object_ id =897.

态、高尚的品格影响着一代代学生。在他的悉心教导和呵护下，研究生们已成长为各自系统的领军人物、中流砥柱和后起之秀，并开枝散叶，渐成学派气象。

如果非要给作为研究生导师的王承绪画一幅像，那他就是逍遥派、慈父慈母型和良伴型导师的综合加强版。① 2003 年，他被联合国教科文组织评为“亚太地区教育革新终身成就奖”，但他却没有去领奖，原因就是“因为我要上课”。② 可见，他对研究生培养的倾心，不愧为优秀研究生导师的典范。他有关研究生需培养成济世人才的价值取向、学术和道德双修的培养标准、参与式和体验式的培养方法、个性化和国际化的培养策略，以及注重学生身心协调发展等理念和实践，仍然契合时代主题，能为当今研究生培养改革中需要解决的若干问题提供指导。

小　结

20 世纪上半叶，世界比较教育发展进入繁荣期，康德尔、施耐特、汉斯等人统治了比较教育界，他们都擅长运用历史法开展比较教育研究，以研究现状为主，同时追溯历史渊源，分析发展趋势，注意纵向联系；也注意研究政治、经济等情况，注意横向联系。中国的比较教育研究也取得了较大发展，涌现了庄泽宣、常道直、钟鲁斋等比较教育大家，其研究成果与当时外国同行相比，并不逊色。王承绪正是在这样一个国际环境和时代背景下接触、研究比较教育。中华人民共和国成立后，经过近 20 年的积累，王承绪比较教育思想终得大成，开创了具有中国特色的比较教育学科体系。可以说，王承绪比较教育思想的发展是我国比较教育学科发展的一个缩影，它代表着我国比较教育研究的整体水平，具有符号学意义，其比较教育思想为个体内心升华、社会外缘因素及学科发展逻辑相互作用的产物，特点鲜明、影响深远。

一、王承绪比较教育思想的特点

第一，强烈的爱国情怀。深受“教育救国”思潮洗礼的王承绪，已自

① 宋德发．好导师的三种风格［J］．学位与研究生教育，2014（14）：15－18.
② 方秀芬．80 载如一日，穷其一生治学［N］．杭州日报，2011－10－11.

觉将个人命运与国家兴盛内化为一体，改造社会、改善民生、复兴中国是其比较教育研究的不二旨归。这种强烈的使命感和责任感在其早期著作中体现得尤为显著。如在《旅琴杂感》中对“负有救国使命的青年学生，在这万象更新的当儿，不知奋发图强，努力革新，真使人失望”①；在《意大利的新教育》文末标注“承德失陷日译于浙江大学”以示警醒②；留英时对刊载“满洲国”文章的年鉴提出严正抗议，创办《东方副刊》的报国诤言，等等。中华人民共和国成立后，王承绪的一片赤子之心、爱国之情，演变为兴国之愿，强国之梦，他毕生致力于中国特色比较教育学科的发展，为中华民族屹立世界民族之林鞠躬尽瘁。

第二，鲜明的时代性。梁启超曾言，“一时代有一时代之学术”，王承绪的比较教育思想亦印证此说。民国时期，农村教育和乡村改造运动声势浩大，众多教育家、政治家、实业家都关注和研究过这一问题。王承绪亦对此有所涉猎，他在《墨西哥新教育给我们的启示——乡教运动与农村复兴》一文中就直陈“中墨的社会背景有颇多吻合之处，很可以作为我们的模范”；他的硕士论文也以中国乡村教育为主题。在改革开放的新时期，他对“二战”后西方比较教育发展的主要特点做出判断：比较教育不局限于大学的门墙之内，而与教育改革和发展的实践紧密结合③。据此他更加注重把握新的社会发展趋势及其对教育的影响，后来主持翻译外国高等教育名著，即考虑到“按照现在知识经济、经济全球化的情况，抓高等教育是对的，所以选了在高等教育研究方面影响较大的这些著作”④。

第三，敏锐的前沿性。王承绪具有非凡的学术敏感性，而且善于捕捉和把握前沿的学术思想和问题，并始终站在比较教育研究的最前沿。早在读大学时，孟宪承针对王承绪《意大利的新教育》一文就做出“此篇材料新颖，寻常书籍中尚不经见，故有发表之价值”的推荐发表评语⑤。在编辑《东方副刊》时，王承绪极其考究论文选题。从该刊发表的论文来

① 王承绪. 旅琴杂感［J］. 中学生文艺，1930（1）：67－69.

② 王承绪. 意大利的新教育［J］. 江苏教育，1933（9）：29－33.

③ 汪利兵. 比较教育的世纪回顾：我国著名比较教育学家王承绪教授访谈录［J］. 外国教育资料，1996（5）：1－4.

④ 张文军. 王承绪教授：杭州大学教育系主任［DB/OL］. http://blog.sina.com.cn/s/blog_6785f7b60100hvtf.html.

⑤ 王承绪. 意大利的新教育［J］. 江苏教育，1933，2（9）.

看，社会科学领域重点探讨的问题有：战争产生的原因、战时各国的状况、战后的重建构想、国际和平组织的建设，等等。在自然科学领域，选用的论文数量虽少，但突出了富国强兵的主题和工业技术、军事科技等重点，尤其介绍了对当时反法西斯战争的胜负起决定作用的军事科技前沿成就，比如飞机、原子弹、雷达、火箭、水雷等。① 他主持翻译的“汉译世界高等教育名著丛书”，有研究统计表明是高等教育界目前为止引用率最高的丛书之一。实践证明，王承绪的筛选是相当精准的，这些译著契合了教育科学研究的需要，并对教育改革的话语产生重要的影响。许美德也甚为叹服，王承绪翻译的大部分著作都与多伦多大学高等教育专业研究生的必读书目相一致。②

二、 王承绪比较教育思想的影响

王承绪的比较教育思想不仅是中国比较教育学科建设、发展的指导思想，也是国际比较教育界的思想奇葩。它的影响主要体现在三个方面。

一是开创了中国特色的比较教育基本理论体系。王承绪在继承老一辈国内外比较教育学者思想的基础上，结合中国实际，创造性地建立了我国比较教育研究的基本理论体系，形成了具有中国特色的比较教育学。他对比较教育的定义、目的、功能、方法、内容等的界定，为我国比较教育学摆脱西方“唯心论”影响、破除苏联“一边倒”模式提供了不一样的发展理路，即“比较教育乃是一门以马列主义、毛泽东思想为指导，分析研究各国教育制度，吸取其优良经验，以供我国‘四化’建设借鉴的学科”，具有跨国性、跨文化性、跨学科性的特征，目的在于探寻教育发展的规律和借鉴各国教育的经验，方法注重哲学层次、学科层次和操作层次的立体研究。王承绪基于因果关系理论、价值观理论和比较教育分类理论对前人比较教育理论的改造和突破，为建构具有中国特色的比较教育学理论体系奠定了基础，其比较教育思想具有划时代的意义，不愧为新中国比较教育学的鼻祖。

---

① 陈伟，郑文. 超越战争的战时比较教育研究：论参与创办《东方副刊》时期的王承绪［J］. 比较教育研究，2012（4）：24－28.

② 罗伯特·阿诺夫，许美德. 思想肖像：纪念王承绪教授百岁华诞［J］. 阚阅，译. 比较教育研究，2010（09）：17－20.

二是确立了比较教育研究的基本范式。比较教育研究的突破关键是方法论上的突破。王承绪提出，比较教育研究中要坚持辩证唯物主义和历史唯物主义，并以此为指导思想，构建了一套涵括哲学的研究方法论、中层的学科研究方法、具体的研究方式和操作技术在内的完整方法论体系。这套比较教育研究方法体系，至今已成了中国比较教育研究界的基本常识——说它是“常识”，其实旨在表明这套研究方法体系的基础性、根本性地位和关键性作用。[①] 王承绪开创的这种独具特色的比较教育研究范式也引领着世界辩证唯物主义比较教育分析的潮流，推动了世界比较教育研究的方法创新，不愧为比较教育研究的“中国库恩”。

三是促进了比较教育学科的对外交流。王承绪利用其广泛的国际联系和影响，在将浙江大学打造成中国比较教育研究中心的同时，积极推进比较教育学科的对外交流，结识了一大批国际知名教育专家，推动中国比较教育走出国门、走向世界。在联合国教科文组织任职期间，他为亚太地区教育发展殚精竭虑；率先在原杭州大学成立亚太地区教育革新为发展服务计划中心（APEID），各种学术讲座、双向访学不断，大力推进了中国与世界的教育文化交流，不愧为国际比较教育交流的大使。

总之，王承绪学贯中西，一生勤于治学，于中国比较教育“筚路蓝缕，以启山林”。他于民族危难之际，深入研究比较教育以求救国良策，思想虽不显达，但透赤子拳拳之心；于蒙冤受屈之际，潜译教育名著以厚知识之备，思想虽未张显，但含学子孜孜之意；于古稀悬车之年，创编教育宏著以定学术之基，思想已至大成，唯见方家沛然之风，竟达物我两忘之境地，为我国教育界之精神象征，其比较教育思想引导、激励和鞭策着后来者不断追赶、超越，历久弥新。

---

① 陈伟. 王承绪先生的“百年之功”与“百年之耕”［J］. 华南师范大学学报，2015（5）：45－47.

第五章 王承绪的高等教育思想

王承绪开展高等教育研究几乎与比较教育研究同步。早在民国时期，他就从比较的视角对英美等国的高等教育进行过探讨，发表了《英国高等工程教育》《英国大学教育》《英国高等教育发展的历史和现行体制述略》《英国近代高等教育的发展》《美国大学课程的改制运动》等文。新中国成立后，由于各种原因，社会主义高等教育一度遭到破坏，王承绪的高等教育研究也被迫中断。20 世纪 70 年代末和 80 年代初，高等教育领域拨乱反正，高等教育亦从普通教育学中分化出来，成为一门独立学科，高等教育研究也重回王承绪视野。他先是在杭州大学组织成立了高等教育研究室，开设了比较高等教育课程，撰写了讲稿《比较高等教育引论》。该文发表后，引发了比较高等教育研究热潮。与此同时，杭州大学高等教育研究室还出版发行了 17 期《高教研究丛刊》，打造高等教育研究学术阵地。此外，王承绪还主编了“外国高等教育丛书”，有《高等教育哲学》（1987

年)、《高等教育新论——多学科的研究》（1988 年）、《学术权力——七国高等教育管理体制比较》（1989 年）。这套丛书在 1999 年被扩编为“汉译世界高等教育名著丛书”，奠定了我国高等教育研究的方法论和知识论基础。可以说，自 20 世纪 80 年代起，王承绪的研究重点就转移到了高等教育领域，且逐渐摆脱了对比较教育的依附性，即由比较教育研究的子领域向注重比较方法的高等教育独立研究过渡，为新中国高等教育学科体系建设做出了极大的贡献。晚年，王承绪高等教育研究重心再次发生转移，即由发达国家向发展中国家过渡，其收官之作《发展中国家高等教育模式的国际移植比较研究》即这一完美转变的例证。王承绪的高等教育研究范式的两次转变，体现了他对学术发展逻辑和社会结构变迁的敏锐洞察力。王承绪高等教育思想既具比较研究的基因，又具独立领域的特色，不失为中国高等教育研究的杰出代表，“高等教育科学研究特别贡献奖”殊荣实至名归。

第一节　王承绪高等教育思想溯源

作为近代百年中国第二代学术群体之翘楚，王承绪高等教育思想上承民国高等教育巨匠，下启当代高等教育研究中青年砥柱，继往而开来。民国时期，尽管是中国军阀割据、战乱频仍、风雨飘摇的动荡时期，却也是中国高等教育发展的黄金时期。国立清华大学、国立北京大学、国立浙江大学等名校如雨后春笋，蔡元培、梅贻琦、郭秉文、胡适、竺可桢等一大批具有远见卓识的大学校长，以及庄泽宣、孟宪承、蒋梦麟、马君武等教育名家交相唱和，一时无两。这些大学校长和教授们皆学贯中西，思想先进、学术高深，毕生致力于“新教育”研究，强调大学之道，造就救国之英才。王承绪正是在这种激昂的时代背景和浓烈的学术氛围下接受大学教育，聆听授业恩师的教诲，并对身处其中的高等教育进行主动探索、积极反思。这其中，长期进行高等教育理论研究和实践的孟宪承对其影响最深。改革开放后，王承绪利用出国考察、访学等机会，与英、法、美等国 50 余位专家学者进行了学术交流。其中，受亨利·鲁斯基金会（Henry Luce Foundation）资助赴美国南加州大学访学期间结识的国际著名比较高等教育专家伯顿·克拉克（Burton Clark）对其影响最大，两人之间亦师亦友的学缘关系促进了王承绪高等教育思想的成熟及欧美先进高等教育理念的传播。

一、 孟宪承的高等教育思想

孟宪承1916年毕业于上海圣约翰大学，同年受聘于清华大学。后留学美、英，游于德、法、比诸国。1921年归国后，先后在上海商科大学、东南大学、圣约翰大学、清华大学、国立第四中山大学、北京师范大学、国立浙江大学等校任教。其中，在国立浙江大学任教多年，先后担任教育系教授、主任，国立浙江大学龙泉分校教务主任等职。新中国成立后，担任华东师范大学首任校长。孟宪承一生浸润高等教育，早年以西方先进高等教育理念投身中国大学教育管理与实践；新中国成立后，积极探索符合中国国情的高等教育理论与方法。孟宪承的高等教育思想是在长期的教育实践中形成和发展起来的，不仅影响了包括王承绪在内的一大批民国学子，其独到而深刻的见解对现今的大学仍具诸多指导和启迪意义。孟宪承的高等教育思想主要体现在《大学教育》《我国大学教育》《高等教育的新试验》《关于大学》等论著中。

（一）大学的理想

在现代中国高等教育思想史上，孟宪承最大的贡献在于提出了大学的三大理想。这一理想见陈于其名著《大学教育》一书中。该书在写作体例上，以英国剑桥大学教授巴克（Barker）的《大不列颠的大学》、瑟温（Thwing）的《美国和德国的大学》（*The American and the Germany University*）和弗莱克斯纳（Flexner）的《美国、英国和德国的大学》（*Universities: American, English, Germany*）等为参照，结合我国高等教育的历史与当时的状况而撰就[①]，乃我国现代最早一部具有代表性的比较高等教育著作[②]，“对当时及以后的大学教育产生了一定影响”。[③] 在高等教育的“前学科时期”，唯其与郑若谷的《大学教育的理想》、潘懋元的《高等学校教育学讲义》值得一述。[④]

---

① 盛玲. 孟宪承高等教育思想主要内涵及其现实意义［J］. 丽水学院学报，2009（1）：66－70.

② 洪成文，曲恒昌. 比较高等教育研究五十年回顾［J］. 比较教育研究，1999（5）：1－6.

③ 刘凌，吴士余. 中国学术名著大词典：近现代卷［Z］. 上海：汉语大词典出版社，2001：325.

④ 李均. 中国高等教育研究史［M］. 广州：广东高等教育出版社，2005：207.

孟宪承在书中指出，大学的理想在于三个方面：智慧的创获、品性的陶熔、民族和社会的发展，而智慧的创获为大学最高理想。[①] 要实现这些理想，大学还必须承担这三项任务：研究（Research）、教学（Teaching）与推广（Extension），而研究为大学最高任务，这与智慧的创获为大学的最高理想是统一的。孟宪承的大学三大理想和三大任务是相互对应统一的，研究是为了智慧的创获（求真），是探求真理的科学研究；教学是为了品性的陶熔（求善），训练心智的自由教育；推广是为了民族和社会的发展（求美），“推广其知识于它的‘宫墙’以外，而有所谓‘大学到民间去’的运动”。这一认识是从学问发展的逻辑和对民主主义的思考而来的，是建立在实用主义认识论哲学基础上的。而运用智慧来探求真、善、美的观念，则包含着他对现代大学教育的价值判断。[②]

（二）大学的目的

在谈到大学教育的目的及为什么要进大学深造时，孟宪承从其十多年从事高等教育研究和实践工作出发，明确指出大学教育的目的是“求得高深的学问，走上研究的大道”。他认为，大学教育含有两项紧要的任务：在教学方面，大学的课程较之一般学校要深奥一些，以便学生求得丰富的学识；在研究方面，要发现新的学术，增加新的知识，这是大学最紧要的目的。基于这种大学教育的目的和当时我国的国情，孟宪承反对社会上对高等教育的过度追捧和高校发展的盲目扩充，认为“除非对大学有特殊的嗜好和富有研究兴趣的，否则我劝他不要勉强的去尝试，上大学不是必须的事”。他还将教育比喻成层垒而上的礼堂建筑，尽管大学位于最顶一层，地位很高，但它并不比中学小学更有价值，也不能代表整个教育制度。所以“不必人人进大学”，要根据自己的兴趣爱好、家庭经济能力、时间精力等来决定是否要上大学。[③] 可见，孟宪承对大学性质、目的、功能的认识，并未受个人身份影响而一味对大学教育进行褒扬，而是基于理想主义和现实主义的双重价值出发，为青年学生提供职业引导，可谓用心良苦、语重心长。

---

① 孟宪承．大学教育［M］．上海：商务印书馆，1933：1.

② 贺晓舟．对孟宪承大学教育观的思考：以其大学三理想为中心的考察［J］．华东师范大学学报（教育科学版），2009（1）：88－96.

③ 孟宪承．我国大学教育：在省立扬州中学演讲［J］．江苏学生，1935，6（3）.

（三）大学的课程与教学

孟宪承认为，尽管现今大学教育在理论上和实施上已充分完善，但仍有两个方面急需改进。一方面是课程。他认为，大学学科分科过早过细，导致学生知识碎片化。“只见树木不见森林”，从而失去对人类文化概括了解的能力。另一方面是教学。他指出，大学的教学除实验科学外，过于偏重演讲，缺乏学生的自动研究和教师的个别指导，学生只会“听讲”，不会“读书”，更无法谈及高深学术。针对以上问题，孟宪承指出，大学的课程——至少前期的课程——应注重综合的组织；教授的方法，应注重学习的指导。① 他从自身早年在清华大学任教时进行的大学课程和教学改造实验出发，认为应将大学分为“普通训练”和“专门训练”两期，前期两年，后期两年或三年。前期课程的精神在使学者对文化有一种概括的了解，在后期才开始专门知识和技能的学习。普通科课程，均依学生能力分组，以谋个性之适应与教学之便利；课程内容上则包括经史子集诸部；教学方面上则倡导英国大学的“导师制”，使师生间有个人的接触和讨论。②

（四）大学的教师

孟宪承认为，大学要求发展，教授和学生为关键因素。大学教授最重要的素质是学术研究，因为“大学教授所竞争的，是智识的发明。仅口才好或教授法好，并不能算是好教授。能作智识之发明者，虽不擅长谈话，仍不失其为最好的教授。”并称智识之发现的教授为“头等教授”。③ 他甚至认为：“教授的专职，是治其所学，与传其所学，而不在用其所学。”④ 除要求大学教授具备一定的专业研究和教学能力外，他还认为须具备职业精神和高尚品德；不能只图回报，不讲付出。他严正指出：“教授的‘委身学术，埋头研究’，为的不是物质的享用；如单为物质的享用，先就不该混到大学里去。所谓‘平凡的生活，不平凡的思想’（Plain living and high thinking），是大学中人应有的风尚。”⑤ 他呼吁教授要“甘受一点苦痛”，致力于“教育和学术的使命”。

---

① 孟宪承．高等教育的新实验［J］．新教育评论，1926，1（26）．
② 孟宪承．大学普通科国文教学之计划［J］．清华周刊，1925，24（6）．
③ 孟宪承．关于大学［J］．振华女校季刊，1934，1（1）．
④ 孟宪承．大学教育［M］．上海：商务印书馆，1933：31．
⑤ 孟宪承．大学教育［M］．上海：商务印书馆，1933：98．

（五）师范大学之"孟胡之争"

1925 年，孟宪承曾与同为留美学生的著名植物学家胡先骕展开了一场"高师教育"的对话，两人的分歧主要集中在两个方面：教育学的地位问题和师范教育的制度问题。在教育学的地位问题上，孟宪承从大量事实出发，对胡的"教育学研究最精深为美国""教育学无独立地位"，"教育学说幼稚"三个观点进行了一一批驳。他指出，"最早以教育为专门学科而加以精深的研究的，实推德国"；法国的高等师范学校、英国大学的教育系、德国大学的教育实习，都是独立的机构；而"诸教授所主张之学说亦未尽为国人所信仰"一说，更是无从证明。[①] 可见，胡先骕说的缺乏历史根基，受个人情感影响，被社会习气左右，偏颇之见，不攻自破。[②] 在师范大学制度问题上，孟宪承和胡先骕都认为需提高师资水平，但胡先骕认为，"不必立骈枝之学校"，孟宪承则力主"另立单科师范大学"。[③] 正是对教育学的器重和对独立师范大学的力主，孟宪承在 1951 年成为华东师范大学首任校长，并开展了一系列的教学改革实验，如增加专业课（包括基础课）在教学计划中的比重、适当减少公共必修的教育学科与教育实习的时数、简化教学过程、增加若干复合专业等。[④]

总之，孟宪承从大学的理想、任务、组织、课程、教学、师资等到师范大学"大学到民间去"的教育实践，构建了一个相对完善的高等教育思想体系。这不仅寄托了他对大学的一种美好愿望，蕴含着他对大学及大学教育的真知灼见，而且也为现代大学提供了一种美好的、积极的目标参照，为大学师生提供了基本的信念、态度和准则。[⑤] 他对教育"民族化"的毕生追求激励了王承绪、陈学恂等一代青年学子为保护祖国教育文化而上下求索的不屈精神；他的《教育社会学》和《教育哲学》课程为王承绪从社会文化层面、运用辩证唯物主义和历史唯物主义开展教育研究奠定了方法论基础；他所倡导的"凡公款设立的大学，应该省览一番，便可憬

---

① 孟宪承. 教育学科在大学课程上的地位［J］. 新教育评论，1925，1（1）.

② 张礼永. 重温师范大学制的"孟胡之争"［J］. 华东师范大学学报（教育科学版），2014（2）：97－103.

③ 孟宪承. 教育学科在大学课程上的地位［J］. 新教育评论，1925，1（1）.

④ 孟宪承. 关于高师教学问题［J］. 华东师范大学学报（教育科学版），1987（4）：1.

⑤ 张爱勤. 会通中西，融贯古今：孟宪承教育思想研究［D］. 上海：华东师范大学，2010.

悟到自己对民众教育的责任”的“大学到民间去”运动,[①] 是王承绪研究民众教育的直接动机；他对大学课程与教学的系列改革与实验，更是王承绪在担任浙江师范学院副教务处长时主持教学改革的参照，如增加基础选修课程，增加学生自学时间，加强教师实习指导，增设英语专业等。[②] 孟宪承博大精深的中外学术素养和深厚的爱国主义情怀，乃王承绪人生中的灯塔。[③]

二、伯顿·克拉克（Burton Clark）的高等教育思想

伯顿·克拉克是美国当代最杰出的高等教育专家，即便在欧洲，他也是“一位拥有最广泛的读者群的撰写有关高等教育著作的美国作家”[④]。他的高等教育思想最鲜明的特征是运用组织的观点分析高等教育系统，在阐明高等教育系统基本范畴及其诸要素之间相互关系的基础上，整体上分析把握各种教育现象，其代表作《高等教育系统——学术组织的跨国研究》（1983 年）和《高等教育新论——多学科的研究》（1984 年）享誉国际。正当伯顿·克拉克高等教育思想大成之时，王承绪因缘际会，于 1985—1986 年携夫人赵端瑛一道赴南加州大学访学，期间遍访知名大学和教授，得与同城的加州大学洛杉矶分校伯顿·克拉克相识，两人自此结下学术之缘。1987 年，伯顿·克拉克访华，王承绪盛邀其来杭州大学讲学。自 1988 年始，王承绪相继翻译了伯顿·克拉克的 6 部作品，占其翻译作品的近 1/4。得益于王承绪组织领导的出色翻译工作，伯顿·克拉克的高等教育思想在我国高等教育界获得了广泛的美誉，两者相得益彰。因此，伯顿·克拉克与王承绪之间的学术唱和明朗了然。

（一）高等教育系统的逻辑起点

伯顿·克拉克认为，高等教育系统是由生产知识的群体构成的学术组织，以高深知识为核心是高等教育系统的本质特征。他将知识作为高等教育系统的逻辑起点，认为“知识是包含在高等教育系统的各种活动中的共

---

① 孟宪承．大学到民间去［J］．教育与民众，1929，1（3）.

② 杭州大学校史编辑委员会．杭州大学校史（1897—1997）［M］．杭州：杭州大学校史编辑委员会，1997：74－75.

③ 王承绪，赵端瑛．忆恩师孟宪承先生［M］//俞立中．师范之师：怀念孟宪承．上海：华东师范大学出版社，2007：1－5.

④ MARCHESE T．Entrepreneurial universities［J］．Change，2000，32（1）：4.

同因素：科研创造它，学术工作保存、提炼和完善它，教学和服务传播它。自高等教育产生以来，处理各门高深知识就是高等教育的主要任务，并一直是各国高等教育的共同领域”[①]。他指出，不管知识的定义是广义的还是狭义的，知识就是材料，研究和教学是主要的技术。无论讨论哪一个层次的教育，都离不开知识这一核心概念；课程则是对值得传授的知识形态的界定。知识材料，尤其是高深的知识材料，处于任何高等教育系统的目的和实质的核心。他还进一步指出，近代高深知识具有四个显著特征：专门性、自主性、跨界性和累积性。[②]

（二）高等教育系统的组织要素

从“知识”的逻辑起点出发，伯顿·克拉克全面分析了高等教育系统的三大组织要素。第一个要素是工作表达和安排的方式。他认为，每一个国家的高等教育系统都是围绕知识特性开展劳动分工；分工高度制度化，就形成了学科（discipline）和院校（institution）。[③] 第二个基本要素为信念，即位于系统不同部门的很多行动者的主要规范和价值观。[④] 信念也可指高等教育系统的组织文化，可区分为学科文化、院校文化、职业文化和全国学术系统文化。其中，学科和院校是信念最强大的源泉。[⑤] 第三个基本要素是权力。高等教育系统的权力结构，从底部和顶部可分为6个层次：第一个层次是主要的运行单位——系或讲座—研究所的结合；第二个层次是专业学院；第三个层次是整所大学；第四、第五和第六层次是日益包罗万象的行政管理实体。根据多年的调查和研究，伯顿·克拉克还总结出了高等教育系统的四种权力分配模式：官僚形式、学术权威形式、政治

---

① 高等教育新论：多学科的研究［M］. 王承绪，等译. 杭州：浙江教育出版社，1988：107.

② 伯顿·克拉克. 高等教育系统：学术组织的跨国研究［M］. 王承绪，徐辉，等译. 杭州：浙江教育出版社，1994：12.

③ 伯顿·克拉克. 高等教育系统：学术组织的跨国研究［M］. 王承绪，徐辉，等译. 杭州：浙江教育出版社，1994：6，34，36，41.

④ 伯顿·克拉克. 高等教育系统：学术组织的跨国研究［M］. 王承绪，徐辉，等译. 杭州：浙江教育出版社，1994：7.

⑤ 伯顿·克拉克. 高等教育系统：学术组织的跨国研究［M］. 王承绪，徐辉，等译. 杭州：浙江教育出版社，1994：86－87.

形式和市场形式。①

（三）高等教育系统的整合与变革

在分析高等教育系统的整合时，伯顿·克拉克建立了3个理想的模型——国家体制、市场体制和专业体制，并在此基础上，提出了著名的三角协调模式：每个顶角，代表着一种模式的极端和另外两种模式的最低限度；三角形内部的各个位置代表三种成分不同程度的结合。根据实证观察，多数国家的高等教育系统的公开活动位于三角形中点的左边：公开的战斗是在国家官员和教授之间展开。为协调这三种模式之间的矛盾，要充分发挥官僚、政治、专业和市场四个维度的“协调力”。他认为，市场协调模式是与高等教育的主要特点最相适应的，能促进高等教育系统中各权力平衡的协调模式，因此对其倍加推崇。

在谈到高等教育系统的变革时，伯顿·克拉克基于高等教育系统的组织要素，探讨了三种不同结构模式下的变革。一是工作结构的变革，包括部类变革、层次变革、部门变革和等级变革。二是信念的变革，包括趋异和趋同两种趋势。三是权力的变革。官僚形式通过规划以及用行政手段推行计划的方式来促进变革；学术权威形式则依靠个人的积极性和学院规划来促进变革；协调型的政治形式通过利益集团之间的斗争以及政党和国家官员的控制来促进变革；市场形式则通过不同单位之间的竞争促进变革。②

伯顿·克拉克在高等教育领域耕耘四十余载，对高等教育基础理论研究的成熟和发展做出了重要的贡献。伯顿·克拉克多学科研究观、组织整合观、多国比较观、创新发展观等理论和方法，为高等教育研究提供了关键技术和经验源地。作为伯顿·克拉克的学术挚友，王承绪不仅认同和接纳了这一理论和方法，且自觉运用到研究和实践中，尤其是多学科的研究方法。与此同时，王承绪也对伯顿·克拉克的理论和方法进行了甄别、创新，发展出具有个体特征的高等教育研究范式，即辩证唯物主义和历史唯物主义指导下的国家、专业、个体多元价值取向、以服务民族国家发展为最高目标的高等教育发展观。因之，伯顿·克拉克和王承绪在学术发展上

---

① 伯顿·克拉克．高等教育系统：学术组织的跨国研究［M］．王承绪，徐辉，等译．杭州：浙江教育出版社，1994：122．

② 张凤娟．变革中的高等教育：浅析伯顿·克拉克的高等教育系统观及其启示［J］．高等农业教育，2006（1）：17－19．

相互裨益，前者因后者之译而名播“中国和其他许多以中文为主要语言的国家和地区”；后者借前者之成而忝获“中国高等教育研究特殊贡献奖”。

第二节 王承绪高等教育思想辨析

如前所述，王承绪开展高等教育研究起步早、历时久、涉猎广，对高等教育性质、内涵、方法等基本理论问题和各国高等教育模式、特点、经验等重大现实问题都有过较为全面的研究。由于王承绪的高等教育思想部分包含于比较教育研究中、部分隐含于翻译的外国高等教育名著中、部分散见于其主编的《高教研究丛刊》杂志以及各类学术交流会议上所提交的论文及发言中，直接论及高等教育的成果只有 7 篇论文和 1 篇著作，因之其高等教育思想并未引起学术界的足够重视。然而，王承绪在中国高等教育界的地位却不容忽视。以王承绪和厦门大学潘懋元、北京大学汪永荃为代表的中国第二代高等教育研究群体，不仅为高等教育理论研究奠定了知识论和方法论基础，更为中国高等教育学科建设做出了开创性的贡献，也为中国高等教育改革与发展实践探明了道路。本书试图以王承绪公开发表的高等教育论文和著作为主要分析对象，以其翻译的著作、主编的杂志、会议的发言为旁证材料，对其高等教育思想进行概括，还原和丰富王承绪研究。

一、 世界高等教育发展的阶段及特点——历史的观点

对研究对象进行历史追溯、正本清源，是探索其发展规律、明晰其发展方向的必要手段。以西方为中心的学者言高等教育的起源必以欧洲中世纪大学为肇始，这在王承绪看来，难免囿于一隅。纵观世界文明发展进程，高等教育乃社会发展到一定阶段的产物，作为传播知识、研究学问和培养人才的机构，在古代就已具雏形。因之，他按照时间顺序将世界高等教育的发展历程分为四个阶段，并对各个阶段的特点进行了高度概括。[①]

第一阶段为古代的高等教育。作为古代东方文明的摇篮，中国早在公元前 20 世纪的商周时代即有关于大学的记载。《礼记・王制》曰：“大学在郊，天子曰辟雍，诸侯曰泮宫。”西周的学校分为国学和乡学，国学即

---

① 王承绪. 比较高等教育引论［J］. 外国教育，1983（6）：10－19.

分为大学和小学。至春秋时期，官学衰落、私学兴起，中国学术出现百家争鸣的繁荣局面。公元前531年，孔子周游列国从事教育活动，门下弟子三千。公元前124年，汉武帝纳董仲舒“天人三策”谏，设太学，置五经博士，并置弟子员50名。太学即传经授道的最高学府。唐代又设国子学、太学、四门学、算学、书学、律学六馆，注重实科。宋代的书院则是中国高等教育史上的一大创造，如白鹿洞书院（公元997年）。而东方文明的另一个古国印度，在公元前8世纪后，婆罗门也设立了“古儒学校”，传授《吠陀经》。古希腊柏拉图于公元前380年创办的阿加德米（Academy）、亚里士多德于公元前335年创办的吕克昂（Lyceum），都可以说是高等学校。世界历史上的这些大学，无论是从组织形式上，还是从教学内容和方法上，都已隐含现代大学传授和研究高深学问的特征。尤其是阿拉伯人则在欧洲比利牛斯半岛即现在的西班牙的哥多瓦设立大学，讲授哲学、数学、天文学和医学，直接影响了欧洲中世纪大学的创立。

第二阶段为中世纪的高等教育。中世纪大学产生于12世纪的意大利、法国和英国，即意大利的萨勒诺大学和博洛尼亚大学、法国的巴黎大学和英国的牛津大学。这些大学实际上是一种行会性质的组织，形成了两种不同的风格和模式：以学生为中心和以教授为中心。其中，以巴黎大学为代表的以教授为中心的大学成为欧洲大学的主要模式，具有以下几个特点：一是大学由教授建立，它是保护他们职业的行会组织；二是教授管理大学的一切事务；三是专业设置以神学、法律和医科为主；四是科研不是大学的职责；五是具有国际性质；六是大学负责调解教会和政府的争端。中世纪大学发展迅猛，从12世纪到16世纪的500年间，欧洲各国先后建立了一百多所大学，盛极一时。

第三阶段为近代大学的兴起。自欧洲资产阶段革命到第二次世界大战，世界高等教育的几个模式相继形成，高校数量和学生人数成倍增加。法国创办了著名的巴黎理工学校和巴黎高等师范学校，整个高等教育系统完全受中央政府管辖，成为教育史上典型的中央集权的教育制度。英国的高等教育与法国各执一端，英国政府对高等教育不进行任何干预，政府只负责监督。德国的高等教育改革最引人注目，柏林大学的建立成为世界新兴大学的标杆，它为大学划定了一项新的职能——科研，强调教学与科研相结合。19世纪中叶以后，英国、法国先后效仿德国大学，力使大学成为科研的场所；而美国则完全移植了德国大学模式，如霍普金斯大学。20

世纪60年代以后，在莫里尔法案的推动下，各州相继成立州立大学，美国高等教育日趋发达。

第四阶段为第二次世界大战以来的高等教育。第二次世界大战结束以来，世界高等教育得到了极大的发展，尤其是第二次世界大战后取得民族独立的第三世界国家，它们的高等教育迎来了爆发式的发展。“二战”结束后世界高等教育的发展有几个标志：一是高等教育入学机会的大众化，美国高等教育大众化进程最早，普及最快；二是高等学校结构类型的多样化，突出标志是办学形式的多样化；三是高等教育职能的变化，各国在传授知识、科学研究和培养专门人才方面，随时代变迁而有不同的要求。“二战”后世界高等教育的大发展得益于以下几个因素：一是教育的延长和中等教育的普及；二是“二战”后工业生产对高级专门人才的需要；三是科学技术的快速发展和知识的进步；四是社会成员对受教育程度的自我需要；五是人力开发理论和教育投资理论的兴起。

不难看出，王承绪对世界高等教育发展阶段的分期，和孟宪承在《新中华教育史》中对宋元之前称为中古、明至清同治之前为近世、同治元年至民国为现代的中国教育史“三分法”，以及庄泽宣所翻译的教育史专家格莱夫斯（S. F. P. Graves）的“中世纪之前”“中世纪”“近代”的外国教育史“三分法”几近相同，只增益了“二战后”这一特殊阶段。可见，这一分期法是符合世界教育史实的，也符合世界高等教育发展的原本逻辑。

二、 各国高等教育发展的模式及特点——发展的观点

诚然，世界高等教育的起源在中世纪之前，但各国高等教育模式的变革却自欧洲中世纪大学滥觞。各国以中世纪大学为蓝本，在德国大学的影响下，根据时代的需要和国情实际，对大学的功能、制度等进行改革，形成了各具特色的多样化发展道路。王承绪认为，“二战”以来，世界高等教育形成了五种发展模式。①

一是英国模式。英国高等教育采取两种制度，实行多种形式办学。一种是“自治”的大学，一种是公立的多科技术学院和教育学院。两者的区别主要体现在学位授予权、经费来源、行政隶属、学制、专业设置、教学

① 王承绪．比较高等教育引论［J］．外国教育，1983（6）：10－19．

和科研任务等方面。英国的大学类型多样，自成层次。牛津、剑桥为一类，历史最久，地位最高，实行学院制；伦敦大学和省立大学为一类，实行走读制；新大学为一类，实行跨学科课程。新成立的科技大学和开放大学是一类，主要承担继续教育。英国高等教育的另一个特征是寄宿制，学校提供学生住宿，实行导师制度，不仅在学习上进行辅导，更强调品德上的养成。因此，英国大学生获得学位人数比例很高，淘汰率远较法国和美国低。

二是法国模式。法国高等教育采取多种学制并行、大学分阶段实行淘汰制的办法。法国大革命后成立大学校或高等专门学校，用以培养高级科技和管理人才，主要有工程师学校、管理性质学校、高等师范学校。这类学校规模小、实行小班上课、教师编制大，训练严格，学生几乎都能毕业。法国大学的教学一般分为三个连续的阶段，每个阶段授予一种或几种国家文凭。第一阶段是普通教育和选择方向阶段，学习期为两年。教学分必修课、必选课和自由选课三种。上课方式采取大课、辅导课和实践课三种。第二阶段两年，是深入和专业化阶段。第一年授予学士学位，第二年授予硕士学位。第三阶段是专业化和科学研究阶段，按学科和年限不同，授予国家文凭或博士学位。

三是德国模式。德国高等教育一方面沿袭近代大学与高等专门学校并行、教学与科研结合的原则，同时试行综合大学的新体制。德国主要有六种不同类型的高等学校，即大学、师范学院、神学院、艺术学院、专科大学和综合大学。教学与科研结合是德国大学的传统，教师和学生都尽量结合教学进行科研。为激励年轻人参加学术工作，政府还分别在本科到博士学位、博士学位到专业资格、专业资格到永久性职业三个不同阶段给予财政奖励。而近年来，随着学生人数的增加，德国对教学和科研相结合的原则也有所改变，他们将大学课程分两个阶段，第一阶段为预备学习阶段，注意学术训练和职业现实的联系；第二阶段为深入研究阶段，培养从事科研的能力。

四是美国模式。美国高等教育采取开放制，多类型，分层次，金字塔形的模式。美国高校青年入学率为50%。学校规模大小悬殊，和学校的声望没有必然的联系。目前，美国高等学校主要有三种类型：大学、州立学院和初级学院。大学和州立学院学制四年，大学有本科，也有研究生院，州立学院一般授予学士学位，不授予博士学位，只进行有限的科研工作。

初级学院学制两年，入学不受限制，以教学为主，不从事科研。这三类学校，大学和学院各按学校条件、办学成绩等分类，成为多层次。学生通过考试，按成绩依次分配到一、二、三类大学和学院，不能被大学和学院录取的学生进入社区学院。美国大学在研究生院实行教学与科研相结合，主要通过博士学位课程进行科研训练。

五是苏联模式。苏联高等教育采取大学与单科学院并行、发展业余和函授教育的模式。苏联在半个多世纪里，大学数量翻了 8 倍，达到 800 多所。苏联高等教育，建立在 19 世纪德国高等专门学校的传统之上，实行专门化，设置单科专业学院。综合大学设人文学科和纯粹科学的学科。苏联高等教育的一个特点是，它是苏联国民经济的有机组成部分，高等教育的内容和形式，规模和结构随科技的发展而发展。而培养人才的计划性是苏联高等教育不同于资本主义国家的重要特征之一。苏联高等教育坚持中央集中规划，使高等教育的发展和国民经济对人力的要求联系起来。苏联政府坚持对学生进行思想政治教育，要求他们积极参加国家建设，这也是苏联高等教育不同于资本主义国家的一个重要特征。

王承绪有关各国高等教育模式的分类可谓非常精辟，展现了他对世界高等教育发展脉络的精准把握，对各国高等教育历史、现状的深入研究。他所概括出的五种模式，基本涵盖了当时世界高等教育发展类型，为改革开放后国人了解世界高等教育发展的态势提供了清晰的借鉴。这一部分在 1983 年的全国比较教育年会上被节选入论文集，并被 1984 年人民教育出版社编辑的《高等教育的发展与改革》收录，体现出王承绪对世界高等教育发展模式分类的奠基性作用。

三、 各国高等教育系统的特点和协调模式——组织的观点①

1987 年王承绪访美后，其高等教育思想即受伯顿·克拉克影响，继 1988 年翻译了伯顿·克拉克的《高等教育新论：多学科的视角》后，即对其另一部名著 *the Higher Education System*：*Academic Organization in Cross-National Perspective*（中译本为《高等教育系统：学术组织的跨国研究》）做先期译介工作。1989 年 1 月 19—21 日，浙江高等教育学会召开第二届

---

① 王承绪. 从组织的观点看各国高等教育系统的特点和协调模式［J］. 高教学刊，1989（1）：14－21.

会员代表大会暨学术讨论会，王承绪当选为常务理事、会长，向大会提交了《从组织的观点看各国高等教育的特点和协调模式》会议论文，并为大会做了“国外高等教育系统调节模式”的学术报告，引起了强烈反响。[①]该文随后在《高教学刊》1989 年第 1 期上发表。该文正是基于 *the Higher Education System: Academic Organization in Cross-National Perspective* 一书主要观点基础上，加入了美国的个案研究，并对相关理论做了引申。

王承绪指出学术界对高等学校作为一种学术组织，有四种不同观点：一是把高等学校看作官僚机构，强调高等学校管理上的规章制度和层层控制；二是把高等学校看作类似社会的学院团体，在这些共同体中，人们从事教学和科研，摒弃官僚主义的作风，采取同行评议的文法；三是把高等学校看作政治系统，各种不同的学术群体，为着职位、权力和地位进行斗争；四是把高等学校看作松散结合的机构，人们的行动接近“有组织的无政府状态”，他们的目的本质上就模棱两可，模糊不定，教学和科研的技术含糊不清，群体的兴趣繁杂分歧，决策者徘徊彷徨，莫衷一是。这四种观点，对于认识高等教育的特点皆有所启迪，但要真正认识高等学校的学术生活，真正懂得高等学校的运转规律，还需将视线从高等学校这个层次上升到整个国家的高等教育系统的组织，找出国家高等教育系统的组织是怎样塑造每一所高等学校和它们的构成部分的。

王承绪认为，国家高等教育系统的最基本的特点，是高等学校广大教师对他们的学科和专业的深厚情感。他借用伯顿·克拉克关于“知识是包含在高等教育系统的各种活动中的共同因素”的观点，以及其提出的高等教育的总体矩阵和高等教育中学科和学校共同主权论的理论，认为高等教育系统形成一种双向结构：一方面是一系列的学科，另一方面是各种类型的高等学校。高校教师同属于这两种组织模式，相互交织，在由学科和大学或学院组成的矩阵交叉点上开展教学和科研工作。

---

① 浙江省高等教育学会第三届年会论文选集［C］. 杭州：浙江省高等教育学会编，1989。在年会上，杭州大学高教所还提交了徐辉的《对科学园作用的一点新认识》、陆有德的《高校运行机制浅议》、郭耀邦的《对高等学校民主管理的一点思考》、王爱国的《关于高等教育评估的几个问题》、朱世祥的《工业革命后期的澳大利亚教育》、庄道鹤的《试论大学生的心理矛盾问题》、郭耀邦的《改进高校思想政治教育的内容与方法》，以及高教所编译、郑继伟统校的《高教研究丛刊·人力需要预测》（十七）等 9 篇论文。

在论证高等教育系统的三种模式，即国家、市场和学术权威的三角协调模式时，王承绪并非用简单的“拿来主义”，而是根据自己的理解加以阐发、修正。他认为，一个国家的高等教育系统采取哪一种协调模式，是在各国一定的历史条件下形成的。他以英美两国为例，对这一现象进行了阐释。英国方面，王承绪指出，英国传统的“既不让市场来决定，也不委托学者来决定”的“审慎的、含蕴的、隐藏的、模糊的”协调模式近年来有进一步向市场机制移动的趋势。英国在20世纪60年代《罗宾斯报告》中提出，“高等教育的指导方针，应为凡愿接受高等教育，并且学习能力和学业成绩合格者提供受高等教育的机会”。这一原则在近年受到挑战，《1988年教育改革法》设立的大学基金委员会的负责人提出另一原则，大意是谁有能力支付学费，就可以接受高等教育。奖学金制度将为贷款制度所取代。虽然大学方面持有异议，但事关国家经济实力，还是势在必行。而根据英国高等教育发展历程，自1988年教育改革法实施后，全国咨询委员会（National Advisory Body for Public Sector Higher Education）被多科技术学院和其他学院基金委员会（Polytechnics and Colleges Funding Council）取代，大学拨款委员会（University Grants Committee）被大学基金委员会（University Founding Council）取代，而后两者成员中增加了工商和财政方面的人员比例。此外，还正式取消了助学金，代之以学生贷款。1990年后，英国高等教育注册人数激增，大学入学门槛由学业向学费转移。1997年，《迪尔英报告》明确提出学生个人应当分担教育成本。1998学年开始，英国学生免费接受全日制高等教育的历史结束，所有学生开始被收取学费。到20世纪90年代末，学费被提升到占据教学费用约1/3的水平。与此同时，也促进了英国高等教育大众化的普及。① 可以说，英国高等教育市场化改革的意图和成效是非常显著的，这也印证了王承绪对英国高等教育系统协调模式变化趋势的精准预判。

对美国高等教育中的市场协调机制，王承绪也有精到的论述。他认为，美国高等教育史上，很早就出现了市场势力的影响。从历史上看，美国高等学校的建立，背后有许多力量和动机。但是，大量各种类型的高等学校为争取学生、经费和教师，相互之间展开竞争，把市场机制带进高等

---

① 詹鑫. 八九十年代英国高等教育的市场化与大众化改革［J］. 外国教育研究，2000（4）：59－64.

学校，这种情况要求没有中央的力量或权力来限制或控制高等学校的发展。特别重要的是美国缺乏一个有权特许设立新的高等学校的联邦教育部，和没有一所可以影响各高等学校的名牌大学。美国国立大学计划的失败，就是一种市场多方博弈的结果。与欧洲尽可能减少市场机制在教育上的影响不同，美国高等教育从一开始就采用市场机制，连土地投机商都能设立学院，学校向学生收费，对学生的偏爱非常敏感。在教学和学习过程上，实行完全学分制，作为取得学位的合法学术货币；开设门类繁多的课程，以吸引更多的学生，甚至为成人重新进入职业市场提供众多实习课程。美国高等教育之所以规模大、类型多，具有较强的灵活性、开放性和适应性，其主要原因在于市场的影响。但同时，王承绪也指出，市场化优势的背后，也隐藏了美国高等教育诸多问题和腐败。这种现象在今后一二十年内由于财政紧缩和投入的减少，很可能加剧。

在学术协调上，王承绪认为，一旦若干学生愿意在几位教师的帮助之下学习完整的课程，就必须有学术协调工作。学术协调工作扎根在个人学习的过程之中。学术协调活动离学生、教师和研究者越近，越有活力；越远，活力越小，而协调活动的形式也越被习惯、惰性和利益与官僚主义的方便等武断的标准所决定。与此同时，学术协调工作也与资金分配密切相关。他认为，有两个基本要素决定学术的结构，一个源于知识的组织，一个来自资金的提供。学术组织的拨款机制是相互交织的，资金分配应该了解学术标准，同时，学术上的重点离不开资金的筹集。在这两种要素影响下，高等教育形成了两种基本的组织结构：一种是教师组成的基本单位或小组，他们在特定的学科合作制订学习或科研计划；另一种是拨款机制，具有决定资金分配优先的政治权力。如何协调好这两种学术结构需要一种居间的调节机制。目前主要有三种模式。一是“自由”市场模式，高校基层单位向资金来源出售服务。每一个基层单位从几个来源接受资金，每一个资金来源从一所以上高校和基层单位购买服务。二是学院模式，学校控制它自己的资金来源。资金分配由学院内个人和小组之间的竞争和联合来决定。协调工作是为了学术上的理由，而不是为了造成任何外部的有效资金分配的意见。三是官僚模式。中央的拨款机构把资金分配给组织金字塔顶端的行政，然后根据学校自己的行政规划下放到业务单位。在每一层次，上级能对下级的行为施加强大的影响。此外，这三种纯粹的组织形式也有三个变种：一是“调节的”市场模式，用规程来控制学术服务的买方和供方之间的关系。二是准学院模式，中央拨款机构通过给学校不指定用途的补助以鼓励学院行为。三是模拟市场，中央拨款机构通过按照几种不同的标准直接给运行单位拨款，模拟市场行为。下面介绍几种高等学校的筹款机制和各种机制对组织行为的影响，见下图。

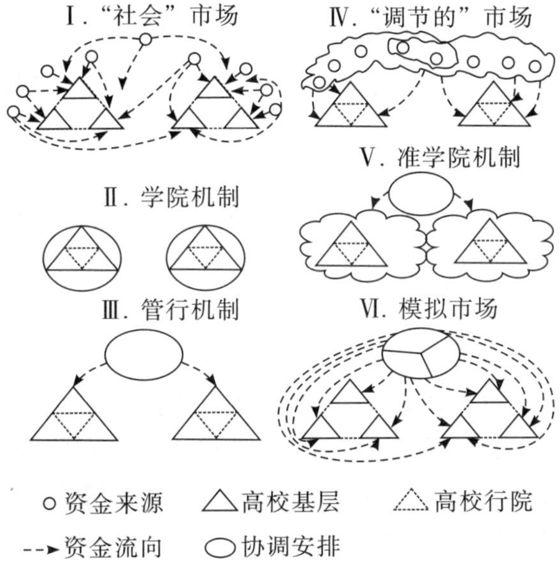

高等学校筹款机制图

从组织的观点考察高等教育系统的特点和协调模式尽管是伯顿·克拉克的学术创见，但王承绪却是首个介绍、运用这一分析方法的国内学者。他不仅对伯顿·克拉克的论点进行了全面而精练的概述，也对其中的某些观点进行了阐发、补遗，使伯顿·克拉克的思想愈加丰满，更具理论活力。同时，也将这些发现内化为个体学术元素标识。尤其是后来他组织徐辉、殷企平、蒋恒三位学生翻译出《高等教育系统》后，在中国高等教育研究界掀起了一股“组织热”，至今未衰。从某种意义上讲，王承绪即中国的“伯顿·克拉克”，是中国高等教育组织论的引路人。

四、 发达国家高等教育发展研究——中心论的视角

如前所述，王承绪开创了比较高等教育这一新的研究领域，他不仅从历史和逻辑的维度对世界主要发达国家的高等教育发展模式进行宏观研究，也对具体对象国做过深入的国别研究，其早期主要是以英国为代表的

发达国家为研究样本。英国研究是王承绪国别研究中的重心，英国的高等教育研究则是其英国研究中的重心。其有关英国高等教育研究的论著达10多篇，内容涉及英国高等教育发展和改革的历史、背景、政策、体制等宏观方面，以及师范教育、工程教育、大学、课程、教育家等微观层面；时间跨度从20世纪40年代留学英国始，长达60多年；研究方式既有综合研究，也有专题研究。作为国内首屈一指的英国教育研究专家，王承绪对英国高等教育研究可谓面广论深，至今仍是我们了解和分析英国高等教育沿革的绝佳素材。

（一）英国高等教育的历史与现状

王承绪有关英国高等教育历史与现状的宏观研究主要集中在《英国高等教育发展的历史和现行体制述略》《英国高等教育改革的新阶段》《英国教育》等论著，其中以编著《英国教育》最为详尽。下文仅根据以上三篇材料进行简要分析。

王承绪指出，英国高等教育，历来指大学教育。尽管19世纪60年代改制后，英国高等教育形成了自治的大学和公立的多科技术学院及教育学院并立的双重体制，但“大学”一说依旧为一般高等学校所取法，特别是在行政管理、教学体制和导师制度等方面。因此，英国高等教育的历史可追溯至中世纪，至今已历经四个重要发展时期。

第一个时期是中世纪英国的大学教育。成立于1168年的牛津大学是英国高等教育的肇始。随后，剑桥大学成立，英格兰地区的大学逐步形成了学院制、寄宿制和自治的管理制度的传统。与此同时，苏格兰大学的发展形成了英国中世纪大学的另一个传统：大学不安排食宿，只负责教学，学费低，与社会联系紧密等。中世纪的英国大学具有五个特点：一是大学的主要标志是授予学位的权力。有授予学位权力的大学须取得教皇训令或帝国训令。没有皇家特许状，只能设立“大学学院”，不得称大学。二是大学享有充分的自治权。英国大学继承了中世纪大学的自治理想，有充分的自治权，有权修正和推翻它自己的决定，享受学术上的自由，尽可能不受政府和教会的干涉。三是私人捐资兴学的传统。无论是牛津、剑桥还是近代大学，捐助对大学教育起到了巨大的作用。可以说，欧洲大陆的大学是国家创办的，除了英国的大学主要是私人捐资创办的外。四是教会的控制。英国大学如同中世纪大学一般，无法彻底摆脱教会的控制，大学的一个职能就是训练人们为教会和国家服务。五是大学的保守性。英国政府从未放弃对所有法人社团的权力控制，大学仍受国会立法的统治。

第二个时期是19世纪英国近代大学的兴起。19世纪初，英国工业革命取得胜利，社会新的阶层形成，社会生活发生急剧变化，资产阶级逐渐掌握了政治话语权。而以牛津、剑桥为代表的旧大学仍然因循守旧，管理效率低，学费昂贵，课程上排斥自然科学，只为地主贵族进入政界和教会培养圣职人员服务。这种阶级特权受到了猛烈抨击，旧大学已脱离国民生活的主流，严重阻碍了国家的发展。因此，新兴资产阶级要求大学进行改革，提高新兴阶级受高等教育的机会，彻底改造大学的课程，招生和学位授予不凭任何特定教义，等等。在此背景下，"新大学运动"应运而生。以伦敦大学、曼彻斯特欧文斯学院等为代表的新大学如雨后春笋，整个19世纪成了"兴办大学的世纪"。19世纪以前，英国在6个世纪的时间内创办了7所大学，到20世纪初，全国已有18所大学，另加4所大学学院。这些新办的大学有几个共同的特点：一是实行走读制，不同于牛津和剑桥的学院制；二是不受宗教信仰的限制；三是地方性，多由地方捐资兴办，与各大城市的工业和生活息息相关；四是从学院发展到大学；五是重视技术科学。在创办新式大学的同时，英国也对旧大学进行了改革，特别是对牛津和剑桥进行了较大的改革，学生人数，教授数量成倍增长；自然科学成为主学科；重建医科，改进教学方法，提高教师待遇，充实图书设备；等等。其中，最重要的是建立了荣誉学位制度和导师制度。这两种制度，不仅对英国大学以至美国和英联邦大学都有深远的影响，乃英国高等教育的一大特色。

第三个时期是19世纪60年代英国高等教育的大发展时期。这个时期是英国高等教育扩张、改组和大发展时期，也是中世纪以来英国创办大学最多的时期。"二战"后，原有的独立的大学学院先后成长为大学。这些大学，大多设在英国古代大教堂所在地城市的郊区，实行住读制，无论在系科设置、课程安排、教学方法等方面，还是在开展试验和创新方面，都打破了英国大学的传统，开创了大学教育的新篇章，称为新大学。在英国教育史上，国库第一次从大学创始之初就拨付基本建设经费，第一次不经过大学学院阶段，直接有权授予学位。从1961年起，英国一共新成立了24所大学，在8年时间内，大学数量增加了一倍以上，在世界教育史上，是史无前例的。英国大学教育在20世纪60年代的大发展，得益于两个方面："1/3是由于大学入学人数的增加，2/3是由于大学教育的新思潮。"

大学教育的新思潮即指“二战”以后的社会需求和人力资本理论。其中，《罗宾斯报告》对20世纪60年代英国高等教育的发展起到了巨大的作用，这是英国教育史上政府所发表的内容最为充实的一个报告，它对英国教育从大学、技术学院以至师范学院进行了全面的研究，提出了发展高等教育的计划和一系列改革高等教育的具体建议，尤其是在课程设置避免狭隘的专门化方面力度最大。①

然而，1965年4月，英国教育和科学国务大臣克罗斯兰宣布在高等教育领域实行双重制，“对罗宾斯一元化的高等教育制度进行了沉重打击”。他宣称，新的高等教育制度必须以建立我们目前许多院校的两种传统为基础。这些院校大体上可分两种：“一方面，我们有以大学为代表被称作自治的部门（Autonomous Sector），当然，在它们的行列中现在包括高级技术学院。另一方面，我们有以主要的技术学院和教育学院为代表的公共部门（Public Sector）。”他宣称，政府承认这种“双轨制”（dual system）基本上是正确的。每个部门都做出“自己有特色的贡献”；而另一种一元化的制度（Unitary System）包含等级性的组织，“大学在顶端，其他院校在下层”。至此，罗宾斯思想被摧毁，双重制应运而生。②

由此，英国高等教育被分成两部分。一部分是以大学为代表的自治部门；一部分是以多科技术学院和教育学院为代表的公共部门。两部分的主要区别在于以下6个方面：①在学位授予方面，大学有权授予学位，多科技术学院和教育学院无权授予学位；②在经费来源方面，前者来自中央的教育和科学部，后者由地方供给；③在行政管理方面，前者实行自治，后者由地方教育当局管理；④在学制方面，前者以全日制为主，后者以部分时间制为主；⑤在系科和课程方面，前者为多科性质，实施学术性教育，后者以工程技术和师资培养为主，实施职业性教育；⑥在教学和科研方面，前者须同时完成这两项任务，后者主要以教学为主。③

双轨制的实施，一定程度上满足了高校学生人数增加带来的高等教育大众化需求，调整了“精英”和“大众”型高等教育之间的矛盾，多样

---

①③ 王承绪. 英国高等教育发展的历史和现行体制述略［J］. 教育论丛，1983（2）：54－66.

② SIMON B. Education and the social order, 1940－1990［M］. St. Martin's Press, 1991：245－250.

化、多层次的二元并进的格局使英国高等教育从“精英”体系演变为“精英—大众”体系。尤其在双重制实施后的20年间，公共高等教育部门培养了大量适应国家经济发展需要的人才。然而，尽管从实行双重制的意图来看，其目的是实现平等存异的原则，但事实上它使高等教育产生了严重的分层，后者在与前者的竞争中始终处于不利地位，“双重制”已失去了它的逻辑，甚至“已经成为高等教育进一步发展的阻碍”。因此，政府建议废除双重制，建立一个单一的高等教育的框架。①

第四个时期是19世纪80年代以来的英国高等教育改革调整期。19世纪80年代后，英国高等教育政策发生了重大变革和调整，主要有三个显性事件。一是20世纪80年代初的经费拨款机制变革。1979年，保守党政府按货币主义思想制订高等教育收缩计划，削减大学经常性拨款。大学拨款委员会采取选择性的拨款政策，为了“适切性”和国民经济的原因，他们保护工程、医学、数学、自然科学等较多计算部分，而将削减任务摊派到文科和社会科学上；而在大学区别上，削减经费的结果也有利于老大学而不利于新大学，因而受到各方攻击。1985年，教育和科学部发布《90年代高等教育的发展》绿皮书，提出英国高等教育必须注意三个方面的问题：一是端正对工商业的态度，鼓励企业家精神；二是发展高等学校和工商业的联系；三是加强与地方企业和社区的联系。《泰晤士报高等教育副刊》社论认为，这标志着英国高等教育旧时代的结束和后罗宾斯时代的开始。但也有人认为，绿皮书对大学教育除经济和行政方面以外没有任何论述，因而受到广泛和严厉的批评。因此，在绿皮书发表两年后，保守党政府又于1987年发布了《高等教育：应对挑战》白皮书，指出“高等教育，在帮助国家应对20世纪最后10年以及后来的经济与社会挑战上，起关键的作用”。在目标方面，白皮书要求：“高等教育必须：①更有效地为经济发展服务；②进行基础科学研究与增进人文学科的学术成就；③同工商业建立更密切的联系，并促进各项事业”。白皮书还对高等教育的管理结构和拨款机制提出了改革设想，如把多科技术学院与规模较大的主要从事高等教育的院校重建为不受地方教育当局管辖的独立的学校，将大学拨款委员会改组为规模较小的法定组合的大学基金委员会。这些设想最终被写入《1988年教育改革法》，成为法律。

---

① 王承绪. 英国高等教育改革的新阶段［J］. 外国教育动态，1991（3）：1－9.

20世纪90年代后，英国高等教育改革又出现了新的动向。1991年，英国发布《高等教育的框架》白皮书，提出废除大学与多科技术学院和其他学院的双重制，建立一个单一的高等教育框架。这比1987年的白皮书的改革更为彻底。时隔25年后，英国这一具有特定历史传统的高等教育双重体制正式寿终正寝。新的高等教育框架具有以下七个主要特征：①建立一个大学、多科技术学院和高等教育学院的统一的拨款机构；②在英格兰、苏格兰和威尔士分别成立高等教育基金委员会，负责分配国家提供的教学和科研经费；③扩大规模较大的高等院校的学位授予权，结束全国学位授予委员会的工作；④使愿意采用大学名称的多科技术学院改称大学，并制订相应的标准，符合这些标准的其他规模较大的高等院校也可易名；⑤由各高等院校自身建立一个全英质量审计机构，对全国高等院校进行质量及外部检查；⑥在各基金委员会内部设置质量审定机构，对各高等院校的相对质量进行指导；⑦各基金委员会合作以维持共同的质量审定方面。[①]

1992年，英国颁布《继续和高等教育法》和《苏格兰继续和高等教育法》，宣布成立“高等教育基金委员会”，同时撤销1989年才设立的“大学基金委员会”和“多科技术学院与其他学院基金委员会”；同意多科技术学院申请改名为大学，使其具有和大学相等之地位，享有自行颁授学位之权力；同时，取消了国家学位授予委员会（CNAA），把学位下放到各主要院校。这两个法案构成了英国高等教育体制结构变革的分水岭。最后，英国34所多科技术学院以及部分其他学院被改称为大学，一个统一的高等教育体制取代了运行20多年的二元制，实现了英国高等教育体制的新融合，从而完成了由二元制到一元制的变迁。这场变迁被称作是“英国高等教育史上从未有过的结构改革”，是一场“静悄悄的革命”。[②]

1996年后，英国政府又成立了全国高等教育调查委员会，就如何制定高等教育的模式、结构、规模和经费投入，包括对学生的资助，以满足英国今后20年的需要提出建议。该委员会调查的重点在高等教育的入学

---

① 国家教育发展与政策研究中心. 发达国家教育改革的动向和趋势：第5集［M］. 北京：人民教育出版社，1994：433－434.

② 张建新，陈学飞. 从二元制到一元制：英国高等教育体制变迁的动因研究［J］. 北京大学教育评论，2005（3）：80－88.

机会、课程选择自由、教育资格标准、教学质量匹配等方面。[①]

从以上历史不难看出，英国高等教育的发展经历了一个“非体制”—双重制— 一元制的否定之否定的变革历程。尽管英国大学有着 800 多年的历史，但是由于历史原因大学数量并不多，自然，就没有“国家体制”（national system）可言。直到 19 世纪中叶，英国才开始创办了一批新式大学。但此时，除北部和中部的新大学获得皇家特许状以及国家拨放的技术教育补助金外，也没有国家教育“体制”之说。[②] 伯顿·克拉克也认为，先前的英国高等院校独立自治，是一个“非体制”（non - system）的结构。[③] 英国现行的高等教育国家体制直到第二次世界大战以后才形成和明朗起来。[④] 从罗宾斯一元制构想，到双重制对一元制构想的否定，最后又回归统一的一元制结构，英国高等教育变迁的背后，是教育公平、人力需求等外缘因素以及大学职能调整、“学术漂移”等内部因素共同作用的结果。英国高等教育两种体系的趋同存异对我们今天促进高等教育领域综合改革、推进应用型本科院校转型发展、提升职业教育地位也具有积极的借鉴意义。这些固有经验的借鉴有赖于以王承绪为首的一批外国教育研究专家的倾力研究。尽管由于年事已高，王承绪对英国高等教育研究止步于 21 世纪新立，但他对英国高等教育的关注却未停止，他的门生弟子仍然接续其传统，在英国高等领域奋勇前进。

（二）英国大学研究——以伦敦大学为例

如前所述，英国的高等教育即大学教育，英国大学的发展历程即高等教育发展的缩影。因此，王承绪对英国高等教育研究的着力点即英国的大学。自 20 世纪 40 年代留学英国始，王承绪就对英国的大学给予了密切关注，曾节译过 Ernest Barker 的 *British Universities*（Longmans，1946）一书。20 世纪 80 年代改革开放后，王承绪再次把目光投向英国大学，对英国大学的历史变迁和体制结构进行纵向研究（见上一小节内容）。21 世纪之

---

① 王承绪. 英国教育［M］. 长春：吉林教育出版社，2000：540.

② 张建新. 高等教育体制变迁研究：英国高等教育从二元制向一元制转变探析［M］. 北京：教育科学出版社，2006：51.

③ 伯顿·克拉克. 高等教育系统：学术组织的跨国研究［M］. 王承绪，徐辉，等译. 杭州：杭州大学出版社，1994：200.

④ 范富格特. 国际高等教育政策比较研究［M］. 王承绪，等译. 杭州：浙江教育出版社，2001：367.

初，王承绪再次对英国大学的现代发展进行了跟踪研究。王承绪对英国大学研究最为深入的当属其留学就读的伦敦大学，从其博士论文的选题直到《伦敦大学》一书的出版，都表明他对这所大学的浓厚的兴趣和热烈的情感。本书也以伦敦大学为例，选介王承绪关于英国大学教育的研究。

1. **英国大学的整体研究**

“二战”前，英国大学共有22所，除牛津大学、剑桥大学成立于中世纪外，大都系20世纪内所设立。此时期英国大学的一个重要特点就是均为私立，均属独立之学术机关，诸凡行政、经费，以及教师之任用、生活之管理等，均由各大学自行办理，政府对各大学予以经济上之补助，而并无严格之条件，也不加以统制。大学学生来自社会各阶层，而非专自上级社会。这一时期英国的大学可分为四类。第一类为伦敦大学；第二类为牛津大学及剑桥大学；第三类为英国各省新兴大学；第四类为苏格兰、威尔士及北爱尔兰各大学。英国除大学外，还有大学学院，规模较大学小，但程度则与大学相同。在行政方面，英国大学各自独立，不受教育部或地方教育行政机关控制。大学决策，决定于大学教师。在经费方面，各大学亦自行维持。对于政府补助费，完全自行支配，政府不加过问。在教学方法方面，除牛津大学、剑桥大学采用导师制外，多沿用演讲制。英国大学本科为三年制，学位分荣誉学位及普通学位两种。本科毕业后，大多学生直接参加工作，小部分学生继续入研究院从事研究，读硕士或博士学位。在生活方面，英国大学颇合民主社会精神，学生大多住家或寄居旅馆；学期忙碌，假期闲暇。与此同时，“二战”前英国大学也存在学生人数增加、学科分配均衡、兼办成人教育、大学间联络等问题。①

“二战”后，英国新大学兴起。从1961—1969年，在9年内英国创办了9所新大学。再加上由10所高级技术学院改制成的大学，至20世纪60年代末，英国共有大学42所。② 此后至1992年，英国除建立了一所远程大学（即开放大学，Open University）和一所私立大学（即白金汉大学，University of Buckingham）外，再未建立新的大学。③ 60年代里，英国大学

---

① 王承绪．英国大学教育［J］．东方副刊，1946（19）．

② 王承绪．英国教育［M］．长春：吉林教育出版社，2000：473－474．

③ 胡钦晓．英国“新大学”的演变及其特征分析［J］．苏州大学学报（教育科学版），2014（3）：86－95．

行列中出现了三类新型大学：新大学、科技大学和开放大学。尤其是新大学和开放大学的兴起，在一定程度上改变了人们以往眼中的传统大学的形象。[①] 英国大学按创办年期、传统、地位、威信、基金的多少、图书仪器设备等的不同形成等级，一般分以下几种类型：一是牛津、剑桥两所古典大学；二是苏格兰的省立大学；三是伦敦大学；四是英格兰的省立大学；五是新大学；六是科技大学；七是开放大学。在这些大学里，论历史积淀和影响力，非牛津、剑桥两所大学莫属，但若以近代大学的肇始及特殊性计，则当属伦敦大学。可以说，伦敦大学的发展史，即英国近代大学的发展史。与此同时，伦敦大学也是王承绪的“第二个大学”，他亲自见证并持续研究了伦敦大学的沉浮。

2. **伦敦大学**

王承绪在伦敦大学学习了 10 年，改革开放后与伦敦大学建立合作，这期间一直研究伦敦大学以补博士未竟之憾。可以说，他的一生都与伦敦大学休戚相关。1993 年，王承绪被伦敦大学教育学院授予首届荣誉院士，这莫大的殊荣代表着母校对这位昔日学子所取得的巨大成就的肯定。1995 年，包含着王承绪多年研究心血和情感的著作《伦敦大学》出版，母校栽培之恩终得以报。该书对伦敦大学的发展历史、变革、现状、管理、教学、科研、影响等进行了全方面的研究，并对以其为代表的英国高等教育进行了透析，向世人展现了一幅生动的英国大学发展和社会变革图景。可以说，伦敦大学成就了王承绪，王承绪“使有关伦敦大学的信息得到更为广泛的传播”。

从历史演进上看，伦敦大学经历了三大发展时期。第一种模式结构，是分别以坎贝尔和布洛姆等发起的大学学院和跟着成立的国王学院为代表的模式。这种模式，取法苏格兰和德国大学的组织形式，是单一型的模式结构。其中大学学院自 1825 年筹建起就多次申请政府颁发特许状，但由于排除宗教教学，长期未能解决。国王学院建立之后，由于实行宗教教学，于 1829 年获得特许状。于是，伦敦出现了两所大学：一所是未获特许状的自称的伦敦大学，另一所是获特许状的国王学院。两所学校除宗教方面的区别以外，其他方面非常相似，但两所学校都无学位授予权，对毕

---

① 徐辉. 论英国新大学的产生及其发展［D］. 杭州：杭州大学，1984.

业生仅颁发证书。这一种模式结构的实行为期不长。在此期间，伦敦大学申请特许状的活动从未中断。1835 年，保守党政府在议会通过长时间辩论后，通过一项动议，请求国王给伦敦大学颁发皇家特许状。后来，辉格党政府经过枢密院和内阁的多次讨论，最后决定一个妥协方案。1836 年，政府另设伦敦大学作为考试机构，颁发特许状，而把原来自称大学的伦敦大学改称伦敦大学学院（University College London，UCL），也给予特许状。规定持有伦敦大学学院、国王学院以及首都和其他地方经过批准的伦敦大学的附属学院读完规定课程的证书的学生可以参加学位考试，从此形成了伦敦大学的第二种模式结构：作为考试机构的国立伦敦大学。这种模式在某些方面与法兰西大学相仿，完全与以苏格兰和德国大学为模式的伦敦大学第一种模式结构不同。从此，伦敦大学开始一个新的历史发展阶段，成为主持考试、授予学位的机构。这一模式延续至 1900 年，伦敦大学开始成为从事教学和科研的联合大学，即伦敦大学的第三种模式结构，进入一个新的历史时期。直到今日，伦敦大学已经发展成为英国规模最大的大学，在世界大学体系中享有极高的声誉。

在行政管理体制上，伦敦大学的领导体制和院校结构，不同于其他大学。根据 1978 年伦敦大学法的规定，伦敦大学的最高管理机构是董事会（Coun）、理事会（Senate）和校务评议会（Convocation）。其中，校务评议会是大学最高领导机关。校务评议会由校长、副校长和所有经注册成为校务评议会机构的成员组成。凡取得伦敦大学学位，校务评议会认为有资格成为校务评议会成员并按规定缴纳会费的人员，均登记为校务评议会成员。大学校部的主要任务是组织考试和授予学位，教学和科研由所属院校负责。学院是伦敦大学进行教学和科研的基层单位，按管理方法不同，可以分为学院、研究所和教师院校三类。伦敦大学共有 23 个学院、12 个研究所和 5 所教师院校。其中，伦敦大学学院规模最大，其次为帝国理工学院、伦敦政治经济学院和国王学院。直属的教育学院居第五位，是英联邦教育研究的中心。此外，伦敦大学还按学科分成 9 个学部，分别为神、医、法、文、理、工、经济、教育和音乐，所属系科分散在各院校。各院校的系科设置有重复而又各具特色，如国王学院和教育学院皆设有教育学部。①

在教学管理体制上，伦敦大学以学部为主体，学院与研究所分别是隶属于学部的教学和研究实体。其中，文学部附设12个学院、理学部附设11个学院、工学部附设4个学院、法学部附设4个学院、经济学部附设10个学院、教育学部附设3个学院、音乐学部附设7个学院、神学部附设2个学院、医学部附设14个学院。这其中，只有国王学院9个学部全部齐全。伦敦大学各学部本科生学位课程设置，就学位形式而言，有单科的，即传统的单科学位，还有双科甚至三科的学位；就开课方式而言，有采用学分制（Course Unit）或单元制（Modular System）的，有采用传统学位制的，还有兼用学分制或传统学位制的。校外学位制度是伦敦大学的一个特色。伦敦大学的创办目的即"对所有阶级和所有教派的忠诚臣民，没有任何区别，鼓励他们从事正规的和自由学科的教育"。自1849年起，所有英国国内和英帝国境内未经特许成为大学的任何高等院校的学生，都可报考伦敦大学的校外学位。只要符合入学和课程要求，并通过大学规定考试的校外生，均可授予学位。伦敦大学的校外考试制度在英国本国和海外的高等教育发展中发挥了重要作用。

在学术成就上，伦敦大学成绩斐然。伦敦大学自创立始，即冲破中世纪以来旧大学传统的文、医、法、神四个学部的安排，仅设文、法、医三个学部，排除神学部，在当时是与众不同的，甚至是激进的。伦敦大学的课程设置中不安排神学，这是知识界的一次独立宣言。在伦敦大学，知识的界定、研究和传播的方式是与信仰和教义的问题分开，让理性和功用发挥作用的。伦敦大学的学部组建工作，在1900年，就已完成八个。只有教育学部到1966年才获得独立的地位，这还得益于1963年罗宾斯高等教育报告对建立新的教育学士学位的促进。尽管教育学部在大学9个学部中成立最迟，但是在伦敦大学，教育作为一个研究的领域，远在教育学部成立一个多世纪以前的1837年就开始了。1902年，伦敦郡议会创办伦敦走读制师范学院，在学术上得到了伦敦大学的支持，师范学院院长亚当斯（John Adams）同时是伦敦大学历史上第一位教育学教授。1922年，沛西·能（Percy Nunn）继任师范学院院长。他的名著《教育原理》于1920

---

① 王承绪. 伦敦大学［Z］//中国大百科全书编辑部. 中国大百科全书：教育卷. 北京：中国大百科全书出版社，1985：234.

年初版后，一时风行英国教育学术界，是英国师范院校师生、广大教师和教育研究工作者必读的教科书，深刻地影响了一代中小学教师的教育观点和实践，被称为“进步教育运动的圣经”。该书出版后，重印 13 次，1930 年修订再版，重印 8 次，1945 年第三版，第二次世界大战以后仍陆续刊行。王承绪就读伦敦大学教育学院时，教育学教材即有该书。后来他于 1964 年翻译了此书。1932 年，伦敦师范学院移归伦敦大学管理，改称教育学院，沛西·能连任院长。伦敦大学教育学院是英国最大的研究院水平的师资培训和教育研究中心，长期以来在国际上起着很大作用。20 世纪 40 年代后，伦敦大学教育研究迅速发展，1946 年，成立比较教育系，著名科学家劳锐斯（Joseph Lauwerys）任比较教育教授。他一方面培养比较教育的研究生，另一方面恢复由于第二次世界大战而暂停出版的《教育年鉴》。他与国王学院的汉斯（Nicholas Hans）和美国哥伦比亚大学的贝雷迪（George Bereday）等合编《教育年鉴》，共 22 卷，对比较教育文献做出了创造性的重要贡献。伦敦大学在比较教育方面做出了重要贡献的还有国王学院的埃德蒙·金（Edmund King）和教育学院的霍尔姆斯（Brian Holmes）等人。埃德蒙·金继汉斯之后负责国王学院比较教育的教学和研究工作，对科技发展和社会变革对教育的含义和义务教育后年轻人成长的教育有深入的研究。他在国王学院建立的比较教育研究中心关于西欧五国义务教育后教育的研究，是英国比较教育先驱萨德勒（Michael Sadler）比较教育思想的发展，已成为各国共同关心和研究的问题，在研究方法上也做出了新的贡献。他的名著《别国的学校和我们的学校》和《西方教育史》，已被译成多种文字，为各国大学广泛采用。王承绪亦于 1989 年翻译了该书。霍尔姆斯先是协助劳锐斯编辑《教育年鉴》，1975 年继劳锐斯任比较教育系主任，他在比较教育的方法论方面有深刻研究，他的《比较教育：有关方法的思考》在学术界有广泛影响，已是一部公认的名著。他在国际比较教育界的学术交流和合作中发挥了重要作用，他曾担任英国比较教育学会、欧洲比较教育学会和世界比较教育学会理事会的主席。伦敦大学在教育科学研究方面所做的贡献，如曾任教育学院院长、伦敦大学校务评议会主席的泰勒爵士（Sir William Taylor）所言：“世界上很少大学，在不列颠没有一所大学，能够自称像伦敦大学在教育思想和实践的发展和传播方面起过这样重要的作用。”在这些教育精英的熏陶下，王承绪也取得了令人瞩目的学术成就，成为伦敦大学杰出的海外学子。

20 世纪 80 年代后，伦敦大学迎来了新一轮的变革。首先做出改变的是院系调整。一是根据对 1980 年弗劳尔斯报告（Flowers Report）进行的磋商和 1981 年对医科设施、1982 年对牙科设施做出的决定进行的医科和牙科院系的调整；二是根据以斯温纳顿—戴尔爵士（Sir Peter Swinnerton-Dyer）为主席的学术组织委员会的建议而进行的对理科、工程、文科、社会研究和其他学科领域的审核和随后的院校调整。1987 年，伦敦大学制定了一份战略规划，提出大学使命声明和四个具体目标。每个主要目标分成若干比较具体的子目标。最后从子目标提出各项政策。1990 年，伦敦大学又发布一个题为《伦敦大学：为 90 年代作好准备》的文件，为迎接 90 年代所面临的许多挑战，提出了有关学术重点、创新、医学、牙科、招生、师资队伍建设以及创收等方面的战略。这两个文件是伦敦大学 90 年代改革的指导思想。在管理体制上，伦敦大学也进行了重大改革，撤销原有的董事会和理事会，成立单一的董事会，实行一院制；成立执行委员会、学术委员会和医学委员会三个常设委员会；改革副校长和行政长官共同管理的“双重首脑结构”。尤其是 1991 年《高等教育：一个新的框架》白皮书和 1992 年《继续教育和高等教育法》发布后，伦敦大学 8 个规模较大的学院向枢密院提出建议，授予这些学院大学地位，同时留在伦敦联合大学之内。这一建议引起了上下哗然，有人认为，这是伦敦大学解体的前兆。伦敦大学何去何从，如何以新的姿态迎接 21 世纪，伦敦大学战略问题小组提出了三个选择。其中，可以走的明知的、合情合理的道路是大学同意将学位授予的权力移交给学院。例如，除了学位课程的教学、管理和考试以外，帝国学院可以授予理学士。如果适当的机制和程序已经到位，大学感到满意，就可以把学位授予权移交给帝国学院。这种改革在 2007 年得到了实现，在英女王伊丽莎白二世的授权下，帝国理工学院正式脱离伦敦大学成为一所独立的大学。

170 多年来，伦敦大学对人类知识进步和理解做出了重大贡献。伦敦大学的校友，来自世界各地，如刘半农、傅斯年、老舍、吕叔湘、费孝通、徐志摩、孟宪承、王承绪等民国巨匠，皆受教于伦敦大学。这些学子归国后，通过科学研究、合作交流等形式，向全世界散播伦敦大学的成就。其中，王承绪对伦敦大学的研究是迄今为止最为集中、专门、全面和深入的[①]，浙江大学与伦敦大学的合作交流也是中国高校中最为密切和持久的，王承绪和伦敦大学之间这种相得益彰的关系体现了学术研究跨文化和无国界的本质特性。

（三）英国高等师范教育研究

以为人师表为志业的王承绪历来对师范教育颇为看重，尤其是对英国师范教育关注较多。在“二战”前、“二战”后、20世纪70年代和80年代等不同历史时期，都曾有过专门论述，为我国师范教育改革提供了有益的借鉴。

1.“二战”期间的师范教育改进[②]

英国师范教育始于私家兴办，政府于1843年开始补助师范学院。1890年后，各大学先后设师训系。1902年后，各地方教育行政当局纷纷筹设师范学院。但百余年间，师范教育并无系统计划，且仅注意小学师资的训练，中学及职业学院教师未经训练者颇多，且缺乏有系统的师训设施。1942年，英国教育部聘请专家，成立师范教育委员会，研究并报告师范教育改造问题，尤重原理方面的研究。该会委员中即有时任伦敦大学教育学院院长的弗雷德·克拉克。委员会向教育部做了题为《教师与青年领袖》的报告，亦称“麦克内报告书”，根据英国师范教育的现行体制提出了改造意见。王承绪即翻译了这篇研究报告，作为其英国教育研究的第二篇论作，也是教育子领域研究中的首篇之作。

“二战”时期，英国师训机关共有两类：师范学院（training colleges）和大学及大学学院（universities and university colleges）。师范学院共63所，大学师训系共22系。其中，大学师训系设四年学程，前三年在大学其他各系修读学士学位，第四年在师训系受专业训练。大学师训系毕业生，约有40%担任中学教师，其他担任高级小学教师。大学师训系学生享受教育部津贴，由各大学自行考核学生成绩。在大学所得学位，教育部承认已具适当学力，其所得教育或教师证书，承认专业训练合格。

“麦克内报告书”对现行师范教育制度颇多批评，主张对其彻底改造。

---

① 除王承绪的《伦敦大学》外，彭小云于2007年也出版过名为《伦敦大学》一书。后者乃“世界名校故事”丛书中一辑，内容编排和结构上以个别院校简介、主要科学领域、中外名人故事为主，而非对伦敦大学的严谨的学术性研究。

② 王承绪. 英国师范教育之现状及其改进［J］. 东方副刊，1945（5）.

从师资来源、教师待遇、师训机构与师训课程等问题，加以申论，提供建议。在师资来源方面，主要有三点建议：①扩充师资来源；②改善教师生活；③提高教师地位。在改进教师待遇方面，提出决定薪酬的四点原则：①满足教师生活的需要；②不低于其他职业的待遇；③各级教师待遇平等；④维持各地教育的水准。按这四条原则，继而提出五点建议：①中小学教师待遇，应大幅提高；②教育部应仅承认一级教师，即“合格教师”(qualified teacher)；③对合格教师，规定基本薪酬标准，有特殊资格与经验的，须得加薪；④担任重要职务者，应加薪；⑤大规模学校应设副校长一人或两人，并增加其待遇。在调整师训机构方面，最重要的建议为设立中央师范教育委员会及树立师范学区制度。在后者问题上，克拉克认为，大学对整个教育制度，有其应尽的义务。大学的生命力，系于中小学校所实施的教育。大学应负起教育及训练教师的任务，设立大学教育学院。因此，他主张采取大学教育学院制，由大学教育学院负责训练各级教师。在师训年期方面，师范学院改两年为三年，大学师训系仍为一年。在课程方面，师范学院可分为两类：一般学科和专业学科。大学师训系则循旧例。可以说，“麦克内报告书”对英国战后师范教育的发展起到了巨大的推进作用。至1955年，英国所有大学都接受了培养师资的任务。

2. 战后英国师范教育的发展

在“麦克内报告书”的推动下，战后英国师范教育得到快速发展。1944—1951年，英国政府制订了师资方面的紧急培训计划（Emergency Recruitment and Training），招收复员军人和妇女，将他们培养成为教师。1958年，英国政府又发表一个白皮书，宣布一个扩大师资培训设施的应急计划。1972后，《詹姆斯报告》和白皮书《教育：一个扩展的框架》发布，对师范教育再次提出重大改革建议，把师范学院和多科技术学院或其他高等学校合并，使其成为公立高等教育的一部分。[1] 这一模式，奠定了英国师范教育双重制基础。英国20世纪80年代之前的师范教育体制由下往上分为两级。第一级为：大学或者多科技术学院三年，获文学士或理学士学位；再在大学或多科技术学院培养一年，得到研究生教育证书。随后，方有资格当教师。第二级为：直接进多科技术大学或高等教育学院学

① 王承绪. 20世纪70年代英国师范教育改革的背景［C］//瞿葆奎. 教育学文集：英国教育改革. 北京：人民教育出版社，1993.

习四年，获教育学士学位。毕业后试用一年，期满合格成为正式教师。战后英国师范教育发展迅猛，但也存在诸如师资供给与培养数量和质量之间的矛盾问题、学术性教育同专业训练之间的协调问题、在职培训的问题等。这些问题进一步导致了师范教育的变革。①

3. 20世纪90年代英国师范教育的新动向

英国师范教育20世纪80年代出现的问题很大程度上是源自1965年实行的高等教育双重制。这一有着悠久历史传统的制度，随着《1988年教育改革法》和1991年《高等教育的框架》白皮书的发布而宣告终结。英国师范教育自战后以来的发展，在某种意义上走了一个循环：以扩张开始，经过收缩阶段的艰难，再次走上扩张之路；从主要在数量上考虑到质量上的考虑，最后又回到数量上的考虑。英国战后50年来的师范教育发展经验，使人想起英国作家卡罗尔在《爱丽丝漫游奇境记》中的一段话，不幸的爱丽丝想："当我们不总是一会儿长大，一会儿缩小，听命于老鼠和兔子的时候，那就舒服多了。"然而，王承绪也预测，尽管英国大学和公共高校两方面培训师资的任务分配随着高等教育双重制的终结而得到解决，但是，像爱丽丝所遇到的奇境，在那里任何事情都可能发生，在英国师范教育方面，新情况和新问题是肯定会出现的。② 诚如王承绪所料，"师范教育大学化"的开放型体制在增强师范教育学术性、增进教师专业发展的同时，也出现了一些负效应，如重学术、轻师范性，师范教育被边缘化；世俗化的师范教育对大学自治传统的冲击等。直到今天，英国综合性大学在实施师范教育时，仍未摆脱这种两难选择。③

通过对英国高等教育历史、背景、政策、结构、领域、大学等的整体性研究，王承绪奠定了以英国为核心的发达国家高等教育研究范式，并将这一研究理路、结论与其他发达国家进行比较研究，如美国、法国、德国、瑞典、日本等，且结合后续的访问、合作等实践考察加以补充、改进和总结、提升，进而形成了基于"中心论"理念和视角的发达国家高等教

① 王承绪．英国高等师范教育［M］//徐小洲．王承绪教育文集．南京：江苏教育出版社，200：166－176.

② 王承绪，徐辉．战后英国教育研究［M］．南昌：江西教育出版社，1992：364.

③ 杨捷，耿润．英国师范教育转型的得与失［J］．河南教育（中旬），2010（5）：34－35.

育观。这种研究逻辑的形成不仅仅是个人学习和情感偏向的有意甄别，也是基于借鉴和比较的现实需要，从典型到一般、从中心到边缘的波纹式扩散和辐射的必然路径。这一路径转变在王承绪20世纪80年代后的研究中，逐渐由暗转明、由旁变正，最终蜕变为王承绪高等教育研究新的“中心”。

五、发展中国家高等教育发展研究——移植论的视角

发展中国家高等教育研究是王承绪学术生涯中最后十年的重心所在。在此之前的十年，即20世纪80年代，王承绪就开始着手布置。他以联合国亚太地区教育合作咨询委员会为平台，以考察、交流、翻译为主要研究手段，带领杭州大学高等教育研究所的成员和学生开辟新的高等教育研究阵地，由“中心”向“边缘”转移。杭州大学高教所出版的“高教研究丛刊”的前两辑即为《亚洲和太平洋地区的高等教育专辑》（一、二），除日本外，其余各国皆为东南亚发展中国家。此后，他的几位博士生的论文也分别以印度、马来西亚、菲律宾和越南高等教育为选题，对亚太地区发展中国家进行专题研究。随后，王承绪将研究视野进一步拓展至拉丁美洲和非洲，对世界范围内发展中国家的高等教育进行整体性和比较性研究，这一研究结晶最终在其收官之作《发展中国家高等教育模式的国际移植比较研究》中得以完美体现。

（一）基于移植论的发展中国家高等教育模式

最早提出“移植”的是英国生物学家出身的高等教育研究专家埃里克·阿什比（Eric Ashby，1904—1992），他常常用生物学来作比喻，是首位从生物学的角度用“移植”一词来形容一国学习、借鉴另一国高等教育模式的专家。“与动物和植物一样，大学也是遗传与环境的产物。美国的大学是从欧洲遗传下来的（从起源来说是英德混血种），但是，它现在正在被移植、扎根于世界各地。”①

伯顿·克拉克对这一理论进行了进一步阐释。他在《高等教育系统——学术组织的跨国研究》中专门探讨大学模式的国际移植问题，认为“如果我们想系统地描述决定变化的诸多因素，我们很快就会遇上高等教

① 阿什比．科技发达时代的大学教育［M］．滕大春，滕大生，译．北京：人民教育出版社，1983：7．

育形式从一国移入他国的问题。许多高等教育系统的许多基本特点都是从国外搬来的”。他指出，高等教育的国际移植主要有两种途径：一是外部强加的变革，二是自愿引进的变革。前者主要在殖民主义的统治下比较普遍，如西班牙对拉丁美洲，英国对印度、牙买加、加纳等。后者则是零星点滴进行的，具有多方面的因素。尽管如此，但对于作为接受国的广大发展中国家来说，由西方国家通过殖民统治进行外部强加显然是更为普遍和主导的方式。正所谓，“在许多第三世界国家，最基本的变革，即现代系统的建立是在殖民主义统治下移植外国模式而引起的”①。但无论是哪一种移植，最重要的是如何使国外的组织形式适应本国环境和传统，也即移植后的本土化问题。且随着国际交往的加速，国际借鉴的可能性增多了，各国之间自愿互相学习的情况也会不断增多，国际移植仍将是生产改革思想以及促进人员流动的重要原因。

阿特巴赫在《比较高等教育》中也曾就移植问题做过论述。他指出，现代大学基本上是西方的学校，即使在第三世界，原有的高等学校实际上早已消失，它们完全被从西方移植过来的学校所代替了，第三世界国家的高等学校必须把国际的自然科学和社会科学知识体系移植到自己的富有传统的社会中来。第三世界的高等教育具有几个共同特征：一是第三世界的大学，除少数例外，一般都没有原来的根基，不管是否自愿，大学都是从西方移植过来的，而这里与欧洲大学的发展基础是完全不同的。二是大部分知识是在西方产生的，并通过西方的渠道传播的。第三世界国家基本上是知识的消费者，特别是在科学技术方面。大部分研究经费是工业化世界花费的。传递知识的手段如期刊和出版社仍然由工业化国家控制。第三世界缺乏对知识、生产和销售的控制。三是西方的语言在全世界高等教育研究上是最重要的。四是第三世界大学一般比西方的大学有较少的自主权。五是作为大学一部分的研究工作，不如西方大学的研究工作那么重要。他甚至认为，把高等教育从一种文化改制和移植到另一种文化上去并且在一个国家内保持一个很长的时期，这是至关重要的。②

---

① 克拉克. 高等教育系统：学术组织的跨国研究［M］. 王承绪，徐辉，等译. 杭州：杭州大学出版社，1994：253－261.

② 阿特巴赫. 比较高等教育［M］. 符娟明，陈树清，译. 北京：文化教育出版社，1985：76－83.

然而，尽管伯顿·克拉克和阿特巴赫都对国际移植的类型和特点进行过深入研究，但是西方国家究竟是怎样将其高等教育模式引入发展中国家的，外国高等教育的组织形式又是如何适应发展中国家的特定情境的，以及外国模式与本土传统和文化发生了怎样的冲突与融合等，这些问题仍鲜有涉及，却又很有必要弄清楚。基于此，王承绪决定“从国际移植的角度对发展中国家高等教育的发展、变革及现代化问题开展专题研究。广泛选取亚洲、拉丁美洲和非洲的泰国、马来西亚、菲律宾、印度尼西亚、巴西和加纳等七个具有典型特征的国家作为研究案例，试图由此来窥探发展中国家高等教育模式国际移植的整体情况”①，回答前人未曾解答的关键性问题。

（二）七国高等教育的国际移植与发展变革

王承绪所选的七个案例各具特色，分别代表着不同历史文化背景下发展中国家的不同移植策略。泰国是个比较特殊的案例。由于奉行“随风倒”的实用主义和灵活的政治策略，泰国成功地避开了西方列强的殖民统治，使国家保持了形式上的独立。泰国高等教育的现代化发展受到了很多西方国家的影响，但却是其“自我强加的”过程，体现了很强的“自主性”。例如，在宏观的国家教育行政管理上，泰国借鉴了法国大区制的模式；在中观的院校管理层面上，泰国则是融合了英国、法国和美国高校的组织结构；在微观的高校校内事务方面，泰国又采取了北美的模式。泰国高等教育在国际移植和现代化发展过程中，体现出旗帜鲜明地将保存和传承传统文化与维护国家的主权作为高等教育的责任，以及对一切有益于本国学术事业发展的外来思想、观念和经验积极的借鉴、吸收和运用的特征。

越南也是个颇具典型意义的研究案例。虽然越南现代高等教育发端于20世纪初，历史相对短暂，但其发展过程却颇为复杂。越南在20世纪的大半时期内受到法国、美国和苏联三个大国势力的介入，随之也发生了剧烈的国家与社会变革。在此过程中，越南的高等教育先后经历了法国殖民之下殖民地高等教育机构的初创与发展、美国大学模式在越南南方的移植以及社会主义越南高等教育体制的苏化这三个国际移植阶段。其中，法属

① 王承绪. 发展中国家高等教育模式的国际移植比较研究［M］. 杭州：浙江大学出版社，2009：前言.

时期殖民地大学的建立与发展是越南近现代主义上的高等教育的发端，而社会主义国家建立后越南高等教育通过苏联化的改造形成了与西方体制迥异的社会主义高等教育体系。这种高等教育的国际移植在很大程度上构成了越南近现代高等教育发展中的具有重大意义的原点。

马来西亚在16世纪之后相继被葡萄牙、荷兰、英国以及日本侵占，沦为帝国主义的殖民地长达数百年之久。殖民地时期，马来西亚的教育事业相当落后，在19世纪之前没有正规学校。为殖民政府的统治着想，迫切需要培养一种新的政治文化，英国殖民当局建立了新的教育体制，即大量建立以英语为教学用语的精英学校，播下了高等教育的种子。独立后，马来西亚的高等教育经历了一个迅速扩充和发展时期，不仅增加了大学的数量，扩大了招生，同时也改革了高校的体制，如在吉隆坡创办了国立马来西亚大学。20世纪80年代以来，马来西亚的高等教育在公立大学的企业化、高等教育的私有化、国际化、大学与工业界的联系、适应信息技术时代需求，以及高等教育民主化等方面，进行了一系列卓有成效的改革，最终形成了集权化的高等教育发展模式：政府对大学行政和教学事务进行强有力的干预，在招生、教师聘用、课程和财政等方面拥有很大的权力。

菲律宾在16世纪中叶以后，也先后沦为西班牙、美国和日本的殖民地。在300多年的西班牙殖民统治时期，西班牙殖民者开设了各类教会学校、学院和大学，教育带有浓厚的宗教特点。美国占领菲律宾之后，大力推行文化侵略政策，在菲律宾建立了美国式的高等教育制度，从教育目的、学校系统、课程内容到教学语言等各个方面进行改革，高等教育大众化和民主化成为根本的指导方针。第二次世界大战期间，菲律宾处于日本的法西斯统治之下，日本占领军全力推行奴化教育，向菲律宾人灌输所谓“大东亚共荣圈”的思想。独立后，菲律宾高等教育在规模、数量上得到了较快发展。尤其是20世纪80年代以来，菲律宾高等教育在管理结构、政策法规、课程内容等方面进行了一系列改革，并出台多项规划方案，为打造世界水平的高等教育做好了准备。菲律宾的高等教育呈现出在管理体制上强调法理性、在经费资助上以政府拨款为主、在招生政策上以大学自主考试为主、在学位与专业上以市场需求为导向、教师发展前景堪忧、以教学为主、缺乏科研功能等特点。

印度尼西亚在荷兰殖民统治的300多年间，人民几乎被剥夺了受教育，特别是高等教育的权利。直到20世纪20年代，荷兰殖民者为了适应其殖民统治以及经济发展的需要，才先后创办了一些高等教育机构。而这些高等教育机构承载了印尼现代高等教育的起源。这些大学经过不断地改造和重组至今依然是印尼高等教育的重要象征。日军占领印尼之初，关闭了所有的高等教育机构。直到1943年才恢复了几所高校。日占时期是印尼高等教育发展很重要的一个历史时期。其原因在于，在日本占领期间，印尼语作为一种教学语言，在教育系统取得了其应有的地位；同时，也开始广泛地使用印尼本地的教师。独立后，印尼建立了民主的高等教育系统，历经扩张、重组后，至21世纪初，印尼高等教育系统形成了综合性大学、专门性学院、高等学校、综合工业大学、宗教大学的类型体系，形成了多层次办学体制和分阶层培养人才的计划。印尼高等教育的国际移植呈现出私立高等教育发达、社会服务功能突出、伊斯兰教学校盛行等特点。

巴西自1500年起直到1822年独立，在长达3个多世纪时间里一直是葡萄牙的殖民地，因此，宗主国葡萄牙的高等教育对巴西高等教育的影响最为直接和巨大。巴西高等教育从管理体制、投资体制、招生体制、高教结构、学术职业和教育教学语言等诸多方面对葡萄牙高等教育进行了国际移植，同时，在有些方面还兼采了美国的经验。但在这个国际移植的过程中，聪明的巴西人没有仅仅停留在机械地移植和照搬上，而是从本国的实际出发，把国际移植和本土化有机地结合起来，走出了一条具有自身特色的高等教育现代化之路。其策略主要有：①重视高等教育立法，走教育法制化道路；②改革高等教育管理模式，由政府控制走向政府监督；③改革高等教育投资体制，引入市场机制；④改革高等教育招生体制，实现高等教育大众化；⑤大力发展研究生教育，重视科学研究；⑥积极发展私立高等教育，实现高等教育多样化。诚然，巴西高等教育取得了巨大成就，但也存在诸如高等教育的分布结构不合理、大学自治和科研存在局限、教师专业化程度不高、高等教育质量和经费危机等问题。总之，巴西高等教育问题与成就同在，挑战与机遇并存。如何解决这些问题和矛盾，是巴西高等教育界面临的重大课题，也是巴西高等教育现代化能否继续向前推进的关键。

加纳拥有撒哈拉以南非洲最发达的教育体系，但加纳和非洲大陆其他国家一样，其高等教育的发展历史也深深地打上了宗主国模式的烙印。从历史的视角看，殖民主义和加纳高等教育有着千丝万缕的联系，发展高等教育是英国维护其殖民统治的手段，殖民主义统治则成为影响加纳高等教育发展的一个关键性因素。从现实的视角看，新型大学脱胎于殖民地大学，却根植于旧殖民主义大学体系，殖民主义的历史残留和新型文化殖民主义的现实表现同样对加纳高等教育有着深刻的影响。因此，殖民主义成了加纳高等教育国际移植的直接原因。当代社会是一个开放型的社会，高等教育的现代化和国际化是世界高等教育发展的共同规律，也构成了加纳高等教育国际移植的间接原因。加纳高等教育的国际移植主要表现在高等教育管理体制、大学管理模式、教育教学语言、学术职业精神和学术生活节奏、学术评价机制、师资队伍、留学和人才交流等七个方面。加纳的高等教育系统是在国际移植中经过几次重大改革而形成并日臻完善的，尽管取得了可观的成绩，但仍然面临着许多问题，如入学率过低，对政府拨款依赖过重，研究基础落后，教学管理效率低下，等等。这些问题将继续困扰加纳高等教育的进一步发展。而问题的解决还会受到外部因素的影响，加纳和其他第三世界国家一样，继续承担着不平等的世界经济秩序所强加的负担，而这个旧经济秩序使得穷国永远依赖于富国。发展经济，加强发展高等教育所需的经济基础是其首要任务。展望未来，加纳高等教育还得从本国实际情况出发，加强与发达国家、其他发展中国家及国际组织的交流与合作，不断推出制度创新策略，走国际化与民族化、全球化与本土化相结合之路。①

在系统地介绍和阐述了上述七国高等教育国际移植的发展历程后，王承绪也坦言，对七个案例国的研究仅局限于对它们进行解释和并置，还缺少“比较”这个重要的环节，特别是对这些案例中的共同因素、特征以及规律的归纳和总结，这也是他后续研究要做的工作。但实际上，比较研究这一工作早在该书出版之前，就已经有人进行过，如连进军在 2002 年就做过《马来西亚与菲律宾高等教育发展的比较研究》的博士论文。可以说，由传统悠久、理念先进的发达国家向数量占优、迎头赶上的后发国家转变，由“中心”向“边缘”过渡，充分体现了王承绪的学术智慧和人文关怀。因为世界高等教育是一个大系统，发展只有先后之分，没有优劣之别；作为学术共同体的高等教育，在相互影响和渗透中，共性逐渐趋

① 王承绪. 发展中国家高等教育模式的国际移植比较研究［M］. 杭州：浙江大学出版社，2009：前言.

一，个性更加凸显。在多元共存理念倡导下，对世界其他发展中国家高等教育模式进行研究和归纳，将是构建多样化的高等教育生态系统的绝佳创新点。王承绪的研究恰好起到了奠基性和示范性的作用。

六、 中国高等教育发展研究——本土化的视角

中国也是发展中国家。立足本国，方能放眼世界。王承绪对中国高等教育的研究完全基于一种本土化、实践化的研究策略，重点考察国家教育政策、社会经济发展、教育理论方法、他国先进经验等在中国高等教育具体实践中的应用和转化。具体而言，王承绪主要从三个方面开展中国高等教育发展研究：一是基于具体某几所高等学校的个案研究，以窥视同类高校发展状况，并适当推及所属省域；二是基于某一个省份的区域研究，以探讨同期省市高等教育发展状况，并适当推及全国；三是基于中国高等教育的整体研究，以分析世界高等教育系统范畴内的中国模式，并检视差距和问题。王承绪的这一研究理路，呈现出从微观到中观，再到宏观，经过飞跃后再回转中观、微观的层层演进、螺旋上升、回转反刍的严密轨迹。王承绪的中国高等教育研究主要集中在《从杭州大学看中国一所地方大学面临的问题》《从浙江看中国一个海滨省的高等教育面临的问题》《关于研制大学发展规划的几点思考》《中国高等教育评估概述》等论文，以及合作编撰的《新中国浙江省的高等教育》《中国大学的文科教育》等书刊和指导的博士论文中。

（一）基于几所高等学校的个案研究

王承绪以个体从事高等教育研究的活动单元——学校为切入点，遴选具有行业特色的化工、机械两个系统的高校以及综合性的杭州大学作为分析样本。前者从毕业生情况的维度透析当前浙江高等教育发展状况；后者从整体发展的角度，探讨地方性大学发展面临的问题、对策和发展战略。

1. 从杭州市化工、机械两个系统内大学毕业生情况调查看当前浙江高等教育的若干问题

为对浙江省高等教育所取得的经验和存在的问题进行总结、分析，以便为浙江省高等教育的若干方面的调整与改革提供反馈信息，从而为科学地做出浙江省高等教育发展的决策创造条件，在王承绪的领导下，杭州大学高等教育研究室于 1984 年对大学毕业生工作与使用情况做了实证调查。

调查对象为杭州市化工、机械两个与社会经济发展密切相关的高校系统内新中国成立以来浙江省毕业生，具体方法有访问、档案、问卷、座谈调查法。调查结果分列如下：

①在浙江省培养的大学毕业生占全部大学生比例方面，浙江省培养的大学生占了绝大多数，在一定程度上反映了浙江省高等教育为浙江省社会主义建设事业培养人才方面的重要地位。②在政治思想方面，浙江省培养的大学毕业生政治思想表现较好，有较强的事业心与责任感。“文化大革命”前毕业的大学生一般对党和国家有较深厚的感情，有艰苦创业的精神。改革高考招生制度后的毕业生，在政治上比较敏感，肯独立思考，不盲从。而新近几年毕业的大学生，虽然不少人具有振兴中华的雄心壮志，但许多人缺乏艰苦创业的思想准备，一些人比较关心物质生活条件的优劣。③在业务能力方面，浙江省培养的大学生掌握的基础知识理论比较扎实，有一定的自学能力，绝大多数人能适应或基本适应所担任的工作。然而，在调查中也发现，多数大学生在组织管理能力、社会交际能力与口头表达能力等方面显得比较薄弱。④在学历结构方面，浙江省培养的大学生本科生多，研究生极少，专科生也不多，呈“两头小、中间大”的菱形结构，不够合理。这种结果导致一小部分本科生难以胜任高级研究工作，而相当一部分本科生则降格使用，做专科生完全能承担的工作，以致造成人才浪费。大学毕业生这种“现有学历”与“适宜学历”不相吻合的现象，大大降低了人才的应有使用价值，从而也降低了高等教育的经济效益。

据此，杭州大学高等教育研究室对当前浙江省高等教育改革提出了几点意见：一是进一步调整高等教育的层次与专业结构。层次结构调整方面，要在科学预测的基础上，继续对各级各类高等教育的层次结构进行适当调整，使培养的研究生、本科生与专科生不仅在总体数量上达到较为合理的比例，而且在各类专业内部，也有一个合适的比例。专业结构调整方面，则要从四化建设与未来发展的需要出发，使各类专业的人才实现配套。二是进一步提高大学生的政治思想素质水平。除继续抓好爱国主义教育、艰苦创业教育、共产主义道德品质教育等外，还要培养学生适应新形势、新任务的政治思想素质，如要有一定的马克思列宁主义思想水平和运用辩证唯物主义与历史唯物主义认识问题、解决问题的实际能力；有勇于开拓的勇气和坚强的意志性格等。在方法上，不搞单纯的说教，也不要仅给予正面的概念与口号，要特别注意在多种形式的、生动活泼的教育中，培养大学生的自我教育能力，尤其是培养对于错误的政治思想观点进行批判鉴别的能力。三是把加强基础理论教学与多种能力的培养作为高校教学改革的核心。在进行专业知识教学时，要将其建立在宽广的基础理论之上，培养博、专结合的综合型人才；在教学内容安排上，要注意把未来的需要与当前的需要结合起来，使大学生在高等学校获得的知识，“能在遥远的年代有效地进行工作”；在加强基础理论教学的同时，注意培养学生的能力，尤其是创造能力，开发大学生的潜能。四是高等学校要为毕业生的继续教育创造条件。由于科学技术发展过快，知识信息爆炸，知识老化速度加快，如果大学毕业生工作五年、十年后，未受到继续教育，那么他们的作用就会大大降低。所以，高校都要对自己的毕业生负有继续教育的责任，通过举办短训班、进修班、函授等形式，有组织、有计划地向自己的毕业生提供继续教育的机会，从而延长大学毕业生的“有效工作生命”，使高等教育为社会发展做出更大的贡献。①

与此同时，他们也指出此次调查的局限，由于对象仅限于杭州市化工、机械两个系统，所获资料及分析结果仍显粗糙，因之提出的某些看法未免存在片面性。但其可贵之处在于真实、直观，起到了“问路石”的作用。对这次调查对象的单一性、调查结果的普适性等问题，王承绪在随后的研究中予以了弥补，此点将在下文论及。

2. 从杭州大学看中国一所地方大学面临的问题、对策及发展战略②

杭州大学是浙江省于 1958 年创办的一所综合性大学，其前身一部分为浙江大学文理学院，另一部分为教会性质的之江大学文理学院。这两所大学的前身可分别追溯至 19 世纪末的求是书院和育英学院。1952 年院系调整后，它们的文理学院合并为浙江师范学院。1958 年，浙江师范学院又与新成立的杭州大学合并。③ 因此，杭州大学是一所拥有悠久历史传统、

---

① 杭州大学高等教育研究室. 从杭州市化工、机械两个系统内大学毕业生情况调查看当前浙江高等教育的若干问题 [G] //杭州大学高等教育研究室. 高教研究丛刊（九）：新中国浙江高等教育. 杭州：杭州大学高等教育研究室，1984：124 - 146.

② 缪进鸿，王承绪. 从杭州大学看中国一所地方大学面临的问题、对策及发展战略 [J]. 高等教育学报，1987（3）：70 - 73.

③ 杭州大学校史编辑委员会. 杭州大学校史：1897—1997 [M]. 杭州：杭州大学校史编辑委员会，1997：1 - 73.

学科优势明显的“新型地方大学”。至20世纪80年代中后期，中国地方高校数量和在校生数量均占全国总数过半。自70年代末起，地方高校在迅速扩张的同时，也存在诸多带有同质性的问题，影响了中国高校的健康发展。因此，对此类地方高校进行个案研究，对中国高等教育的战略布局和协调发展具有重要意义。

（1）杭州大学20世纪80年代中后期基本情况。

1976年“文化大革命”结束后，国家进入一个新的历史发展时期，杭州大学也迈上了新的征程，专业结构、研究机构、学位点和在校生数量得到了长足发展，学历教育类型增多，学术交流活跃，师资队伍建设成效显著，人才培养数量和质量以及科学研究水平得到极大提高，学校各项事业取得了飞速的发展。

（2）面临的问题。

20世纪80年代末杭州大学在取得快速发展的同时，也存在一些显而易见的问题，这些问题在地方性大学中具有一定的共性。具体而言，主要有五个方面：一是办学效益力有不逮。由于现行政治、经济和教育体制原因，杭州大学的服务对象仅限于浙江省，学科设置依附性太强，毕业生去向狭窄，难以适应全国其他区域的需求，容易导致专业“萎缩”。二是师资队伍结构堪忧。杭州大学的老教师学问高、学品好，淡泊名利，爱国爱校，但却后继无人；中年骨干教师责任心强，但压力大，且部分教师专业水平和外语水平不高；青年教师思想过硬，善于学习，是坚强的后备力量，但受功利思想影响，教师普遍缺乏热情，历史使命感不强。三是人才质量参差不齐。少数学生具有强烈责任意识和进取精神；三分之一的学生学习勤奋，思维活跃，价值多元，虽境界不高，但却是可造之才；还有一部分学生胸无大志，动机不纯，自我要求低。四是大学管理水平不高。除领导水平外，大学办学自主权过小和校内民主管理不够完善也是关键因素，尤其是前者，决定了大学的活力和水平。五是基础设施建设滞后。学校的整体投入跟不上学生和教师规模的急剧增长，教学设施设备紧缺，教学和生活质量下降，办学条件亟待改善。

（3）对策与发展战略。

基于杭州大学以上问题，王承绪提出了五条改进意见和发展对策：一是在面向浙江省现代化建设的同时，将目光瞄准国家的现代化，面向世界，面向未来。杭州大学的部分学科、专业应面向全国招生和输送人才，进一步健全人才培养体系，扩大办学规模，提升办学质量。同时，加强合作办学，拓宽非学历教育渠道，开展形式多样的继续教育。二是加强战略性、政策性和应用性研究，提升服务地方经济社会发展能力。要充分发挥大学多学科优势，瞄准国家和浙江省社会经济发展中的理论热点问题和重大现实问题，加强技术推广和转化。在服务地方发展的同时，也可促进自身改革，还可多方筹措办学经费。三是强化专业技能，增强学生的生存和适应能力。进一步促进文理交融，文科要适当增加自然科学内容，培养实践能力，提升科学素养；理科要酌情增加人文社会科学内容，陶冶情操，促进身心发展。在教育设计上应该采取“搭积木”方式，动态调整课程设置。要注重培养学生的独立思考能力，鼓励学生自我学习、勇于创新，真正实现教学相长。四是逐步实行导师制，遴选一批德高望重、德才兼备的导师队伍。同时，开展形式多样的校外活动，促进学生德、智、体、美、劳全面发展。五是推进依法治校，落实大学办学自主权，将权力分期、分批交还给大学。同时，遴选优秀校长，加强大学民主管理。

可以说，王承绪对杭州大学发展的现状是满意的，对其前景也是乐观的，对其存在的问题亦有清醒的认识，且这些问题也是改革开放后在外部社会需求和内部调整发展的双重因素刺激下所有大学面临的共性问题。因此，基于这些问题而提出的建议并不仅是只针对杭州大学的专方专药，对其他地方大学也具有同样的疗效，具有“千金方”的意义。

（二）基于浙江省高等教育的区域研究

浙江省是长江三角洲的一个滨海省。改革开放后，浙江省经济高速发展的同时，高等教育亦是突飞猛进。但也遇到了一系列问题，如短期利益和长期目标的协调，质量和数量的兼顾，人才培养和社会服务的对接，等等。这些现象和问题也出现在其他沿海省份，引起了教育主管部门及诸多学者的关注，王承绪亦对此进行过深入的研究。他以浙江省为考察对象，分析和探讨省域视角下中国高等教育面临的问题，进而提出具有普适性、可操作性的对策和发展战略，并由浙江省域推及沿海开放地区，为全国不同经济发展地区的高等教育发展提供经验和借鉴。

1. 20 世纪 80 年代中期浙江省高等教育发展的整体研究①

早在 1985 年中央做出教育体制改革决定之前，王承绪即领导杭州大学高等教育研究室对浙江省高等教育发展情况做了深入研究，在廓清浙江省高等教育发展历史与现状的同时，总结成绩，寻找问题，为改革开放后浙江高等教育大发展提供了有益的经验。

（1）新中国成立初期旧高等教育的改造和新高等学校的建设。

新中国成立前，浙江省仅有浙江大学等 5 所高等学校，在校生共计 3 112 人，教师 512 人，其中教授 144 人，副教授 91 人，讲师 102 人。浙江省高等学校的师生，素有学运传统，饱含爱国热情和革命理想，这些都为建设社会主义高等教育提供了精神财富。

新中国成立后，浙江省对旧高等教育进行了坚决的、慎重的和有步骤的改造，同时以老解放区新教育经验为基础，吸引旧教育的某些有用的经验和借鉴苏联的经验，有计划地建设新的高等学校。这一时期，浙江省主要从以下几个方面进行第一次高等教育重构。一是接管和接收旧中国的高等学校。浙江省采取“维持现状、逐步改造、重点补助”的方针，通过建立校务委员会和政治工作机构、任命新领导人等办法，接管学校领导权和收回教育主权。二是进行院系调整。1952 年，浙江省即正式开始对全省高校进行院系调整。整个调整工作根据当时国家建设的需要，体现“以培养工业建设人才和师范为重点，发展专门学院”的精神。其中，浙江大学文学院与之江大学文理学院合并，成立浙江师范学院。王承绪亦转任浙江师范学院教育系教授、系主任，后又兼副教务长。三是开展思想改造运动，做好知识分子工作，从而确立无产阶级思想在高等学校中的领导地位。四是对高等教育进行初步整顿、改革。浙江省根据时称中央和华东军政委员会下达的“关于纠正学校教育中一些混乱现象的意见”，对高等学校进行了一些整顿，并采取措施，以减轻学生过重的学业负担，加强培养学生的独立工作能力，把生产实习作为“理论知识密切联系实际并使其学用一致”的重要手段来抓。

新中国成立初期，浙江省高等教育在改造旧学校和建设新学校中，可以说是“比翼齐飞”，取得很大成绩。但在实际工作中，也出现了一些问

---

① 杭州大学高等教育研究室．新中国浙江高等教育［J］．高教研究丛刊（九），1984：11．

题。如在院系调整中，较少考虑本省的特点和需要，重视发展工业方面的专业，忽视了政治、财经方面的专业；过分强调专门学院，把综合性的浙江大学改成多科性的工业大学，削弱了基础，不利于学科的互相渗透和科学研究。还有，在学习苏联经验中，把政治上的“一边倒”套用到教学和科研上来。只强调学习苏联，而忽视了中国传统和别国经验等。

（2）高等教育的革命和贯彻“高教六十条”。

新中国社会主义改造基本完成后，全国转入全面的大规模社会主义建设阶段。高等教育也开展了轰轰烈烈的革命，试图建立中国式的社会主义高等教育制度。在 1958 年到 1966 年的 10 年间，浙江省高等教育经历了大发展、贯彻“调整、整顿、巩固、提高”的八字方针、贯彻“高教六十条”，重新走上健康发展的马鞍形道路。

1958—1960 年，浙江省贯彻“使受教育者在德育、智育、体育几方面都得到发展，成为有社会主义觉悟有文化的劳动者”，“教育为无产阶级政治服务，教育与生产劳动相结合”的方针，落实中央关于加强党对高等教育的领导精神，进行了一场“教育革命”。浙江省提出在专科以上的高校，要配备地委委员或县委书记水平的干部担任领导职务。同时，加强思想政治工作，广泛开展理论与实际相结合、知识分子与工农相结合、脑力劳动与体力劳动相结合活动，使整个高等教育呈现一派新的气象。各条战线投身“教育革命”的“大跃进”形势，推动了高等教育的大发展，高校数量和大学生人数激增，甚至超越了国民经济发展的需要与可能。

1961—1963 年，浙江省对高等学校做了四次调整、合并。调整后，保留了浙江大学、杭州大学、浙江师范学院等 10 所大学，撤并宁波师范学院等 8 所大学，保留观察温州师范学院、浙江丝绸专科学校 2 所。随后，又对全省高等学校专业设置做了调整，将确定为保留和观察的 12 所高校设置的 99 个专业调整为 72 所。在调整高等学校的过程中，还成立了省教育厅直属高等教育局，负责全省高校和中专的领导和管理工作。

与此同时，从 1961 年起，浙江省坚持贯彻“高教六十条”。首先进一步肯定社会主义高等教育事业必须坚持党的领导，坚持社会主义办学方向，坚持德智体全面发展、知识分子和工人农民相结合、脑力劳动和体力劳动相结合的方针。既注意克服过去学习苏联经验中一定程度的脱离实际、脱离生产、忽视思想政治工作的缺点，又重视纠正 1958 年以来政治运动、生产劳动中一些“左”的倾向。

在全面建设社会主义的十年里，浙江省高等教育，尽管由于指导思想上发生过“左”的偏差，在政治上搞过过火的批判与斗争，在事业发展上搞急躁冒进，在教学领域搞突击运动，造成许多失误，给事业带来了严重的损失。但是，作为这个时期高等教育工作的主导方面是应该肯定的。虽然在“教育革命”中出现过一些混乱现象，但党的领导和学校的组织体系是健全的。因而通过贯彻“八字”方针和“高教六十条”，实际工作中的某些错误很快得到了纠正，浙江省的高等教育得到了比较健康的发展。当然，从历史经验的角度看，虽然当时纠正了一些“左”的做法，但对“左”倾思想造成的危害和发生“左”倾思想的根源认识是很不够的。因而在纠正脱离实际、违反教育规律的高等教育的大发展问题时，却又发生调整过猛、撤并过头的问题。总而言之，这个时期浙江省的高等教育，与前一时期相比，确有许多经验教训值得进一步总结和借鉴。

（3）粉碎“四人帮”以后高等教育的拨乱反正和调整、改革、整顿、提高。

十年“文化大革命”使浙江省高等教育遭受了严重的破坏，一批高等学校被砍去，破坏了国家培养人才的计划；教学秩序被破坏，教育质量严重下降；高校的教师蒙受不白之冤，校产设备遭受极大损失。粉碎“四人帮”后，浙江省高等教育领域拨乱反正，迅速恢复和发展，并逐步走上健康发展的轨道，取得了前所未有的成就。这一时期浙江高教战绩历史性的伟大转变主要表现在：①恢复党对高等教育的领导；②贯彻调查、改革、整顿、提高的八字方针，调整高等教育内外部关系；③落实知识分子政策，在政治、工作、生活上予以关心和重用；④改善与加强思想政治工作，保证教学和科研坚持社会主义方向；⑤恢复高校招生统一考试制度，建立正常的教学秩序；⑥加强体育、卫生工作，推动全省体育教学、研究、竞赛的开展；⑦恢复招收研究生，建立学位制度；⑧整顿和发展成人高等教育；⑨开展与外国高等学校之间的教育、科技交流和协作。

（4）新中国成立35年后浙江省高等教育的主要成就和展望。

20世纪80年代的浙江省高等教育尽管走了一段曲折发展道路，但仍然取得了很大的成就。第一，在党的领导下，对旧中国留下的高等教育进行了成功的改造，建立了崭新的社会主义高等学校。并在长期的实践中，不断探索和总结出创办适合本国特点的社会主义大学的初步经验。第二，全省高等教育事业有了很大发展，特别是党的十一届三中全会以后，浙江省高等教育的发展速度非常快。普通高校从新中国成立初期的 4 所，发展到 29 所。在校生由 3 112 人增加到 44 700 人，学校数和在校生数分别增长 6.2 倍和 13.4 倍。研究生数量更是增加了 109 倍。专业数由 35 个发展到 194 个。第三，师资队伍有较大发展。高校教师由新中国成立初期的 521 人，增加到 8 679 人，增长 15.4 倍，教授、副教授、讲师人数也有大幅增长，而且这些教学骨干绝大多数是新中国成立后浙江省自己培养起来的。第四，高等教育为各条战线做出了较大贡献。35 年内，全省高校共培养了 11.92 万大学本、专科生，近 800 名研究生。不仅人才辈出，在科学研究上也取得了累累硕果。自然科学方面，相当一批成果达到国际较高水平，体现出显著的经济效益和社会价值。社会科学方面，若干成果也在国内处于领先地位。第五，办学条件得到了较大改善。教育经费、教学仪器、图书资料等有了大幅提高。

为实现邓小平同志提出的“三个面向”，使高等教育与本省经济和社会发展相适应，浙江省高等教育需继续贯彻执行“调整、改革、整顿、提高”的八字方针，加快调整改革的步伐，继续进行整顿，加速发展数量，努力提高质量。在扩大培养能力、加速发展数量方面，首先要挖掘现有高校的潜力，加强相互之间的协作。其次，在人力、财力、物力等方面对高等师范学校重点予以扶植。同时大力发展职业大学，提高办学效益。在调整层次和专业结构方面，一是要着重发展专科和研究生教育；二是继续调整长线专业，加强短线专业，填补某些缺门，如加强电子计算机、财经、政法等专业，增设食品加工、图书情报等专业。在全面贯彻教育方针、提高教育质量方面要把德育放在首位，保证培养人才的思想政治质量，重视培养学生的智能。同时，要进一步抓好师资队伍建设，尤其要重视短线专业、新兴学科的学术带头人的培养。认真贯彻科技方针，加强科研工作。进一步解放思想，推进管理、人事制度、教学、科研、后勤等方面的改革。

2. 改革开放后浙江省高等教育发展的战略研究①

王承绪对浙江高等教育发展战略的研究缘起于 1986 年承担的浙江省哲学社会科学重大研究课题“浙江高等教育发展战略的研究”工作。该课

---

① 缪进鸿，王承绪. 从浙江看中国一个滨海省的高等教育面临的问题、对策、发展战略［J］. 高等教育学报，1987（3）：66－70.

题由他与时任杭州大学教务处处长的缪进鸿及8所高校的有关领导、专家20多人共同完成，并形成“浙江高等教育发展战略研究”总报告和工、农（林、水产）、医、师、财经、综合大学等专题报告。其中，王承绪主笔撰写了《从浙江看中国一个滨海省的高等教育面临的问题、对策、发展战略》《从杭州大学看中国一所地方大学面临的问题》两篇姊妹文章。王承绪对浙江省高等教育发展战略的研究遵循问题研究导向，在肯定成绩的同时，指出面临的困难和挑战，并给出开拓性建议对策。

（1）面临的问题。

王承绪认为，如果与国内先进省、市比较，20世纪80年代浙江省的高等教育还显得比较落后，主要表现在以下方面：规模较小，培养能力与社会需要不相适应，尤其是宁波、温州等几个开放城市，高等教育的基础比较薄弱；高等教育本身的层次比例、专业结构不够合理，不少学科基础薄弱，短线和缺门专业较多；教材、教法陈旧，仪器设备不足、落后；政工、管理队伍不够健全，思想政治工作也有待进一步加强等。具体有六个问题：一是缺乏统筹规划，未遵循高等教育发展的自身规律办学，而是各自为政，粗放扩张，导致水平参差不齐，效益低下，后劲乏力。二是人才结构失衡，急需人才紧缺，后备人才储备不够，而中坚人才又不能人尽其才，造成了人才浪费。三是教育内容陈旧，教学方法呆板，轻视甚至排斥教学改革和实验。四是毕业生分配供需失调。欠发达地区无人问津，中心城市又人才积压浪费。五是培养模式单一，偏重学历教育，忽视继续教育，劳动者素质难以提高。六是农村人口素质不高，高校科技文化下乡力度不够。

（2）解决对策与发展战略。

基于以上问题，王承绪提出十条解决对策与发展战略：一是坚持“三个面向”。浙江高等教育发展战略目标应与浙江现代化建设战略目标相匹配，并从结构、数量、质量和效益四个方面保证后者的实现。要不断加大教育资源投入，按重点和优先的原则，集中力量建设一批一流学校和一流学科。二是实行梯度建设。浙江省高等教育发展战略和布局应与浙江省经济社会发展的“以港口带沿海，由沿海向内地推进，靠平原促山区”的总体战略相适应，将若干所高校相对集中在三至四个经济文化中心，然后逐步向内陆推进，差序推进教育均衡化发展。三是注重培养生存和适应能力，从重传授知识转变为重创新方法。四是学历教育和非学历教育双管齐下，借鉴英国开放大学的经验，办好具有浙江特色的电大教育。五是加强校际合作，效仿英美等国经验，组建大学联合体，实现资源共享。六是加强国际合作，引进国外智力，缩短发展差距，如联合创办大学、学科、研究中心，联合培养博士生等。七是加强师资培训、科学普及、技术推广等，不断提高全省人口的科学文化素质和道德素质。八是提高教师素质。遴选校长，延聘良师，改革教师评聘制度，防止学术近亲繁殖，推进第三方评估，健全进入和退出机制。九是促进教学改革，剔除陈旧的教学内容，创新教学方法，切实反映社会需求，满足人民期望和遵循教育规律。十是改革教育管理体制，建立政府层面的专业教育决策咨询机构，推进依法治校，落实高校办学自主权，加强高校内部民主管理。

不难看出，王承绪对浙江高等教育的分析是建立在对杭州大学的研究之上，其中的问题、对策都有相同之处。不同之处在于，浙江省高等教育的整体情况更加复杂，同时在全国也更具代表性，因此其建议也更具普适性。毋庸置疑，《从浙江看中国一个滨海省的高等教育面临的问题、对策、发展战略》是一篇内容翔实、问题突出、建议高远的实证调查报告，是对1985 年中央做出调整高等教育结构决定的快速跟进，对当时处在转型阶段的各省高等教育具有深刻的指导意义。因此，该文在 1987 年 8 月大连召开的国际高等教育展望会议上作为总报告汇报，并被收录进《第三届国际高等教育展望学术讨论会论文集》（辽宁人民出版社，1988 年），且获中国高教学会 1988 年首届优秀研究成果三等奖。①

此外，在总报告中，他们还提出了 12 条对策和战略：一是战略目标与发展速度相协调；二是以质量、效益和效率取胜；三是优化学历层次结构和专业结构；四是高等工科、财经教育的发展速度应适当高于全省高等教育发展速度；五是大力发展高等医科教育；六是发展高校之间的横向联合；七是提高全省劳动者的素质；八是高等教育体系与科学研究体系、产业体系的结合；九是引进国外智力和提高教师素质；十是改革毕业生分配和招生制度；十一是实行决策民主化、科学化和制度化；十二是正确处理

---

① 浙江省哲学社会科学志编辑部. 浙江省哲学社会科学志［G］. 杭州：浙江人民出版社，1999：334.

教育投资与经济发展之间的关系。①

应该说，总报告中的建议相比于前面的专题报告，更加综合、概括，是在专题报告的基础上的再升华。专题报告突出针对性，总报告强调高度凝练。报告中提及的诸多建议至今仍为高等教育研究的热点问题，如扩大高校办学自主权。其中有些问题已经在随后的发展中得到妥善解决，但有些问题仍然困扰着决策层和理论界，如高等教育发展的适度性、超前性和风险性之间的矛盾关系。对于这些问题，课题组成员也一直予以追踪研究。20 世纪 90 年代，合并后的浙江大学高等教育研究所的方展画、顾建民、王爱国等人对这一研究进行了发展和创新，其研究成果《寻求跨越——浙江高等教育发展战略研究》获“九五”浙江省教育科学规划重大研究成果一等奖，浙江省第十二届哲学社会科学优秀成果三等奖。② 尽管后期研究王承绪并未参与，但其掘井筑基之功殊不可没。

（三）基于中国高等教育的整体研究

毫无疑问，对整个中国高等教育的条分缕析方为王承绪开展高等教育研究的最终关怀。与个案和区域研究策略无二，王承绪对中国高等教育的整体考察亦从学校和领域两个维度开展，分别对组织层面的大学文科教育和国家层面的高等教育总体情况进行了深入剖析。

1. **中国大学的文科教育**

哲学社会科学在中国有着悠久的历史传统，甚至可以说，中国的传统文化教育就是文科教育。新中国成立后，尽管社会建设转向经济和工业，但仍然注重文科教育，毛泽东就曾指出要“重理不轻文”，邓小平则明确提出“科学当然包括社会科学”。20 世纪 50 年代第一所人文社会科学的大学——中国人民大学和中国科学院哲学社会科学学部的成立，证明了此点。随后，又成立了中国社会科学院。1982 年，国务院转发《全国哲学社会科学规划座谈会纪要》，特别提出我国哲学社会科学事业今后必须有一个大的发展。1983 年，全国哲学社会科学规划领导小组成立③；1984

---

① 浙江高等教育发展战略研究课题组. 浙江高等教育发展战略研究（要点）[J]. 高等教育未来与发展，1988（3－4）：65－69.

② 余如玉，张森. 实验讲坛 [M]. 宁波：宁波出版社，2009：7.

③ 孙承斌，王雷鸣，邬焕庆. 为民族复兴提供精神动力 [N]. 中国教育报，2002－10－16.

年，教育部印发《关于调整和发展高等学校文科教育的几点意见》；1986年，正式设立国家社会科学基金。在此之前，中国大学早已未谋先动，就如何加强和改进高校文科教育展开了激烈讨论，其中不乏文科泰斗，亦有理科巨匠，如周谷城、钱三强等。中国的这一场文科改革亦引起了国外学者的关注，如时任美国南加州大学教授、东亚研究中心主任的斯坦利·罗森（Stanley Rosen），亦即为世人所熟知的美国电影界专家骆思典。其在20世纪80年代对中国教育极为关注，曾担任美国ME Sharpe公司出版的*Chinese Education*杂志的主编。该杂志以译载我国《教育研究》《人民教育》《中国教育报》《高教战线》等全国和地方报刊发表的有关教育和社会问题方面的文章为主，如“Higher Education Reform in the People's Republic of China”（1985，V18）、“Humanities Education in Chinese University”（1986，V19）。其中，后者乃是其与王承绪合作编译。尽管这些文章皆出自他人，但能被王承绪选译，也折射出他对文章观点、方法的认同，可视为王承绪本人声音。因之，本书以该期杂志为蓝本，分析王承绪中国大学文科教育主张。

（1）中国文科教育简况①。

在中国，人文研究有两重含义：从狭义上讲，人文研究包括语言（汉语和名国语）、历史和哲学；从广义上讲，还包括经济、法律、政治科学、商业和教育。后者通常被称为应用性人文研究。

新中国成立前，人文研究在中国高等教育中占有举足轻重的地位，文科学生的比例在1909年为85.4%，1928年为73.7%，1947年为61.5%；相较之下，理科学生的比例分别为1909年的14.6%、1929年的26.3%、1947年的38.5%。对文科研究的偏重很大程度上反映了中国的学术传统。民国时期，尽管科学被逐渐引入课程，但直到新中国成立，理工科方始占有一席之地，并在“文化大革命”前夕达到顶峰。理工科专业学生的比例从1950年的57.4%攀升到1965年的74.7%，随后有所下降，1970年为64%，1980年为60.2%。

自新中国成立以来35年所获得的经验——不管是被看作积极的还是消极的——促使人们重新审视文科教育在大学课程中的重要性。人们普遍

① ROSEN S，WANG C X. Humanities education in Chinese university [J]. Chinese Education，1986（V19）：1，3－5.

认识到，社会主义建设不仅需要一大批科学技术专家，也需要大量深谙艺术、经济、文化建设方面的专家。因此，1978 年后，大学文科教育重新受到重视。

（2）有关大学文科教育的重要观点。

“Humanities Education in Chinese University”中编译的 14 篇有关文科教育的文章中①，最具代表性的当属汪永荃、郝克明、陈学飞的《论加强文科高等教育》（原载《教育研究》，1981 年第 8 期），程千帆的《对文科教育的几点看法》（原载《高教战线》，1982 年第 4 期）和李进才、娄延常的《文科教学要认真贯彻理论联系实际的原则》（载《原高教战线》，1982 年第 6 期）三篇。在此，仅对其观点做简单介绍。

北京大学的汪永荃、郝克明、陈学飞等人认为，文科高等教育的发展和提高，对中国社会主义经济建设和精神文明建设具有重要的作用，它关系着社会各系统的人才培养和成长，关系着社会政治、经济、文化生活的改革和进步，关系着生产的发展和文化科学的繁荣，关系着整个人民的道德风尚和文化修养的提高。因此，应从以下五个方面加以改进：一是要调整文科与理工科之间以及文科内部各学科之间的比例关系，文理招生名额向文科倾斜，文科内部向财经、政法、管理等类专业倾斜。二是要改革和调整专业结构。综合大学按文学、历史、哲学一级学科设专业；大力发展财经、政法类专业；创建管理科学和外国问题研究方面的专业；恢复和改

① 该期杂志中编译的其他 11 篇文章分别是：彭佩云的《加强和改革文科　开创文科教育的新局面——在北大全体文科教学工作人员会上的讲话（摘要）》（载《高教战线》，1983 年第 1 期），教育部关于印发《关于调整和发展高等学校文科教育的几点意见》的通知（载《高教战线》，1984 年第 7 期），周林的《继承和发展民族文化，培养古籍整理研究人才》（载《高教战线》，1983 年第 3 期），钱三强的《文理渗透，拓宽视野（中国古代文学的序）》（载《光明日报》，1985 年 5 月 28 日），饶毅的《适应科学技术发展的趋势，北京大学为文科学生开设近 400 门选修课》（载《中国教育报》，1985 年 3 月 2 日），周谷城的《办好历史系的几点意见》（载《高教战线》，1982 年第 4 期），郑天挺的《谈谈历史系教学改革》（载《高教战线》，1982 年第 2 期），吉林大学哲学系的《深入开展哲学专业的教学改革》（载《高教战线》，1985 年第 3 期），刘放桐的《正确对待现代西方哲学思潮》（载《高教战线》，1985 年第 2 期），陈振宜（北外教务长）的《外语教育应当改革》（载《人民日报》，1985 年 6 月 23 日），申葆青的《对目前高校外语教学中一些问题的探讨》（载《高教战线》，1984 年第 8 期）。

造社会学、政治学、宗教学等专业；注意跨学科的“边缘学科”的发展等。三是培养目标应当更好地适应社会主义建设的需要。要努力培养一批二三十年后能胜任国家政治、经济、文教、科技、生产各部门的领导和决策工作的接班人，这些专业，应当适当招收一些有一定社会经验和学习基础的在职人员。他们的取分可以略低一点，年龄限制可以放宽一点。四是改革教学内容，提高教学质量。文科教学应当对学生进行比较宽广的基础训练；改革和加强专业课程，提高专业课的理论水平，增加社会新知识，增设计算机等课程；认真总结历史经验，加强学生与社会的联系；积极培养学生的综合能力。五是加强科学研究，提高师资水平。①

南京大学程千帆认为，文科的重要性体现在治国人才的培养上。中国30多年来取得成绩的同时，亦出现重大的错误，其中一部分原因就在于对文科的忽视。文科的另一个方面的重任在于培养生产精神食粮的文学家、艺术家。培养文科人才要高瞻远瞩，把它当成战略措施，而不是权宜之计。加强文科建设，必须要有一批学识丰富的师资。教师的遴选，除政治条件外，必须坚持对业务水平高要求；对现有教师的培养和发展，亦要下一定功夫，要形成梯队。在课程方面，要加大改革力度，必须增加必要的基础学科、辅助学科和边缘学科；开设课程，要因课设人，不能因人设课。除此之外，还要注意以下几个问题：一是科研在实行“分田到户”的同时，要加强团队合作；二是鼓励合作开课，倡导争鸣，形成流派；三是教学科研要相得益彰；四是关心教师身心健康；五是加大投入。②

武汉大学的李进才、娄延常认为，理论联系实际，是被长期的教育实践所证明了的一条基本的教学原则。但在具体贯彻的过程中，时常出现偏差。如何认真贯彻这一原则，对加强文科建设至关重要。第一，要克服片面性，充分认识理论联系实际是“四化”建设和文科自身建设的迫切需要。否则，文科教学就会同社会生活隔绝，失去生命力。第二，要随着招生对象的变化，采取相应的措施。20世纪80年代后期的文科生年龄小、反应快、接受能力强，但也存在缺乏社会经验、与实际生活脱节的“先天不足”。因此，要改革现行的文科招生制度，招收一些有一定实践经验的

---

① 汪永荃，郝克明，陈学飞．论加强文科高等教育［J］．教育研究，1981（8）：39－55.

② 程千帆．对文科教育的几点看法［J］．高教战线，1982（4）：56－62.

学生入学；但更重要的是重视在教学中加强理论联系实际，为学生创造条件去接触社会、接触工农，增加社会知识。第三，要开辟多种途径、运用多种方法加强联系实际，如就近参观教学、聘请实业界人士做报告等。第四，要处理好学校教学需要和社会需要的关系，在时间、课题和实习地点等方面进行精心选择、合理安排。第五，要努力摸索和解决实行学分制后出现的矛盾。①

除这3篇专门探讨大学文科教育的文章外，其他9篇均为各个专业领域内的建议。诚然，以严肃的学术标准来看，这14篇文章在学理性上有所欠缺；但既然是一场有关改革设想的探讨，则多从实践角度谈感受、想法，虽随意些，但仍有远见，如对新兴学科和跨学科研究的推崇。整体来看，这些文章反映出了中国大学文科教育中的多个主题。第一，强调学科的应用性。服务社会，而不是“为艺术而艺术”——被看作文科发展的重点而反复强调，在这种理念下培养出来的学生被寄予建设现代化国家和社会的厚望。第二，强调知识的跨学科性。在人文学科和社会学科的界限本不清晰的情况下，如今连自然科学和社会科学之间的界限也越来越模糊。意识到处于自然科学和社会科学边缘的新兴学科的前景，北京大学甚至为文科学生开设“司法精神病学”“经济预测理论和方法”等课程。这种跨学科视野被看作解决社会经济问题的必备素养。第三，强调课程的灵活性和多样性。第四，通过这些案例，西方可以更好地知悉中国学生和学术的发展，了解中国运用马克思主义理论框架分析问题的思维方式。这些，都是中国大学文科教育的新元素，有助于中西教育理念的碰撞和融合。②

时至今天，学界仍在为加强和改革文科教育奔走疾呼；尽管跨学科已不再是新语，但仍是钳制文科发展的壁障；中国文科教育，在鼓倡应用性的同时，人文性却急剧流失。正如杨东平所言：“大学教育本质上具有一种人文性，其真正目标是要培养有教养的人，培养现代社会的知识分子，而不仅仅是培养一个工程师、律师、医生。其最高理想是每个人能发现自我，实现自我，做自己喜欢做的事，调动和丰富一个人的内在能力、精神

① 李进才，娄延常．文科教学要认真贯彻理论联系实际的原则［J］．高教战线，1982（6）：126－133.

② ROSEN S，WANG C X．Humanities education in Chinese university［J］．Chinese Education，1986（V19）：1，3－5.

生活，提升一个人的品质和各种基础素质。”[①]当追求学术的闲暇好奇让位于谋取职业的高禄厚爵，中国大学的文科教育如何重塑国家精神、民族魂节、社会良知，涵养国民品性，这将是一个永无停歇的话题。

2. 中国高等教育的整体状况

王承绪对中国高等教育的整体研究分为三个时期。第一个时期是在20世纪80年代。1981年，王承绪出席了在新加坡召开的亚太地区高等教育为发展服务合作计划会议，并提交了有关中国高等教育发展和动向的报告。[②] 该报告于1983年被编录进联合国教科文组织亚太地区教育办事处出版的公报 *Bulletin of the Unesco Regional Office for Education in Asia and the Pacific*1983年第24期 *Higher Education in Asia and the Pacific* 中。[③] 这是目前为止发现的王承绪有关中国高等教育整体研究的唯一专文。第二个时期是在20世纪90年代。1992年，杭州大学召开中英高等教育学术讨论会，王承绪提交了“*A Brief Survey of Higher Education Evaluation in China*”（《中国高等教育评估概述》）的会议论文。龚放、陈学飞、林正范、张民选、徐辉等人也参与了讨论。王承绪随后将会议论文编印成册，出版了《发展战略：经费·教学科研·质量——中英高等教育学术讨论会论文集》。第三个时期是在21世纪初。2010年，《国家中长期教育改革和发展规划纲要（2010—2020年）》实施，全国上下掀起了一股“规划”热，王承绪亦撰专文对此发表高见。本书据此三种材料，对王承绪高等教育研究做简要述评。

---

① 陈鸣悦．大学文科是什么：14位国内顶尖人文学者揭示中国大学文科真相［M］．太原：山西人民出版社，2011：12.

② 杭州大学高等教育研究室．亚洲和太平洋地区的高等教育专辑［J］．高教研究丛刊（一），1982：1.

③ 此篇文献的获取颇具传奇。首先，要感谢浙江大学教育学院阚阅教授，阚教授在收到我的文献查询线索后，及时联系他在德国汉堡 UIL（UNESCO Institute for Lifelong learning 的简写）的朋友，帮忙查询。其次，要感谢阚阅教授那位朋友 MO Wang 先生，他热情地在 UIL 故纸堆里查找到这篇文献。最后，要感谢联合国教科文组织亚太地区办事处高级研究专家汪利兵老师，当我向他求助这篇文献时，他在曼谷办事处档案室查阅了相关记录。虽然因档案资料全部移交到 UIL 未能查到，但他提供了阚阅老师有可能保存这篇文献的信息。随后，才能在各位老师的帮助下，最终查获这篇珍贵的文献。这种如获至宝般的喜悦，让我体会到学术研究的挑战无限、乐趣无边。

（1）20世纪80年代中国高等教育的动向和新发展①。

王承绪指出，新中国成立以来，中国经济得到迅速恢复和发展。为适应工业、农业、科学和文化的发展需求，高等教育领域也进行了调整和改革，并取得了长足的发展。然而，中国高等教育的发展历程非常曲折。1949年至1966年，高等教育稳步发展，成果丰硕。1966年至1976年的十年，可以说是中国教育的“十年浩劫”，尤其是高等教育。6年里，大学没有招生，高等教育处于停滞或半停滞状态，与服务国家经济、科学和文化发展的宗旨背道而驰。直到粉碎“四人帮”过后，中国高等教育方走上正轨。

十一届三中全会后，国家制定了实现“四个现代化”宏伟目标。其中，科学技术现代化是核心，而教育则是基础。高等教育在“四个现代化”建设中扮演的角色愈加重要。在科学技术的支撑下，社会主义经济得到快速发展，高等教育也为国家建设各领域培养了大量专业人才。在过去的30多年里，中国高校毕业生达到320万人，是新中国成立前20年毕业生总数的18倍。这些毕业生为国家工农业生产和科学、文化、教育事业做出了巨大贡献。最近几年内，国家尤为重视高等教育的数量和质量发展。新中国成立前，中国高校数量最多的是1947年，达到207所。1981年，中国高校数量多达675所，是1947年的3. 26倍。学生数量114万人，教师队伍近25万人，同期分别增长6. 4倍和13. 6倍。

在课程和专业建设方面，中国高校的科类结构越加丰富，专业覆盖面越加广泛，总体上满足了国家经济发展需求。在681所高校中，有32所综合性大学、203所理工科大学、66所农林学院、178所师范学院、109所医药类大学、10所语言学院、30所财经类大学、7所政法类大学、11所体育学院、26所艺术学院和9所其他类学院。这些大学共设有1 039个院系和专业，分四年制本科（有些是五年）和两年或三年制大专。为适应工业发展、师资培养和医疗服务需求，超过2/3的高校是工程类、医药类和教育类大学，而艺术类、财经类、政法类大学则数量稀少。为打破这种结构失衡，国家正计划建设更多的艺术类、财经类和政法类大学。

在重点高校建设方面，中国高等教育取得了不错的成绩。重点大学建

① BANGKOK V. Higher education in Asia and the Pacific [J]. Bulletin of the Unesco Regional Office for Education in Asia and the Pacific, 1983 (24): 7－11.

设业已成为高等教育发展的一个重要指标。重点大学是工业发展和科学研究的中心，是高等教育的基石。是时，中国共建设有 96 所重点大学，包括 29 所教育部直属大学和 67 所其他部委所属大学。这些重点大学大多历史悠久、师资雄厚、设施先进、研究条件优越，获得了巨大的人力和物力支持。通常，它们在学生招录、人员配置、设备更新、器材保障、国际学术交流等方面具有优先权，以保证这些重点大学成为世界一流大学和培养一流学者。

同时，中国政府也计划建设一批重点专业和重点学科，在人员、设备、财政等方面给予优先权，以期在更短时间内建成知识生产的中心。中国大部分高校设置有大量的学科门类，众多优势资源被投入到以学科为龙头的科学研究中去，以促进科学和技术的融合、科学和艺术的渗透，以及新兴交叉学科的发展。为适应国家发展需要，政府还建立了许多社会科学和自然科学研究机构。这些机构承担了大量重大研究课题，为国家经济社会发展做出了巨大贡献。

为进一步加强教育研究，建设有中国特色的教育学科，在借鉴其他国家优秀经验和遵循教育发展客观规律的基础上，许多大学成立了教育科学研究所，进行教育实验，总结先进国家教育经验，编写教育学教材，翻译教育名著和研究教育新动向。

为培养现代化建设急需的高级专业人才，超过 300 所高校开设了研究生教育。1980 年，大学研究生数量达到 17 700 人。另外，科研机构也有 4 000 多名研究生。1981 年，中国正式实行硕士和博士学位制度。

在非全日制教育方面，也取得了一定进展。面向工人和农民的业余高等教育是中国高等教育系统的重要组成部分，它包括广播电视大学、夜大和函授。随着工农业生产的进步，面向工农的高等教育非常繁荣。1980 年，大约 150 万名工人和农民参加了业余高等教育课程。为进一步拓宽学习渠道，鼓励自我学习，政府正在尝试建立自学考试系统，对那些通过考试的人发放政府认可的学历证书。

在政策调整方面，中国高等教育也历经波折。当前，高等教育系统正全面贯彻“调整、改革、整顿、提高”政策。为促进教育稳定和繁荣发展，满足现代化建设需要，对高等教育政策进行调整势在必行，但必须考虑到下面两个问题：一是教育与经济之间的平衡关系。教育发展应与经济发展同步，两者同等重要。教育不同于消费，国家应加大对教育的投入，才能保证经济的持续发展。二是教育内部子系统之间的平衡关系。由于“文化大革命”的破坏，教育各子系统之间的平衡被打破，只有小部分中学毕业生能够进入大学。由于缺乏职业训练，那些失学学生很难找到合适的工作。为扭转这一窘境，一方面在普通中学开设职业课程，一方面建立更多的职业学校。这种调整已实施若干年，且达到了理想的效果，高校和中等职业学校之间的失衡也得到了纠正。

诚然，中国高等教育发展也存在一些同质化和非理性因素，如何做好统筹规划和合理布局是中国高等教育改革面临的最大问题。

在国家教育政策引导下，高等教育受重视程度日益加深，大学管理也正在加强和完善，师资水平大幅提高，大学生思想政治教育进一步加强，教学计划的修订、教科书的编辑和翻译、新教学法的研究、视听设备的应用等问题正逐步得到解决。

高等教育改革是一项艰巨而复杂的系统工程，必须在尊重本国优良历史传统的基础上，根据国家实情和科研实力，借鉴他国先进经验，实行渐进式改革。唯有如此，高等教育才能在建设社会主义现代化强国中发挥作用。

（2）20 世纪 90 年代中国高等教育评估[①]。

在《中国高等教育评估概述》中，王承绪先是对中国高等教育评估的历史做了简要梳理。1985 年，中共中央颁布《关于教育体制改革的决定》，文件指出，“国家及教育管理部门要加强对高等教育的宏观指导和管理，教育管理部门还要组织教育界、知识界和用人部门定期对高等学校的办学水平进行评估，对成绩卓著的学校给予荣誉和物质上的重点支持，办得不好的学校要整顿以至停办”。国家“七五”计划也要求，要用三到五年的时间逐渐建立起完善的教育评价和监督制度。

1985 年，高等教育评估工作有以下几个标志性事件。2 月，教育部在武汉召开研讨会，决定成立高等教育评估工作小组，对几所重点高校进行试点评估，并先期对高校课堂教学质量和实验室建设情况进行试评估；6 月，教育部在黑龙江镜泊湖召开“高等工程教育评估问题专题讨论会”，讨论高等工程教育评估的基本理论、原则、目标、方法、程序和实践等问

---

① 王承绪. 中国高等教育评估概述［C］//王承绪，徐辉. 发展战略：经费·教学科研·质量. 杭州：杭州大学出版社，1993：169－183.

题，出版了《高等教育评估的理论与方法初探文集》（华中工学院出版社，1985 年）；11 月，国家教育委员会（简称“国家教委”）发出《关于开展高等工程教育评估研究和试点工作的通知》，全面部署对高等工程教育的评估研究工作与试点工作。随后，成立了全国性高等工程教育评估委员会和学科评估中心，统筹高等工程教育评估的研究与实验工作；12 月，教育部在广州召开高等教育教学改革研讨会，确定由华东师范大学、北京师范大学、复旦大学、南京大学、武汉大学等高等学校组成教育评估试点工作联络组，要求各校拟订评估指标体系。[①] 1984—1985 年，正是中国高等教育评估的起步阶段。在这一阶段，中国先是于 1984 年加入“国际教育成就评价协会”；与此同时，教育部指定在中央教育科学研究所建立“中国国际教育成就评价中心”，并参加第二次“国际教育成就评价协会”（SISS）的科学研究活动，开展了大规模的现状调查评估。随后于 1985 年密集召开上述全国性的高等教育评估研讨会，高等教育评估有组织地初步展开，评估实践的种类也逐渐增多，从较为单一的教学质量评估，发展到对学术水平、学科发展方向、学校后勤工作、实验室管理和学校校办工厂等多维评估。[②]

1986 年，高等教育评估正式进入试点准备阶段。6 月，教育部在北京召开“评估高等学校工作状态理论与方法学术讨论会”，提出分合格评估与选优评估、指标体系的简化、自评的作用、评估的心理状态等重要概念，并对美国和苏联的教育评估做了比较研究，出版了《教育评估的理论与实践》（北京航空学院出版社，1987 年）一书。[③] 11 月至 12 月，原国家教委组织中国高等工程教育评估研究小组赴美国和加拿大考察，参观了 COPA（Council on Postsecondary Accreditation，中学后教育鉴定委员会，或称 Higher Education Accreditation Association，高等教育鉴定委员会）、ABET（Accreditation Board for Engineering and Technology，工程与技术鉴定委员会）、NASC（Northwest Higher Education Accredidation Committee，西

---

① 王承绪. 中国高等教育评估概述［C］//王承绪，徐辉. 发展战略：经费·教学科研·质量. 杭州：杭州大学出版社，1993：169 - 183.

② 刘尧. 中国高等教育评估的历史与现状述评［J］. 高教发展与评估，2005（5）：37 - 43.

③ 辛彦怀，张连盈. 我国高等教育评估十年的回顾与思考［J］. 河北师范大学学报（哲学社会科学版），1995（3）：84 - 90.

北部地区高校学校鉴定委员会）、ACE（American Council of Education，美国教育协会）、NRC（National Research Council，国家研究委员会）、ASCE（The American Society of Civil Engineers，美国土木工程协会），以及加州大学伯克利分校工学院、斯坦福大学工学院等5所工学院。[①] 归国后考察团写出了访问报告，翻译出版了《美国加拿大高等教育评估》共四册。[②]

1987年后，高等教育评估正式进入试点阶段。8月，北京大学和美国“与中国教育交流服务中心”（Education Services Exchange with China，ESEC）在北京联合举办第一次“中美教育评估研讨会”。这是我国高等教育评估国际研讨的第一步，此后，试点工作全面展开。10月，“具有中国特色的高等教育评估制度的研究与实践”课题获批为全国教育科学规划“七五”重点项目。1988年6月和12月，“高教评估课题组”先后在天津和上海召开“高等教育评估学术讨论会”，对建立我国高教评估制度的总体构想以及“高教评估暂行规定”草案进行了研讨。1989年12月，国家教委在郑州召开“全国高等教育评估工作会议”。总结高教评估的试点工作，讨论了《普通高等学校教育评估暂行规定》建议稿。[③]

1990年后，中国高等教育评估进入稳步发展阶段。8月，由北京大学、北京师范大学、北京航空航天大学与美国ESEC共同发起召开了“第二次中美教育评估研讨会”，来自美国教育委员会（American Council on Education）、美国高教协会（American Higher Education Association）、美国高等教育管理中心（Higher Education Management Centre of American）、美中教育服务机构（US Chinese Education Service Agency）以及科罗拉多大学等四所大学的代表共8人，以及100多名中国代表参加。会后，在华东师范大学和武汉大学两个分会场，继续围绕“评估的目的不在于证明而在于改进”“重视定性评估，把定性评估与定量评估结合起来”“高校组建高教评估领导小组的必要性”三个问题进行深入讨论。10月，国家教委正式颁发《普通高等学校教育评估暂行规定》，这是我国第一个高等教育

---

① 沈教苛．中美教育评估研讨会启发［J］．现代教育科学，1990（4）：15－18．

② 刘盛纲．美国加拿大高等教育评估：第1分册　高等教育评估概况［M］．杭州：浙江大学出版社，1987：1．

③ 刘尧．中国高等教育评估的历史与现状述评［J］．高教发展与评估，2005（5）：37－43．

评估方面的法规性文件，是我国高等教育评估工作开始走向规范化的标志，它必将在我国高等教育评估的进一步发展中发挥重要的指导作用。[①] 1992 年 1 月，国家教委决定试点工作在直属重点大学全面铺开。

在简要回顾了高等教育评估 8 年历程后，王承绪接下来概括性地介绍了《普通高等学校教育评估暂行规定》的主体内容，包括总则的目的、任务、原则、要求；合格评估、办学水平评估、选优评估三种类型。随后，他介绍了三种评估方法和标准，分别为：一是学科或课程评估。课程发展是教育改革的关键。许多高校将学科评估视为教育评估的突破口。清华大学的做法就是这种策略的体现。他们制定了 12 个学校层面和 33 个学院层面的关键评价指标，且坚持四条原则：评价指标必须适用于不同类型学科；评价指标必须明确且有利于课程发展；必须考虑评价目标、过程和条件；必须注意课程发展的方向性、内容的可评价性、方法的简易性。二是部门的评估。杭州大学将部门评估看作教育改革的重要方法，评价内容包括教育指导原则，教育政策的贯彻，学生培养、教学、科研、管理和基础设施。一级指标教学、科研和基础设施；二级指标有 7 个；三级指标有 27 个。评价方法采用定量与定性相结合的方法。三是系统评估。吉林省从 1985 年即开始研究教育评价理论。1987 年，吉林省教育委员会印发《关于加强课程发展和课程评估的意见》，许多高校积极开展高等教育评估理论和实践研究。其中，《高等教育评估导论》于 1988 年出版。吉林大学是在学科评估上做得最好的大学。除学科评估外，吉林的高校也正尝试对实验室、图书馆和后勤服务进行评估。一些高校也已开始对课堂教学质量和学生思想道德教育质量进行评价。1987 年，吉林省教育委员会建立专家委员会，对研究生院及 8 所省属工程学院、14 所高级技工学校的艺术学院进行评估。他们正在准备对省属院校进行下一轮教育评估。

最后，王承绪指出，教育评价应注意以下几个方面：一是必须坚持质量导向，正确定位教育在国民经济发展中的地位；二是必须吸纳教育投入、产出、效率、效益等新理念；三是必须坚持评价的客观性，工业中的质量控制方法必须适应高等教育实际；四是必须遵循简单、科学、实用、增值的原则。

---

① 辛彦怀，张连盈. 我国高等教育评估十年的回顾与思考［J］. 河北师范大学学报（哲学社会科学版），1995（3）：84－90.

（3）21世纪初中国大学的发展规划[①]。

2010年，《国家中长期教育改革和发展规划纲要（2010—2020年）》正式颁布，提出“到2020年，基本实现教育现代化，基本形成学习型社会，进入人力资源强国行列”的战略目标。大学作为社会发展的动力站，如何通过制定科学的发展战略、解决自我发展和服务国家的双重问题，沸议一时。大学规划编制是一个系统工程，既需要把握社会环境整体态势，又需要遵循教育本身的发展规律，还需要洞察校情，亦离不开规划理论和技术的指导，更需各方论争以明理去蔽。[②] 因之，《华南师范大学学报（社会科学版）》于2010年第5期邀请了国内7位高等教育研究专家组织了一期“大学发展规划”专题论文。向来擅长于高等教育战略研究的王承绪亦在受邀之列。

王承绪首先指出，发展规划的研制及实施，越来越深刻地影响着大学发展成就的大小，甚至决定着高等教育事业的成败。根据历史的经验和现实的要求，在研制大学发展“十二五”规划、思考大学发展的战略管理相关事宜时，需要注意以下几个原则性的问题。

一是大学发展规划要有历史责任感和使命感。大学，当然应为社会培养人才、发展知识，但更重要的是，它应为人类谋划越来越美好的未来。这是大学不可推卸的历史责任和伟大使命。中华民族的大学发展史虽然仅百余年，但她在创造美好未来方面的影响，丝毫不逊色于西方大学对西方社会的贡献。近代中国尽管命运多舛，但大学在中华民族近百年的“‘教育救国’—科教兴国—教育强国”历程中，一直发挥着重要的作用。今天的大学发展规划，理应继续彰显这种历史责任感和使命意识，为中华民族实现教育强国之梦做出应有的贡献。

二是大学发展规划要遵循教育发展规律。2002年，我国进入了高等教育大众化时代。大学发展过程中必然会面临大转型，大转型往往会带来大难题，如高等教育发展的规模与效益、数量与质量之间的矛盾，高等教育资源配置方式的转变，大学与政府、市场的关系的协调等，都面临着巨

① 王承绪．关于研制大学发展规划的几点思考［J］．华南师范大学学报（社会科学版），2010（5）：42－43.

② 刘鸣．大学战略规划与大学发展（导言）［J］．华南师范大学学报（社会科学版），2010（5）：41.

大的变革和挑战。而在西方高等教育大众化进程中也同样存在诸如生源短缺、经费不足、政府与大学的关系紧张等问题。这些变化恰好具体而微地反映了当前高等教育的总体变革趋势，折射了世界高等教育发展的共同规律。大学在制定自身发展规划时，不能漠视这些变化，必须给予高度重视，必须尊重这些变化背后所隐藏的发展规律。

三是大学发展规划要适应国情。首先，要适应法律和政策环境，要依法办学、依法治校。研制大学发展规划，要积极适应并善加利用法治空间，明确大学的定位，处理好内外部关系，避免法律纠纷。其次，要适应经济和社会发展状况。大学发展规划要因地制宜，找准目标定位，立足服务区域发展，避免一味追求“国际一流、研究型大学”。另外，还要关切社会文化心理。在中华民族的文化心理中，崇文尚学是其优良传统，但学而优则仕、应试教育等思想的负面影响也不可忽视。在研制大学发展规划时，需要谨慎评估大学的规模扩张或升格与上述社会文化心理的关联度，以及这类关联的合理性。

四是大学发展规划要适应校情。校情，不但为大学发展提供了基础性资源，也决定了大学可调动的资源总量。大学发展规划的研制，不能脱离校情、凭空臆想。大学在量力而行，制定各安其位、各守其责型发展规划的同时，也可适度超前，研制出理想引导型发展规划。只有在以不同的方式认识自己的校情并形成互不雷同的发展规划的过程中，大学之间的盲目趋同才有可能逐渐减少，大学的特色才会逐渐形成，不同大学的比较优势、竞争优势才能逐渐凸显，高等教育系统中的所有大学才能逐渐臻乎“各美其美，美人之美，美美与共，天下大同”的共生共荣境界。

最后，王承绪指出，当今世界，既为大学的发展提供了多种可能性，也给大学的发展带来了众多或隐或现的压力与挑战。研制和实施大学发展规划，需要“为天地立心，为生民立命，为往圣继绝学，为万世开太平”的使命意识，需要“实事求是、与时俱进”的规律意识，还需要“雄关漫道真如铁，而今迈步从头越”的理论勇气，需要“沉舟侧畔千帆过，病树前头万木春”的实践毅力，需要“长风破浪会有时，直挂云帆济沧海”的必胜信心。有了这些，我们才能相信，新一轮的大学发展规划必将通过点点滴滴的成功实践汇集成高等教育实质性发展的大河流，进而建成人才强国、教育强国，为中华民族的伟大复兴奠定雄厚的基础。

王承绪此文，可谓鞭辟入里、情真意切。他站在历史的高度，高屋建瓴地将大学规划与国家繁荣、民族昌盛和时代进步联结在一起，赋予了大学发展规划持久的理论活力。他总结出的四点原则，涉及精神层面、理论层面、技术层面和实践层面，由上及下，环环相扣，滴水不漏，足见其30多年的高等教育战略研究功底之深厚。尤其是文末总结的使命意识、规律意识、理论勇气、实践毅力、必胜信心，古语今用，生动而磅礴，为点睛之笔，犹如王静安人生三境界之妙语。此文亦为王承绪80余载学术生涯中的封笔之作。从此佳文难觅，惜哉！然得颐养天年，“笑看风云淡，坐起云起时”，何其幸哉！同年同月，中国高等教育学会授予王承绪“高等教育科学研究特别贡献奖”，实至名归，至哉！俟过三载，王承绪竟驾鹤西去，教育界痛失巨擘，独留灿烂文章，供我等后辈研习。

小　结

自19世纪以来，尤其是20世纪50年代以来，学者对大学自身及高等教育的研究不断增加，研究领域涉及高等教育的历史、作用、职能、理念、体制、政策及所面临的困境等。有关高等教育的学术研究，极大地丰富了人们对高等教育发展规律的认识，并对政府制定高等教育政策和大学自身的改革发展产生了积极的影响。① 由于学术研究背景不同，国外高等教育理论和实践研究相比国内要发达许多。基于这种研究级差，王承绪采取“他山之石，可以攻玉”的方法，通过译介系列外国高等教育著作，借鉴其理论和方法，考察中国高等教育实践。这种研究范式，在承认前人研究既得、采信国内外高等教育界流行理论和公认理念的基础上，直接跳过耗时繁杂的理论探索，将更多的精力投注在高等教育实践研究方面，充分体现出了其学术研究为国家发展服务的旨趣，形成了与同时代高等教育研究者有所不同的别样风格。细究之，王承绪高等教育思想具有以下几个特征。

第一，放理论，攻实践。应该说，王承绪研究高等教育的最大特点，是不囿于高等教育定义、性质、目的、功能、概念、方法等基本理论范畴，集中优势力量，做好学术“中介人”的工作。但是，这绝不代表着毫无选择的“拿来主义”。任何理论的产生都有其适合的文化土壤。中国自

① 布鲁贝克. 高等教育哲学［M］. 王承绪，等译. 杭州：浙江教育出版社，1987：1.

晚清以来的历史证明，“中学为体，西学为用”乃是颠扑不破的学术自强之术。研究外国教育的最终目的，是借鉴其理论和方法，为本国教育发展服务。因之，此“放”不是放任、照搬，而是要对其进行甄别、修正，取其精华，去其糟粕。从某种意义上讲，这也是一种理论创新。王承绪主攻实践研究也是基于一种错位研究的策略。20世纪80年代以来，中国高等教育研究发展迅速，高等教育研究组织纷纷建立，学术队伍规模日趋庞大，学界也在努力构建具有中国特色的高等教育理论体系，如厦门大学潘懋元、北京大学汪永铨等。相反，在对外国高等教育理论研究方面却很薄弱，颇有“闭门造车”之嫌；对中国高等教育实践研究也不够系统和深入，难以凝练出高等教育的“中国模式”。在这种研究力量分布不平衡的状况下，王承绪睿智地选择了高等教育实践作为学术主攻点，同时发挥其翻译优势，编译大量国外高等教育理论著作和实践案例作为参考，为构建具有中国特色的高等教育研究体系奠定了知识论基础，展示了本土化模式。

第二，重比较，轻建构。研究策略上的“有所侧重，不求全备”，让王承绪在具体研究过程中，注重纵横向的比较，陈列中外事实，于比较中找准定位；而并未执意于优劣高下之分，甚至从未试图提出一种新的理论框架或实践模式。如他在《发展中国家高等教育国际移植的模式研究》中，对七国发展仅就事实进行解释和罗列，未曾对案例中的共同因素、特征、规律进行总结，提出所谓的启示和建议，甚至亦未进行过比较。诚然，比较有描述性比较和罗列式比较，陈述若干事实本质上也是种比较。王承绪这种“留白”式的方法，体现出了其为学的严谨慎重，完全剔除了掺杂个体的主观臆测，以留给读者更多的思考余地。如“每一个人心中都有一个哈姆雷特”，荣辱成败，是非曲直，皆由世人评判，读者心中自有计较。这种为学态度和处理方式，张斌贤亦有同论。他在为研究生讲课时曾说，学术研究应重事理分析，轻言启示建议；能把基本事实讲清楚、讲深入，把相关道理讲明白、讲透彻，就足见功夫了。启示和建议，犹如“画蛇添足”，本为客观严谨的文章，因最后作者个人的启示或建议而“狗尾续貂”，实属得不偿失。

第三，抓典型，促发展。罗伯特·K. 殷（Robert K. Yin）曾指出：“案例研究作为一种实证研究，是一种全面的、综合性的研究思路。在案例选择中，要注意案例的代表性与典型意义。”① 王承绪在进行实证研究时，即是基于这种选择策略，以欧美“中心”国家、亚非拉“次中心”国家为地区代表。德国大学的模式、英国大学的传统、美国大学的创新、80年代“亚洲四小龙”、90年代“亚洲四小虎”，这些都是不同时期高等教育的典范。只有学习世界先进国家高等教育的发展经验，才能事半功倍，以高起点、高标准实现大发展。除了瞄准一流，也要对处于同一地域或同一水平的国家的高等教育情况予以关注，这是建立“次中心的中心”的必然选择。从“次中心”到“中心”，并非简单跨越，而是需要联动发展。“独乐乐不如众乐乐”，一个国家的真正强大，在于自身变得强大的同时，使他周围的国家也变得强大。高等教育亦如此，在自身发展的同时，也要带动周边其他国家高等教育的发展，这样才能为世界高等教育带来福祉。

然则，学界对王承绪高等教育研究贡献的惯性定位，仍框格在外国高等教育名著翻译一隅。这既是因其翻译名著之功太过显大，从而掩盖了其实证研究，也是因其在高等教育理论层面较少发声，学界对实践层面的研究过于分散导致。诚然，王承绪高等教育思想相比其比较教育思想来说，不及后者精辟系统，但于实践研究却不应被忽视和遗忘。实际上，后20年，王承绪的研究重点已经由比较教育向比较高等教育直至最终完成向高等教育的转变；只是因年事已高，未能“挂帅亲征”，退居幕后指导，多数具体研究工作由门人弟子完成，其高等教育思想方才未被人发掘。如他在2010年就曾指出创业型大学研究将是未来的新领域之一，而如今创新创业型大学研究的如火如荼恰恰印证了他高瞻远瞩的学术预判力。②

总之，我们借用中国高等教育学会对王承绪和潘懋元的评语，来向这位高等教育界名家致敬。“中华人民共和国成立60周年以来，我国的高等教育事业经过几代人的不懈努力，发生了翻天覆地的巨大变化。在此期间涌现出了一批从事高等教育科学研究的杰出人物，王承绪、潘懋元就是其中的典型代表。王承绪、潘懋元长期从事高等教育科学研究工作，取得了丰硕的学术研究成果，在国内外产生了重大影响；他们为中国高等教育科

---

① 殷．案例研究：设计与方法［M］．周海涛，译．重庆：重庆大学出版社，2004：11．

② 王承绪．国际比较教育正迎来最引人注目的发展新机遇［J］．世界教育信息，2011（3）：32．

学研究事业做出了杰出贡献；他们注重研究借鉴国外高等教育的成功经验，为探索中国特色的高等教育理论体系做出了积极的贡献；他们潜心于高等教育研究领域的人才培养，培养了大批从事高等教育科学研究及高等教育管理实践的专家学者，可谓桃李满天下……希望广大高等教育科学研究工作者学习他们严谨治学、为人师表的师德师风和对高等教育事业的执着追求、无私奉献的精神，共同推动中国高等教育事业向前发展。”①

① 中国高等教育学会. 关于授予王承绪、潘懋元教授“高等教育科学研究特别贡献奖”的决定［J］. 中国高教研究，2010（11）：11.

第六章

王承绪的教育名著翻译思想

自1947年翻译联合国教科文组织的《基本教育》（上、下）始，王承绪累计编译外国教育名著27部。其中，参编1部，为1962年以郑晓沧为编译组组长的文科教材《西方资产阶级教育论著选》（人民教育出版社1964年出版，王承绪编译了该书的第8、9、10、11、12章，占全书的近半）；编校1部，为美国卡扎米亚斯（A. M. Kazamias）和马西亚拉斯的《教育的传统与变革》（1981年文化教育出版社），主编25部。在这些译著中，尤以"汉译世界高等教育名著丛书"最为世人所道。纵观王承绪的学术研究生涯，外国教育名著翻译乃其学术重心，并以此为支撑，编写适合中国国情的本土教材和论著，为新中国比较教育学科、高等教育学科的建设做出了巨大贡献，成为一代代学子的精神食粮。诚如张民选所言："教育系毕业的学生哪个没有读过王先生翻译的《西方教育论著选》，学习教育史的研究生哪个没有读过王先生主编的《中外教育比较史纲》，研究高等教育理论的哪个没有引用过王先生主编的‘汉译世界高等教育名著丛书’，学习过比较教育的几十万、几百万的本科生、研究生哪个没有学习过我国‘文革’后第一部比较教育教材和王先生撰写的《比较教育学史》。”① 除亲自参与编译工作外，他还组织原杭州大学高等教育研究所的成员节译外国教育著作刊发在《高教研究论丛》上，如国际著名学术团体罗马俱乐部的报告《学无止境》（*No Limits to Learning*）、柏林大学鲍尔生（Friedrich Paulsen）的巨著《德国大学和大学学习》等；指导学生翻译外国教育名作，如万秀兰翻译的西班牙何塞·加里多的《比较教育概论》。在外国教育名著编译中，王承绪运用他深厚的语言修养、熟稔的翻译技巧，为国内学者奉上了一部部既保持了原作之神韵，又隐含译者之风骨的学术巨著。

第一节 王承绪教育名著翻译思想溯源

王承绪的翻译生涯始于1933年。他先是自己试译了克伯屈的《教育之新趋势》，发表在《文理》学报上。随后，在郑晓沧、孟宪承指导下，又翻译了《现代教育之新趋势》和《意大利的新教育》。自此，王承绪的学术翻译生涯揭开序幕。对于翻译一事颇具名气的郑晓沧、孟宪承等人无疑成为王承绪的引路人。此外，作为近代中国系统翻译介绍西方学术思想的先驱严复，则实为王承绪的精神导师，他提出的“信、达、雅”三大原则成为王承绪翻译工作的不二信条。

一、严复的翻译思想简述

严复（1854—1921）是晚清著名的启蒙思想家，也是该时期影响力最大的翻译家和翻译理论家。他在其所译《天演论》的卷首译例言中提出了“信、达、雅”一说，被翻译界誉为“翻译三经”。这一标准问世百余年来，解释引申之文如汗牛充栋。追随者有之，批驳者有之，借题发挥者亦有之。然无论褒贬，严复作为中国传统翻译思想的奠基人是当之无愧的。下文仅就其翻译目的和标准做一简述。

---

① 张民选．王先生是终身学习的典范，后辈追随的楷模［J］．世界教育信息，2011（3）：31－32．

（一）“严译八经”：严复的翻译策略

集传统儒家文化和西方现代科学于一身的严复，提出了著名的“中西文化比较观”。他认为，文明背后的人文因素是中西文化差异的根本，西人强盛之源在于人学。因此，他跨越魏源的“师夷长技以制夷”的实用主义思想和以张之洞为代表的洋务派的“中体西用”的肤浅的理论，深入西学观念领域，引进近代西方先进科学思想，作为改造中国人世界观的理论基础，作为思想启蒙的武器，从根本上彻底改造中国。①

以此为鹄的，严复在长达 20 年的时间里，翻译了 11 部西方名著，最要者当属“八大名著”。一是《天演论》（*Evolution and Ethics*），由英国著名生物学家赫胥黎撰写的《进化论与伦理学》《进化论与伦理学导言》合编而成。它揭示生物进化“物竞天择，适者生存，优胜劣汰”的客观规律，在近代产生深远影响，成为当时维新派救国图存的重要理论基础。它是近代引进的第一部哲学理论著作，它改变了中国古代“天不变，道亦不变”的传统哲学的不变观念。康有为称《天演论》“为中国西学第一者也”。二是《原富》（*An Inquiry into the Nature and Causes of the Wealth of Nations*），该书对近代中国的经济和社会的发展产生了极大的影响。三是《群学肄言》（*The Study of Sociology*）。四是《社会通诠》（*History of Politics*）。五是《穆勒名学》（*A System of Logie*）。六是《名学浅说》（*A Primer of Logic*）。七是《法意》（*De L'esprit des Lois*），严复对这部名著相当重视，在翻译时也特别注意忠实于原文。八是《群己权界论》（*On Liberty*，原名《自由论》）。

从严复所选译的这些书来看，都是西学的“精髓”，涵括哲学、政治学、经济学、社会学、法学、逻辑学等社会科学，用他自己的话说是西学的“命脉之所在”，都是反映西方资本主义国家社会、经济、政治制度的重要的社会科学名著，这些著作合在一起，可以构成一个相对完整的治国思想体系。可见，严复的翻译有着明确的政治目的。② 正如费孝通所说：严复“翻译这套书，看来是有选择的……这一套著作奠定了人类历史的一

---

① 王秉钦，王颉. 20 世纪中国翻译思想史［M］. 天津：南开大学出版社，2009：64.

② 王秉钦，王颉. 20 世纪中国翻译思想史［M］. 天津：南开大学出版社，2009：67.

个时代——资本主义时代的理论基础”。① 毛丹也说：“严复选择、译介各部书的具体用意互不相同，但总体都服从于救亡图存，发蒙思想的大目标，通过译文和大量按语，严复将西方资产阶级的经典经济思想、政法理论、社会学说、科学方法论、实证哲学，一起介绍到中国，使得近代‘西学东渐’从此获得了系统完整的理论内容与形式，从而也奠定了自身‘西学第一’和启蒙思想家的不拔地位。”② 蔡元培亦说：“五十年来介绍西洋哲学的，要推侯官严复为第一。”（申报馆《最近之五十年》）他的“八大名著”的翻译意义，已远远超出其翻译的本身，而成为中国资产阶级思想启蒙运动的一部分。

（二）“翻译三经”：严复的翻译标准

严复运用中国古典文论思想，吸收中国古代佛经翻译思想“精髓”，总结自己丰富的翻译实践经验，进行高度的理论概括和升华，鲜明地提出了“信、达、雅”翻译原则和标准。这著名的翻译“三字经”，它不是一般意义上的原则和标准，应该说它是中国传统翻译的理论核心，它是中国传统翻译思想的纲领。严复在《天演论》译例言里对“信、达、雅”做了精辟的厘定：

译事三难：信、达、雅。求其信已大难矣，顾信矣不达，虽译犹不译也，则达尚焉。海通以来，象寄之才，随地多有。而任取一书，责其能与于斯二者，则已寡矣。其故在浅尝一也；偏至，二也；辨之者少，三也。

……此在译者将全文神理，融会于心，则下笔抒词，自善互备。至原文词理本深，难于共喻，则当前后引衬，以显其意。凡此经营，皆以为达，为达即所以为信也。

《易》曰：“修辞立诚。”子曰：“辞达而已。”又曰：“言之无文，行之不远。”三者乃文章正轨，亦即为译事楷模。故信、达而外，求其尔雅。……③

关于信，严复并未对其做出正面论述，后人多认为“信”即“忠于原文”。严复的“信”是与“达”共生的，“达”是为了“信”，“信”与“达”统一于“道”。“达”即“达旨”，即传递原文的思想内容。“雅”

① 费孝通．英伦杂感［J］．读书杂志，1982（4）：125－132．
② 毛丹．严复思想轨迹的再认识［J］．学术月刊，1987（11）：67．
③ 赫胥黎．天演论［M］．严复，译．北京：华夏出版社，2002：10－11．

即追求译文的尔雅，求“雅”的目的在于求“达”，而“为达即所以为信也”，因此，“雅”的最终目标又是求“信”。可见，严复的“信、达、雅”是一个完整的有机体，三字之间的关系实质上是“你中有我，我中有你”的不可分割的关系，不能“肢解”。以“信”为“本”，以“雅”为“表”，以“达”为其间“纽带”，三位一体①；“信”为核心，“达”“雅”为手段，浑然天成。总而言之，“信、达、雅”三难说，百年不衰，影响深远，一代又一代译人使之发扬光大，包括王承绪，如今它已走出了严氏原创的命意而获得了独立的生命，成为中国翻译思想史上具有划时代意义的一面旗帜。

二、郑晓沧的翻译思想简述

郑晓沧一生著作等身，影响深远，在文史、诗词以及西洋文学翻译诸方面，都有很深的造诣。他翻译的著作主要有《杜威之教育主义》（1919年）、《密勒氏人生教育》（1921年）、《修学效能增进法》（1921年）、《儿童与教材》（1922年）、《设计组织小学课程论》（1922年）、《教育之科学的研究》（1924年）、《小妇人》（1932年）、《好妻子》（1933年）、《小男儿》（1935年）等，英文著作有《新时代的黎明》（1932年）、《英国文学史纲要》（1943年）等，他还编译有《柏拉图论教育》（1958年）、《亚里士多德论教育》（1958年）、《理想国》（1964年）、《爱弥尔》（1964年）等。② 这些作品，隐含了郑晓沧的诸多翻译理念。郑晓沧还就翻译一事有过专门论述，如《我对于译事的意见》等。在课堂上，他也向学生讲授过有关翻译的课程和“谈翻译”的讲座③；在与同行交流中，亦曾就翻译问题进行过商榷。

（一）目的：传达原文情意

郑晓沧认为，翻译缘起于两种语言间的隔障。所谓翻译，便是要把这些隔障悉数去除，不仅仅限于字面的更换。因为两种语文间的隔障，不仅在于单字单词等形式上的不同，其他如选字、造句，各种语文都有其特殊

---

① 王秉钦．世纪中国翻译思想史［M］．天津：南开大学出版社，2004：66－67.

② 何增光．浙江高等师范教育史［M］．杭州：杭州出版社，2008：32.

③ 王承绪．郑晓沧教授［M］//贵州省遵义地区地方志编纂委员会．浙江大学在遵义．杭州：浙江大学出版社，1990：592－598.

的习惯；如果忽视这些特殊的惯用，便不能文从而字顺；别人看了，总觉得隔膜重重，无从明了译文所欲达的情意。如果译者只是生吞活剥地翻译，偏希望读者能消化，试问如何可能？所以，译者必先将原文之意熔铸过了，然后着笔，必使阅者能无挂碍地领会原文的情意，方无悖于迻译的本旨。[①]

（二）信达：意译直译之辨

郑晓沧指出，忠实的翻译，尤其是文学，必于主意之外，将语气情调一并表现出来。换言之，即应求为进一步之信达，到此其对象不但是显然的意义，且当求意义于字里行间，使译文也能蕴含着同样的意味或情调。从这里也可以看出，郑晓沧对严复“信、达、雅”的理解。据詹士林回忆，郑晓沧在国立浙江大学龙泉分校时，曾给他们开设过题为“谈译”的讲座。他根据自己多年丰富的翻译经验和心得，从理论到实践，对“信、达、雅”进行了精深的阐发，见解独到，令人受益无穷。[②] 可惜，我们今天已无从考据郑晓沧对“信、达、雅”的精妙阐释，但可知道，他对于实现“信、达、雅”的具体方法——直译意译的看法。他认为，翻译的最终目的，在于达意，所以“译”未有不当重“意”之理。但除了一目了然，浅近之说理书以外，亦必逐句逐字而权衡斟酌，要设法传神情于毫末，庶几才是忠实的迻译。而“直译”云云，系从形式之一论，为欲表示语气神情，或为介绍新语法，也可用到直译，却必当令人能够了解为度，否则虽译有如不译。

关于直译和意译，艾伟曾于 1929 年做过一个调查，向郑晓沧、孟宪承、竺可桢、朱君毅等翻译专家征询意见。在调查中，郑晓沧进一步指出，“对于意义上，实质上，须直译；对于文字上，形式上，须意译”。“语文原为意义的代表物。因语文之不同，于是不得不借助于迻（移）译。译者，原在以一种符号代替另一种符号，使本来意义，仍无所失，而阅者乃能因所变换之符号，了然于其意义也。故译之目的，本在除去原文之障碍而期于意义之了解。至以上所谓符号云云，绝非一个一个单字或单

---

① 郑晓沧．我对于译事的意见［J］．新文学，1935（2）．

② 詹士林．怀念郑晓沧老师［G］//中国人民政治协商会议浙江省龙泉县委员会文史资料研究委员会．龙泉文史资料（第 9 辑）：浙江大学龙泉分校建校 50 周年续辑．1990：158．

词之谓，因文字之型成，自有其特殊之习惯。除单字单词外，至少语句之构造各种文字中颇有不同。吾国文字与西洋文字，其差异之深度，尤非西洋各国文字间可比。今若但从事于机械式的代替（substitution），使阅者仍茫然于其意义，或因佶屈聱牙，而使人不愿卒读，虽译等于不译。或谓西洋语文习惯应加灌输，以期科学文字之精确，但这并非说应全盘输入，取原有文字习惯而代之之谓。例如引人之语，西文大概分作两段，而叙明为谁所说于中间，此在吾国宁为必要？又如对于条件词语，西文常放在后，吾国文字总放在前（诗词或有例外），似不妨顺应吾国习惯，而无损于原来之意义。”①

此外，郑晓沧还就直译意译的难度问题、译者素养问题、材料选择问题、与语体方言的关系问题等发表了意见。他认为，直译比意译要容易，“意译者，至少须融会贯通，但若因此取巧，脱略错误，则悖矣。直译者按字或按语而变换之，不是上乘的工作，原文知识幼稚的人，尽有试为之者”。在译法与材料之间的关系上，郑晓沧认为：“译法与材料很有关系。如是自然科学或者社会科学只需信达可已，至于文学，有许多处须保存原来口吻，故有许多处须得直译，而仍要中国人看了能懂。最好不失本来面目，而使国人阅了，仍觉文从字顺，所以不容易了。如不能懂宁牺牲些本来面目。”在直译意译与语体方言之间的关系上，郑晓沧认为：“只求意义明了，无关白话文言。总须看材料，说理的书白话较好。”在翻译专有名词上，郑晓沧指出，应该做到信实、明了、经济、妥适。

最后，针对个人翻译工作的心理变化，郑晓沧也做了剖白。他说：“从前所译密勒氏《人生教育》，对于语句构造上似近直译，吉特氏《教育之科学的研究》一书亦有此病，后颇悔之。惟杜威氏《儿童与教育》一书，虽语句上亦似偏于直译，但就各句而论，确已费了一番心思，想把意思表达出来。所译各书中，似以与沈君合译之《小学课程论》（Bonser）为最流畅，私意固未失其本意也。……”这种悔省的精神，令人敬佩。②

（三）翻译：创造而非搬运

郑晓沧强调，翻译不是机械的搬运，而是再度的创造。翻译的“翻”字是一个不幸的名词，因为它使人把译事当作搬运，只当是机械的工作。

---

①② 艾伟. 译学问题商榷［J］. 国立中央大学半月刊，1929（1-3）.

他认为，迻译实在是再度的创造，凡一切的适应都是如此，因此翻译也不是例外。“All adaptation is recreation，so is ‘translation’.”译得恰当时，自有一种乐趣，这种乐趣和其他创造有得时的乐趣相比，其性质初无二，因其同发源于理智的或艺术的一些收获。所以虽然是翻译，其中也很有些创造的意味；而从事迻译的人，也宜临以创造的精神，那么其结果不但自己得到了乐趣，便是读者也可心领神会，得到开卷有益的愉快了。实际上，在郑晓沧看来，这种创造，就是意译，就是达意，就是“信、达、雅”的最终旨归。

总之，自严复译泰西政法诸书至20世纪40年代，汉语学界中的有识之士深感与西学相遇乃汉语思想史无前例的重大事变，孜孜以求西学堂奥，凭着个人的禀赋和志趣选译西学经典，翻译大家辈出。[①] 这些人在翻译理论、方法、技巧等上面的研究和实践，影响了民国时代的诸多学子。新中国成立后，这些学子们接续西学经典翻译事业。经过几十年的铢积寸累，至20世纪八九十年代形成振裘持领的“汉译世界学术名著”体系，这其中即有王承绪主持编译的“汉译世界高等教育名著丛书”。作为一名以外国教育名著翻译为研究杠杆的教育家，王承绪承传了晚清以来汉语思想与西学文明接榫的历史重任，开启了中外教育文化交流的新篇章。

三、 功能翻译理论简述

功能翻译理论是世界翻译理论研究上的创举，由德国翻译家凯瑟琳娜·赖斯在1971年出版的《翻译批评的可能性与限制》一书中首次提出。随后，她的学生汉斯·威密尔发展并创建了功能派的奠基理论——翻译目的论。在威密尔目的论的基础上，贾斯塔·赫兹·曼塔里创建了行为理论。克里斯蒂安·诺德又在前者基础上创建了忠诚原则。威密尔提出的目的论是功能翻译理论的核心理论，也是现代翻译理论中影响最大的一种理论。王承绪尽管对翻译理论未有论述，但其在翻译应用上已暗合功能翻译理论的诸多观点。因此，本书在此对该派理论做一简要介绍。

（一）威密尔的目的论

威密尔强调，翻译是一种“文化转移”，一种“交际互动”，是人类

---

① 罗森．诗与哲学之争：从柏拉图到尼采、海德格尔［M］．张辉，译．北京：华夏出版社，2004：1.

一种有目的的行为活动。翻译时，译者根据客户或委托人的要求，结合翻译的目的和译文读者的特殊情况，从原作所提供的多源信息中，进行选择性的翻译。① 因此，他提出三条翻译法则。最高法则是目的法则（skopos rule）：翻译行为所要达到的目的决定整个翻译行为的过程。整个翻译过程，包括翻译方法和翻译策略的选择，都是由翻译行为所要达到的目的决定的。也就是说，译文应对预定的受话者发挥预期的功能。强调翻译是在两种不同文化之间进行转换的一种交际行为。二是连贯原则（coherence rule）：意指译文和译文接受者之间的关系，即译文应当受到目的语文化背景下的译文接受者所接纳。译文必须让接受者理解，并在目的语文化以及使用译文的交际环境中具有意义。三是忠实原则（fidelity rule）：意指译文和原文之间的关系，即译文和原文之间应当语际连贯一致。为达到交际目的和文本的语际连贯，译者可以根据原文模仿或创造，即忠实于原文，但忠诚的程度和形式则由译文的目的和译者对原文的理解而定。②

（二）诺德的功能加忠诚理论

在诺德看来，目的论模式有两个互相关联的局限性：一是关于翻译模式的文化专属性，另一点则关乎译者与原文作者之间的关系。③ 目的论的要点是“翻译目的决定翻译步骤”，或是“目的决定手段”，而“目的”并没有范围的限制。因此，有些评论家曾批评功能途径给了译者太大的自由度，他们可以按客户的意愿随意处理原文，诺德于是提出“功能 + 忠诚”的模式。功能指的是使译文在目标语环境中按预定的方式运作的因素；忠诚指的是译者、原文作者、译文接受者及翻译发起者之间的人际关系。忠诚原则限制了某一原文的译文功能范围，增加了译者与客户之间对翻译任务的商榷与沟通。④ 诺德说，忠诚“使译者双向地忠于源语文本与译入目标语两方面，但不能把它与忠信这一概念混为一谈，因为忠信

① VEMREER H. A skopos theory of translation: some agrmuent for and against [M]. Heidelberg: TEXTcon TEXT - Verlag, 1996: 12 - 15.

② 陈宁. 功能理论观下的高校翻译教材建设研究 [J]. 南昌教育学院学报, 2012 (12): 144 - 147.

③ 诺德. 译有所为：功能翻译理论阐释 [M]. 张美芳，王克菲，译. 北京：外语教学与研究出版社，2005：1.

④ 诺德. 译有所为：功能翻译理论阐释 [M]. 张美芳，王克菲，译. 北京：外语教学与研究出版社，2005：2.

(fidelity/faithfulness) 仅仅指向原文与译文的关系，而忠诚（loyalty）是一个人际范畴概念，指的是人与人之间的社会关系”①。功能加忠诚是诺德独特的翻译理论，更确切地说，是她的理想。

功能翻译理论将翻译解释为一种有目的的人类行为，注重译文的功能性，试图把翻译从源语的奴役中解放出来，从目的语读者和目的语文化的视角来指导翻译行为，开启了多元化的翻译评价标准，具有更大的理论包容性。② 王承绪教育研究的旨趣即在为国家发展服务，这种理念映照在翻译工作中，也同样具有明确的目的功能，且为了适应国内教育实情、读者群体、意识形态等，在翻译时对原文和译文的等值与甄别处理，亦体现出强烈的功能主义价值取向。

第二节 王承绪教育名著翻译思想探赜

在严复等翻译先驱的感召下，在郑晓沧等翻译大家的指点下，王承绪的翻译技巧日益娴熟，且形成了以译介国外教育名作为主要形式的学术道路。通过不断地翻译实践，其翻译思想也渐趋成型，在翻译对象的选择、言语的组织、译者的修养等方面，既传承了前辈翻译家的要旨，又融合了个体感悟和创造，且暗合功能翻译理论的观点。王承绪的翻译思想在“汉译世界高等教育名著丛书”中得到了淋漓尽致的体现。本节即从相关文献中对王承绪的翻译思想进行捡撷，并以“汉译世界高等教育名著丛书”为样本进行检验，运用文本分析和计量分析的方法，尝试对其翻译策略和言语风格进行实证分析。

一、王承绪的教育名著翻译取向

翻译功能论者认为，“翻译是为实现某种特定目的而从事的复杂活动”③。我国翻译家许钧也认为，翻译活动是一项复杂的社会实践活动，

---

① NORD C. Translation as a purposeful activity: functionalist approaches explained [M]. St. Jerome Publishing, 1997: 125.

② 郭平建，白静，肖海燕. 服装英语翻译概论 [M]. 北京: 中国纺织出版社, 2013: 120.

③ 诺德. 译有所为: 功能翻译理论阐释 [M]. 张美芳，王克菲，译. 北京: 外语教学与研究出版社, 2005: 10.

任何译者都处于一个特定的社会、文化和历史环境之中，译者在翻译活动的过程中要受到各方面的约束和影响，在翻译活动的全过程中，翻译对象的选择、翻译方法的采用，包括翻译作品的编辑与加工，无不受到“该怎么译”这一道德层面的约束和影响。[①] 严复选择西方人文名著以荡涤国人情性，郑晓沧主译其恩师杜威著作及中国时下急需之教育理论，即是此种“译有所为”的价值体现。王承绪亦不例外。

（一）对象选择：以适切国情之名家名作为译源

在翻译对象的选择上，王承绪认为，首先要博览群书，拓宽自己的知识面。不能仅仅看教育类的书，文学、历史、哲学、政治学、经济学，都要有所涉猎。要从全学科的角度去理解人类文明的更迭、教育理论的演变。有了充分的知识储备，才能厚积薄发，鉴别出真正优秀的作品。其次要优中选优。原著一定要是经得起历史考验的经典之作，或者是时下最新的理论前沿，能反映出一个国家、一个时代的学术风貌。除了选好的书外，作者也要选，要充分考虑到作者的理论水平、价值取向、意识形态等；就是同一个作者的书，也要选作者思想成熟时期的作品，能代表作品最高学术水准。最后，还要适合国情。所选的书在理论、内容、方法等上，要适切本国教育研究和实践，具有指导、借鉴和促进作用，如此才便以吸引再创新。如果所选的书与本国实际不符，甚至是相左，不但起不到积极的作用，反而会混淆视听，于事无补。

基于此，王承绪在其所翻译的27本书中，美国选了杜威，英国选了沛西·能，此二人的著作不仅对各自国家的教育发展和变革产生了积极的影响，堪称经典，在全世界也产生了深远的影响。在谈到为何组织翻译高等教育方面的书时，王承绪如是说：“我们认为按照现在知识经济、经济全球化的情况，抓高等教育是对的，所以我们选了在高等教育研究方面影响较大的这些著作，组织青年教师和研究生一起翻译。我们只翻译在他们本国和国际上影响比较大的作品。把这些书翻译过来不是为了完全按照他们的观点做。我们选择翻译这些著作，是想把这些西方的观点作为参考的，我们起的是桥梁作用。虽然我们写了一些译序，但还没有做系统的评论工作。我们也希望听取读者们的意见，来改进我们的工作。另外翻译工

① 许钧. 论翻译活动的三个层面［J］. 外语教学与研究，1988（3）：49－80.

作培养了年轻人。我们介绍国外的著述，但不是要完全照外国的做，我们的介绍是为了研究，并拓宽我们的视野。"①

坦言之，除以上翻译对象选择的三个基本条件外，译者在遴选翻译对象时，也会受到个体偏好的影响。除杜威外，沛西·能、埃蒙德·金、斯宾塞等人，均是伦敦大学的名流，尤其是沛西·能和埃蒙德·金，他们是王承绪在伦敦大学教育学院学习时的师友，交情匪浅；在王承绪的引荐下，埃蒙德·金还曾被原杭州大学教育系聘为名誉教授。而伯顿·克拉克更是王承绪的莫逆之交，两人之间结下了深厚的学术情谊。因之，王承绪翻译对象的选择，可以概括为译者熟识的适合本国国情的名家名作。

（二）翻译标准：以严复之“信、达、雅”为准则

王承绪曾直截了当地指出，翻译一定要做到严复所说的“信、达、雅”。“信”即是要忠于原著。无论是内容，还是形式，必须保持原貌；不能随意删减、修改、增加原作没有的内容，以免破坏原文生态，造成断章取义。因此，在翻译时，最好是全译，而尽量避免节译。“达”即读者能看懂，明了译文的旨意。“雅”即文字优雅、精练。至于三者之间的关系，王承绪认为，“信”为基本，“达”为功能，“雅”为理想。也就是说，一本好的译著，不仅仅要忠于原作的内容和形式，而且要将原作背后的价值、文化等隐性因子释放出来，让读者对原作者的观点、意境产生认同和共鸣。同时，文辞优雅流畅，深入浅出，如行云流水，而不会艰涩拗口，读来味同嚼蜡，令人昏昏欲睡。

（三）译者素质：以语文、技巧、精神为修养

基于翻译的标准原则，王承绪认为，译者要具备以下基本素质。一是语文要过关。这里的语文是一个广义的概念，包含语言、文化、历史、社会等多层因素。如在翻译某个专用名词时，不仅要具备一定的词源学知识，还要具有高度的概括能力，能用本国语言精确而生动地转译过来。王承绪对外国语文要求尤为高，他认为，外语是一种 eye opener；他非常推崇贝雷迪对语言的重要性的认识，因对原作语言知识的匮乏而导致误读、误判，会让翻译工作出现低级的错误。因此，译者需要具备深厚的本国语文修养，具有一定的文采；同时又要熟稔外国语言，具备高超的言语组

---

① 张文军. 王承绪教授：杭州大学教育系主任［DB/OL］. http://blog.sina.com.cn/s/blog_5b8fc2380100tiq1.html.

织、转换能力。他在翻译实践中，要求学生多读一些英美文学、历史方面的书，就是对这一技巧的考虑。二是翻译要慎重。选好书后，译者须对该书进行通读，然后再细读，再然后要深读，一直到读透了，才能动笔翻译。作为一名优秀的译者，一定要戒骄戒躁，不能草率马虎，更不能敷衍塞责、望文生义，而是要融入原著的文字世界、精神世界，将自己等同于作者。随后，在等值翻译的基础上，再进行反复编校。对这种浮躁现象，王承绪指正道："解放初有人翻译俄文书，拿着书做卡片，照卡片上的翻译联起来，没有把书吃透，也有些是粗制滥造。"三是译文要超越。翻译在忠于原文的基础上，要有所超越，尤其是在本国文字上超越原文。这一要求，实际上与郑晓沧的直译意译观是一致的。如果仅是简单机械的文字转译，那是只得其形，不得其神。于原作，不啻一种破坏；于读者，亦为一种污染。

二、王承绪的教育名著翻译风格：以"汉译世界高等教育名著丛书"为例证

周作人曾言："翻译是半创作，也能表示译者的个性。"[①] 翻译家的笔调也展示着他的文风和特色。刘宓庆在《文化翻译论纲》一书中指出，"译文实际是原文 + 原文化背景 + 译文 + 译文文化背景 + 原作者的气质和风格 + 译者的气质和风格的混合体"。[②] 因此，翻译家从事的工作是一种再创造的工作，绝非学术摆渡人。王承绪在长达 70 多年的翻译生涯中，积累了丰富的技巧，形成了独具特色的翻译风格。这种风格在"汉译世界高等教育名著丛书"中最为明显。本书在此尝试运用文本分析、词频分析和社会网络分析等科学计量学方法，以"汉译世界高等教育名著丛书"为总体样本，遴选王承绪主译、指导编译的两本著作为个体样本，通过大数据计算、与其他译本比较等方法来分析王承绪的翻译风格。

（一）归化与异化：《高等教育哲学》翻译风格的比较研究

《高等教育哲学》（*On the Philosophy of Higher Education*）是美国著名教育史及教育哲学家布鲁贝克的经典之作。该书是西方第一部以高等教育哲学为书名的专著，乃作者从事高等教育工作 50 余年的经验总结，也是

---

① 周作人. 艺术与生活·自序［M］. 石家庄：河北教育出版社，2002.
② 刘宓庆. 文化翻译论纲［M］. 修订版. 北京：中国对外翻译出版社，2007：5.

作者对高等教育的许多问题进行哲学思考的结晶，正如布鲁贝克在第一版序言中所说，“把此书作为自己一生学术兴趣的顶点而奉献给读者”[①]。原书 1977 年 2 月初版，1978 年 1 月第二次印刷；1982 年 10 月修订再版，1988 年再版后第二次印刷，1990 年第三次印刷，可见其畅销程度。1986 年，王承绪组织翻译此书，以便介绍国外高等教育理论现状，为我国高等教育改革提供可资启发或借鉴的信息。[②] 次年，《高等教育哲学》中文版由浙江教育出版社出版，郑继伟为第一译者，1989 年进行修订，1998 年再版。2002 年，王承绪又对该书进行修订，以其为第一译者，发行第 3 版。两个中译版均由王承绪等人翻译，只不过第一译者进行了互换，但都是在王承绪牵头和指导下进行的。为叙述方便，以下统一简称 2002 年版为王译本。

无独有偶，曾翻译过布鲁贝克《西洋教育史》（*A History of the Problem of Education*）的台湾学者林玉体亦于 2003 年翻译 *On the Philosophy of Higher Education*，命名为《高等教育之哲学》（以下简称林译本）。如同前书一样，台版 *On the Philosophy of Higher Education* 发行后，中国台湾、中国香港、新加坡等华语地区学者颇多好评，且内地高校亦多有收藏，可见其翻译质量亦佳。[③] 尽管由于政治背景、语用习惯、读者群体等迥异，林译本和王译本在翻译风格上各具特色，但两地在文化传袭上一脉相承，存有民族认同；且两人出生年代相距不远，亦有相似的留学经历，个体经验认识有所重合，因此，两者之间存在“可比性”。本书即将王译本、林译本和原著进行比较研究，以核心概念和关键词句为例证，分析王承绪的独特翻译风格。

1. 编排形式对比分析

On the Philosophy of Higher Education 是一本偏重于哲学话语的著作，其核心概念被布鲁贝克凝练在章节目录中。通过对比原本和王译本、林译本在章节目录上的翻译和编排，可探寻他们之间的独特风格。具体如表 1 所示。

---

① BRUBACHER J S. On the philosophy of higher education [M]. Rev. ed. San Francisco: Jossey - Bass Inc. Publish - ers, 1978.

② 布鲁贝克. 高等教育哲学 [M]. 王承绪，等译. 杭州：浙江教育出版社，2002：译者前言 2.

③ 林玉体. 高等教育之哲学 [M]. 台北：台湾高等教育文化事业有限公司，2003：译者序 1.

表1　原本、王译本、林译本在章节目录上的对比

原本	王译本	林译本
Preface	译者前言	译者序、作者序、再版序、作者简介
Introduction: Toward a Philosophy of Higher Education	导言　高等教育哲学的发展	导论　高等教育哲学的建立
1. The Higher Learning *Philosophies Legitimating Higher Education* *Conflict of Philosophies* *Predominance of Political Philosophy* *Underlying Pragmatism* *Is the University an Anachronism?*	第一章　高深学问 （使高等教育合法存在的哲学 哲学的冲突 政治论哲学盛行 实用主义基础 大学落后于时代了吗?）	Chapter1　高等知识的学习 第一节　哲学使高等教育有所依 第二节　哲学派别之纷争 第三节　政治化当家 第四节　实效主义为其底盘 第五节　大学是过气的吗?
2. Academic Autonomy *Limits of Autonomy* *Autonomy in the Academic Hierarchy* *Collective Bargaining* *Student Participation*	第二章　学术自治 （自治的限度 学术等级中的自治 集体谈判 学生参与）	Chapter 2 学术自主性 第一节　自主性的限制 第二节　学术殿堂阶层的自主 第三节　集体谈判 第四节　学生参与
3. Academic Freedom *Justification of Academic Freedom* *Limits of Academic Freedom* *Freedom and the Politicization of Higher Education* *Political and Religious Orthodoxy* *Students and Academic Freedom* *Civil Liberties*	第三章　学术自由 （学术自由的合理性 学术自由的限度 自由和高等教育的政治化 政治和宗教传统 学生和学术自由 公民自由）	Chapter3 学术自由 第一节　学术自由的正当性 第二节　学术自由的限制 第三节　高等教育的自由化及政治化 第四节　政治正统及信仰正统 第五节　学生与学术自由 第六节　公民自由权

续上表

原本	王译本	林译本
4. Higher Education for Whom? *The Few Versus the Many* *Higher Education: Right or Privilege?* *Meritocracy and Egalitarianism* *Higher and Lower Higher Education*	第四章　高等教育为谁服务 （少数人对多数人 高等教育：权利还是特权 两种水平的高等教育）	Chapter 4　高等教育为谁而设 第一节　精英的少数与平凡的大众 第二节　高等教育是权利还是禁脔 第三节　卓越杰出还是人人有份 第四节　高等教育与中小学教育
5. General and Specialized Education *Liberal Education* *Vocational Education* *General Education* *Activism and the Counter - Culture*	第五章　普通教育和专业教育 （自由教育 职业教育 普通教育 反主流文化）	Chapter 5　博与专 第一节　文雅教育 第二节　职业教育 第三节　通识教育 第四节　文化交流
6. Pedagogy of Higher Education *Types of Pedagogy* *Selection of the Curriculum* *Structure of the Curriculum* *Organization of the Curriculum* *Motivation of Learning* *The Grading System*	第六章　高等教育学 （教学类型 课程的选择 课程的结构 课程的组织 学习动机 评分制度）	Chapter 6　高等教育的教育学 第一节　教育学的类型 第二节　课程选择 第三节　课程结构 第四节　课程组织 第五节　学习动机 第六节　评分制度

续上表

原本	王译本	林译本
7. Ethics of Scholarship *Obligation to One's Discipline* *Ethical Tangents to Academic Freedom* *Financial Considerations* *Sanctions*	第七章　治学的道德 （对本学科的责任 学术自由的道德界线 经济方面的考虑 制裁 学生的名誉准则）	Chapter 7　为学求知识的伦理 第一节　学术研究的义务感 第二节　学术自由的伦理正切线 第三节　财政上的考量 第四节　制裁 第五节　学生的荣誉规约
8. The University as a Church	第八章　作为教会的大学	Chapter 8　大学似一所教会
Bibliography	附录一　文献述评	参考资料论述
Index	参考文献目录	参考资料
	人名索引	索引
		译后语

注：表中王译本各章下面括号里的部分，乃作者为与林译本对比之便，将书中具体节目附上，原目录中并无二级节目内容。

从编排格式和内容完整度来看，林译本完全保持了原本的风貌，尤其是附上了原作者的版序和简介，让读者深入了解作者写作、修订该书的来龙去脉，侧面彰显了学者探索学术问题的思维逻辑。而王译本在保持内容完整性的基础上，对编排格式进行了优化，在“译者前言”里简要介绍了该书的主要内容、地位和影响，作者的学术背景，以及译介的目的；对章节目录进行了简化，标题突出各章的主旨内容，而略去各节的内容。实质上，原本中各章下列出的核心要素，仅仅代表着讨论的若干问题和方向，篇幅皆短小精悍，并不是严格意义上的节次。因此，将这些问题和方向作为各章下的讨论要点来编排更加合理。简言之，林译本注重内容和形式的完备，更具原汁原味，“异化”意浓，但稍显拘泥；王译本则在忠于原本内容的基础上，对形式进行增删和整合，“归化”初显。从译本的整体性来看，林译本稍优。

2. 核心概念翻译比较

原本中最核心的概念无疑为“the higher learning”“academic autonomy”和“academic freedom”三个。如表1所示，王译本和林译本在这三个核心概念翻译上既有相同之处，亦存在一定的出入。下面从词源学上对不同之处做翻译适切性分析。

首先，“the higher learning”是翻译成“高深学问”还是“高等知识的学习”好呢？关键在于“learning”上。“learning”主要有两种词性，一是作为名词，指“学问、学术、知识”；二是作为动词，指“学习”，为“learn”的现在分词形式。而作为文章的标题，“learning”的前面有限定词“higher”修饰，因此，“learning”在此只能作名词使用，应翻译成“学问、知识”。王译本翻译成“高深学问”无论是从词语对应性，还是从语法修辞来看，都要更加准确，富有文采；而林译本翻译成“高等知识的学习”则与原义略有出入，也稍显冗余。此外，从该章的内容来看，作者也主要是论述高等教育借以存在的哲学基础，提出以认识论为基础和以政治论为基础的高等教育哲学，陈述重心明显落在“哲学”这门最为高深的“众学之母”上，翻译成“高深学问”最能保持标题与内容的契合。

其次，“academic autonomy”是译成“学术自治”还是“学术自主性”好呢？“Autonomy”是一个政治学概念，词义单一，指“自主权、自治权、自治”，在《布莱克威尔政治学百科全书》中被解释为：“某个人或集体管理其自身事务，并且单独对其行为和命运负责的一种状态。”① 乍眼观之，英文语境中的“自治”和“自主”并无二致，但事实上，它们之间的内涵是不能等同视之的，尤其是在中文语境中。“自主”指“自己做主，不受别人支配”②；日本学者提出，“学术研究的自主性，尤其要承认大学中的大学自治”③；马克斯·韦伯也指出，“一个团体可能是：(1) 自治的或他治的；(2) 自主的或不自主的，自治意味着不像他治那

① 米勒，波格丹诺. 布莱克维尔政治学百科全书［M］. 邓正来，译. 北京：中国政法大学出版社，1993：693.

② 夏征农，陈至立. 辞海［Z］. 上海：上海辞书出版社，1999：5362.

③ 芦部信喜. 宪法［M］. 3版. 林来梵，凌维慈，龙绚丽，译. 北京：北京大学出版社，2006：149.

样，由外人制定团体的章程，而是由团体的成员按其本质制定章程（而且不管它是如何进行的）”。[①] 因之，可以简单地说，“自治”是“自主”的上位概念，“学术自治”折射的是大学团体的价值诉求，而“学术自主”仅仅代表着团体中个体的学术行为，其“自我决断”（self－determination）程序明显不及前者，而大学无疑应以“自治”为最高理想。从这点来看，翻译成“学术自治”更为精准。

最后，在“academic freedom”的翻译上，王译本和林译本均保持一致，译成“学术自由”，这主要是由于“academic freedom”是固定词组，中外学术界早已认同。但在该章下级目录的“civil liberties”翻译上，王译本译成“公民自由”，林译本译为“公民自由权”。“liberties”为“liberty”的复数，意为“自由、特权”。“civil liberties”通过与“Civil rights”对应，意为“公民自由”与“公民权力”。王译本采用惯用法，将“liberties”和“freedom”均译作“自由”，对相近概念作同义转换，避免了概念混乱；林译本则将两者略加区分，凸显出概念的层次。从知识传播的效应来看，无疑经过“归化”处理的王译本概念更抽象凝练，减轻了阅读障碍；而林译本则容易让人陷入概念迷阵，增加了理解难度。

此外，在其他二级核心概念上，王译本和林译本也各有异同。两者二级核心概念一致性最高的是第六章“高等教育学”“教学类型”“课程结构”“课程组织”“学习动机”“评分制度”等概念完全相同，表明在教育学基本理论和概念方面，台湾和内地学者具有高度的共识。其不同之处如“导言”中“toward”的翻译，王译本为“发展”，林译本为“建立”。“toward”本身是一个过程性的介词，有“趋向、接近”的意思。“发展”强调历史、演变；“建立”则重结果。从时间的广延性来说，“发展”包含“建立”，为上位概念，译成“发展”更能体现“高等教育哲学”这门新兴学科的生成轨迹。再如对“liberal education”的翻译上，王译本延续了“liberties”的翻译策略，将其译成“自由教育”；而林译本则遵循国际流行用法，译成“文雅教育”，从词源和语境来讲，林译本更加妥帖。凡此种种。

3．经典语句翻译比较

On the Philosophy of Higher Education 集布鲁贝克50年思辨之大成，围

---

① 韦伯．经济与社会：上卷［M］．林荣运，译．北京：商务印书馆，1997：79.

绕“高深学问”，分8个主题进行阐述，可谓言简意赅，字字珠玑。全书仅用100多页的篇幅，即博采众家，提出了一个完整的高等教育哲学体系。① 书中的经典语句不断被后人引用、诠释、阐发，甚至是批驳。理解书中的微言大义尚且困难，要在揣摩透作者意图的同时，克服文化语言隔阂，对其进行翻译和诠释，则是难上加难；同时，也最考验译者的学术功底和文字造诣。在此，本书选取该书被引频次超过20以上、排名前10的经典语句②，借以分析王译本和林译本的优劣之处。

例1：Here sophisticated expertise is nourished not merely as a matter of idle curiosity but because of its far – reaching significance for the body politic.

王译：人们探讨深奥的知识不仅出于闲逸的好奇，而且还因为它对国家有着深远影响。

林译：高深微妙的专家知识，并非只经由“闲着无事干的好奇”来获得滋养，并且还得因对政治体有深远意义而取得补品。

例2：Those stressing epistemology in their philosophy of higher education tend to pursue knowledge as an end in itself, in a spirit of “idle curiosity,” as Veblen（1918, p. 5）put it.

王译：强调认识论的人，在他们的高等教育哲学中趋向于把以“闲逸的好奇”精神追求知识作为目的。

林译：强调知识论的人，认为知识探讨，本身就是目的，如同Veblen（1918, p. 5）所说，以一种“闲着无事干的好奇”（idle curiosity）精神来进行。

例3：Just as war is too important to leave exclusively to generals, so higher education is too important to leave exclusively to professors.

王译：就像战争意义太重大，不能完全交给将军们决定一样，高等教育也相当重要，不能完全留给教授们决定。

林译：战争之事，由于太过重要，因此不能全权由将军去操心；同理，高等教育是头等重要，因此也不可悉数让教授来处理。

---

① 布鲁贝克. 高等教育哲学［M］. 王承绪，等译. 杭州：浙江教育出版社，2002：译者前言9.

② 宋娜娜. 汉语语境中的布鲁贝克《高等教育哲学》：基于CSSCI（1998—2010年）论文引用的解读研究［J］. 现代大学教育，2010（5）：19 – 27.

例 4：To ensure the accuracy and validity of knowledge, scholars must be able to pursue their activities guided only by the canons of truth, a guidance independent of such extraneous pressures as those of church, state, or economic interests.

王译：为了保证知识的准确和正确，学者的活动必须只服从真理的标准，而不受任何外界压力，如教会、国家或经济利益的影响。

林译：为确保知识的正确性（accuracy）及有效性（validity），学者必须在追求知识的活动中，全赖真理的规范法则来引领。这种向导，独立在外在的压力之下，不受教会、政府或经济利益的干预。

例 5：... only scholars are in a position to thoroughly understand its complexities. In matters of expertise, the experts should be left alone to decide problems in this area. They should be a self – governing body.

王译：……只有学者能够深刻地理解它（高深学问）的复杂性。因而，在知识问题上，应该让专家单独解决这一领域中的问题。他们应该是一个自治团体。

林译：……只有学者才够格来领会其（高等知识学习）复杂难度。在专门知识这方面，应该让专家在该领域自行决定问题，他人不要过问。学者形成一个自我营运体。

例 6：There have been two principal ways, two principal philosophies of higher education, through which the university has established its credentials. One rest largely on epistemological considerations; the other, on political ones.

王译：大学确定它的地位的主要途径有两种，即存在着两种主要的高等教育哲学，一种哲学主要是以认识论为基础，另一种则以政治论为基础。

林译：高等教育的两个主要哲学，人们对大学之信心建立在其上：其一是知识论上的；其二则是政治上的。

例 7：Since they are best informed about the content of the higher learning, they are in the best position to decide what parts should be included (curriculum) and how it should be taught.

王译：由于他们最清楚高深学问的内容，因此他们最有资格决定应该开设哪些科目以及如何讲授。

林译：由于教授对高等知识学习的内容所知最多，他们是决定何种部分应选为教材，且这些教材要怎么教的最佳人选。

例 8：Universities have outlived every form of government，every change of tradition，of law，and scientific thought，because they minister to one of man's undying needs.

王译：大学的存在时间超过了任何形式的政府，任何传统、法律的变革和科学思想，因为他们满足了人们的永恒需要。

林译：大学的生命远超过任何政府的组织形式、传统的变迁、法律的制订，以及科学的学说。因为大学光照着人类永不消失的需要。

例 9：This broad justification of academic freedom stands on at least three supports：epistemological，political，and moral.

王译：学术自由的合理性至少基于三个支点：认识的、政治的、道德的。

林译：学术自由的正当化，这一广大的议题，至少可在三个基点上讨论；这三个基点是知识论的、政治化的及道德的。

例 10：Education，then，beyond all other devices of human origin，is the great equalizer of the conditions of men.

王译：教育是实现人类平等的伟大工具，它的作用比任何其他人类的发明都伟大得多。

林译：教育是人类设计中最佳的设计，也是促使人类条件走向平等的最佳工具。

从以上例句不难看出，王译本和林译本在翻译策略和方法、内容处理、翻译风格等方面存在明显的个性差异，下面分述之。

一是从翻译策略和方法来看，王译本采取“直译+归化”的策略，通过语义转换，既保持了原语含义，又赋予了译语新的语言形式；而林译本则完全是直译，原封不动按字面翻译原文，表达普通，句式累赘。如例 1 句中王译本将“idle curiosity”译成“闲逸的好奇”，文采优美；而林译本则直译为“闲着无事干”，略显粗鄙。王译本将被动语态转换成主动语态，并将主语从“sophisticated expertise”置换为“人们”，赋予了知识的人性和灵性，突出人的主体性，逻辑更加清晰；而林译本则句法混乱。王译本对“nourished”一词进行了减译，而林译本则直译为“营养”，尤其句末加上“补品”一词，不仅有画蛇添足之嫌，读来亦让人感觉别扭拗口，不伦不类，与学术著作的严肃性格格不入。两相比较，优劣立判。

二是从内容处理来看，王译本的翻译，无处不体现出“适度翻译”的文化观，对句意的拿捏非常到位；而林译本则不是翻译不足，就是过度翻译。如例2句中对“as Veblen（1918，p. 5）put it”的处理，王译本对其进行减译，而林译本则过分异化，显得突兀；例4句中，王译本通过“为了……必须……而……如”等关联词，拆分复合长句为若干个状语短句，翻译适中有度，而林译本则过度翻译，用了两句话来解释。再如例10句中对教育作用的描述，王译本从比较的角度指出“教育是实现人类平等的伟大工具”，相比其他发明要“伟大得多”；而林译本则过度引申为教育是“最佳的设计”，是走向平等的“最佳工具”，与原义有所背离。

三是从翻译风格来看，王译本大量使用汉语流水短句，行文简洁流畅，节奏感强，表达地道，如例9句中的“三个支点：认识的、政治的、道德的”，例3句中的“就像……不能，也……不能”等，具有排比气势，读来气势昂然。反观林译本则句意重复，冗余拖沓，读来如鲠在喉，可读性不强。如例4句中的“这种向导”，例5句中的“自行决定问题，他人不要过问”，例7句中“他们是决定何种部分应选为教材，且这些教材要怎么教的最佳人选”，例9句中“至少可在三个基点上讨论；这三个基点是”，等等，两者高下立分。

王译本和林译本在编排形式、核心概念、经典语句等翻译上的相同之处印证了两地文化的同一性和学术的无国界，差异则隐含了不同的学术理念和功底、翻译取向和技巧。无论是从学术造诣、地位、影响，还是从外语功底、翻译技巧和经验来看，王承绪当然要优胜许多。自1987年王译本问世以来，对它的诠释、研究和争论一直非常盛行，对中国高等教育的影响力是重大的。它为我国高等教育研究者与工作者提供了模仿和借鉴的资源与样本，对我国高等教育学科、高等教育理论研究和高等教育实践产生了日益深远的影响。[①] 王译本亦成为中国学者研究高等教育的不二文献，成为另一种“经典”，如张楚廷在2004年就出版了《高等教育哲学》的同名著作，王译本《高等教育哲学》则是其参考、分析、评议和超越的对象。从这个意义上讲，王译本是中国高等教育哲学本土化的肇始。另根据相关人员统计，自王译本问世以来，引用它的文献共有7 123篇，来源于

① 刘亚敏，侯怀银. 布鲁贝克《哲学》在我国的引进及其影响［J］. 黑龙江高教研究，2011（4）：50－53.

1 316 个研究单位，共计 4 940 位作者，受中译本影响较大的核心作者多达 219 位，其影响力持续至今，成为国内高等教育学者引用、阐述、质疑的经久不衰的研究经典。[①] 然而，相对于王译本的巨大影响力，林译本则门庭冷落。自 2003 年问世以来，根据读秀网统计，大陆共有 11 家单位收藏了林译本，而王译本则有 73 家（实际上收藏单位远不止此数），差距悬殊。笔者通过中国知网和谷歌学术搜索，亦未查找到有关林译本的介绍、引用等文章。特别值得注意的是，林译本在 2003 年方面世，而此时王译本早已风行华语学术圈，林译本在前言与后记中却对王译本只字未提，不得不令人疑窦丛生，不由得感慨译者学术视野的褊狭，也从侧面反衬出王译本的隽永。

（二）“走出”抑或“超越”：《走出象牙塔》中的翻译取向

Beyond the Ivory Tower 是美国哈佛大学校长德里克·博克（Derek Bok）的经典之作，其主要思想是：“西方的大学长期处于‘象牙塔’内，具有一种超凡脱俗的精神贵族气息，高居于社会顶层，一直以来成为远离世俗社会的一座城堡和圣地。随着社会的快速发展，当美国大学逐步融入社会中去之后，大学日益面临如何应对现代社会经济科技迅速发展带来的不同层次需求的同时，又面临坚持大学应有的基本理性和学术价值矛盾的挑战。在这个问题上，博克敏锐地意识到现代大学不能仅仅作为一种高高在上的学术组织和社会的装饰物，而应该为整个社会前进指明方向，做社会的航灯。于是他强烈呼吁现代大学应走出象牙塔，超越象牙塔，为社会服务，引领社会前行。同时大学在服务社会的进程中，又要坚守自己的学术理念和学术价值，坚持大学应有的高品位。”[②] 博克的大学理念在当代美国产生了重要影响，为新时期美国大学的转向和发展奠定了理论基础，同时也对当代世界各国大学的发展产生了深远的影响。

该书在 1982 年出版后，曾被翻译成《超越象牙塔》，如赵一凡在 1987 年的《读书》上发表了《哈佛教育思想考察——兼评鲍克校长〈超越象牙塔〉》一文，赵一凡 1981 年曾公派哈佛大学留学，可谓该书发行前

---

① 余丰民. 布鲁贝克《高等教育哲学》中译本的学术影响力研究［J］. 图书馆杂志，2016（5）：80－87.

② 蒙有华. 超越象牙塔：德里克·博克的大学理念［J］. 复旦教育论坛，2005（5）：46.

后的亲历者。1986 年回国后，即发表文章译介该书。[①] 2001 年，王承绪组织人员翻译此书，徐小洲将其译成《走出象牙塔》。此后，国内诸多文章均以“走出象牙塔”或“超越象牙塔”为题进行阐发。那么，“超越”和“走出”到底有何不同？何者最能体现原作者的价值和意图呢？这是王承绪在翻译该书时首先需要解决的问题。笔者对比英文原著，结合时代背景，通过对徐小洲的访谈，得出其中奥妙。

首先，从词源上看，“beyond”来源于古英语的“begeondan”，意为“超越，从更远端”。根据《牛津高阶英语词典》，“beyond”有“超过，越过”“在远处”“在一边”“在……之外”的意思。而汉语的“超越”一词相对应的英文为“transcend”，从词源上说，来自拉丁语的“transcendere”，意为“攀越、跨过”，和我们对超越一词的理解有差异，transcend 主要是指“超验”“先验”，如柏拉图的理念、黑格尔的绝对理念等，是哲学中最基本的问题。在英语中它与我们常谈的大学是否应该超越社会、超越工具主义意义相差甚远。因之，“Beyond the Ivory Tower”翻译成“走出象牙塔”更加贴切。

其次，从语境上讲，西方古典大学被称为“象牙塔”，它本来与日常世界就相隔甚远。即使科学研究进入大学也曾经受到质疑，而且西方大学提倡的科学研究是不以应用为目的的纯粹理论研究，这与中国大学科学研究更注重技术层面不同。[②] 结合博克在该书中表达的宗旨，并非要从质上变革大学的组织形态，而是要改变大学封闭守旧、自我陶醉、对社会漠不关心的高傲态度。因此，需要大学开放门墙、走出象牙塔，承担更多的社会责任，进而促进大学自我良性发展。因此，“走出”比“超越”更加符合原文语义。[③]

再次，从逻辑上来说，走出和超越具有纵向递进关系，走出是形变，超越是质变。社会的发展和大学的进化都是循序渐进的，大学只有先走出去，打破门墙，方才有实现自我超越的可能。没有走出，超越就成了镜中花、水中月，跳跃性的超越在现实中是不存在的。从现实来讲，渐进式的

---

① 赵一凡. 哈佛教育思想考察：兼评鲍克校长《超越象牙塔》［J］. 读书，1987（1）：121－129.

② 上官剑. 大学超越论［M］. 长沙：湖南师范大学出版社，2012：7.

③ 此处观点来自徐小洲教授的邮件访谈。

变革，更加符合教育发展规律，亦更加迎合中国社会发展的实际需要。大学需要承担起更多的理论先导、智力输出、技术变革等责任，以解经济社会发展的燃眉之急。在这种理论逻辑和现实需要下，“走出象牙塔”更具实践价值。

最后，从音韵上来讲，翻译成“走出象牙塔”，则为仄平仄平仄；翻译成“超越象牙塔”，则为平仄仄平仄。从韵律节奏上看，“走出象牙塔”更加抑扬顿挫，刚劲有力，更能表达译者对“走出”的坚决与紧迫；而“超越象牙塔”在语调气势上稍显平缓，没有掷地有声的铿锵，难免让人产生一种轻浮缥缈的感觉，反而映衬出“超越”的难以触及和现实隔离感。

由以上可见，在王承绪的指导下，以徐小洲为主的翻译团队在 *Beyond the Ivory Tower* 一书的翻译上，是经过归化处理的。这种归化带有明显的指向性，即强调大学需改变封闭固守的状态，期冀大学承担起更多的社会责任，即知识“走出”殿堂，大学“走向”社会，研究“走向”实践，在促进社会“生产力”的同时，提升大学自身的“生长力”，进而实现水到渠成的自我“超越”。这种先后次序不仅仅是由教育规律和变革逻辑决定的，也是由当时的中国高等教育和社会发展实际决定的，即渐进式、功利主义导向的改革思想。因之，通过对书名的翻译，就可“管中窥豹，可见一斑”，体现王承绪等人对翻译中坚持“信、达、雅”标准、注重修辞文法、契合国情需要等原则和技巧。

（三）高等教育名著中的整体翻译风格

“汉译世界高等教育名著丛书”共 12 册，合计约 240 万字。其中，王承绪独译 3 册，分别为《研究生教育的科学研究基础》（28 万字）、《高等教育不能回避历史——21 世纪的问题》（21 万字）和《探究的场所——现代大学的科研和研究生教育》（24 万字），合计 73 万字；主译 4 本，分别为《高等教育新论——多学科的研究》中的导言和结论部分、《国际高等教育政策比较研究》中的总论部分、《高等教育哲学》和《学术权力——七国高等教育管理体制比较》中的前言部分。此外，王承绪还负责整套丛书的总编校工作。因此，这套丛书深深刻上了王承绪的翻译思想烙印。通过对其进行词频统计、内容分析，可以发现王承绪的语用习惯、词类转换、归化异化等文风字骨。

1. **词频统计**

利用 Adobe Acrobat Pro XI的文件转换功能，将 PDF 版的电子书籍转换成 Word 文档格式，然后利用 Word 2016 中的 VBA 编程技术，调用内嵌字典，编写字频统计代码，自动统计文档中的词汇频率，删除与本研究无关的词汇，如“状态”“进行”等，分别选取 50 个高频词汇，结果如表 2、表 3、表 4 所示。

表 2　《研究生教育的科学研究基础》中的高频关键词

序号	词汇	频次	序号	词汇	频次	序号	词汇	频次	序号	词汇	频次
1	科研	2 469	14	国家	483	27	学习	308	40	中心	218
2	大学	1 873	15	基础	431	28	美国	298	41	高级	218
3	研究生	1 533	16	资助	417	29	学术	292	42	实验室	214
4	教育	1 134	17	政府	404	30	课程	283	43	日本	207
5	学生	1 131	18	领域	404	31	发展	274	44	经费	207
6	研究	1 121	19	系统	383	32	硕士	272	45	结构	195
7	科学	787	20	高等教育	374	33	英国	264	46	机构	187
8	学位	766	21	教学	373	34	物理学	249	47	政策	184
9	博士	663	22	组织	354	35	学校	247	48	教师	183
10	训练	662	23	比较	351	36	法国	245	49	历史学	178
11	学科	628	24	论文	332	37	德国	232	50	研究所	177
12	教授	571	25	委员会	328	38	经济学	221			
13	专业	554	26	人员	323	39	制度	219			

表 3 《高等教育不能回避历史——21 世纪的问题》中的高频词汇

序号	词汇	频次	序号	词汇	频次	序号	词汇	频次	序号	词汇	频次
1	大学	915	14	平等	209	27	文化	143	40	职能	107
2	高等教育	887	15	研究	205	28	主义	140	41	观点	107
3	学生	409	16	问题	198	29	学习	140	42	规划	106
4	社会	394	17	内部	194	30	政治	135	43	教师	104
5	教育	322	18	世界	181	31	经济	133	44	能力	103
6	美国	308	19	目的	179	32	系统	130	45	职业	100
7	历史	299	20	机会	177	33	训练	126	46	改革	98
8	国家	285	21	知识	173	34	科研	124	47	传统	98
9	学院	274	22	模式	173	35	自由	120	48	思想	92
10	学术	273	23	方法	171	36	委员会	115	49	科学	92
11	比较	232	24	机构	161	37	课程	113	50	精英	92
12	教授	227	25	道德	153	38	教学	111			
13	发展	211	26	领域	146	39	管理	108			

表 4 《探究的场所——现代大学的科研和研究生教育》中的高频词汇

序号	词汇	频次	序号	词汇	频次	序号	词汇	频次	序号	词汇	频次
1	大学	2 186	14	高等教育	305	27	学院	222	40	竞争	168
2	科研	1 763	15	科学	302	28	领域	222	41	经费	168
3	研究生	640	16	政府	294	29	德国	221	42	研究所	164
4	学生	600	17	学科	293	30	探究	211	43	部门	162
5	教学	586	18	教授	292	31	场所	209	44	学校	161
6	教育	529	19	专业	268	32	学术	190	45	结构	154
7	系统	407	20	训练	267	33	法国	190	46	层次	153
8	学习	392	21	基础	259	34	组织	188	47	工业	147
9	美国	391	22	比较	239	35	中心	187	48	拨款	138
10	国家	382	23	发展	226	36	知识	185	49	实验室	134
11	学位	371	24	日本	223	37	阶段	184	50	模式	129
12	研究	340	25	博士	223	38	课程	182			
13	资助	328	26	英国	222	39	本科生	179			

再对这表2至表4三个表中的50个高频词汇进行叠加统计，统计出三本书中出现频次最高的30个词汇，如表5所示。

表5　三本译著中的高频词汇

序号	词汇	频次	序号	词汇	频次	序号	词汇	频次
1	大学	4 974	11	科学	1 089	21	学术	755
2	科研	4 232	12	美国	997	22	资助	745
3	研究生	2 173	13	教学	959	23	发展	711
4	学生	2 140	14	训练	929	24	学习	700
5	教育	1 985	15	学科	921	25	政府	698
6	研究	1 666	16	博士	886	26	基础	690
7	高等教育	1 566	17	专业	822	27	组织	542
8	国家	1 150	18	比较	822	28	工作	498
9	学位	1 137	19	系统	790	29	学院	496
10	教授	1 090	20	领域	772	30	英国	486

此外，对三本译著中的副词、代词、形容词等词汇进行统计，选择出30个高频词汇，如表6所示。对三本译著中的成语、惯用四字词语进行统计，得出30个高频词汇，如表7所示。

表6　三本译著中的高频代词、副词、形容词

序号	词汇	频次	序号	词汇	频次	序号	词汇	频次
1	他们	423	11	其他	196	21	可以	140
2	我们	336	12	没有	195	22	特别	136
3	但是	322	13	可能	193	23	方面	135
4	而且	312	14	不能	185	24	所有	134
5	已经	230	15	应该	182	25	通过	132
6	它们	204	16	这种	181	26	包括	125
7	更加	203	17	或者	151	27	具有	116
8	这些	200	18	很多	147	28	得到	114
9	这个	199	19	作为	145	29	主要	113
10	现在	197	20	以及	144	30	有关	105

表7 三本译著中的成语、惯用四字词语

序号	词汇	频次	序号	词汇	频次	序号	词汇	频次
1	根深蒂固	14	11	权宜之计	3	21	脱颖而出	2
2	雄心壮志	20	12	深思熟虑	3	22	望而生畏	2
3	与众不同	7	13	势不可挡	3	23	犹豫不决	2
4	错综复杂	5	14	四分五裂	3	24	羽毛丰满	2
5	恶性循环	4	15	头重脚轻	3	25	直言不讳	2
6	雄心勃勃	4	16	玩忽职守	3	26	众目睽睽	2
7	中庸之道	4	17	众所周知	3	27	墨守成规	1
8	专心致志	4	18	自相矛盾	3	28	深谋远虑	1
9	包罗万象	3	19	并驾齐驱	2	29	史无前例	1
10	独一无二	3	20	声名狼藉	2	30	束手无策	1

2. 结果分析

从王承绪独译的三本著作的高频核心概念词汇、辅助性词汇可以直观地看出：第一，王承绪在归化与异化方面，采用的是适中的策略，如“大学”一词，在原著中对应的有“University”“Colleage”“School”三种，王承绪统一翻译成“大学”，而未使用具有中国语言特色的“高校”“高等学校”等专有词汇。第二，大量使用过渡性辅助词汇，将长句分译成短句、名词和动词的转化，使译文句式短小简练，更添动感。第三，综观三本译著，使用的成语较少，文字平淡隽永，语言通俗凝练，体现出了王承绪“科研服务社会”“学术走向大众”的人民教育家风范。

此外，通过对丛书进行深度阅读，从内容分析的角度来看，王承绪把握了三点：第一，核心概念的同一性，如“大学”“科研”“系统”“训练”“专业”等，这固是因为中英词义对应的惯用关系，也有其翻译策略的一致性关系，如他在翻译《高等教育系统——学术组织的跨国研究》中，“系统”一词的使用开创了中国高等教育组织结构研究的新名词，这个核心概念也在这三本译著中得到了广泛使用。第二，在全译和节译、增译和减译方面，进行了宏观把握，如删除了《走出象牙塔》中涉及意识形态、政治偏见的部分，《大学理想》即是译自梅·亚德利编的节本，《高等教育哲学》则减译了第一版和第二版序。第三，尽管丛书来自不同国家和名家的大作，文化背景不尽相同，研究范式迥异，行文风格各具，但经过王承绪等人的转译，在核心概念名词、惯用修饰词语等技巧上形成了高度的同一性，文字风格明显，既保持了译本中的文化语言原貌，又融入了译者的本土元素，从而提升了丛书的整体翻译质量和阅读舒适感，也促进了学术思想的跨界交流。

王承绪组织翻译的这套丛书的理论基础强、文字可读性高，对于方兴未艾的中国高等教育研究，以及快速增长的高等教育学博士、硕士研究生教育，无疑是"雪中送炭"，并很快成为许多大学高等教育学专业博士、硕士研究生的必读书目，成为诸多学者从事研究时的重要参考文献，在我国教育学领域，特别是高等教育学领域引进、借鉴外国研究成果进程中所起的"桥梁"和"窗口"作用。① 在《高等教育研究》杂志 1998—2007 年间的论文被引文献排名前 24 位的著作中，《高等教育哲学》和《高等教育新论——多学科的研究》分别名列第一位和第十一位。② 龚放以 CSSCI 期刊 2000—2004 年间教育研究论文为分析对象，在被引用最多的 30 本译著中，王承绪有 5 本译著入围。龚放在当时甚至预言："下一个五年如果再作 CSSCI 数据统计分析，一定会有更多的王老及其学生的译著进入被引最多的译著行列。"③ 时隔两年，"在 2005—2006 年教育学论文引用最多的 53 本外国著作中，王老及其弟子翻译的外国高等教育名著果然有 11 本入围，如果加上先生所译杜威的经典名著《民主主义与教育》，就有 12 本，占入围总数的 26.42%。在被引最多的前八名中竟有一半，在被引最多的前五名中居然有三种！"④ 王承绪通过名著翻译为中国教育研究界所奠定的知识基础，不仅为培养教育研究者所必需，而且更应看到，"学术翻译方面的扎实工作，有效地提供了来自国际社会的一系列理念和观点，并对 20 世纪八九十年代高等教育和其他领域的改革产生了积极影响。"⑤

---

① 苏新宁. 中国人文社会科学图书学术影响力报告：下册 [M]. 北京：高等教育出版社，2011：836.

② 易高峰，等.《高等教育研究》研究热点及其知识基础图谱分析 [J]. 高等教育研究，2009（10）：74－80.

③ 龚放. 2000—2004 年中国教育研究领域学者影响力报告：基于 CSSCI 的统计分析 [J]. 江苏高教，2006（6）：1－5.

④ 龚放. 中国教育研究领域学者、论著影响力报告：基于 2005—2006 年 CSSCI 的统计分析 [J]. 复旦教育论坛，2009（2）：34－45.

⑤ 陈伟. 论王承绪的比较教育研究方法 [J]. 比较教育研究，2010（9）：21－25.

小 结

在王承绪长达80余载的学术研究生涯中，外文文献翻译贯穿于每一个环节。由于精通英、法、德、俄四种语言，留学英国伦敦长达十年，再加上深厚的国学修养，王承绪在翻译外文时得心应手、形神俱佳。无论是民国时期的语体文，还是现代白话文，译文皆言辞优美、朴实流畅、朗朗上口。尽管王承绪未曾就其翻译理念和技巧形成文本性描述，但我们仍然能从其给弟子们的口传身授中听闻一二，更能从其如丈案牍的翻译作品中领略诸番。其微妙处，如孔子编撰六书，大义隐也。概言之，王承绪翻译思想和实践有以下特点。

一是以译代述。从事比较教育研究的王承绪，毕生都紧扣编译这个学术节点和基本单元，尤其是在新中国成立后，他将主要精力投入到了外国教育名著的翻译工作中去，出版的著作中，译著占近70%。在编译这些著作时，王承绪通过直译与意译、归化与异化等翻译策略，在忠于原文的基础上超越原文，既完整地表达了原文的意思，又融入了自身的思想观念和语言风格；强调译者即是作者的同时，把读者带进外国情境，突破语言因素的局限，深入语言、文化、美学等领域；在词汇和句子的增译与减译、词类转换、分译、省译等翻译技巧方面，按国人文体风格分译长句、名词转化动词、抽象转化为具体等方法，按国人阅读习惯重新组织语序，等等。可以说，王承绪是借外国教育名著，以彰自我学术之见，颇有孔子“述而不著”的风范。同时，传播他邦力作的同时，其译作也成为本土意义的经典。

二是译有所抑。如同比较教育研究中的“可比性”一样，“可译性”亦是翻译工作中的首决条件。同为浙籍的翻译家郭建中曾指出，从语言和文化层面上讲，翻译是可能的，但可译性是有限度的。[①] 这也就决定了，在翻译实践工作中，需要对翻译对象的语言、文化做相关技术处理，而不是盲目追求语义对等。尤其是涉及价值取向、感情色彩、意识形态等内容，需要有所扬弃。如在《高等教育哲学》译者前言中，王承绪就“希

---

① 郭建中. 翻译：理论、实践与教学——郭建中翻译研究论文选［M］. 杭州：浙江大学出版社，2010：74.

望读者以马克思主义为指导，予以评析”；在《走出象牙塔》中，也直陈“删去了一些带有不良政治色彩的内容”；在《大学的使命》中，斥言其思想“也有一些错误或不正确的观点”；在《高等教育不能回避历史》中，也“对有些论文做了一些澄清、修正和补充”；在《现代大学论》中，诸多观点“仍有许多可以商榷的地方”，等等。

三是译有所为。为什么翻译、翻译什么、怎么翻译等问题是翻译工作的基本命题，其中包含着丰富的价值观。王承绪在翻译时秉持的名家之名作的对象选择、信达雅的翻译标准、语文技巧精神的素质要求等原则，无不体现出“译有所为”的价值取向，其译者主体性在翻译作品中得到了很好的体现。这种价值诉求主要体现在引介新知和服务国家两个方面。“世界高等教育名著丛书”多是“经典之作”“西方第一部”，涵盖西方高等教育政策、理论、实践、方法等宏观和微观层面的最新动态，为国内高等教育研究者奉上了一个学术盛宴。尤其是对康德尔的《教育的新时代——比较研究》和杜威系列经典名著的翻译，更是折射出了其“知识论”的学术取向。其“政治论”取向则无须赘言，在“丛书”总序中也有所指。这种基于“知识论”和“政治论”翻译动机，在实际工作中也收到了巨大的成效，如《高等教育新论》翻译出版后，国内掀起了高等教育多学科研究方法，出版了《多学科观点的高等教育研究》（潘懋元，上海教育出版社，2001 年）、《高等教育论：跨学科的观点》（徐小洲，人民教育出版社，2003 年）等多部富有影响力和代表性的著作，而中国高等教育研究在 21 世纪的蓬勃发展也离不开“丛书”的“eye opener”之功。

第七章　王承绪的组织活动史

“学而优则仕”是中国文人无法割舍的济世情怀，所谓“穷则独善其身，达则兼济天下”是也；愈是乱世，愈能激发学人“出仕入世”之理想，亦愈能造就惊世之才、能人巨匠。传统封建社会，知识分子参政的方式不外乎坐而论道的“以言干政”、当官为吏的“以权执政”两途；及至近代，知识分子参政的方式则演变为三种模式：一是散发着远古光泽的古典模式“帝王之学”，代表人物是王闿运、杨度，其特征是以纵横术辅佐某位非常之人以兼济天下；二是康有为、梁启超选择的道路，依靠社会精英集团（这里主要指的是西化了的知识分子群）；三是毛泽东的从政模式，其特征是唤起民众，进行自下而上的革命。① 自梁任公开创办报、办刊、办学、结社的参政新路始，知识分子创办报纸杂志、兴办

① 杨念群．论中国近代知识分子参政的三种模式［J］．开放时代，1988（2）：51－57．

学校学会、组织政党政团等成为潮流。① 此风民国尤烈。受此社会政治环境影响，王承绪自小对各种运动耳濡目染，青年时期更是“躬自入局”，投身于救亡图存的滚滚洪流；新中国成立后，尽己所学，为国谋强，活跃于学界政坛。及至百岁高龄，仍忧国运民瘼。综观王承绪的一生，学术为主、为明，活动为辅、为暗，教育界、文化界、出版界、政治界、国际社会等都可觅其身影，呈现出“学以致‘仕’”“‘仕’以崇学”的既主次分明又交相辉映的人生脉络。研究王承绪的社会活动史，有助于我们认识一个热血又不失沉稳、个性又不失温雅、外秀又不失内敛的别样王承绪，也能让我们更好地走进民国一代知识分子的心灵深处。

第一节　王承绪组织活动史考略

从民国求学时期的学生会主席到新中国成立后的省政协副主席、从联合国教科文组织成立大会中国代表团秘书到中国比较教育研究会顾问，王承绪的一生可谓学政双栖、政学相长。王承绪参与社会组织活动的路径选择，既具同时代知识分子的“共相”，亦具鲜明的个体特征，大体可分为四种类型：学生组织、学术组织、党群组织和国际组织。

一、学生组织

学生参与学校事务管理最早可溯源至近代大学的起源，即中世纪的波罗尼亚大学。至 19 世纪到 20 世纪上半叶，随着欧洲自由主义思想、学术自由理论、民主意识的出现，学生自我管理也相继孕育而生。② 受西方民主思潮影响的一大批民初知识分子及先进报刊，也极力宣扬学生参与学校事务管理，实行学生自治，如蔡元培、陶行知、杨贤江、林砺儒等。1916 年，中华民国学生自治联合会（简称“学联”）成立；1919 年“五四运动”后，全国中等以上学校皆成立了学生自治会，学生自治组织的影响越来越广泛。为加强对学生自治组织的规范管理和高压控制，1929 年 10 月，

① 程啸，姜继为．知识分子参政模式的重塑：梁启超对民初知识分子参政影响管窥［J］．安徽史学，2003（1）：26－31．

② 张智强．大学生参与高校管理研究［M］．上海：上海人民出版社，2012：103．

国民政府取消“全国学生联合会”，并于1930年1月，颁布《学生团体组织原则》及《学生自治会组织大纲》，规定学生自治会的常设机构是选举产生的干事会，下设文书、事务、学术、体育、游艺、合作社和特种委员会等部门，并规定“不得干涉学校行政”，团体活动亦仅限于校内自治活动。[①] 大纲颁布后，引起进步学生和教师的强烈抗议，非但未能压制学生自治势头，反而催生了各种共产主义性质的地下组织，如读书会、文艺社等。[②] 为安抚学生情绪和防范革命发展，国民政府旋即做出妥协，于10月出台《学生自治会组织大纲施行细则》，规定“学生自治会对校务之改进如有意见得向学校建议”[③]。可见，学生自治组织的能力和影响十分巨大，他们通过各种渠道表达诉求，直接或间接影响学校决策事务。因之，学生自治组织是民国中等以上学校权力生态中一个极其活跃的因素；学生会的成员也多是一些学业优良、满腔热血的有志青年。青年求学时期的王承绪即是他们中的一员。

（一）学生自治会

就读无锡中学师范科时，王承绪第一次加入学生自治组织。1930年，国民政府颁布《学生自治会组织大纲》后，无锡中学即着手筹备成立学生自治会[④]，校长陈纶（字谷岑）、师范科主任吴宗望（字伯昂）等分别做了《学生自治会的性质及其效用》[⑤] 和《学生自治的几件应当注意事件》[⑥] 的演讲动员，并邀请时任光华大学副校长兼附中主任的廖世承（字茂如）前来做《道德教育与学生自治》的专题演讲，王承绪特将其演讲

---

① 王国安. 世界汉语教学百科辞典［Z］. 上海：汉语大词典出版社，1990：848.

② 李桂林. 中国教育史［M］. 上海：上海教育出版社，1989：435.

③ 学生自治会组织大纲施行细则［J］. 无锡中学月刊，1930，1（3）.

④ 由于1931年“九一八”事件爆发，无锡中学应时局之变暂缓成立学生自治会，转而成立抗日救国会，组织学生去南京请愿，并成立两百多人的宣传讲演团，分赴四乡，“唤醒乡人，共赴国难”，年底促成全省总罢课。直至1932年，局势稍缓，无锡中学学生自治会方正式成立。而王承绪自1931年6月即师范科毕业，因此未能加入学生自治会。详情参见本校概况：训育与学生生活（附表），无锡中学校刊，1932年第12期。

⑤ 陈谷岑（讲），万国治，朱有有（记）. 学生自治会的性质及其效用［J］. 无锡中学月刊，1930，1（3）.

⑥ 吴伯昂（讲），俞心湛，杨必立（记）. 学生自治的几件应当注意事情［J］. 无锡中学月刊，1930，1（3）.

内容记录下来以示赞允。① 与此同时，无锡中学学生膳食委员会成立，王承绪曾被选为学生膳食委员会委员，任监察股股员，负责对学校食堂管理、菜蔬购买、用餐分配、经费使用等进行监督检查，并向全校公布结果。②

挟锡中之余忱，进入国立浙江大学后，王承绪的组织才华得到进一步的展现和提升，曾担任国立浙江大学文理学院学生自治会文书股股长③、国立浙江大学学生自治会干事兼文书股股长④，逐渐成长为浙江大学学生会的骨干、领袖。在此期间，王承绪参与并主导了著名的“一二·九”运动和“驱郭运动”，成为浙江大学才情俱佳、德行兼备的学生风云人物之一。1934 年 12 月 21 日下午，浙江大学学生自治会召开学生大会，一致同意全校即日起实行罢课，宣布不承认郭任远是浙江大学校长，并通过“在开展驱郭斗争的同时，对校外积极开展抗日救亡活动”的指导方针。学生会首先起草《驱郭宣言》，揭露郭任远“指挥军警，逮捕学生代表”等十大罪状。⑤ 声讨檄文的起草重任自然而然地落在了文书股股长王承绪的身上。据毕业于 1937 年浙江大学教育系的王承绪师弟周鸿本回忆，那篇宣言原推举王承绪执笔，但王承绪知道周鸿本颇能模仿梁启超的笔调写一点东西，因此便将各方面送来的材料转交给周，请周代为起草。周便将资料全部纳入，添头加尾，铅印发布。⑥ 尽管没有直接证据证明王承绪在此宣言起草中的作用，如是否提供思路和修改意见等，但根据学生自治会议事规程可以推断出，此宣言必是在王承绪的全程指导和参与下完成的，经过了王承绪的审阅、同意，并由其所在的文书股提请学生会干事会讨论通过后方得以印发。因此，此宣言起草之功，王承绪可享一半。

---

① 廖茂如（讲），王承绪，殷秋松（记）. 道德教育与学生自治［J］. 无锡中学月刊，1930，1（3）.

② 本学期第一次膳食委员会会议记录［J］. 江苏省立无锡中学校刊，1930，1（3）.

③ 校闻：文理学院学生自治会成立［J］. 浙江大学校刊，1930（12）.

④ 王承绪. 学生自治会近讯：干事会已经产出，职务亦分配就绪［J］. 国立浙江大学校刊，1933（156）.

⑤ 中华民国史事纪要编辑委员会. 中华民国史事纪要（初稿）1927 年 1 至 6 月［M］. 台北：正中书局，1977：367.

⑥ 周鸿本. 郭校长和几位教授［G］//中国人民政治协商会议浙江省委员会文史资料研究委员会. 天涯赤子情：港台和海外学人忆浙大. 杭州：浙江人民出版社，1987：173－178.

此外，为表“驱郭护校”决心，全校学生签名宣誓，教育系签名位列第一行，而王承绪的名字则居于列首。① 从中可见，王承绪在此次“驱郭运动”中身先士卒，不遗余力，不畏强权，起到了很好的带头示范作用。

浙江大学学生“驱郭运动”的胜利，不仅是全体学生同仇敌忾的结果，也得到了郑晓沧、费巩、束星北等进步教师的鼎力支持；不仅展现出了施尔宜、杨国华、王承绪等一众学生会骨干的带头作用，更折射出浙江大学学子爱国、民主、科学的求是精神。这些经过“一二·九”运动和“驱郭运动”洗礼的进步知识青年，日后都成为国家建设的栋梁之材。

（二）国立浙江大学教育学会

除参加社团性质的学生组织外，王承绪还参加了学术性质的学生组织——国立浙江大学教育学会。国立浙江大学教育学会由成立于 1931 年国立浙江大学文理学院教育学会改组而来。国立浙江大学文理学院教育学会由文理学院教育系学生发起组织，所有教育系学生皆为会员，院长和教育系全体教师为名誉会员。② 1932 年正式更名为国立浙江大学教育学会，增补校长为名誉会员。③ 1933 年，王承绪转为国立浙江大学文理学院教育系正式生，也由此成为教育学会正式会员，历任教育学会事务股股长④、编辑股股长⑤、研究股股长⑥，并于 1935 年当选为教育学会主席。⑦

在参加国立浙江大学教育学会期间，王承绪主要开展了以下学术性质的活动。一是负责学会附办杭州民国日报副刊《教育园地》的编辑工作。1932 年，国立浙江大学文理学院教育系师生为使教育与社会联系，于是借杭州《民国日报》之篇幅，刊发《教育园地》副刊，每逢星期四出版一次。“以大学研究所得贡诸社会，求社会之批评，兼唤起社会对大学之

---

① 护校运动中同学之决心［J］. 浙江大学学生，1936（创刊号）.

② 国立浙江大学文理学院教育学会会章［J］. 国立浙江大学校刊，1931（67）.

③ 求是消息：教育学会新讯［J］. 国立浙江大学校刊，1932（106）.

④ 教育学会近讯：执行委员选出，教育园地复刊［J］. 国立浙江大学校刊，1933（124）.

⑤ 教育学会近讯一束［J］. 国立浙江大学校刊，1934（166）.

⑥ 教育学会筹办民众夜校：并产生新职员，举行联欢大会［J］. 国立浙江大学校刊，1934（187）.

⑦ 教育学会与省立图书馆合办民众夜校即正式上课［J］. 国立浙江大学校刊，1935（206）.

注意。”[①] 王承绪在担任编辑股股长期间，主要承担了《教育园地》的编辑、统稿、校对等出版工作。同时，他还兼俞子夷创办的《教师之友（上海）》杂志的编辑工作，并撰写了《教育技术学概论》三篇文章。[②] 二是组织各类学术活动。教育学会不定期组织学术讲座，聘请名教授做主题演讲，郑晓沧、庄泽宣、俞子夷等人皆曾就聘。听者除学会会员外，还有不少会外同学及校外来宾，济济一堂颇具盛况。[③] 此外，还组织了与外校学术团体的联谊活动。1934 年 4 月，中山大学教育考察团一行来校交流，王承绪作为新任主席主持了接待工作，郑晓沧、庄泽宣等人出席接待活动。[④] 三是开展民众教育工作。主要有民众学校和求是暑期学校两种形式。国立浙江大学民众学校筹建于 1931 年，由文理学院教育学系办理，教员由该系学生轮流担任，并酌给名誉学分，以资鼓励，教材商由浙江省立民众教育实验学校供给。[⑤] 求是暑期学校由文理学院三年级学生自发办理。1935 年暑期，民二五级决定继续开办求是暑期学校，以级会为董事会，产生暑期学校职员，王承绪当选为常务董事兼校长。[⑥]

除学生自治会和教育学会两种学生组织外，王承绪还担任过国立浙江大学民二五级级委，即使毕业留校后，也还担任过文理学院毕业同学委员会委员、召集人[⑦]，并任组织部长兼调查股长，兼代介绍股股长。[⑧] 可见，王承绪在学生时代，可以说是一个品学兼优、热衷社运的风云人物，在师生中具有较高的知名度。从其参与的诸多学生活动来看，由于年龄、氛围、时势等主客观因素，王承绪参与学生运动略显激进，特别是在“驱郭运动”中表现得非常积极，与其沉稳内敛的性格形成了鲜明的对比。

---

① 教育系刊发教育园地［J］. 国立浙江大学校刊，1932（114）.
② 俞子夷. 编者的一封信［J］. 教师之友（上海），1935，1（1）.
③ 教育学会举行学术演讲［J］. 国立浙江大学校刊，1933（150）.
④ 教育学会欢迎中山大学教育考察团［J］. 国立浙江大学校刊，1935（212）.
⑤ 校闻：文理学院教育系筹设民众学校［J］. 浙江大学校刊，1931（45）.
⑥ 文理学院民二五级决定继续开办求是暑期学校［J］. 国立浙江大学校刊，1935（206）.
⑦ 本校文理学院毕业同学会筹备组织的第二声［N］. 国立浙江大学日刊，1936－12－12.
⑧ 校闻：文理学院毕业同学理事会首次会议纪详［J］. 国立浙江大学日刊，1937（130）.

二、 学术组织

立志“教育救国”的王承绪在学术界是非常活跃的，自民国时期起，参加过多个地方性、全国性的专业学术组织，从普通会员到学会会长，其学术能力和影响力与日俱增。细数来看，王承绪参加的学术组织主要有以下类别。

（一）新中国成立前参加的学术组织

新中国成立前，作为一名后学之士，王承绪先是在良师影响下，成为中华儿童教育社和中国教育学会的先期会员；随后，又基于文化内省和学术报国，创办救国杂志《东方副刊》，并亲任总干事。下面对上述三种学术组织简述如下。

1. 中华儿童教育社

中华儿童教育社创建于1929年7月12日，以研究儿童教育为宗旨。创始团体社员有22个，其中包括无锡中学实验小学[①]；个人会员66人，其中包括时任江苏省立无锡中学实验小学校长的葛鲤庭。[②] 葛鲤庭在学校大力推行儿童本位教育，以问题入手，创设情境，激发儿童创造性。[③] 受此影响，王承绪也加入中华儿童教育社。[④] 遗憾的是，由于资料缺乏，我们无法获知王承绪参与的具体活动。

2. 中国教育学会

中国教育学会创建于1933年1月28日，以研究和改进教育为宗旨，凡对教育有专门研究或从事教育工作有贡献者由本会会员两人以上介绍，经理事会通过可成为会员。学会第一届理事会设理事15人，包括时任浙江大学教授的郑晓沧、孟宪承及时任中山大学教授的庄泽宣、陈鹤琴、陶行知等人；常务理事5人，郑晓沧为常务理事之一。[⑤] 郑晓沧、孟宪承、庄泽宣三人连任三届理事（1934年第二届，1936年第三届，1937年因卢

---

① 余择生．本社在杭开成立大会经过情形［J］．儿童教育，1928，1（3－10）．

② 个人社员名单［J］．儿童教育，1929，2（1）．

③ 葛鲤庭．苏省锡中实小儿童本位教育实例［J］．儿童教育，1930，3（2）．

④ 林煌天．中华翻译词典［Z］．武汉：湖北教育出版社，1997：684．

⑤ 中国教育学会理事名单［J］．中国教育学会会友通讯，1933（1）．

沟桥事变未改选）。[①] 此时，王承绪正在浙江大学教育系借读，随后转为正式生，一直到毕业留校工作、考取庚款留英，他都跟着三位名师学习教育学。1948 年学成回国后，王承绪重新投入浙江大学怀抱，并成为中国教育学会的一员。[②] 尽管我们暂无王承绪加入中国教育学会具体时间的证据，但可以肯定的是，他加入中国教育学会和三位名师的影响是分不开的。

3. 《东方副刊》编委会

《东方副刊》创办于 1944 年 11 月，以向国内译介新知为宗旨。杂志在商务印书馆总经理王云五的资助下，由留英青年才俊王承绪、朱树屏、钱三强等 20 余人联合创办，王承绪任编委会总干事。杂志于 1947 年 1 月停刊，共出版 20 期，刊载论文 280 篇，涉及军事、工业、政治、经济、教育、社会等诸领域。其中，王承绪撰稿 27 篇，占近 1/3，内容涉及教育学、政治学、哲学、国际关系学、心理学、社会学等多个学科，体现了王承绪从多元维度观察社会问题、思考教育理论与实践的学术修养，以及多而不散、由博返约的多学科研究理路。[③]

（二）新中国成立后担任的学术职务及开展的学术活动

留学归国后，王承绪继续发挥学术优长，加入了各种专业性学术组织，并担任学会的领导职务，推进了学科专业发展。下面将其参与的学术组织及担任的学术职务简列如下。

1. 担任的主要学术职务

1947 年，任国民教育实验区指导委员会委员。民国三十六年（1947 年），教育部指令由浙江大学师范学院院长会同浙江省教育厅、杭州市教育局设立国民教育实验区，划定杭州西湖区 13 所小学为实验区学校，并组织指导委员会负责指导。指导委员会名誉主任委员为郑晓沧，主任委员

---

① 中国教育学会会章、会务概况与历届理事名录（1944 年 5 月）[G] //中国第二历史档案馆. 中华民国史档案资料汇编（第五辑），第二编，教育（二）. 南京：江苏古籍出版社，1997：826.

② 中国教育学会会员题名录 [J]. 教育通讯（汉口），1948（9）：35 – 38.

③ 陈伟，郑文. 超越战争的战时比较教育研究：论参与创办《东方副刊》时期的王承绪 [J]. 比较教育研究，2012（4）：24 – 28.

为俞子夷，委员为王承绪和赵端瑛。[①]

1980 年，任《中国大百科全书》教育卷编委会委员兼《外国教育》副主编，编写了英国、阿根廷、巴西等国教育概况。

1985 年，任美国 M. E Sharpe 公司出版的 *Chinese Education*（《中国教育》）杂志客座编委，与南加州大学东亚研究中心主任 Rosen Stanley 合作编印 1986 年第 19 号第 1 期的 *Humanities Education in Chinese Universities*。

1985 年，任加拿大多伦多大学《交流》教育季刊顾问、编委。

1986—1992 年，任《教育大辞典》编委会顾问，并负责相关英国条目撰写。

1986—1998 年，任国家教委教育发展研究中心兼职研究员、全国教育科学规划比较教育学科组成员、全国教育史研究会理事、中国高等教育学会理事、浙江省陶行知研究会会长、浙江高等教育学会会长。

1987 年起，任中国陶行知研究会副会长、中国教育学会比较教育研究会常务理事、顾问。

1998 年起，任浙江省高教学会名誉会长、浙江省陶行知研究会名誉会长。

此外，王承绪还担任过原杭州大学学术委员会副主任、浙江省自学考试委员会委员等职。[②]

2. 参与的主要学术活动

1979 年 4 月，出席在北京召开的首届全国教育科学规划会议；10 月，出席在上海召开的全国第二次外国教育研讨会。

1981 年 5 月，出席在保定召开的第三次全国外国教育学术会议。

1983 年 7 月，出席在长春召开的第四次全国比较教育学术研讨会；11—12 月，受国家教委中国联合国教科文组织全委会委派，与华南师范大学朱勃考察英国、法国比较教育。

1984 年 10 月，组织并出席在杭州召开的全国比较教育学科建设讨论会。

1985—1986 年，出席在斯坦福大学召开的美国比较教育学会学术年

---

① 杭州市教育委员会. 杭州教育志［G］. 杭州：浙江教育出版社，1994：207.

② 杭州大学校史编辑委员会. 杭州大学校史：1897—1997［M］. 杭州：杭州大学校史编辑委员会，1997：130－164.

会，加州长岛加州大学举行的亚洲文化教育研究会。

1992 年 3 月，出席在杭州召开的中英高等教育学术讨论会。

三、 党群组织

王承绪秉承知识分子参政议政传统，先后加入过中国国民党、中国民主同盟、中国共产党等党群组织，并历任民盟浙江省委员、常委，中国政治协商委员会浙江省委员会副主席等职。

（一）国民党预备党员

1934 年秋，对国民党当局仍有所寄望的王承绪加入国民党，成为一名预备党员。“一二·九”运动爆发后，王承绪对国民党当局失望透顶，起而声援学潮。1936 年“驱郭运动”胜利后，王承绪旋即退出国民党党籍，投入火热的抗日救亡运动。在加入国民党一年半的时间内，由于学业紧张，学生自治会也较多事务，王承绪并未参加任何国民党组织活动，这段履历可以说是短暂而清白的。[①]

（二）中国民主同盟

1951 年 3 月，王承绪加入中国民主同盟，成为致力于文化教育事业发展的一分子。1956—1958 年，任民盟浙江省委第一届委员会委员兼文教委副主任。“文化大革命”期间，由于林彪、江青反革命集团的破坏，民盟各级组织被迫停止活动。粉碎“四人帮”以后，民盟逐步恢复组织活动。1980—1984 年，王承绪任民盟浙江省第四届委员会委员。1984—1987 年，任民盟浙江省第五届委员会常委兼文教委主任。此外，王承绪还是原浙江师范学院民盟组织的负责人。

作为民盟浙江省委的主要领导，王承绪也因此进入浙江省政协领导序列。1979 年，王承绪任浙江省第四届政协委员兼教育工作组组长。1983 年任浙江省第四届政协委员会常委。1985—1991 年，任浙江省政协第五、六届副主席，第六届政协华侨委员会主任。

在统一战线工作期间，王承绪践行学术为国家发展服务的宗旨，积极参政议政、建言献策，致力于文化教育事业。他曾说：“我是从事教育学研究的，最关心的当然是科教兴国。”他的大多数提案都与教育有关，例

---

① 此处根据浙江大学档案室存档的王承绪个人情况填报材料整理。

如加强中小学环境教育、艺术教育、办好师范院校的艺术专业、培养师资等问题。在这些提案中，最值得一书的是关于“要求恢复林社、建立林启纪念馆”的提案。

林启乃清末杭州知府，在任期间，兴办了浙江乃至全国最早的大学——求是书院（浙江大学前身），创立蚕学馆（浙江丝绸工学院前身，后改为浙江理工大学），开设了浙江最早的中学——养正中学（杭州高级中学、杭州第四中学前身），三校为浙江省开创省立大学、职业学校和普通中学先河。林启为浙江文教事业做出了特殊贡献，培养了一大批具有近代科学知识的优秀人才。因此，后人在风景秀丽的孤山修建了林启墓和林启社，以示纪念。但由于历史原因，特别是在“文化大革命”期间，墓穴遭毁，社屋遭占，一片败象。

出于对历史人物的尊重，王承绪和沙孟海等政协委员，从浙江省政协五届一次会议到六届三次会议这 8 年间，连续联名提案，要求修葺林墓、复建林社。他们认为，这不仅是恢复和保护文化古迹，而且是借以激励青年一代和广大群众学习先贤爱国重教精神、弘扬民族优良传统、进行精神文明建设的需要，也是统一战线工作的需要。加之散居海内外的林启后代多次来信来杭要求恢复重建，这一提案最终引起了有关部门的重视并得到落实。2004 年，当地政府对林社进行了恢复修葺，并在林社边增设了林启塑像。①

（三）中国共产党及其他群团组织

1983 年 4 月，王承绪加入中国共产党。此后，他以马克思的辩证唯物主义和历史唯物主义作为学术研究的指导思想，坚守学术信念，老而弥坚，学习奉献，充分展现了一名优秀知识分子和共产党员的光辉形象。

此外，王承绪还加入过一些群团组织。1986 年，任浙江省国际文化交流协会副理事长；1987 年，任浙江海外联谊会名誉会长、顾问；1990 年，任浙江省社科联第二届理事会顾问、浙江省海外交流协会顾问等。在任职浙江海外联谊会、浙江省海外交流协会期间，他结合浙江省政协华侨委员会工作，积极同海外华侨、华人、港澳同胞等海外人士开展教育、经济、文化交流。如 1985 年，王承绪同夫人赵端瑛去美国南加州大学访问

① 庞学铨. 浙江大学统战五十年［M］. 杭州：浙江大学出版社，2001：274.

期间，出席了在洛杉矶蒙特利市内江浙叙香园餐厅举行的浙江大学北美同学会第十届年会及新春茶话会。[①] 此外，王承绪还就归侨侨眷的权益保障，邀请华侨回国探亲、旅游、投资、定居，组织华侨第二代、第三代学中文夏令营，增强他们的民族认同感等各种问题提出建议。1989 年 12 月，国务院侨办全国侨联授予他全国优秀归侨知识分子称号。[②]

四、 国际组织

王承绪加入的最大也是唯一的国际性组织即联合国教科文组织，成为该组织诞生的见证者。1945 年 10 月，联合国在美国旧金山正式成立。11 月，英、法、中、美、加等国的教育部部长再次在伦敦召开“盟国教育部长会议”，商讨具体筹建联合国教育科学文化组织事宜。[③] 在著名比较教育家、盟国教育部长会议的筹办者劳锐斯的引荐下，王承绪列席了此次会议。此次部长会议决定，在联合国教科文组织筹备委员会秘书处教育组设立编辑出版委员会，出版促进各国教育发展的书籍，并为联合国教科文组织第一次大会准备文件。中国代表团的教育顾问郭有守担任了编辑出版委员会主任，美国霍姆斯任主编，著名比较教育专家康德尔任顾问。英国的劳锐斯、康德尔和我国的赵元任等 33 人共同撰写了《基本教育》一书，王承绪为编委会撰写了《略论基本教育》一文。[④] 该书于 1946 年联合国教科文组织成立大会召开前如期出版，亦离不开王承绪等工作人员的努力。其中文版亦由王承绪译出，交由商务印书馆出版。

1946 年 11 月 9 日至 12 月 10 日，联合国教科文组织召开第一次大会，中国派出了以赵元任为团长的 22 人代表团参加此次大会，代表团成员有程天放、李书华、竺可桢、陈源。王承绪被聘为代表团秘书，钱三强为技术助理。[⑤] 会后，王承绪作《第一届联合国教育科学文化会议记录》，约

---

① 中国人民政治协商会议浙江省委员会文史资料研究委员会. 天涯赤子情：港台和海外学人忆浙江大学［M］. 杭州：浙江人民出版社，1987：328.

② 庞学铨. 浙江大学统战五十年［M］. 杭州：浙江大学出版社，2001：274.

③ 张民选. 国际组织与教育发展［M］. 上海：上海教育出版社，2010：45.

④ 王承绪. 我与联合国教科文组织［M］//徐小洲. 王承绪教育文集. 南京：江苏教育出版社，2010：708.

⑤ 参加联教组织第一届大会报告［J］. 教育部国际文教丛刊，1947，1（2）：1－20.

六千言，预备寄《大公报》，请竺可桢审阅。[①] 竺可桢看后，提出了修改意见，王承绪随后以《联合国教育科学文化组织会议的经过和观感》为题，以星期论文的形式于1947年1月12、13日在《大公报》上发表。

1947年9月，根据成立大会安排，联合国教科文组织远东区基本教育研究第一次会议在中国南京召开，王承绪任中国代表团专门委员。[②] 会前，王承绪在《大公报》上发表文章，详细介绍此次会议的由来、内容及意义（后转载于《浙江民众教育》1947年复1第1期）[③]；会议期间，他邀请各国参会代表给南京市教师做专题报告，并翻译其中一篇演讲稿发表在《首都教育》上[④]；会外，他陪同代表们到各地访问和参观各类教育机构，如南京鼓楼幼稚园、苏州实验小学、中华书局基本教育展览会等[⑤]；会后，他将各国代表报告中精要部分摘录编译成文，发表在《教育通讯》上。[⑥] 此次会议的召开，王承绪可以说是费尽心思，他希望通过此次会议，在中国"基本教育"发展的领导下，实现"远东一家"，让远东地区的"基本教育"从"黑暗带"向"光明带"迈进。此外，本次会议召开前后，中国社会各界掀起了一场有关"基本教育"地位和功能的大讨论，且产出了诸多具有极高历史价值的成果，如俞子夷担任浙江国民教育实验区主任时主编的《基本教育》杂志、教育部远东基本教育研究会议筹备委员会编辑的《中国的基本教育》、中国代表团顾问吴研因出版的《基本教育》等。

新中国成立后，由于各种原因，中国与联合国教科文组织的关系暂时中断，直到1972年中国恢复在联合国的合法席位，才再次取得与联合国教科文组织的联系。1980年改革开放后，王承绪个人亦再次取得与联合国教科文组织的联系，经国家教委推荐，联合国教科文组织巴黎总部任命他为联合国教科文组织亚太地区教育合作咨询委员会委员，该委员会每两

---

① 竺可桢. 竺可桢日记：第二册 1942—1949［M］. 北京：人民出版社，1984：993.

② 远东区基本教育研究会议报告［J］. 教育部公报，1947，19（10）.

③ 王承绪. 迎联合国教育科学文化组织远东区基本教育研究会议［N］. 大公报，1947-08-31.

④ 王承绪. 缅甸、暹罗、印度、锡兰、马来及印度尼西亚的基教概况［J］. 首都教育，1947，2（2-3）.

⑤ 王承绪. 出席南京基本教育分区研究会议的经过和感想［J］. 基本教育，1947（3）.

⑥ 王承绪，陈友松，程其保. 远东区各国及各地区基本教育概述［J］. 教育通讯，1947，4（4）.

年举办一次会议。此后，他连任三届，每届四年。

在任职期间，王承绪主要开展了两项工作。一是出席参加相关会议，为亚太地区教育发展建言献策。亚太地区教育合作咨询委员会从 1980 年到 1991 年共举行过 6 次会议，王承绪因 1995 访美错过第三次会议外，五次均亲自参加。第一次会议于 1980 年在泰国首都曼谷召开。王承绪接到参会通知后，提前到国家教委报到，积极学习国家有关参加国际会议的方针政策，做好会前的充分准备。会上，他积极与参会代表交流，就亚太地区教育革新计划，人口、环境和教育以及高等教育三个领域建言献策。会议结束后，他及时向国家教委联合国教科文组织全国委员会汇报了会议进行情况和重要决议。① 此次会议，是王承绪重新融入国际组织的起点。此后，他在委员会中的作用和地位与日俱增。1991 年在泰国清迈召开第五次会议时，王承绪任大会副主席，深受与会代表的尊重，此时，王承绪已成为联合国教科文组织的元老级人物。每次参会，王承绪必先写好出席会议的方针、对策和发言稿，会后必及时写好总结，将开会情况与建议等向国家教委教科文组织汇报。他每次出国参加会议，严格遵守有关涉外规定，会议期间所得补助，按财务制度报销。每次会议，不仅和各国教育同行共商教育发展和合作大计，并介绍国内改革开放的大好形势，增进相互了解；身为华侨，他还不了解当地华侨、华人情况，如涉及愿与国内通商等事件，回国后即向有关方面反映，做好牵线搭桥工作。②

第二项重要工作是积极与委员会开展交流合作。1981 年，亚太地区高等教育项目开发会议在新加坡召开，王承绪和国家教委师范司何平与会，并提交了有关中国高等教育发展的报告（具体请参见第五章内容）。会后，经浙江省人民政府同意，国家教委确定杭州大学为亚太地区高教研究合作单位。同年 8 月，刚成立的浙江省高教局决定，将浙江省高校干部培训、高等教育研究以及参加亚太地区高教研究合作的三项工作合为一体，由杭州大学同时设立高教研究室与高校干部进修班，开展上述工作。

---

① 王承绪. 我与联合国教科文组织［M］//徐小洲. 王承绪教育文集. 南京：江苏教育出版社，2010：709.

② 万行健. 学习工作奉献：记王承绪教授的经历片断［G］//浙江省政协文史资料委员会，浙江省归国华侨联合会. 报国情深：归侨侨眷在浙江. 杭州：浙江人民出版社，1994：5.

1982 年 5 月 12 日，杭州大学高教研究室改名为杭州大学高等教育研究所，王承绪任所长。[①] 12 月，出版“高教研究丛刊”，前两辑即为《亚洲和太平洋地区的高等教育》和《东南亚国家的人力规划》。1984 年，成立联合国教科文组织杭州大学亚太地区教育革新为发展服务计划（Asia-Pacific Programme of Educational Innovation for Development，APEID）中心，王承绪任主任。1998 年杭州大学并入浙江大学后，浙江大学与联合国教科文组织的交流与合作出现了新的发展势头。2000 年，浙江大学 APEID 中心承办联合国教科文组织的“地方政府与非正规教育”地区研讨会；2001 年，中心承担了教科文项目“建立行动研究机制，促进学校改革与发展”和“流动人口子女的基础教育”。此外，中心还与全球大学创新联盟亚太中心（GUNI－AP）开展了项目合作。[②]

在长达半个多世纪里，王承绪的工作和联合国教科文组织紧密相连，成效显著。原国家教委教科文组织对他历年工作的评价是：“多年来，王承绪教授作为联合国教科文组织亚太地区教育合作咨询委员会委员，为亚太地区的教育合作，做出了杰出的贡献，他以卓越的学识，赢得了国内外同行的尊重。”[③] 2003 年，联合国教科文组织授予王承绪“亚太地区教育革新终身成就奖”，这是对他为推动国际教育事业所做贡献的最高褒奖。在他生命的最后几年，他也受到了联合国教科文组织的关怀。2005 年，联合国教科文组织执行局主席、教育部副部长章新胜亲切看望了王承绪；2010 年春天，联合国教科文组织总干事博科娃访华，专门亲笔致信问候王承绪。此时，有幸亲历联合国教科文组织创立的人，大约只有他一人在世。[④] 2013 年，这位见证联合国教科文组织诞生的百岁老人溘然长逝，联合国教科文组织巴黎总部、联合国教科文组织亚太地区教育局及中华人民

---

① 辽宁高等教育研究所办公室．全国高等教育研室究所简介［M］．沈阳：辽宁人民出版社，1990：135．

② 王承绪．我与联合国教科文组织［M］//徐小洲．王承绪教育文集．南京：江苏教育出版社，2010：711．

③ 万行健．学习工作奉献：记王承绪教授的经历片断［G］//浙江省政协文史资料委员会，浙江省归国华侨联合会．报国情深：归侨侨眷在浙江．杭州：浙江人民出版社，1994：5．

④ 谢喆平，董建红．一个人和他的一个世纪：记浙江大学终身教授王承绪［J］．人物，2010（9）：48－53．

共和国联合国教科文组织全国委员会纷纷发来唁电，对王承绪的逝世表示沉痛的哀悼和深切的缅怀，并对王承绪在推动中国与联合国教科文组织的合作以及促进国际教育交流方面做出的杰出贡献给予高度的肯定和评价。①

第二节 王承绪组织活动旨趣探析

通过对王承绪社会活动史的考察不难发现，其参与各类团体组织的目的是一以贯之的，即发展教育、服务国家、沟通世界。但就其参与的意愿、形式、程度等来看，却不尽相同。从个体意愿来讲，有的是其主动参与，如中国民主同盟、中国共产党；有的是因为形势所需，如中国国民党；有的是因缘际会，如联合国教科文组织，等等。从参与的形式来看，有的是担任领导职务直接参加有关工作，如政协；有的是通过调查研究活动间接反映情况和表达诉求，如各类学术性组织，等等。从参与的程度来看，其主要精力在学术性组织，各类事务均为学术性活动。换言之，王承绪在参与社会组织活动、平衡学术和行政的关系上，以学为主、为明，以政为辅、为暗；学以致仕、仕以崇学。王承绪这种社会组织活动旨趣，其背后折射的是中国传统知识分子的济世情怀、民国一代教育先驱的救国理想，以及个体内心知行合一的志业追求。

一、“学而优则仕”的济世情怀

自孔子提出“学而优则仕”以来，中国传统知识分子就找到了一条连通知识与政治的大道，万千读书人以“修身、齐家、治国、平天下”为座右铭，“铁肩担道义，妙手著文章”。“学而优则仕”可以说是儒家入世哲学的精妙所在，包含了“学”“优”“仕”三个层次。“学”即所学何物。孔子以“文、行、忠、信”为四教，文为载体，如《诗》《书》之类；行则主践；忠、信为贯穿在学与行之中的道德情感与品质。四者的落脚点是在“行”上，如朱熹所言：“其初须是讲学。讲学既明，而后修于行。所行虽善，然更须反之于心，无一毫不实处，乃是忠信。”② 孔子所教即为

---

① 联合国教科文组织对王承绪先生给予高度评价［EB/OL］.［2017－07－15］http://www.news.zju.edu.cn/wcx/redir.php?catalog_ id =604&object_ id =674.

② 黎靖德. 朱子语类［M］. 北京：中华书局，1986：847.

学生所学，因之，学即是学习成为知识丰富、道德高尚、勇于践行的君子。何为君子？“子曰：‘修己以敬。’曰：‘如斯而已乎？’曰：‘修己以安人。’曰：‘如斯而已乎？’曰：‘修己以安百姓。修己以安百姓，尧舜其犹病诸！’”（《论语·宪问》）君子是社会的精英，是道义的承担者。孔子希望他们能够在社会的重要岗位承担更多的社会责任。后人对孔子的“优”的理解有两种不同的意见，一是时间说，一是质量说。时间说的“优”指学有余力，在学习之余还有时间和精力从事其他活动；质量说的“优”指学习优秀，只有学习优秀的人才能去从政，才能惠民。不管是哪种解释，“优”皆是一个标准或门槛。

那么学与仕何以抉择呢？孔子是一个务实的道德践履者，一生亦学亦仕，对政治充满热情，渴望一展抱负。但孔子并未将“仕”作为唯一的目的，沦入对权力和政治的盲目崇拜，而只是将从政作为实现“道”的最好途径。孔子又何尝不想过一种自得其乐的安逸生活：“暮春者，春服既成，冠者五六人，童子六七人，浴乎沂，风乎舞雩，咏而归。”（《论语·先进》）当他叫弟子漆雕开从仕，漆雕开自认为还缺乏足够的自信，孔子不但没有责备，反而感到高兴。钱穆注道：“孔子并不以不仕为高，然亦不愿弟子热衷利禄，汲汲求仕进，故闻漆雕开之谦退而喜悦。”①

自孔子以降，中国传统知识分子的生涯可以说都是一种觅求仕途的生涯。尽管清末科举废除后，知识分子的出路更加广泛，但他们的灵魂深处仍难割舍这份“仕途情绪”，大多数知识分子仍坚循从学界领袖到政治领袖的济世之道，如蔡元培。从小接受传统儒家教育熏陶的王承绪，也自觉深植了儒家哲学这种关注现实生活，主张经世致用的济世情怀。青年求学时期，他活跃于各种学生社团，积极投身社会建设实践洪流。即使在留学英国期间，也不减初心，研究 19 世纪英国社会主义运动与伦敦大学的关系。新中国成立后，他旋即加入中国民主同盟，与一群立志教育、科技、文化的知识分子共襄国家发展大计。此后经年，尽管身兼多职，官至副部，但他仍谦逊淡泊，不改君子风范，不以高位厚爵自居，唯以教育英才为乐。这种以达济天下为己任、不贪恋权势名利的君子情怀，不正是中国传统知识分子以天下苍生为念、修己以安百姓的至高理想吗？

---

① 钱穆．论语新解［M］．北京：生活·读书·新知三联书店，2002：113.

二、“教育救国”的理想迁延

尽管中国知识分子有“达则兼济天下”的济世情怀，但同时也有“穷则独善其身”“君子不立危墙之下”的自保哲学。民国动荡之世，很多识时务之士为保全个人，选择了静默观望，蛰伏避世。但亦有众多远识之士，深知覆巢之下安有完卵的深刻教训，置个人安然和前途不顾，为国家与民族命运抛头颅、洒热血。这些仁人志士的大无畏精神激励着知识分子或投身革命，或学以报国。在众多“教育救国”团体中，有王承绪青年时不甚伟岸但却坚毅的身影。这些进步学生深知，个人的力量极其薄弱，唯有同仇敌忾，结成社团，方能汇成推动，甚至改写历史的洪流。这就是王承绪“教育救国”时期参与社团组织的宗旨所在，是“国家兴亡，匹夫有责”的精神写照。

新中国成立后，王承绪社会改造理念迅速从“教育救国”转变到教育兴国。他正式加入第一个政党组织——中国民主同盟。遗憾的是，正当他踌躇满志以展抱负时，“教育革命”席卷而来，王承绪不仅停止了一切学术活动，个人也因历史问题接受劳动改造。但他即使身处逆境，仍手不释卷。为避免再蹈因言、因行而获罪，王承绪转而致力翻译、以译代述。

由于“教育革命”时期晚清一代的知识分子大多陨落，至科教兴国时期，人才几度凋零。作为硕果仅存的民国时期知识分子之一，王承绪责无旁贷地接过学统，以古稀高龄扛起中国学术发展的大旗，出任专业学会带头人。他将教育界中青年知识分子团结到一起，分享学术经验和成果，谋划学术未来蓝图，快速提高了他们的理论水平和实践能力。他再次活跃于政界、文化界，借助政府和各方力量，推动教育发展。他重新踏上国际舞台，与世界各国开展教育文化交流与合作。这种以社团组织为平台，以接续学术发展为担当，以教育救国、兴国、强国为理想的行动旨趣，不正是“君子弘毅、任重道远”的儒士精神吗?

三、“知行合一”的志业追求

在“学而优则仕”的文化内省和“教育报国”的时事外力的双重合力下，形成了王承绪基于个人准则的第三个旨趣：“知行合一”。自王阳明提出“知行合一”以来，实学渐趋兴起，至清末民初蔚然成风。知识分子不再静坐书斋，苦读圣贤书，而是自觉走入社会实践，开民智、察民情，以验真理。如此方能体现知识的价值——促进文明进步，谋取幸福生活。郑晓沧、孟宪承、俞子夷等人，皆热衷于社会改造实验，办学校、组团体。王承绪在学习之余，亦积极参加社会实践活动，去中小学校参观，去民众学校教课，去商务印书馆实习，等等。即使在留英期间，亦出入大学、部队和学术团体做报告会。新中国成立后，也指导和参与新中国教改实验。可以说，他既是一位理论家，也是一位行动家；他未沉浸于封闭式学术探索的悠然自得，而是投身于多样性社会实践的推己及人。因之，王承绪塑造的，不仅仅是一位学富五车的学者，还是一位文化交流的使者、一位直言不讳的谏者、一位心怀天下的行者。

小　结

通览王承绪的一生，社会活动史和学术研究史及个人成长史紧密相连，熠熠同辉，相得益彰。王承绪参与社会组织活动，果敢坚毅、温和隽永，不逐权、不求名、不谋利。学生组织中，凭热血而不失沉稳；政党组织中，居高位而不逐权欲；学术组织中，担魁首而不为学阀；国际组织中，称元老而不避新邦。王承绪的为人、为学之道，通过各种社会组织活动，得以广为传颂。综观王承绪参与社会组织活动的程度、主次和方式，具有以下三个特征。

一是热而不恋、乐而不耽。王承绪对社会组织活动十分热心，但却并不迷恋，尤其是对学术权力和政治权力。青年时，王承绪积极主动参与各种组织，只为救国于危难，并未因此而走上如胡乔木、梁尔宜等人的政党之路。因为没有知识武装的运动，终究只是情绪意气的宣泄。学潮平息、政局稳定之后，他自觉回到课堂，以学业为第一要务。成名后，王承绪身兼数职，受到上至国家、下至民众的倚重和赞誉，但他除履行必要的职责外，鲜少活跃于各类公开场合，仍以三尺讲台为乐园。甚至在联合国教科文组织要为他颁发“亚太地区教育咨询合作终身成就奖”时，他也以要给学生上课为由未至现场。20 世纪 90 年代后，由于年事已高，王承绪主动淡出社会组织活动，以此提携后进。因此，王承绪在参与社会组织活动时，始终把握好了一个度，不以社会事务害学术，亦不以潜心学术而不闻时事，真正做到“从心所欲，不逾矩”。这种游艺于学术和政治之间的智慧和原则，难能可贵。

二是学术为重、余则次之。王承绪所参加的四类社会组织，如果按其实际担任的角色和开展的活动来看，可归为学术性和政党性两类。而实际上，王承绪在政党类社会组织中开展的，也多为与教育文化有关的活动，如他在民盟任文教委主任。因此，如果剥离组织类别，王承绪自始至终所进行的，都是其倾注一生的教育事业。当然，这种事业，可以大致分为学术理论上的和教育实践上的。理论上的如中国比较教育学会、教育史学会；实践上的有政协、文化交流协会等。而通过王承绪公开参与的社会组织活动来看，他是以学术理论上的专业学会组织活动为重、其余组织活动为辅的。在比较教育学会召开的若干届年会中，王承绪很少缺席。即使后期因身体原因不能亲至，亦通过贺信、视频讲话等方面，远程参与。王承绪这种不以政治而废学术，不以学术而懒于政治，将学术视为生命的精神，令人景仰。

三是注重传承、推介后辈。王承绪参与社会组织活动，一方面出于追随先师步伐，上承老一辈教育家的宏愿；一方面出于提携后进成长，下启新一代教育人的新章。如在学术组织上，正是受孟宪承、郑晓沧、庄泽宣、俞子夷等人引导，王承绪方才加入中华儿童教育社、中国教育学会等。王承绪在此领域的主要接班人是徐小洲，他现为浙江大学教育学院院长，兼任中国教育学会教育史专业委员会理事、中国高教学会高教期刊研究会常务理事、中国高教学会高等教育管理研究会理事、浙江省高等教育学研究会常务副理事长等职。在党群组织上，王承绪积极为国家发展建言献策也是秉承郑晓沧的志愿。郑晓沧曾担任过第二届全国政协特邀代表、第三至五届全国政协委员、浙江省政协常委、中国民主促进会中央委员、中国民主促进会浙江省委常务委员等职，热心于国事民瘼。王承绪加入民盟和政协和郑晓沧不无关系。郑晓沧曾写就《林启在浙江教育史上的地位》一文，对林启颇为推崇；而王承绪亦多次呼吁恢复林社。徐辉则继承了王承绪参政议政的志趣，现任中国民主同盟第十一届中央委员会副主席，第十二届全国政协常委、副秘书长，提案委员会副主任，国家教育咨询委员会委员等职。在国际组织上，王承绪则是庄泽宣联合国教科文组织事业的接班人。1945 年，“二战”结束后，庄泽宣作为中国代表前往伦敦参加同盟国教育部长会议，商讨成立联合国教科文组织事宜。到达伦敦后，他力邀王承绪同去参加此次部长会议，开启了王承绪与联合国教科文组织的紧密联系。1948 年，庄泽宣受联合国教科文组织聘请，担任复兴部研究组主任，主持战后文教事业调查，提出教育的复兴必须兼顾不同的民族性、社会组织和经济能力，同时因地制宜、循序渐进的主张，为战后世界教育事业的恢复和发展做出了贡献。① 如同庄泽宣是王承绪的引路人一样，王承绪在担任了12年联合国教科文组织亚太地区教育合作顾问委员会委员后，将这面他视为人生“第三大学”的旗帜传给了汪利兵。他亲自给汪利兵写推荐信，鼓励他竞聘联合国教科文组织亚太地区教育局APEID总协调员兼高等教育高级项目专家一职。② 现如今，汪利兵正在联合国教科文组织中继续开拓着从庄泽宣开启、王承绪光大的国际教育合作与发展事业。

通过参与社会组织活动，王承绪实现了知行合一、仕以崇学的教育理想，为新中国教育事业的快速发展做出了巨大贡献。没有王承绪等老一辈知识分子领导下的学会工作，很难想象中国学术氛围能如此活跃，队伍能如此庞大。借助这些学术性组织活动，学术人之间进行观念交换、思想碰撞；在争鸣和联合中，中国学术方才百花齐放。这种打破学术门墙之见，建立学术共同体，促进学术生态的开放、包容和创新的“稷下学宫”式的组织共谋，为推进中国教育学学科建设、人才培养、国际交流等起到了基础性和关键性作用。因之，尽管王承绪活跃于各种社会组织，但为世人传道的，仍是那个学贯中西、笑语温良、以学术研究为志业、以报效国家为宗旨的教育大家。

---

① 贾馥茗，国立编译馆．教育大辞书（7）［Z］．台北：文景书局，2000：578.

② 汪利兵．不言之教，嘉惠后学［J］．华南师范大学学报（社会科学版），2015（5）：40－42.

第八章 学术史视域的王承绪学术思想

作为清末以降以“教育救国”为鹄的老一辈教育学流派及教育学家群体的代表人物，王承绪无疑是中国近代百年社会变革的积极参与者、见证者和推动者，尤其为中国百年教育学术发展做出了延续薪火、福泽后人的巨大贡献。在对王承绪的学术思想做近景聚焦式分析后，须将研究视角切换至远景全息式视角，立足于中国近百年的社会变革史、教育发展史的宏大历史背景，对其在中国百年学术发展史上的节点效应做网状分析，深度揭示王承绪教育思想的学术史价值、历史影响和现实意义。本章拟从三个方面对以上问题进行探析。一是王承绪学术思想的纵向承传，从历史坐标中探寻其作为新旧学术思想交汇、创变的基点效应；二是王承绪学术思想的横向比较，从学缘流变中探讨“杭州学派”与其他学派的异同；三是王承绪学术思想的历史影响，从“古今—中外—个性”的三维角度，准确定位王承绪的学术地位，合理评价王承绪的学术贡献。

第一节 王承绪学术思想的纵向承传

任何思想都是时代的产物。近百年来，恰逢中华民族从鸦片战争以来的沉沦走向复兴的特殊时期，历经了"'教育救国'—'教育革命'—科教兴国—教育强国"四个重大变革。正是这风云际会的百年沉浮，为王承绪的学术思想提供了丰厚的营养。他自幼受"教育救国"思想的洗礼，上承民国教育名家之学术余脉，成长为一个典型的"一二·九知识分子"；下启新中国教育研究的学术盛世，蜕变为一名坚定的马克思主义理论工作者。在这场急剧动荡的社会变革和学术正名中，王承绪不改初心，坚持学术报国；不计宠辱，伏首学术翻译；不知老之将至，力扛学术大旗，成为"教育救国"思想的活化石、教育复兴民族的开路者。

一、"教育救国"时期的学术洗礼

如前所述，王承绪精微的学术思想、开阔的学术视野、丰硕的学术成果，除个人顽强奋斗外，离不开时代的赋值和时人的引领。出生于民国初立的王承绪，恰逢"教育救国"思潮风行，被民初仁人志士视为救亡图存的拯危利器。陶行知曾言，"教育实建设共和之最要手续"[①]。黄炎培亦直言，"吾辈宜十分信仰教育为救国唯一之方法，而以全力注重之"[②]。为提振经济，蔡元培、黄炎培等人倡兴职业教育；为开启民智，蔡元培、陈独秀等人倡导新式教育，借助教育来培养具有现代化的完人。

受蔡元培、陈独秀、黄炎培、陈鹤琴、孟宪承、郑晓沧、庄泽宣等时贤的熏陶，王承绪自幼树立了"教育救国""学术报国"的崇高理想信念，这种自觉"负有救国责任"的使命感，贯穿于其百年人生和学术生涯。中学时，他基于知识分子的自惭心理和批判精神，自觉与苦难工农对比，自我反省，激励自己要"奋发力强努力革新"。大学时，他作为学生会骨干，积极参与"一二·九"运动和"驱郭运动"。抗日战争时期，远在英国伦敦留学的王承绪，为打破日寇对国内的文化封锁，接续中华学

① 陶行知. 共和精义［M］//陶行知. 陶行知全集：第1部. 长沙：湖南教育出版社，1984：51.

② 黄炎培. 黄炎培教育文选［M］. 上海：上海教育出版社，1985：71.

脉，与一群热血青年毅然创办《东方副刊》。在1944年11月至1947年1月的两年多时间里，共编辑出版20期杂志，刊发学术论文280余篇，其中他个人独立发表论文27篇，广泛涉及教育、国际关系重建、政治学、哲学等多个领域，不但展示其跨学科的学术视野和多学科的研究才能，更是全面彰显了他的报国热忱。“教育救国”时期社会氛围的熏陶、个人成长中的自觉砥砺，使王承绪平添了一份儒者担当和侠客风骨。[①] 王承绪开展教育研究的旨趣、形成的学术观点、开展的社会实践，皆来自于时代和时人的双重形塑。可以说，“教育救国”思想是其献身教育事业、投身教育研究的根本动力。[②]

二、“教育革命”时期的学术守护

新中国成立前，王承绪通过不倦求索，身兼中西两学，尽得前人真传，已成长为一位小有名气的青年学者、第二代教育学研究群体的翘楚。然新中国成立后的一系列政治风波，令这位满腔热血的青年才俊蒙冤受屈。眼见郑晓沧等众多老一辈学人和同辈师友惨然陨落，学术式微，王承绪选择了隐忍和坚毅。“他一改过去在课堂上挥洒自如的风格，讲课非常拘泥，基本上是照本宣科，往黑板上抄讲稿……每逢下课前，他还会用这样的话来结束他的讲学：‘我在教学中如有不符合马列主义、毛泽东思想的地方和错误的意见、观点，欢迎同学们提出并加以批判。’因为课后他还要赶快回去写‘交代’，一下课，他就匆匆地走了，从不与同学交流。”[③] 尽管如此，他仍以一颗无比坚强和淡泊的赤子之心，坦然接受命运安排，以此砥砺自己的品格和坚守学术传承，从未放弃过学术理想，转而潜心于外国教育文献翻译，“六经注我”，以译代述。正是这种特殊环境下的带有政治色彩的学术研究，让王承绪最终取精去粗，博采众长，转变为一名唯物论者，为其平反后运用辩证唯物主义和历史唯物主义构建具有中国特色比较教育学体系埋下了伏笔。因之，这一时期的王承绪，可谓浴火重生，作为硕果仅存的民国一代知识分子之一，他不仅守住了中国教育

---

① 陈伟. 王承绪先生的“百年之功”与“百年之耕”[J]. 华南师范大学学报（社会科学版），2015（5）：45－47.

② 陈伟. 论作为教育学家的王承绪先生[J]. 比较教育研究，2016（6）：108－112.

③ 詹振权. 都过去了[M]. 北京：中国文史出版社，2011：44.

学术的传统，也吸纳了马克思主义学说的精华。尽管这是一种被动式的学习和研究，但无疑这种妥协和蛰伏为改革开放后的人才断层和学术断流保住了一丝希望，因其教育为国家发展服务的学术理想始终未曾动摇和改变。“教育革命”时期的诸种境遇，使王承绪平添了几分道家底蕴和隐士气质。

三、“科教兴国”时期的学术担当

十一届三中全会后，全国各项事业重回正轨，教育迎来春天。然而，学术界的春天却仍然春寒料峭，只因十年动乱导致的人才凋敝。在此紧要关头，王承绪不计个人荣辱得失，毅然以古稀高龄积极推进比较教育研究，开创比较高等教育学科，创建比较教育学硕士、博士学位授权点，培养研究生、翻译西方教育名著，学术生涯达到了一个新的高峰，并一直延续至21世纪初的建设“教育强国”时期。从科教兴国到建设教育强国的新时期，王承绪不顾年迈、只争朝夕，再展“君子弘毅，任重道远”的儒士精神！更重要的是，跨越世纪的人生经历，使王承绪渐能超乎世俗纷争、静观天人之际，甘守书斋孤寂、乐于学术沉思，“生而不有，为而不恃，长而不宰”，遨游于儒道，充盈着佛性！所以在外人看来，他既是谦谦君子，也很率真自然，为学、为人，“从心所欲，不逾矩”。①

在“‘教育救国’—‘教育革命’—‘科教兴国’—‘教育强国’”的中国百年曲折进程中，王承绪因缘际会，全程参与。得益于激荡的时局锤炼和激昂的思想熏陶，王承绪的学术造诣日益精深，理想人格日益丰盈。方东美在其《中国形上学中宇宙与个人》中曾经断言：“可用一种简明扼要的说法，借以烘托点出弥贯在中国形上学慧观之中的三大人格类型。在运思推理之活动中，儒家是以一种‘时际人’（Time-man）之身份而出现者（故尚‘时’）；道家却是典型的‘太空人’（Space-man）（故崇尚‘虚’‘无’）；佛家则是兼时、空而并遣（故尚‘不执’与‘无住’）。”② 儒、道、佛三家虽然可做逻辑上的区分，但细察中国那些优秀

① 陈伟．王承绪先生的“百年之功”与“百年之耕”［J］．华南师范大学学报（社会科学版），2015（5）：45-47．

② 方东美．中国形上学中之宇宙与个人［M］//蒋国保，周亚洲．生命理想与文化类型：方东美新儒学论著辑要．北京：中国广播电视出版社，1992：194．

的、传统的知识分子，却可以发现他们其实身兼三家之精髓、心系中华之荣辱——王承绪就是这类文化特质的具体代表。其实，从王承绪的名字亦可看出这种文化情怀：承绪者，承先贤之余绪也。人如其名，志存高远，胸怀“立德立功立言”“三不朽”，但是，身处“千古未有之大变”频出的20世纪，其中何尝没有悲壮！①

第二节　王承绪学术思想的横向比较

客观地讲，王承绪的学术思想，尤其是比较教育和高等教育思想蔚然大成，但并非一枝独秀，如新中国第一本比较教育教材《比较教育》的合编者顾明远和朱勃、中国第一本高等教育学教材《高等学校教育学讲义》的编写者潘懋元等，他们的学术思想同样精彩纷呈。因学说师承、所处地域和研究问题不同，王承绪的学术思想有其独特的气质，自成一派。与前人、同辈及后来者相比，王承绪的学术思想表现出以下三个显著特征。

一、 以史入论的研究理路

习近平主席在致第二十二届国际历史科学大会的贺信中曾指出：“历史研究是一切社会科学的基础，承担着‘究天人之际，通古今之变’的使命。”“重视历史、研究历史、借鉴历史，可以给人类带来很多了解昨天、把握今天、开创明天的智慧。”② 治国如此，治学亦当如此。学术界对历史研究的资政、传播优秀文化、探寻发展规律等功能早已形成共识。“人是有历史的动物，人类对自身的意识，很大程度上来自对自身发展历史的认识，认识得越深入，人类的自我意识也就越自觉。对于一个学科来说，同样如此。如果缺乏对学科自身发生、发展过程及其经验、教训和规律的深刻认识，就很难把握其未来趋势。”③ 任何学术的创新都是建立在对历

---

① 陈伟. 王承绪先生的“百年之功”与“百年之耕”［J］. 华南师范大学学报（社会科学版），2015（5）：45－47.

② 习近平致信祝贺第二十二届国际历史科学大会开幕［EB/OL］.（2015－08－24）［2017－07－15］. http：//www. npopss－cn. gov. cn/n/2015/0824/c219468－27508389. html.

③ 杜宪成，崔运武，王伦信. 中国教育史学九十年［M］. 上海：华东师范大学出版社，1998：前言.

史的深入研究和对未来的卓远洞见上，除此别无他途。从微观层面上说，任何一门学科都有一部悠久的发展史，没有学科史，甚至整个学术史的支撑，学术研究就成了无本之木，无源之水。因此，王承绪把教育史研究作为构建学术体系的基石。他曾强调，自己首先是一位外国教育史研究者，既关心外国思想史，也关注外国教育实践史；改革开放之后，基于时代需要才重点致力于比较教育研究。这种看似无意的研究顺序，恰好为王承绪的学术发展奠定了扎实的根基，因为历史研究往往是现实的教育比较研究的前提，“古—今”关系，两位一体；观今宜鉴古，无古不成今。① 比较教育研究，其实不外乎是教育史向现代的延伸；不深入了解教育史，就无法开展高水平的比较教育研究。王承绪有关中国教育史“孔子—董仲舒—朱熹—蔡元培”和外国教育史“柏拉图（以《理想国》为载体）—卢梭（以《爱弥尔》为载体）—杜威”的逻辑线索认识，即是在吸纳前人成果后创新而成。正是基于由史入论的研究理路，在大教育史方面，王承绪在20世纪90年代与张瑞璠共同主持编写了三卷本著作——《中外教育比较史纲》，赢得了顾明远、露丝·海霍等人的赞誉；在学科史方面，王承绪于1999年编写了《比较教育学史》，获全国第二届教育科学研究优秀成果奖一等奖。此外，他还以研究对象国的历史进行过深入研究。可以说，这些著作很好地彰显了王承绪由史入论、以论概史、史论结合的研究理路。

二、 以译为业的研究策略

如前文所述，翻译是王承绪学术研究的支点。除按兴趣翻译国外理论热点文章外，王承绪也有计划地系统翻译国外教育名著。民国时期，“基本教育”问题为国际学术界关注重点，王承绪的兴趣也集中于此，因之，他于1947年和1948年翻译了联合国教科文组织成立时编写的首部著作《基本教育》。新中国成立之后，由于政治原因，王承绪将学术重点转移至翻译上，“译而不述”，翻译了《英国教育》《教育原理》等著作。改革开放之后，王承绪的学术翻译进入系统化阶段，先是参加编译西方古代、近代及现代教育名著，翻译出版杜威的部分名著；随后，开始大量翻译比较教育著作，特别是比较高等教育名著，学术翻译工作达到巅峰，“以译代

① 郑文．王承绪先生与比较教育研究的“杭州学派”［J］．华南师范大学学报（社会科学版），2015（5）：42－45.

述”。自1947年《基本教育》的出版，到2008年《大学的持续变革——创业型大学新案例和新概念》的收官之作，王承绪共独立和主持编译西方名著27部。王承绪在翻译这些教育名著时的对象选择、翻译策略和技巧、文化转译等，至今仍值得后人反复研读和体味。正是在翻译国外教育名著的基础上，王承绪进而将这种策略内化，“译而兼述”，编著了《英国教育》《发展中国家高等教育模式国际移植比较研究》等书。可以说，从“译而不述”，到“以译代述”，再到“译而兼述”的研究策略，折射出王承绪学术思想从借鉴，到吸引，再到创新的发展逻辑。

三、以英国教育和比较高等教育为特色研究领域

十年的留学经历，让王承绪对英国情有独钟，且终生专研不辍。尽管王承绪的译作广采美国、英国、德国、俄国（苏联）、荷兰、西班牙、日本等多个世界发达国家，但无论是从质量还是数量上看，其核心学术专著及论文仍聚焦于英国教育研究。据统计，王承绪的所有成果中，直接以英国为研究对象的有论文14篇，著作（含译著）8部，如《战后英国教育研究》《战后英国的小学教育》《英国教育》《伦敦大学》等；间接有关英国的研究则更是繁多，累计占比达到70%多。基于以王承绪为代表的学术地缘影响，浙江大学在英国教育，尤其是英国高等教育研究方面，居于国内领先水平。与此同时，浙江大学也与英国伦敦大学、诺丁汉大学等建立了长久的合作机制。

通过以上分析不难看出，王承绪的学术思想已隐具学派特征。何谓学派？《辞海》的解释为：“一门学问中由于学说师承不同而形成的派别。”这是指传统的“师承性学派”。同样，因以某一地域，或某一问题为研究对象而形成具有特色的学术传统的一些学术群体，可称为“地域性学派”或“问题性学派”。学派的构成至少需具备以下三个条件和特性：人物的代表性和研究的群体性、立场的一致性和发展的脉络性、常说的独立性和发展中的对话性。[①] 学派的形成，是学术研究发展到一定阶段的产物，是学术思想日趋活跃的基本标志，是学术水平不断提升的重要基础。在学术史中，对特定学派的认识及对其地位高低的评价，很大程度上取决于该学

① 李政涛. 论中国教育学学派创生的意义及其基本路径［J］. 教育研究，2004（1）：6－10.

派领袖的学术水平和学术地位。从学派的三要素——核心领袖人物、本派学术经典、代际学术共同体——来看，王承绪作为中国比较教育学科的创始人，编写我国第一部比较教育教材，大量亲传和再传弟子活跃于学术界和各行业，其学术思想的特点、地位和影响无疑符合学派的定义。尽管这也许并不是王承绪刻意为之的结果，甚至可以肯定，王承绪一直避谈学科内部的不同学派问题，甚至还力倡开展跨学科、多学科研究，鼓励兼容并蓄、博采众长。但从学术史的角度看，王承绪在自己勤耕不辍的学术生涯中，客观上推动了比较教育研究之“杭州学派”的形成与发展；而且，“杭州学派”的隐约存在及其精神气质，不但对门人弟子影响巨大，即便在全国，乃至在世界比较教育界，也都引人注目。[①]

第三节 王承绪学术思想的历史影响

新旧交替的时代变革、中外结合的教育经历、跨越世纪的人生沉浮，赋予了王承绪别样的特质——一种以中国传统儒家文化为内核、以西方现代博雅教育为外显的“内圣外王”之道，其要旨在于“士道精神”。“士”为何者？许慎《说文解字》云：“事也。数始于一终于十。从一十，孔子曰：‘推十合一为士。’”段玉裁注云：“学者由博返约，故云推十合一。博学、审问、慎思、明辨、笃行，惟以求其至是也。若一以贯之，则圣人之极致矣。”江学谦认为，从“士”字衍义言，则“①融贯事理原委；②融贯事理之人；③持身达理，处事当理；④才德兼备之‘人才’”[②]。由此可知，所谓“士”，不仅是思想或思维上能推十合一、推一合十的知识分子，还是兼备高尚品格、担当气概、献舍精神且能坚守道统者。这种精神，涵盖了知识层面、道德层面、政治层面的品质要求。王承绪作为近代中国第二代知识分子的代表人物，在其百年人生、八秩学涯中，坚守儒家传统“士”道，倾力教育学术研究，心系国家民族荣兴，全面展示其

---

① 郑文．王承绪先生与比较教育研究的“杭州学派”［J］．华南师范大学学报（社会科学版），2015（5）：42－45.

② 江学谦．中国传统士道与从政观念［M］//刘小枫．中国文化的特质．北京：生活·读书·新知三联书店，1990：251－252.

“百年之功”。①

首先，承上启下，为新中国成立以来教育学科发展构建了知识论基础。民国时期，“教育救国”思潮盛行，受西方教育理念和实验冲击，中国教育学界空前活跃，百家争鸣。新中国成立后，随着1952年的院系调整和全盘苏化，欧美等国的资产阶级教育学思想被全面摒弃，凯洛夫主编的《教育学》一枝独秀，成为标准教科书的基础，地位超然。在此“罢黜百家、独尊俄术”之际，王承绪幸运加入了以郑晓沧为组长的外国资料编译组，承担了文科教材《西方资产阶级教育论著选》的近半部编译工作，为中国教育学术的多样性发展保留了火种。改革开放后，他又与华东师范大学赵祥麟等人共同编译了我国第一本有关现代西方教育思想流派的论著《现代西方资产阶级教育流派论著选》（该书2001年再版时改名为《西方现代教育论著选》），开我国教育界学者研究当代西方教育思想流派的先河，产生了广泛而重要的影响。② 同时，还配套编译了《西方古代教育论著选》。此外，他还与赵端瑛、赵祥麟等人共同编译了我国第一个《杜威教育论著选》中文本（2006年教育科学出版社再版时更名为《杜威教育名篇》）和《杜威学校》，独立翻译了自民国邹恩润以来的第二个《民主主义与教育》中文本，为中国教育学术的复苏和繁荣注入了思想动力。王承绪主持翻译的外国教育名著中影响最大的，当属2001年由浙江教育出版社发行的“汉译世界高等教育名著丛书”，这套丛书开辟了我国比较高等教育研究的全新领域，成为高等教育研究者的必读经典。综合来看，在王承绪编译的27部外国教育名著中，至今业有10多部再版，多次印刷，有的甚至是三版，成为中国教育学者阅读、研究、引用的经典文本，为中国教育学术展奠定了知识论基础。有学者对《高等教育研究》杂志1998—2007年间发表论文的引用文献进行分析，在排名前24位的被引著作中，王承绪编译的《高等教育哲学》《高等教育系统：学术组织的跨国研究》及《高等教育新论：多学科的研究》分列第1、第2和第11

① 陈伟. 学海勤耕百年灯：王承绪先生的比较教育研究［J］. 教育研究，2011（4）：55－59.

② 单中惠. 不倦的学术追求，杰出的学者楷模：百岁学者王承绪先生学术人生记事［J］. 比较教育研究，2010（9）：13－16.

位。[①] 如果将分析范围扩大到 CSSCI 期刊发表的教育类论文，则更显其经典：2000—2004 年间，在被引频次最多的 30 本译著中，王承绪编译的有 5 本。2005—2006 年间，被引频次前 53 本外国著作中，王承绪及其弟子翻译的则有 12 本，占比 26.42%；前八中有 4 本，竟占一半；而前五中更是占 3 种。[②] 另根据《中国人文社会科学图书学术影响力报告》，教育学论文引用国外学术著作前 10 名中，王承绪及其弟子翻译的外国教育名著有 5 本入选，占半壁江山。[③]

其次，提纲挈领，为中国教育学科中的多个分支学科建构起了基础性框架，包括方法论体系和学科框架，如比较教育和高等教育。自 1978 年始，王承绪就试图构建一套具有理论共性和本土特性的比较教育研究方法。经过近 30 年的持续探索和凝练，王承绪最终构建了一套涵括哲学层面的研究方法论、中层的学科研究方法、具体的研究方式和操作技术在内的完整方法论体系。[④] 哲学方法论层面，王承绪认为，应以辩证唯物主义和历史唯物主义为指导思想，以联系的、发展的观点来探究问题，从事物的内在本质来分析问题，用实践的唯一标准来检验理论。中观学科方法层面，王承绪倡导，要借鉴社会科学研究方法，从比较角度开展多学科研究。为此，他选择综合性和应用性更强的比较高等教育研究为突破口，于 1988 年翻译了伯顿·克拉克主编的 *Perspectives on Higher Education: Eight Disciplinary and Comparative Views*（University of California Press，1984，中译名为《高等教育新论——多学科的研究》），介绍了国际知名专家学者从历史学、政治学、经济学、组织学、文化学、社会学、科学学和政策学等 8 个不同学科视角研究高等教育的学术理路，提出了高等教育研究的新构想。该书中译本付梓后，在国内高等教育界掀起了一股多学科研究热潮，产出了多部富有影响力和代表性的著作，如潘懋元于 2001 年出版的《多学科观点的高等教育研究》和徐小洲于 2003 年出版的《高等教育论：

---

① 易高峰，等.《高等教育研究》研究热点及其知识基础图谱分析［J］. 高等教育研究，2009（10）：74－80.

② 龚放. 中国教育研究领域学者、论著影响力报告：基于 2005—2006 年 CSSCI 的统计分析［J］. 复旦教育论坛，2009（2）：35－45.

③ 苏新宁. 中国人文社会科学图书学术影响力报告：下册［M］. 北京：高等教育出版社，2011：810.

④ 陈伟. 论王承绪的比较教育研究方法［J］. 比较教育研究，2010（9）：21－25.

跨学科的观点》。其中，潘懋元的《多学科观点的高等教育研究》可谓是《高等教育新论——多学科的研究》的姊妹篇，潘懋元将后者作为历届研究生的参考用书，并针对其“较少关注发展中国家，未将中国列入研究对象”“成书较早，未能反映20世纪高等教育改革发展新理念”“若干与高等教育关系密切的学科被遗漏”等不足，从历史学、哲学、心理学、文化学、科学学、经济学、社会学、政治学、管理学、系统科学、比较教育学等11个学科进行交叉研究，探索了另一条具有中国特色的高等教育多学科研究理路。① 微观研究方式和操作技术层面，王承绪与张瑞璠等学者基于古今—中外—史论三位一体的逻辑关系，提出了“立足中国，放眼世界”“以史为经，问题为纬”“纵横比较，横向为主”“有所侧重，不求全备”的比较教育研究方法体系。② 这套体系，至今已成了中国比较教育研究界的基本常识——说它是“常识”，其实旨在表明这套研究方法体系的基础性、根本性地位和关键性作用，且这套方法也被应用到教育学其他分支学科研究中。③

最后，率先垂范，为中国教育界的学术风气建设和学者人格建设树立了极佳的榜样。王承绪在追求学术、追问真理、追思先贤的学术道路中，始终坚持“学高为师，身正为范”的学术准则，志存高远、敬业爱国，自重自律、甘为人梯；严谨笃学、与时俱进，淡泊明志、谦逊涵纳。民国时，王承绪受传统国学和新式教育双重熏陶，立下教育救国大志，自觉将个人命运与国家存亡和民族荣辱相连，这份气魄和担当正是学者的学术精神所在。及至负笈海外，王承绪又修得英国绅士教养，集中国儒家文明的精髓与英国博雅教育的神韵于一身，为学、为人皆臻至境。然而，王承绪并未耽于安逸充裕的异国生活，他始终心系中华兴衰，毅然回到满目疮痍的祖国，倾己所学，尽己之忠。这种以国家和人民福祉为重、个人利益得失为轻的无私精神，正是“学术为天下之公器”的精髓所在。尽管新中国成立后经历了曲折，但他从未抱怨，而是蓄势待发，砥砺前行，在恶劣的

① 潘懋元. 高等教育论：跨学科的观点［M］. 上海：上海教育出版社，2001：6－7.

② 张瑞璠，王承绪. 中外教育比较史纲［M］. 济南：山东教育出版社，1997：前言.

③ 陈伟. 王承绪先生的“百年之功”与“百年之耕”［J］. 华南师范大学学报（社会科学版），2015（5）：45－47.

环境中，仍然坚持翻译。改革开放后，他扛起教育复兴大旗，开创比较教育，致力高等教育，将个人心血和学术智慧抛洒竭尽。尽管王承绪在中国教育文化界的地位举足轻重，但他从没有丝毫架势，平易近人，如沐春风。王承绪的这种人格品质也体现在他的学术品质之上，他的学术成果，语言通俗、行文浅白，但深入浅出、义理深微，读来令人回味悠长。王英杰曾深有感触地写道："当我再次阅读王承绪和顾明远主编的《比较教育》一书时，紧缩的心逐渐舒展开来，它像一股清风抚平躁动的心，它像一剂良药摆在我们比较教育后来者的面前。"[①] 这股清风、这剂良药，恰是医治今日学术界浮躁不专、急功近利的妙方。对于王承绪的学问人品，曾任上海市高等教育局副局长的余立曾作《晤王承绪教授》一诗赞叹："一见倾心十载从，中西学贯说元龙；精神矍铄今犹昨，笑语温良我愧公；晚岁依然多述作，华年早已决雌雄；相期去国开新域，促膝燕京话别衷。"[②] 余立以"中西学贯""笑语温良"两词，非常精练地概括了王承绪的学术、人生境界！

总之，王承绪作为中国第二代教育学群体的代表人物，学术旨趣坚持道、治、学的统一，学术思想广博精微，学术风格自成一派；教书育人70年，授课无数，培养出许多优秀教育人才，影响了几代教育学人。其为人"承先贤之余绪"，为学开一时之风气；其成就，足可跻身于20世纪中国的"教育学家"行列。[③] 对于后辈学人而言，可以质疑、批判他的学术观点，但不容置疑的是，王承绪曾涉猎的研究领域、所提炼的话语范畴、已建构的研究方法，为后来的学者铺就了宽广的大道，提供了广阔的舞台——而这正是伟大学者区别于常人的卓越之处。[④]

---

① 王英杰．我国比较教育的一部奠基之作：评王承绪和顾明远主编的《比较教育》兼议学风问题［J］．中国大学教学，2003（6）：32－33.

② 余立．从心诗词集：晤王承绪教授［M］．上海：华东师范大学出版社，2000：113.

③ 陈伟．论作为教育学家的王承绪先生［J］．比较教育研究，2016（6）：108－112.

④ 陈伟．王承绪先生的"百年之功"与"百年之耕"［J］．华南师范大学学报（社会科学版），2015（5）：45－47.

结语

多身份视角下的王承绪

王承绪出生于“教育革命”、求学于“教育救国”、成长于教育兴国、盛名于教育强国，以改造旧教育、发展新教育为使命，创设比较教育学科、浸润高等教育研究，对中国近现代教育发展影响非凡，其传奇丰富的世纪人生见证了百年中国的教育变迁。同时，他集传统儒士教育和英伦绅士教育、救国志士情怀和无为隐士情怀于一身，致力于教育文化交流，为沟通“二战”之前与之后的欧洲和西方、民族主义与社会主义时期的中国的发展、欧洲与中国的文化以及中国、英国和北美教育与比较的研究等方面做出了重要的贡献。① 王承绪学术及其思想既是他基于个体人生体验、内省升华的心灵独创，也是在其所处时代的社会外缘影响与学术发展的内在逻辑交互作用下的历史产物。他的学

① 阿诺夫，许美德. 思想肖像：纪念王承绪教授百岁华诞［J］. 阚阅，译. 比较教育研究，2010(9)：17－20.

术成果既是中国的，亦是世界的，其价值具有奠基性、开拓性和时代性，历久弥新；其影响蜚声中外。如何基于史料档案，结合口述历史，客观公允地评价王承绪的学术贡献及影响，不仅是一个学术史的问题，也是当代学人如何继承和发扬老一辈教育家智慧，进而寻求理论和方法上突破与创新的根本需要。基于王承绪在基础教育、教育史、国际比较教育、高等教育等多个领域做出过诸多贡献，身影活跃于教育界、政治界、出版界、文化界等多个界别，我们尝试从其身份特征来对其为人为学进行解读。综合来看，王承绪百年人生演绎了育人师者、为学思者、出版编者、文化使者、议政谏者、为人长者等6种主要角色，以下分述之。

一、师者王承绪——得天下英才而教育之

教师是王承绪最为根本的身份属性。对此，王承绪具有高度的职业认同感和归属感，始终以孟子“得天下英才而教育之”为炳照。从读无锡中学师范科时担任民众学校常识科教员始，王承绪先后当过小学、中学、大学教师。从小学教员到大学教授、从教学一线到指导专家，王承绪一生皆与教师结缘，用他的话来说，“70多年了，脑子里面就是教育，就是想着怎样把教师做好，把当教师的本领学好，把外国可以借鉴的东西都学好”。教育于王承绪来说是很神圣的事情。最初学教育是因为当时相信“教育救国”论，觉得教师这个职业很重要，“这个行业能为国家多做贡献，我是当教师的，我受培养是当教师，当教师就要当好教师”。①

作为一名教师，王承绪可以说是恪尽职守。担任小学教师时，积极试验新式教学法。成为大学教授，开设比较教育课程，编写翻译教材，坚持用英文给研究生授课，带领学生走进文化大视野，连外文系的学生也惊佩其纯正的语言功夫。90岁高龄，仍然亲自给博士生授课，认真批阅博士生论文。作为一名教师，尤其是一名研究生导师，王承绪为新中国比较教育学科的创立和发展、人才培养和社会服务做出了不可磨灭的贡献；主持编写的教材和翻译的世界高等教育名著，被奉为经典，成为一代代学子的指路明灯。

在师德上，王承绪也堪称楷模。德行是中国传统知识分子的至高修

① 谢喆平，董建红．一个人和他的一个世纪：记浙江大学终身教授王承绪［J］．人物，2010（9）：48－53.

养；而德之大者，莫若于爱国救国、报效国家与民族。自民国始，王承绪即以此为志业取向，投身"教育救国"浪潮。即使在"文化大革命"期间遭受不白之冤，亦不改初心，且自觉从"教育救国"转换到科教兴国、教育强国上来，体现了知识分子"国家兴亡，天下有责"的伟大情怀。此外，他还强调学术之德，即潜心研究、淡泊名利、物我两忘，乃学界一股清风。王承绪也以此德行修养谆谆教诲学生，强调学术为国家和社会发展服务的不二宗旨，要求学生摒除浮躁功利之风，潜心治学。他性格温和儒雅，视学生如己出，待人真诚坦荡，令人高山仰止。

可以说，王承绪在教师岗位上，完成了"传道、授业、解惑"的历史使命，其亲传弟子、再传弟子及接受过他指导和教育的其他学生，在不同工作岗位上，发挥着重要的作用。王承绪因此被评为"浙江省为人师表优秀教师"，浙江大学授予其教师最高荣誉奖——"竺可桢奖"，享受国务院特殊津贴，这些是对其学高为师、身正为范的褒扬。

二、学者王承绪——教育为救国、兴国、强国之良器

学者是王承绪辨识度最高的身份属性。倾其一生，王承绪皆在探求教育救国、兴国、强国之道。民国时，他认为占中国人口大多数的成人和儿童是开民智、救中国的关键，因此致力于基本教育研究；改革开放后，基于学科发展需要，努力构建具有中国特色的中国比较教育学科体系，编写新中国第一本比较教育学教材《比较教育》，出版《比较教育学史》，化解所谓"比较教育危机论"，展示了其岳峙渊渟般的宗师气派①；同时，开创比较高等教育新领域，翻译高等教育名著，揭示了后来影响深远的高等教育"系统论""组织论"和"多学科方法"的大旗。终其一生，王承绪的治学皆以国家发展需要为旨趣，善于把握时代脉搏，根据社会需求调整自己的工作。他坚信，在当今社会复杂环境下，一个学科如果囿于理论探索而轻视实践研究，则有走向封闭、凋谢的可能，与现实的割裂无异于画地自绝，将面临真正的生存危机。因之，经世致用是其学术研究的最大特点。

---

① 陈伟，郑文. 开宗立派、修德臻善：评王承绪的学术贡献［C］//中国教育学会比较教育分会第15届学术年会暨庆祝王承绪教授百岁华诞国际学术研讨会论文集，2010.

作为一名学者，王承绪最大的学术成就在于比较教育和高等教育。王承绪接续百年中国比较教育研究余脉、贯通新中国成立前后中国教育学术史，具有不可替代性和符号象征意义。出生于民国五四运动前后的知识分子，具有泾渭分明的两个特点：高调理想主义者和低调理想主义者。前者趋向于用激进的、暴力的、快速的手段推进社会变革；后者则希望用自己的专业，通过持续的、长久的努力去造就一个时代、一个社会的新基础。[①]尽管王承绪也参加过“一二·九”运动，但从其参与程度和发挥作用来看，显然他属于后者。在陶行知、孟宪承等老一辈改良主义教育家的熏陶下，王承绪以“教育救国”为学术研究旨趣，积极吸收和借鉴国外先进经验，改进本国教育实际。当庄泽宣、常道直、钟鲁斋等老一辈比较教育学家逝去、中国比较教育后继乏人之时，作为硕果仅存的民国知识分子之一，本可功成身退的王承绪再次自觉担当起国家发展重任，以马克思主义理论为指导，构建具有中国特色的比较教育学科体系。他对比较教育的定义、功能、方法等基本理论问题的界定，奠定了比较教育的学科地位；他重点关注发达国家教育状况，强调从借鉴中创新，重申了比较教育为国家和社会发展服务的学科使命。王承绪在比较教育研究上的成就和地位，不愧为新中国第一人。

在高等教育研究上，王承绪亦贡献卓著。与比较教育开宗立派、立德立言不同，王承绪在高等教育领域，更多扮演的是一个引路人的角色。尽管他也曾就高等教育中的若干问题发表过论见，但其研究重点无疑在实践操作层面，具有明显的实证倾向，这从他翻译杜威系列著作可探知一二。他将比较教育研究中的区域研究和整体研究相结合、立足中国放眼世界的方法运用到高等教育研究中，从一所大学，到一个省份，再到一个国家，再到一个地区，最后是整个高等教育系统，环环相扣。他所提出的问题和不足，直指痛处，切中要害；给出的政策建议，立足教育实践，切合时代要求，可操作性强。尽管王承绪高等教育研究未如比较教育般自成体系，“转借他人之作以述己意”，但却为中国高等教育研究做出了独特的贡献，此点不容忽视和埋没。

综观王承绪的治学历程及理路，呈现出时代共性与个体特性的有机统

---

① 傅国涌. 民国记忆：1890 一代知识分子的不同选择［N］. 南方都市报，2015－09－22（GB07）.

一。其时代共性之处在于以辩证唯物主义和历史唯物主义为方法论基础，以教育基本规律为研究内核，以教育服务国家和社会发展为价值旨趣，且因时代之变迁而不断发展形塑；其个体特性之处则在于以比较教育研究为主轴，以教育史为依托，以高等教育为引申，以名著翻译为载体，以基础教育、成人教育、职业教育等教育子系统为环拱，以学术组织为平台，积极践行学术理想，且因个体之成长而不断扩延深化。在内部个体心灵升华和外缘政治社会环境的交互作用下，王承绪得以构架起具有符号学意义的学术体系。正是这一学术架构，奠定了中国教育研究体系的基本范式——基于政治论的、以文化为内核、以知识为导向的学术范式。王承绪作为新中国老一辈教育学者对这一学术体系的建构，功不唐捐。王承绪在比较教育学方面有创始之功，在高等教育学方面有开拓之功，在教育史等方面则有深化之功，他也被评为中国杰出人文社会科学家。作为伦敦大学海外杰出毕业生、国际知名比较教育专家，王承绪于 1993 年被伦敦大学教育学院授予荣誉院士称号，为该院创办百年来首任三位院士之一。

三、 编者王承绪——述而兼作、 以译代述

编者是王承绪身上隐含的另一个学术性身份。作为一名编者，王承绪与编辑出版界可谓结缘良久。自无锡中学师范科参与商务印书馆四角号码检字法培训班始，王承绪就展现出了惊人的编辑才华。后又曾担任过《教育园地》报刊编辑、《教师之友（上海）》杂志编辑，再到任《东方副刊》编委会总干事，再到“世界高等教育名著丛书”总主编。可以说，王承绪是编辑界的老前辈，他通过高深的学术修养、高明的甄别眼光、高超的编辑技巧，将国外一批经典作家的经典作品译介到中国，为国内学者奉上了一部部上乘之作，如将康德尔的《教育的新时代》列入“比较教育译丛”即是在他的大力主导下促成的。[①] 同时，他又编写了若干部堪称经典的本土教材论著。在王承绪所编译和编撰的经典著作中，《杜威教育论著选》获上海市首届哲学社会科学优秀著作奖（1979—1985）；《比较教育》获国家教委高校优秀教材二等奖；《民主主义教育》获国家教委首届高等学

① 诸惠芳．比较教育研究的一代宗师：王承绪先生与人教版教育图书［C］//中国教育学会比较教育分会第 15 届学术年会暨庆祝王承绪教授百岁华诞国际学术研讨会论文集，2010.

校出版社优秀学术著作优秀奖；《中外教育比较史纲》《比较教育学史》获全国第二届教育科学研究优秀成果奖一等奖；《中外教育比较史纲》获第四届国家图书奖；《比较教育（第三版）》获全国普通高等学校优秀教材一等奖；《英国教育》获教育部第三届中国高校人文社会科学优秀成果奖三等奖；《建立创业型大学：组织上转型的途径》荣获 2003 年度引进版社科类优秀图书奖；"汉译世界高等教育名著丛书"获浙江省哲学社会科学优秀成果奖一等奖，等等。

王承绪编者身份具有两个含义：一是根据掌握的资料进行甄选、组合后，编撰综合性的专题文献；二是直接编译他人或他国学术成果。相比之下，编撰需要的学术积累更加深厚，具有吸收再创新的因素；而编译则更为快速有效。因此，通过对王承绪发表的论著进行纵向时间归类分析，可得知他采取的方法是以编译为主、以编著为辅来进行学术资料的整理研究的。在编译外国名著上，王承绪秉持"以译代述"的原则，力争保持原作风貌，让读者自行去甄别和领悟其中的思想和微妙；在编写本国论著上，王承绪秉持"述而兼作"的原则，博采众长，去粗存精，与时俱进，有所阐微。

可以说，没有王承绪倾注大量心血编译的外国教育名著、编写的教材论著，我们对外国教育名著将长时间停留在只言片语的转引中，新中国比较教育和高等教育研究不可能如此快速发展。通过编译外国著作，王承绪实现了译介新知、培养新人、开创新域的有机统一。

四、 使者王承绪——沟通中西、 弘扬文化

使者是王承绪参与国际活动的一种象征身份。作为一名教育文化交流使者，王承绪主要开展了两种形式的"外交"：一是"公共外交"，一是"民间外交"。"公共外交"主要指他在担任相关学术职务和行政职务期间进行的教育文化交流活动。其中，以联合国教科文组织期间开展的教育文化交流活动为最。自 1945 年始，王承绪就加入联合国教科文组织大家庭，开展相关交流工作。特别是在远东地区基本教育会议上，他邀请各国代表赴杭州、上海、南京等地实地考察，并做专题演讲，进一步加深了中国与世界的了解和整合。改革开放后，王承绪再次担任联合国教科文组织重要职务，并与其开展深度合作，建立联合研究中心，承担研究项目，如 1983 年在联合国教科文组织资助下，与朱勃赴英法两国考察比较教育，与埃蒙

德·金等人进行了学术交流，开阔了视野，增长了见闻，建立了友谊。①

除此之外，王承绪还在文化界、华侨界发挥特长，开展“民间外交”。“民间外交”即依托个人或民间组织开展教育文化交流活动。自1938年留学英国伦敦始，王承绪就自觉担负起沟通中西教育文化的使命。学习之余，他以身说法，向英国各界、欧洲各国介绍中国人民抗战事迹和教育情况，并撰文对“满洲国”予以痛斥。此后，王承绪也积极利用访学、参加国际会议、开展项目合作等形式，积极主动开展交流活动。因自身留学、访学、任职联合国教科文组织等经历，王承绪对国外风土人情、历史文化颇为详熟，被推选为浙江省海外联谊会、浙江省海外交流协会等海外联谊组织会长、顾问，王承绪多次参加这些民间文化交流团体组织的会议、考察等活动，积极开展文化交流，推进华文教育，增进华侨华人对祖国教育文化的认同。②

总之，作为一名使者，王承绪在开展教育文化交流活动时，以国家主权和利益为最高准则，强调要“以我为主”，以借鉴和发展为目的积极开展合作，不能盲目跟从他人的思想或理论，坚持和平共处五项原则，积极传播中国传统优秀文化，分享教育发展经验，为沟通“二战”之前与之后的欧洲和西方、民族主义与社会主义时期的中国的发展、欧洲与中国的文化以及中国、英国和北美教育与比较的研究等方面做出重要的贡献。③

五、谏者王承绪——直言极谏、尽国之忠

谏者是人民赋予王承绪的一种政治身份，它与使者身份一内一外，互相呼应。作为一名怀抱学术救国理想的知识分子，尽其所学为国家求发展、为人民谋福祉，始终是其最高的志业追求。自求学时代始，王承绪即投身救国运动，为国家存亡和民族复兴奔走疾呼；创办救国杂志，为国家输送科学文化知识。新中国成立后，加入民主党派，直接参与国家发展决策事务。可以说，传统知识分子“以言干政”“以权执政”的参政方式在

---

① 王承绪．英法两国比较教育考察报告［M］//徐小洲．王承绪教育文集．南京：江苏教育出版社，2010：38－50.

② 浙江省华侨志编纂委员会．浙江省华侨志［G］．杭州：浙江古籍出版社，2010：304－306.

③ 阿诺夫，许美德．思想肖像：纪念王承绪教授百岁华诞［J］．阚阅，译．比较教育研究，2010（9）：17－20.

王承绪身上得到了完美体现。

作为一名谏者，“直言极谏”为其当然职责。王承绪无论是在政协工作期间，还是在日常学术研究中，都忠实履行了这一原则。他丝毫不回避问题，粉饰太平，而是在充分调查研究的基础上，提出切合实际、具有可操作性的解决方案。如对浙江省诸暨县基本教育情况的调研、对浙江丽水教育情况的调研、对浙江省高等教育发展情况的调研、对加强中小学艺术教育的建设、对开发浙南教育的建议、对恢复林社的不馁建议等，所进行的调研，资料翔实，问题明了；所提交的议案，覆盖面广，针对性强，充分展现了一名优秀谏者的必备素质。

总而言之，无论是“以言干政”，还是“以权执政”，王承绪皆能坚守本心，以学术为国谋利、为民谋福；其参政目的，不为谋取高官厚禄，只为以谏而尽国之忠。

六、长者王承绪——老而弥坚、善教乐学

剥离所有外在属性后，王承绪只是一位从民国烽烟中走来的百岁老人，笑容可掬、和蔼可亲、慈祥睿达；尽管饱经沧桑，但“皆置而不较，亦不介于胸中”。他，只是家庭中的一位长辈、生活中的一位老人、朋友中的一位故交。

在家庭生活上，王承绪一家和谐友爱、美满幸福，被评为“全国五好家庭”。王承绪和夫人赵端瑛育有两子，长子王重为，次子王重鸣为我国第一个工业心理学博士，长孙女王晟，小孙女王昱。一家八口三代人其乐融融。王承绪和两个孙女的感情非常深厚，“把她们当作自己的两个女儿看待”。在教育晚辈上，他认为，“自己做出榜样来，对孩子宽松，不要强迫他（她）去学，不打骂孩子”。朴素而直白的话语中，蕴含着浓郁的感情，以及身教胜过言教、因势利导的儿童教育观。

在日常生活中，王承绪非常注重养生。他总结出长寿的两条经验：“一是注意锻炼，我曾坚持早晨跑黄龙洞，上初阳台，即使寒冬腊月，冰天雪地，从不间断。我还学习过杨式太极拳，后来改学气功，一直坚持到现在。二是靠精神力量，我处事比较乐观，对事业无比爱好，对前途充满

信心，学习奉献，老而弥坚，一息尚存，此志不渝。”① 确实如此，王承绪在 90 岁高龄，还亲自跑图书馆查阅资料，并自学电脑。没有健康向上的生活态度和方式，又如何能保持 80 余载的学术长寿呢？

在与人交往上，王承绪不因资历老、学问高而故作姿态，平易近人，待人诚恳。在与同辈交往中，彼此尊重，互取所长，如陈学恂。在与晚辈交往中，执礼甚恭，照顾有加，顾明远、单中惠、林崇德等人皆为其忘年之交，受益匪浅。在与外籍友人交往中，更是虚心向学，许美德、柳斯基、阿诺夫、埃蒙德·金等人皆为其挚友。尤其体现王承绪待人真诚品性的，当属 1957 年被错划成“右派”以至因病住院后，仍有好友陆维钊等人前去探望。② 王承绪不仅桃李满天下，朋友亦满天下，肝胆相照，真乃良师益友。

国内外学者对王承绪的学术贡献及影响给予了极高评价，尤其是比较教育领域，在此毋庸赘言。在此需要重申的是：①王承绪的基础教育研究和实践不应被忽视，由明向暗、由主向辅，它始终贯穿于王承绪的学术生涯中；②王承绪的教育史研究应予以正名，其比较教育研究由外国教育史研究引申而来，中国教育史研究则是中外比较的基础，尤其是在学科史上造诣磅礴，如《比较教育学史》；③王承绪的高等教育研究应引起重视，人们习惯于将其高等教育研究笼统归入比较教育范畴，但如前文所述，其高等教育研究早已摆脱对比较教育研究的依附，已完成由比较高等教育向专门高等教育的蜕变，这可从本书所列举的新材料中得到印证；④王承绪的社会活动史丰富多彩，仍需挖掘。如同布鲁贝克在《高等教育哲学》中所言，知识论和政治论两种不同的价值取向决定了学术研究的旨趣。这种分化在 20 世纪下半叶的中国愈加明显，“两耳不闻窗外事，一心苦读圣贤书”的书斋型学者越来越多，但王承绪的研究却呈现出一种综合的倾向，他的治学是基于实践，归于实践的；他不仅是一位学问家，也是一位实践家。王承绪这种游刃于学政之间的经世致用的学术理路，值得玩味和提倡。

---

① 谢喆平，董建红. 一个人和他的一个世纪：记浙江大学终身教授王承绪［J］. 人物，2010（9）：48－53.

② 陆昭徽，陆昭怀. 书如其人：回忆父亲陆维钊［M］. 上海：上海书画出版社，2013：140.

总之，王承绪学术思想的贡献和影响，不仅在于著书立说，惠泽后人，更在于其百年坚贞、勤耕不辍的学术精神。在当今学术日趋浮躁和功利的今天，重温老一辈教育学家的学术担当，重塑新一代教育学人的学术气质，中国学术方可长盛不衰。

参考文献

一、著　作

［1］韦伯．经济与社会：上卷［M］．林荣运，译．北京：商务印书馆，1997．

［2］诺德．译有所为：功能翻译理论阐释［M］．张美芳，王克菲，译．北京：外语教学与研究出版社，2005．

［3］卢梭．卢梭的民主哲学［M］．刘烨，译．吉林出版集团有限责任公司，2014．

［4］卢梭．爱弥尔［M］．北京：商务印书馆，2001．

［5］范富格特．国际高等教育政策比较研究［M］．王承绪，等译．杭州：浙江教育出版社，2001．

［6］许美德．思想肖像：中国知名教育家的故事［M］．周勇，等译．北京：教育科学出版社，2008．

［7］阿特巴赫．比较高等教育［M］．符娟明，陈树清，译．北京：文化教育出版社，1985．

［8］克拉克．高等教育系统：学术组织的跨国研究［M］．王承绪，徐辉，等译．杭州：杭州大学出版社，1994．

［9］克拉克．高等教育新论：多学科的研究［M］．王承绪，等译．杭州：浙江教育出版社，1988．

［10］布鲁贝克．高等教育哲学［M］．王承绪，等译．杭州：浙江教育出版社，1987．

［11］贝尔．当代西方社会科学［M］．范岱年，等译．北京：社会科

学文献出版社，1988.

［12］格莱夫斯. 近代教育史［M］. 吴康，译. 北京：商务印书馆，1925.

［13］卡扎米亚斯，马西亚拉斯. 教育的传统与变革［M］. 福建师范大学教育系，等译. 北京：文化教育出版社，1981.

［14］殷. 案例研究：设计与方法［M］. 周海涛，等译. 重庆：重庆大学出版社，2004.

［15］罗森. 诗与哲学之争：从柏拉图到尼采、海德格尔［M］. 张辉，译. 北京：华夏出版社，2004.

［16］芦部信喜. 宪法［M］. 3 版. 林来梵，凌维慈，龙绚丽，译. 北京：北京大学出版社，2006.

［17］加里多. 比较教育概论［M］. 万秀兰，译. 北京：人民教育出版社，2001.

［18］阿什比. 科技发达时代的大学教育［M］. 滕大春，滕大生，译. 北京：人民教育出版社，1983.

［19］米勒，波格丹诺. 布莱克维尔政治学百科全书［M］. 邓正来，译. 北京：中国政法大学出版社，1993.

［20］邓特. 英国教育［M］. 王承绪，译. 上海：商务印书馆，1949.

［21］柏拉图. 柏拉图论教育［M］. 郑晓沧，译. 北京：人民教育出版社，1958.

［22］柏拉图. 理想国［M］. 吴献书，译. 北京：商务印书馆，1957.

［23］SIMON B. Education and the social order：1940—1990［M］. St. Martin's Press，1991.

［24］NORD C. Translation as a purposeful activity：functionalist approaches explained［M］. St. Jerome Publishing，1997.

［25］CLARK F. The conflict of philosophies［M］. The Year Book of Education，London：Evans Brothers LTD，1936.

［26］BRUBACHER J S. On the philosophy of higher education［M］. Rev. ed. San Francisco：Jossey－BassInc. Publishers，1978.

［27］HAYHOE R. Portrait of influential Chinese educators［M］.

Comparative Education Research Center, The University of HongKong, 2006.

[28] REEDER W G. The fundamentals of public school administration [M]. New York: Macmillan, 1951.

[29] 董仲舒. 春秋繁露 [M]. 北京: 中华书局, 2011.

[30] 杨伯峻. 论语译注 [M]. 北京: 中华书局, 2012.

[31] 朱熹. 孟子集注 [M]. 上海: 上海古籍出版社, 1987.

[32] 朱熹. 朱子文集 [M]. 北京: 中华书局, 1985.

[33] 蔡元培. 蔡元培美学文选 [M]. 北京: 北京大学出版社, 1983.

[34] 蔡元培. 孑民自述 [M]. 南京: 江苏人民出版社, 1999.

[35] 陈鸣悦. 大学文科是什么: 14 位国内顶尖人文学者揭示中国大学文科真相 [M]. 太原: 山西人民出版社, 2011.

[36] 陈学恂. 中国教育史研究: 宋元分卷 [M]. 上海: 华东师范大学出版社, 2009.

[37] 成有信, 靳希斌. 教育科学分支学科研究述略 [M]. 天津: 天津教育出版社, 1990.

[38] 成有信. 比较教育教程 [M]. 北京: 北京师范大学出版社, 1987.

[39] 成有信. 比较教育学 [M]. 北京: 中国文化书院, 1987.

[40] 单中惠. 西方师范教育机构转型: 以美国、英国、日本为例 [M]. 济南: 山东教育出版社, 2012.

[41] 董宝良, 周洪宇. 中国近现代教育思潮与流派 [M]. 北京: 人民教育出版社, 1997.

[42] 杜威. 杜威教育论著选 [M]. 赵祥麟, 王承绪, 译. 上海: 华东师范大学出版社, 1981.

[43] 杜威. 民主主义与教育 [M]. 王承绪, 译. 北京: 人民教育出版社, 1990.

[44] 杜威. 学校与社会 [M]. 赵祥麟, 任忠印, 吴志宏, 译. 北京: 人民教育出版社, 2005.

[45] 杜宪成, 崔运武, 王伦信. 中国教育史学九十年 [M]. 上海: 华东师范大学出版社, 1998.

[46] 范寿康. 教育史 [M]. 上海: 商务印书馆, 1923.

［47］贵州省遵义地区地方志编纂委员会．浙江大学在遵义［M］．杭州：浙江大学出版社，1990．

［48］郭建中．翻译：理论、实践与教学——郭建中翻译研究论文选［M］．杭州：浙江大学出版社，2010．

［49］郭平建，白静，肖海燕．服装英语翻译概论［M］．北京：中国纺织出版社，2013．

［50］国家教育发展与政策研究中心．发达国家教育改革的动向和趋势：第5集［M］．北京：人民教育出版社，1994．

［51］杭州大学校史编辑委员会．杭州大学校史：1897—1997［M］．杭州：杭州大学校史编辑委员会，1997．

［52］何增光．浙江高等师范教育史［M］．杭州：杭州出版社，2008．

［53］洪永宏．厦门大学校史（1921—1949）：第一卷［M］．厦门：厦门大学出版社，1990．

［54］黄福涛．外国高等教育史［M］．2版．上海：上海教育出版社，2008．

［55］黄炎培．黄炎培教育文选［M］．上海：上海教育出版社，1985．

［56］黄宗羲．宋元学案：卷四八［M］．北京：中华书局，1986．

［57］季羡林．我的中学时代［M］．福州：福建教育出版社，1999．

［58］教育部远东区基本教育研究会．中国的基本教育［M］．上海：商务印书馆，1947．

［59］蒋国保，周亚洲．生命理想与文化类型：方东美新儒学论著辑要［M］．北京：中国广播电视出版社，1992．

［60］陈寅恪．陈寅恪文集之三：金明馆丛稿二编．［M］．北京：生活·读书·新知三联书店，2001．

［61］军事科学院军事历史研究部．中国抗日战争史：下［M］．北京：解放军出版社，1994．

［62］黎靖德．朱子语类［M］．北京：中华书局，1986．

［63］李昌．“一二·九”回忆录［M］．北京：中国青年出版社，1961．

［64］李桂林．中国教育史［M］．上海：上海教育出版社，1989．

［65］李均．中国高等教育研究史［M］．广州：广东高等教育出版社，2005.

［66］李现平．比较教育身份危机之研究［M］．北京：教育科学出版社，2005.

［67］李言璋．余泽鸿烈士［M］．长宁：长宁县天成印务有限公司，2002.

［68］李蒸．民众教育讲演辑要［M］．北京：文化学社，1931.

［69］梁启超．清代学术概论［M］．北京：中华书局，2011.

［70］梁启超．中国历史研究法［M］．上海：上海古籍出版社，1987.

［71］辽宁高等教育研究所办公室．全国高等教育研室究所简介［M］．沈阳：辽宁人民出版社，1990.

［72］林玉体．高等教育之哲学［M］．台北：台湾高等教育文化事业有限公司，2003.

［73］刘福田，施友义．孔子与齐鲁文化［M］．福州：海风出版社，1994.

［74］刘宓庆．文化翻译论纲［M］．修订版．北京：中国对外翻译出版社，2007.

［75］刘盛纲．美国加拿大高等教育评估（第一分册）：高等教育评估概况［M］．杭州：浙江大学出版社，1987.

［76］刘小枫．中国文化的特质［M］．北京：生活·读书·新知三联书店，1990.

［77］刘晓琴．中国近代留英教育史［M］．天津：南开大学出版社，2005.

［78］陆昭徽，陆昭怀．书如其人：回忆父亲陆维钊［M］．上海：上海书画出版社，2013.

［79］吕达，刘立德，邹海燕．杜威教育文集：第 2 卷［M］．王承绪，译．北京：人民教育出版社，2008.

［80］马东玉．梁漱溟传［M］．北京：东方出版社，2008.

［81］马积高．湖湘文史丛谈［M］．长沙：湖南大学出版社，2001.

［82］孟宪承．大学教育［M］．上海：商务印书馆，1933.

［83］孟宪承．民众教育［M］．上海：世界书局，1933.

[84] 孟宪承. 新中华教育史 [M]. 上海：新国民图书社，1932.

[85] 孟宪承. 新中华教育史：西洋古代教育史 [M]. 上海：华东师范大学出版社，2010.

[86] 潘懋元. 高等教育论：跨学科的观点 [M]. 上海：上海教育出版社，2001.

[87] 庞学铨. 浙江大学统战五十年 [M]. 杭州：浙江大学出版社，2001.

[88] 钱民辉. 教育社会学：现代性的思考与建构 [M]. 北京：北京大学出版社，2004.

[89] 钱穆. 论语新解 [M]. 上海：生活·读书·新知三联书店，2002.

[90] 上官剑. 大学超越论 [M]. 长沙：湖南师范大学出版社，2012.

[91] 上海市智力研究所. 基本教育与国家发展：中国四十年的历史经验 [M]. 上海：华东师范大学出版社，1991.

[92] 司马迁. 史记 [M]. 北京：中华书局，1982.

[93] 宋恩荣. 梁漱溟教育文集 [M]. 南京：江苏教育出版社，1987.

[94] 苏新宁. 中国人文社会科学学术影响力报告：下册 [M]. 北京：高等教育出版社，2011.

[95] 孙培青. 中国教育史 [M]. 3 版. 上海：华东师范大学出版社，2009.

[96] 陶行知. 陶行知全集：1 [M]. 长沙：湖南教育出版社，1984.

[97] 滕大春. 卢梭教育思想述评 [M]. 北京：人民教育出版社，1984.

[98] 王保星. 外国教育史 [M]. 北京：北京师范大学出版社，2008.

[99] 王秉钦，王颉. 20 世纪中国翻译思想史 [M]. 天津：南开大学出版社，2009.

[100] 王炳照. 简明中国教育史 [M]. 4 版. 北京：北京师范大学出版社，2008.

[101] 王承绪，顾明远. 比较教育 [M]. 3 版. 北京：人民教育出

版社，1999.

[102] 王承绪，徐辉. 发展战略：经费·教学科研·质量［M］. 杭州：杭州大学出版社，1993.

[103] 王承绪，徐辉. 战后英国教育研究［M］. 南昌：江西教育出版社，1992.

[104] 王承绪，朱勃，顾明远. 比较教育［M］. 北京：人民教育出版社，1982.

[105] 王承绪. 比较教育学史［M］. 北京：人民教育出版社，1999.

[106] 王承绪. 发展中国家高等教育模式的国际移植比较研究［M］. 杭州：浙江大学出版社，2009.

[107] 王承绪. 基本教育：上下册［M］. 上海：商务印书馆，1948.

[108] 王承绪. 英国教育［M］. 长春：吉林教育出版社，2000.

[109] 王凤喈. 中国教育史［M］. 修订版. 重庆：正中书局，1945.

[110] 王维新，陈金林，戴建国. 中国百年师范教育图志［M］. 上海：上海辞书出版社，2009.

[111] 王晓宇. 英国师范教育机构的转型：历史视野与个案研究［M］. 上海：上海社会科学院出版社，2008.

[112] 王有亮. 《教育杂志》与近代教育考论［M］. 北京：中央民族大学出版社，2012.

[113] 王云五. 访英日记［M］. 上海：商务印书馆，1947.

[114] 王长纯. 和而不同：比较教育的跨文化对话［M］. 北京：人民教育出版社，2007.

[115] 吴文侃，杨汉清. 比较教育学［M］. 北京：人民教育出版社，1989.

[116] 吴研因，叶岛. 基本教育［M］. 上海：中华书局，1949.

[117] 吴雁南，冯祖贻. 中国近代社会思潮：第一卷［M］. 长沙：湖南教育出版社，2011.

[118] 吴自强. 七十年教育生涯［M］. 南昌：江西高校出版社，1995.

[119] 滕大春. 卢梭教育思想：第一册［M］. 北京：国立编译馆，1947.

[120] 谢鲁渤. 浙江大学前传［M］. 杭州：浙江人民出版社，2011.

［121］徐小洲．王承绪教育文集［M］．南京：江苏教育出版社，2010.

［122］薛理银．当代比较教育方法论研究：作为国际教育交流论坛的比较教育［M］．北京：首都师范大学出版社，1993.

［123］杨达寿，等．浙江大学的学子们［M］．北京：中国经济出版社，2008.

［124］杨汉清，韩骅．比较高等教育概论［M］．北京：人民教育出版社，1997.

［125］杨建华．20世纪中国教育期刊史论［M］．杭州：浙江工商大学出版社，2012.

［126］叶澜．二十世纪中国社会科学：教育学卷［M］．上海：上海人民出版社，2005.

［127］余立．从心诗词集［M］．上海：华东师范大学出版社，2000.

［128］余如玉，张淼．实验讲坛［M］．宁波：宁波出版社，2009.

［129］俞立中．师范之师：怀念孟宪承［M］．上海：华东师范大学出版社，2007.

［130］张建新．高等教育体制变迁研究：英国高等教育从二元制向一元制转变探析［M］．北京：教育科学出版社，2006.

［131］张丽．伯顿·克拉克的高等教育思想研究［M］．武汉：华中师范大学出版社，2008.

［132］张民选．国际组织与教育发展［M］．上海：上海教育出版社，2010.

［133］张鸣岐．董仲舒教育思想初探［M］．长春：吉林教育出版社，1988.

［134］张瑞璠，王承绪．中外教育比较史纲［M］．济南：山东教育出版社，1997.

［135］张文昌．中学教务研究［M］．上海：民智书局，1932.

［136］张雁．西方大学理念在近代中国的传入与影响［M］．杭州：浙江大学出版社，2009.

［137］张智强．大学生参与高校管理研究［M］．上海：上海人民出版社，2012.

［138］赵祥麟，王天一．外国教育家评传：第4卷［M］．上海：上

海教育出版社，2002.

[139] 郑刚. 史学转型视野中的“中国教育史”学科研究：1901—1937 年 [M]. 武汉：华中科技大学出版社，2013.

[140] 中国蔡元培研究会. 蔡元培纪念集 [M]. 杭州：浙江教育出版社，1998.

[141] 中华儿童教育社. 中华儿童教育社社员录 [M]. 中华儿童教育社，1935.

[142] 中华民国史事纪要编辑委员会. 中华民国史事纪要（初稿）：1927 年 1 至 6 月 [M]. 台北：正中书局，1977.

[143] 周德昌. 朱熹教育思想述评 [M]. 长春：吉林教育出版社，1987.

[144] 朱谨，日月. 朱树屏传记：真实历史的回归 [M]. 北京：新华出版社，2007.

[145] 朱熹. 近思录集释：下 [M]. 吕祖谦，纂. 长沙：岳麓书社，2010.

[146] 朱熹. 朱子全书：第 13 册 [M]. 王光照，王燕均，校点. 上海：上海古籍出版社，2002.

[147] 竺可桢，樊洪业. 竺可桢全集：第 10 卷 [M]. 上海：上海科技教育出版社，2006.

[148] 竺可桢. 竺可桢日记：第二册　1942—1949 [M]. 北京：人民出版社，1984.

[149] 庄泽宣，陈学恂. 民族性与教育 [M]. 上海：商务印书馆，1938.

[150] 庄泽宣. 各国教育比较论 [M]. 上海：商务印书馆，1929.

[151] 庄泽宣. 各国学制概要 [M]. 上海：商务印书馆，1931.

[152] 庄泽宣. 民众教育通论 [M]. 上海：中华书局，1934.

[153] 庄泽宣. 如何使新教育中国化 [M]. 上海：民智书局，1929.

[154] 庄泽宣. 我的教育思想 [M]. 上海：中华书局，1934.

[155] 庄泽宣. 西洋教育制度的演进及其背景 [M]. 上海：民智书局，1928.

[156] 庄泽宣. 乡村建设与乡村教育 [M]，上海：中华书局，1939.

[157] 詹振权. 都过去了 [M]. 北京：中国文史出版社，2011.

二、论　文

[1] 阿诺夫，许美德. 思想肖像：纪念王承绪教授百岁华诞 [J]. 阚阅，译. 比较教育研究，2010 (9)：17－20.

[2] 1930 年四角检字比赛得标者王承绪 [J]. 学生杂志，1930，17 (9).

[3] 艾伟. 译学问题商榷 [J]. 国立中央大学半月刊，1929 (1－3).

[4] 本刊记者. 个人旨趣、社会责任与比较教育工作者的使命：访王承绪教授 [J]. 教育研究，2006 (7)：44－47.

[5] 本校赴京听训代表已选定 [J]. 国立浙江大学校刊，1936 (234).

[6] 本校概况 [J]. 江苏省立无锡中学校刊，1932 (12).

[7] 本校文理学院毕业同学会筹备组织的第二声 [J]. 国立浙江大学日刊，1936－12－12.

[8] 本校文理学院民二五级毕业生服务状况调查 [J]. 国立浙江大学日刊，1936－10－02.

[9] 本学期第一次膳食委员会会议记录 [J]. 江苏省立无锡中学校刊，1930，1 (3).

[10] 蔡元培. 教育独立议 [J]. 新教育，1922，4 (3).

[11] 参加联教组织第一届大会报告 [J]. 教育部国际文教丛刊，1947，1 (2).

[12] 陈谷岑 (讲)，万国治，朱有有 (记). 学生自治会的性质及其效用 [J]. 无锡中学月刊，1930，1 (3).

[13] 陈礼江. 对于五五宪草教育章的意见 [J]. 中央周刊，1940，3 (5).

[14] 陈伟，郑文. 超越战争的战时比较教育研究：论参与创办《东方副刊》时期的王承绪 [J]. 比较教育研究，2012 (4).

[15] 陈伟，郑文. 新教育中国化：论庄泽宣的比较教育思想 [J]. 学术研究，2012 (4).

[16] 陈伟. 论王承绪的比较教育研究方法 [J]. 比较教育研究，

2010（9）.

［17］陈伟. 论作为教育学家的王承绪先生［J］. 比较教育研究，2016（6）.

［18］陈伟. 王承绪先生的“百年之功”与“百年之耕”［J］. 华南师范大学学报（社会科学版），2015（5）.

［19］陈伟. 学海勤耕百年灯：王承绪先生的比较教育研究［J］. 教育研究，2011（4）.

［20］成开勋. 义务教育为国民基本教育，亟宜积极推行［J］. 湖北地方政务研究周刊，1933，1（12）.

［21］程千帆. 对文科教育的几点看法［J］. 高教战线，1982（4）.

［22］程啸，姜继为. 知识分子参政模式的重塑：梁启超对民初知识分子参政影响管窥［J］. 安徽史学，2003（1）.

［23］邓小平. 在全国教育工作会议上的讲话［J］. 人民教育，1978（21）.

［24］邓友超. 庄泽宣及其《教育概论》［J］. 教育史研究，2005（2）.

［25］董任坚. 本社六届年会回顾［J］. 儿童教育，1937，7（8）.

［26］发刊词［J］. 东方副刊，1944（1）.

［27］藩干. 本学期第一次膳食委员会会议记录［J］. 江苏省立无锡中学校刊，1930，1（3）.

［28］费孝通. 英伦杂感［J］. 读书杂志，1982（4）.

［29］冯峰. 试析 1932 年中央大学学潮［J］. 历史教学，2007（11）.

［30］高耀明，周小晓. 高等教育学专业核心知识研究领域的构建：以研究生必读书目为例［J］. 高等教育研究，2015（2）.

［31］高中师范科课程标准草案［J］. 广西教育，1929，1（13）.

［32］高中师范科用新中华教育史［J］. 中华书局图书月刊，1932（11）.

［33］葛承训. 师范毕业生服务之现状研究［J］. 教育会刊（南京1921），1926，2（3）.

［34］葛鲤庭. 苏省锡中实小儿童本位教育实例［J］. 儿童教育，1930，3（2）.

[35] 个人社员名单 [J]. 儿童教育，1929，2 (1).

[36] 龚放. 中国教育研究领域学者、论著影响力报告：基于2005—2006年CSSCI的统计分析 [J]. 复旦教育论坛，2009 (2).

[37] 谷贤林. 关于比较教育若干问题的探讨 [J]. 比较教育研究，2003 (7).

[38] 顾明远. 集中外智慧，探育人真谛：评《中外教育比较史纲》[J]. 中国图书评论，1999 (4).

[39] 顾明远. 历史钩沉向未来：介绍王承绪先生主编的《比较教育学史》[J]. 比较教育研究，1998 (4).

[40] 顾正洋. 历久弥新：裴斯泰洛齐的中国接受 (1883—2012) [J]. 教育史研究，2013 (1).

[41] 桂勤. 价值认识与我国的比较教育研究 [J]. 比较教育研究，1992 (1).

[42] 国立浙江大学文理学院教育学会会章 [J]. 国立浙江大学校刊，1931 (67).

[43] 国立浙江大学学生救国意见书 [J]. 浙江大学学生，1936 (创刊号).

[44] 国内学术团体消息：管理中英庚款董事会招考第六届留英公费生：名额定物理算学经济，生物教育等廿名 [J]. 协大周刊，1938，1 (4).

[45] 韩德溥. 中英庚款留英生抵伦敦 [J]. 教与学，1938，3 (9).

[46] 杭州大学高等教育研究室. 新中国浙江高等教育 [J]. 高教研究丛刊 (九)，1984.

[47] 杭州大学高等教育研究室. 亚洲和太平洋地区的高等教育专辑 [J]. 高教研究丛刊 (一)，1982.

[48] 贺晓舟. 对孟宪承大学教育观的思考：以其大学三理想为中心的考察 [J]. 华东师范大学学报 (教育科学版)，2009 (1).

[49] 洪成文，曲恒昌. 比较高等教育研究五十年回顾 [J]. 比较教育研究，1999 (5).

[50] 胡钦晓. 英国“新大学”的演变及其特征分析 [J]. 苏州大学学报 (教育科学版)，2014 (3).

[51] 胡适. 杜威先生与中国 [J]. 东方杂志，1921 (13).

[52] 护校运动中同学之决心 [J]. 浙江大学学生，1936（创刊号）.

[53] 黄继武. 没有写出来的回忆：纪念浙江大学一二·九运动和战友毕拱华 [J]. 浙江青运，1989.

[54] 黄日强. 世界职业指导的发展轨迹 [J]. 职业教育研究，1991（6）.

[55] 基本教育之意义及其重要性 [J]. 国民教育辅导月刊（台北），1947，1（2）.

[56] 江苏省教育厅检定小学教员暂行规程 [J]. 金山县教育月刊，1930，6（1）.

[57] 蒋成堃. 王凤喈著中国教育史大纲 [J]. 图书评论，1934，2（5）.

[58] 教育系刊发教育园地 [J]. 国立浙江大学校刊，1932（114）.

[59] 教育学会筹办民众夜校：并产生新职员，举行联欢大会 [J]. 国立浙江大学校刊，1934（187）.

[60] 教育学会欢迎中山大学教育考察团 [J]. 国立浙江大学校刊，1935（212）.

[61] 教育学会近讯：执行委员选出，教育园地复刊 [J]. 国立浙江大学校刊，1933（124）.

[62] 教育学会近讯一束 [J]. 国立浙江大学校刊，1934（166）.

[63] 教育学会举行学术演讲 [J]. 国立浙江大学校刊，1933（150）.

[64] 教育学会与省立图书馆合办民众夜校即正式上课 [J]. 国立浙江大学校刊，1935（206）.

[65] 教育要闻. 中央部分：管理中英庚款董事会第六届留英公费生 [J]. 江西地方教育，1938（123）.

[66] 金枫. 一二九学生运动简史 [J]. 全民抗战，1938（40）.

[67] 阚阅，李志永. 王承绪先生比较教育思想研究 [J]. 中国高教研究，2010（10）.

[68] 劳锐斯. 比较教育的哲学研究方法 [J]. 国际教育评论，1959（3）.

[69] 李朝军. 卢梭与杜威教育思想之比较 [J]. 湖北第二师范学院学报，2008（3）.

［70］李进才，娄延常．文科教学要认真贯彻理论联系实际的原则［J］．高教战线，1982（6）．

［71］李振玉．善教者使人继其志：追忆王承绪先生的学术生涯与教育艺术［J］．华南师范大学学报（社会科学版），2015（5）．

［72］李政涛．论中国教育学学派创生的意义及其基本路径［J］．教育研究，2004（1）．

［73］梁漱溟．敢告今之言地方自治者［J］．村治，1931，2（3）．

［74］梁漱溟．请办乡治讲习所建议书［J］．国闻周报，1928，5（35）．

［75］梁漱溟．山东乡村建设研究院设立旨趣及办法概要［J］．村治，1930，1（11/12）．

［76］梁漱溟．主编本刊之自白［J］．村治，1930，1（1）．

［77］梁漱溟（讲），王承绪（记）．中国农村建设［J］．国立浙江大学日刊，1934（57）．

［78］廖茂如（讲），王承绪，殷秋松（笔记）．道德教育与学生自治［J］．无锡中学月刊，1930，1（3）．

［79］刘健儿．不断向纵深发展的中国比较教育：中国教育学会比较教育分会第13届学术年会综述［J］．比较教育研究，2007（3）．

［80］刘京娟，潘茜茜，楚颖惠．试析柏拉图、卢梭与杜威的“教育与社会理想”［J］．龙岩学院学报，2009（1）．

［81］刘晓琴．二十世纪三四十年代的中英庚款留学生述论［J］．天津师大学报（社会科学版），2000（5）．

［82］刘亚敏，侯怀银．布鲁贝克《哲学》在我国的引进及其影响［J］．黑龙江高教研究，2011（4）．

［83］刘尧．中国高等教育评估的历史与现状述评［J］．高教发展与评估，2005（5）．

［84］刘长明．蔡元培和谐教育思想及其当代之意义［J］．北京大学学报，2008（4）．

［85］卢晓中．对比较教育中几个问题的认识［J］．比较教育研究，1995（3）．

［86］陆新球．逗留在天真群中［J］．砺学，1935（6）．

［87］陆新球．奋斗的前页［J］．砺学，1936，2（1-2）．

[88] 陆新球. 青岛之行 [J]. 砺学, 1935 (4).

[89] 陆新球. 青岛之行续 [J]. 砺学, 1935 (5).

[90] 毛丹. 严复思想轨迹的再认识 [J]. 学术月刊, 1987 (11).

[91] 毛礼锐. 朱熹教育思想论稿序 [J]. 上饶师专学报 (社会科学版), 1986 (4).

[92] 蒙有华. 超越象牙塔: 德里克·博克的大学理念 [J]. 复旦教育论坛, 2005 (5).

[93] 孟宪承. 成年补习教育研究发端 [J]. 民众教育月刊, 1929, 2 (2).

[94] 孟宪承. 成年生活的需要与教育 [J]. 教育与民众, 1929, 1 (5).

[95] 孟宪承. 成人教育与儿童教育 [J]. 民众教育季刊, 1931, 1 (3).

[96] 孟宪承. 大学到民间去 [J]. 教育与民众, 1929, 1 (3).

[97] 孟宪承. 大学普通科国文教学之计划 [J]. 清华周刊, 1925, 24 (6).

[98] 孟宪承. 高等教育的新实验 [J]. 新教育评论, 1926, 1 (26).

[99] 孟宪承. 关于大学 [J]. 振华女校季刊, 1934, 1 (1).

[100] 孟宪承. 关于高师教学问题 [J]. 华东师范大学学报 (教育科学版), 1987 (4).

[101] 孟宪承. 教育学科在大学课程上的地位 [J]. 新教育评论, 1925, 1 (1).

[102] 孟宪承. 我国大学教育: 在省立扬州中学演讲 [J]. 江苏学生, 1935, 6 (3).

[103] 孟宪承. 乡村建设具体方案之讨论 [J]. 教育与民众, 1934, 6 (1).

[104] 民国二十四年度第一次理事会纪录 [J]. 儿童教育, 1936, 7 (2).

[105] 缪进鸿, 王承绪. 从杭州大学看中国一所地方大学面临的问题、对策及发展战略 [J]. 高等教育学报, 1987 (3).

[106] 缪进鸿, 王承绪. 从浙江看中国一个滨海省的高等教育面临的

问题、对策、发展战略［J］. 高等教育学报，1987（3）.

［107］钱荣堃. 漫漫求索路，悠悠南开情：八十自述［J］. 南开学报（哲学社会科学版），1999（5）.

［108］求是消息：教育学会新讯［J］. 国立浙江大学校刊，1932（106）.

［109］商务印书馆创办暑期四角检字法编制索引实习所之经过［J］. 教育杂志，1930，22（8）.

［110］尚洪波. 大学的“我”性与“和而不同”的伦理方法：蔡元培国际化视域中的中国大学制度选择［J］. 华南师范大学学报（社会科学版），2015（5）.

［111］沈教苛. 中美教育评估研讨会启发［J］. 现代教育科学，1990（4）.

［112］盛玲. 孟宪承高等教育思想主要内涵及其现实意义［J］. 丽水学院学报，2009（1）.

［113］施红斌，殷冬玲. 埃德蒙·金比较教育思想述评［J］. 内蒙古师范大学学报，2007（3）.

［114］书报介绍：近三世纪西洋大教育家［J］. 中华基督教教育季刊，1926，2（1）.

［115］四角检字法编制索引实习所简章（十九年六月十二日）［J］. 国立浙江大学校刊，1930（17）.

［116］宋德发. 好导师的三种风格［J］. 学位与研究生教育，2014（14）.

［117］宋隆任. 中国教育史分期说商榷［J］. 安徽大学月刊，1933，1（3）.

［118］宋娜娜. 汉语语境中的布鲁贝克《高等教育哲学》：基于CSSCI（1998—2010 年）论文引用的解读研究［J］. 现代大学教育，2010（5）.

［119］孙照保. 国家公民、自然人和社会人：柏拉图、卢梭和杜威儿童观简介［J］. 中国教师，2008（13）.

［120］田小红. 近三十年来我国比较教育学学科建设发展历程研究：基于知识的角度［J］. 外国教育研究，2009（10）.

［121］汪利兵. 比较教育的世纪回顾：我国著名比较教育学家王承绪

教授访谈录［J］. 外国教育资料，1996（5）.

［122］汪利兵. 不言之教，嘉惠后学［J］. 华南师范大学学报（社会科学版），2015（5）.

［123］汪永荃，郝克明，陈学飞. 论加强文科高等教育［J］. 教育研究，1981（8）.

［124］王承绪，陈友松，程其保. 远东区各国及各地区基本教育概述［J］. 教育通讯，1947，4（4）.

［125］王承绪. 比较高等教育引论［J］. 外国教育，1983（6）.

［126］王承绪. 参观了实话生产教育的小学：慈幼以后［J］. 浙江教育行政周刊，1933，5（5）.

［127］王承绪. 成人教育的心理基础［J］. 民众教育季刊，1935，4（3）.

［128］王承绪. 出席南京基本教育分区研究会议的经过和感想［J］. 基本教育，1947（3）.

［129］王承绪. 从国外比较教育学科发展的现状看我国比较教育教学中的若干问题［J］. 外国教育，1979（1）.

［130］王承绪. 从组织的观点看各国高等教育系统的特点和协调模式［J］. 高教学刊，1989（1）.

［131］王承绪. 各国成人教育政策的比较观［J］. 民众教育季刊，1935，4（2）.

［132］王承绪. 国际比较教育正迎来最引人注目的发展新机遇［J］. 世界教育信息，2011（3）.

［133］王承绪. 国际和平机构的商榷［J］. 东方副刊，1944（1）.

［134］王承绪. 几点体会［J］. 浙江文教，1951（2）.

［135］王承绪. 教学技术概要（续）［J］. 教师之友，1935，1（8－10）.

［136］王承绪. 教学技术概要［J］. 教师之友，1935，1（7）.

［137］王承绪. 教育与新实在论［J］. 东方副刊，1946（11）.

［138］王承绪. 旅琴杂感［J］. 中学生文艺，1930（1）.

［139］王承绪. 缅甸、暹罗、印度、锡兰、马来及印度尼西亚的基教概况［J］. 首都教育，1947，2（2－3）.

［140］王承绪. 墨西哥新教育给我们的启示［J］. 教育杂志，1935，

25（4）.

［141］王承绪. 青年苦闷的分析及其补救［J］. 中学生文艺，1930（1）.

［142］王承绪. 瑞典的民众高等学校［J］. 东方副刊，1946（12）.

［143］王承绪. 西德、日本的职业技术教育［J］. 教育研究，1979（2）.

［144］王承绪. 现代教育之新趋势［J］. 江苏教育，1933，2（12）.

［145］王承绪. 学生自治会近讯：干事会已经产出，职务亦分配就绪［J］. 国立浙江大学校刊，1933（156）.

［146］王承绪. 意大利的新教育［J］. 江苏教育，1933（9）.

［147］王承绪. 英国大学教育［J］. 东方副刊，1946（19）.

［148］王承绪. 英国儿童保护事业的借镜［J］. 教育杂志，1936，26（1）.

［149］王承绪. 英国高等教育发展的历史和现行体制述略［J］. 教育论丛，1983（2）.

［150］王承绪. 英国高等教育改革的新阶段［J］. 外国教育动态，1991（3）.

［151］王承绪. 英国青年就业机构［J］. 东方副刊，1946（16）.

［152］王承绪. 英国师范教育之现状及其改进［J］. 东方副刊，1945（5）.

［153］王承绪. 迎联合国教育科学文化组织远东区基本教育研究会议［J］. 浙江民众教育，1947，复1（1）.

［154］王承绪. 月夜［J］. 现代学生（上海1930），1931，1（4）.

［155］王英杰. 比较教育学定义问题浅议［J］. 外国教育研究，1993（3）.

［156］王英杰. 我国比较教育的一部奠基之作：评王承绪和顾明远主编的《比较教育》兼议学风问题［J］. 中国大学教学，2003（6）.

［157］魏宪章. 救国的基本教育［J］. 福建教育厅周刊，1932（111－112）.

［158］文理学院二十二年度上学期各系二三四年级上课表［J］. 国立浙江大学校刊，1933（148）.

［159］文理学院民二五级决定继续开办求是暑期学校［J］. 国立浙

江大学校刊，1935（206）.
[160] 编者. 问题待答：查初等教育，是培植国民生活的基本教育……[J]. 教育旬刊（福建），1931（2）.
[161] 要是我是校长 [J]. 浙江大学学生，1936（创刊号）.
[162] 吴伯昂（讲），俞心湛，杨必立（记）. 学生自治的几件应当注意事情 [J]. 无锡中学月刊，1930，1（3）.
[163] 吴文侃，杨汉清. 建设具有中国特色的比较教育教材刍议 [J]. 教育研究，1985（9）.
[164] 肖云瑞. 比较教育教材建设的回顾与展望 [J]. 外国中小学教育，1991（1）.
[165] 肖云瑞. 一本帮助我们了解世界教育动向的好书：《比较教育》[J]. 外国中小学教育，1985（1）.
[166] 校闻：图书馆消息：新到书籍（续）[J]. 江苏省立无锡中学校刊，1932（10－11）.
[167] 校闻：图书馆消息：最近到馆新书 [J]. 江苏省立无锡中学校刊，1930（5）.
[168] 校闻：文理学院毕业同学理事会首次会议纪详 [J]. 国立浙江大学日刊，1937（130）.
[169] 校闻：文理学院教育系筹设民众学校 [J]. 浙江大学校刊，1931（45）.
[170] 校闻：文理学院学生自治会成立 [J]. 浙江大学校刊，1930（12）.
[171] 谢喆平，董建红. 一个人和他的一个世纪：记浙江大学终身教授王承绪 [J]. 人物，2010（9）.
[172] 辛彦怀，张连盈. 我国高等教育评估十年的回顾与思考 [J]. 河北师范大学学报（哲学社会科学版），1995（3）.
[173] 新中华教育史 [J]. 中华图书馆协会会报，1932，8（3）.
[174] 秀灵. 被请 [J]. 浙江大学学生，1936（创刊号）.
[175] 徐辉. 士志于道，不舍昼夜：回忆王承绪先生关于比较教育研究几个重要问题的看法 [J]. 比较教育研究，2010（9）.
[176] 许钧. 论翻译活动的三个层面 [J]. 外语教学与研究，1988（3）.

[177] 学生自治会组织大纲施行细则 [J]. 无锡中学月刊，1930，1 (3).

[178] 杨捷，耿润. 英国师范教育转型的得与失 [J]. 河南教育 (中旬)，2010 (5).

[179] 杨念群. 论中国近代知识分子参政的三种模式 [J]. 开放时代，1988 (2).

[180] 易高峰，等.《高等教育研究》研究热点及其知识基础图谱分析 [J]. 高等教育研究，2009 (10).

[181] 余丰民. 布鲁贝克《高等教育哲学》中译本的学术影响力研究 [J]. 图书馆杂志，2016 (5).

[182] 余维武. 教育思想史就是人类自由的发展史：瞿菊农及其《西洋教育思想史》[J]. 教育理论与实践，2011 (19).

[183] 余择生. 本社在杭开成立大会经过情形 [J]. 儿童教育，1928，1 (3-10).

[184] 俞子夷. 编者的一封信 [J]. 教师之友 (上海)，1935，1 (1).

[185] 远东区基本教育研究会议报告 [J]. 教育部公报，1947，19 (10).

[186] 詹鑫. 八九十年代英国高等教育的市场化与大众化改革 [J]. 外国教育研究，2000 (4).

[187] 张凤娟. 变革中的高等教育：浅析伯顿·克拉克的高等教育系统观及其启示 [J]. 高等农业教育，2006 (1).

[188] 张汉英. 对于江苏省第四次省教厅行政会议议决的师范毕业生服务施行细则的意见 [J]. 民国日报觉悟，1921，12 (4).

[189] 张建新，陈学飞. 从二元制到一元制：英国高等教育体制变迁的动因研究 [J]. 北京大学教育评论，2005 (3).

[190] 张礼永. 重温师范大学制的“孟胡之争” [J]. 华东师范大学学报 (教育科学版)，2014 (2).

[191] 张民选. 王先生是终身学习的典范，后辈追随的楷模 [J]. 世界教育信息，2011 (3).

[192] 张绳祖. 高级中学师范科课程标准研究 [J]. 中华教育界，1930，18 (7).

[193] 张文昌. 国内二十六处教育学院系状况与课程调查 [J]. 之江学报, 1933, 1 (2).

[194] 张翼星. 时代呼唤蔡元培: 蔡元培教育思想的鲜明特色 [J]. 北京行政学院学报, 2009 (3).

[195] 赵一凡. 哈佛教育思想考察: 兼评鲍克校长《超越象牙塔》[J]. 读书, 1987 (1).

[196] 浙江高等教育发展战略研究课题组. 浙江高等教育发展战略研究 (要点) [J]. 高等教育未来与发展, 1988 (3-4).

[197] 郑文. 王承绪先生与比较教育研究的“杭州学派” [J]. 华南师范大学学报 (社会科学版), 2015 (5).

[198] 郑文. 西方发达国家高校学生管理权力探讨 [J]. 中国高教研究, 2004.

[199] 郑晓沧. 成人教育在将来的地位 [J]. 教育与民众, 1929, 1 (创刊号).

[200] 郑晓沧. 今日教育之根干事业 [J]. 民众教育季刊, 1932 (2).

[201] 郑晓沧. 如何实施社会教育 [J]. 宝山县教育月刊, 1928 (12).

[202] 郑晓沧. 生产教育的意义 [J]. 儿童教育, 1932, 4 (10).

[203] 郑晓沧. 我对于译事的意见 [J]. 新文学, 1935 (2).

[204] 郑晓沧. 学校教育与社会教育 [J]. 浙江教育行政周刊, 1931, 2 (45).

[205] 中国高等教育学会. 关于授予王承绪、潘懋元教授“高等教育科学研究特别贡献奖”的决定 [J]. 中国高教研究, 2010 (11).

[206] 中国教育学会会员题名录 [J]. 教育通讯 (汉口), 1948 (9).

[207] 中国教育学会理事名单 [J]. 中国教育学会会友通讯, 1933 (1).

[208] 中华儿童教育社简章 [J]. 儿童教育, 1929 (1).

[209] 中华儿童教育社社员录 [M]. 儿童教育, 1935 (重印).

[210] 中华民国宪法草案 (五五宪草) [J]. 宪政月刊, 1940 (创刊号).

［211］周满生．王承绪先生为国家教育改革和发展积极献计献策，影响重大［J］．世界教育信息，2011（3）．

［212］朱勃．比较教育学科建设的探讨［J］．外国教育，1984（4）．

［213］朱扬善．从四角检字法编制索引实习所回来［J］．学生杂志，1930，17（9）．

［214］庄泽宣．大学教育学系课程问题［J］．教育杂志，1935，25（1）．

［215］庄泽宣．民众教育建设纲领［J］．教育研究（广州），1928（5）．

［216］庄泽宣．中国的成人教育［J］．新教育，1922，4（3）．

［217］庄泽宣．中国教育制度改造之我见［J］．中华教育界，1932（3）．

［218］庄泽宣．中国民众教育今后的展望［J］．教育论坛，1932（8/9）．

［219］庄泽宣．中国民族与中国教育的出路［J］．民众教育通讯，1932，2（1）．

［220］作者小传：王承绪［J］．江苏教育，1935，4（4）．

［221］CLARK B R. Substantive growth and innovative organization：new categories for higher education research［J］. Higher education，1996（32）：424.

［222］KANDEL IL. The methodology of comparative education［J］. International review of education，1959（5）.

［223］ROSEN S，WANG C X. Humanities education in Chinese university［J］. Chinese education，1986（19）.

［224］MARCHESE T. Entrepreneurial universities［J］. Change，2000（1）.

［225］BANGKOK U. Higher education in Asia and the Pacific［J］. Bulletin of the UNESCO regional office for education in Asia and the Pacific，1983（24）.

三、其他资料

［1］张家港市政协文史资料委员会．张家港文史资料选辑：第15辑［G］．1992.

［2］章艺欣，张志宏．张家港［G］．南京：江苏人民出版社，1990.

［3］杭州市教育委员会．杭州教育志［G］．杭州：浙江教育出版社，1994.

［4］李友芝，李春年，柳传欣，等．中国近现代师范教育史资料：第2册［G］．1983.

［5］中国人民政治协商会议江苏省沙洲县委员会文史资料研究委员会．沙洲县文史资料选辑：第3辑［G］．1983.

［6］中国人民政治协商会议江苏省沙洲县委员会文史资料研究委员会．沙洲县文史资料选辑：第1辑［G］．1982.

［7］浙江省政协文史资料委员会，浙江省归国华侨联合会．浙江文史资料：第55辑［G］．杭州：浙江人民出版社，1994.

［8］国务院学位委员办公室．中国社会科学家自述［G］．上海：上海教育出版社，1997.

［9］中国人民政治协商会议湄潭县委员会文史资料征集办公室．湄潭文史资料：第8辑［G］．1991.

［10］中国人民政治协商会议浙江省龙泉县委员会文史资料研究委员会．龙泉文史资料：第9辑［G］．1990.

［11］张家港市地方志编纂委员会办公室．沙洲县志［G］．南京：江苏人民出版社，1992.

［12］浙江省哲学社会科学志编辑部．浙江省哲学社会科学志［G］．杭州：浙江人民出版社，1999.

［13］中国第二历史档案馆．中华民国史档案资料汇编：第5编［G］．南京：江苏古籍出版社，1997.

［14］中国人民政治协商会议浙江省委员会文史资料研究委员会．浙江文史资料选辑：第34辑［G］．杭州：浙江人民出版社，1987.

［15］朱汇森．中华民国史事纪要［初稿，中华民国二十二年（1932）一至六月］［G］．台北：台湾史料中心，1984.

［16］浙江省华侨志编纂委员会. 浙江省华侨志［G］. 杭州：浙江古籍出版社，2010.

［17］杭州市教育委员会编纂组. 杭州教育志［G］. 杭州：浙江教育出版社，1994.

［18］HUSEN T，NEVILLE T，POSTLETHWAITE，岑国桢，等. 国际教育百科全书：第5卷［Z］. 贵阳：贵州教育出版社，1990.

［19］DEGHTON L C. The encyclopedia of education［Z］. New York：The Macmillan company and the free press，1971.

［20］顾明远，靳希斌，张厚粲. 20世纪中国学术大典：教育学心理学［Z］. 福州：福建教育出版社，2012.

［21］顾明远. 世界教育大事典［Z］. 1版. 南京：江苏教育出版社，2000.

［22］贾馥茗. 教育大辞书：7［Z］. 台北：文景书局，2000.

［23］教育大辞典编纂委员会. 教育大辞典：第11卷［Z］. 上海：上海教育出版社，1991：147.

［24］林煌天. 中华翻译词典［Z］. 武汉：湖北教育出版社，1997.

［25］刘凌，吴士余. 中国学术名著大词典：近现代卷［Z］. 上海：汉语大词典出版社，2001.

［26］中国大百科全书编辑部. 中国大百科全书：教育卷［Z］. 北京：中国大百科全书出版社，1985.

［27］王国安. 世界汉语教学百科辞典［Z］. 上海：汉语大词典出版社，1990.

［28］夏征农，陈至立. 辞海［Z］. 上海：上海辞书出版社，1999.

［29］葛丽亚. 王承绪的比较教育思想研究［D］. 石家庄：河北师范大学，2008.

［30］金传宝. 从乡村教师到教育领袖：巴格莱教育思想研究［D］. 保定：河北大学，2005.

［31］李绯. 伦敦大学教育学院发展研究［D］. 上海：华东师范大学，2006.

［32］屈博. 民国时期乡村教育研究群体分析［D］. 上海：华东师范大学，2012.

［33］徐辉. 论英国新大学的产生及其发展［D］. 杭州：杭州大

学，1984.

［34］张爱勤．会通中西，融贯古今：孟宪承教育思想研究［D］．上海：华东师范大学，2010.

［35］周莉．民国时期比较教育思想研究：以庄泽宣、常道直、钟鲁斋为例［D］．南京：南京师范大学，2014.

［36］中国教育学会比较教育分会第 15 届学术年会暨庆祝王承绪教授百岁华诞国际学术研讨会论文集［C］．2010.

［37］全国比较教育研究会．全国比较教育研究会第四次学术年会论文选集［C］．1983.

［38］瞿葆奎．教育学文集·英国教育改革［C］．北京：人民教育出版社，1993.

［39］未来教育面临的困惑与挑战：面向 21 世纪教育国际研讨会论文集［C］．1989.

［40］纪念《教育史研究》创刊二十周年论文集［C］．2009.

［41］浙江省高等教育学会第三届年会论文选集［C］．杭州：浙江省高等教育学会，1989.

［42］部令高中师范科毕业生升学限制，须有服务证明书［R］．江苏省政府公报，1931（821）.

［43］华东师大高校干部进修班．高等教育专题报告选编（下册）：英国高等教育研究［R］．上海：华东师大高校干部进修班，华东师范大学教科所高教研究室，1982：815.

［44］周佛海．江苏省教育听训令：字第一四一九号：令发江苏省师范毕业生服务暂行规程仰知照［R］．苏州女子师范学校校刊，1932（18）.

［45］教育界消息［N］．申报，1927-01-19.

［46］编辑部．中央大学区立无锡中学本届录取新生揭晓［N］．申报，中华民国十七年八月六日.

［47］沈体红．三代人的学军缘［N］．浙江在线，2006-9-26.

［48］方秀芬．80 载如一日，穷其一生治学［N］．杭州日报，2011-10-11.

［49］傅国涌．民国记忆：1890 一代知识分子的不同选择［N］．南方都市报，2015-9-22.

[50] 安双宏. 德才典范，福泽世代：怀念恩师王承绪先生 [DB/OL]. http://www.news.zju.edu.cn/wcx/redir.php? catalog_id = 605&object_id = 662.

[51] 程融巨. 浙江大学学生运动史 [DB/ED]. http://zuaa.zju.edu.cn/mobile/bbsview? id = 12878.

[52] 付淑琼. 忆恩师 [EB/OL]. http://www.news.zju.edu.cn/wcx/redir.php? catalog_id = 605&object_id = 897.

[53] 浙江大学缅怀王承绪先生专题网站 [EB/OL]. http://www.news.zju.edu.cn/wcx/.

[54] 南沙小学百年简史 [DB/OL]. http://blog.sina.com.cn/s/blog_769546080100tlvf.html.

[55] 汪利兵. 王承绪先生与比较教育 [DB/OL]. http://www.news.zju.edu.cn/wcx/redir.php? catalog_id = 911&object_id = 1197.

[56] 无锡高等师范专科学校校史 [DB/OL]. http://www.wxgdsf.cn/xxjj.php? bcd = 1&scd = 1.

[57] 无锡中学校史 [DB/OL]. http://sfxy.wxcu.edu.cn/default.php? mod = c&s = ssa8171dc.

[58] 张文军. 王承绪教授：杭州大学教育系主任 [DB/OL]. http://blog.sina.com.cn/s/blog_6785f7b60100hvtf.html.

[59] 联合国教科文组织对王承绪先生给予高度评价 [EB/OL]. http://www.news.zju.edu.cn/wcx/redir.php? catalog_id = 604&object_id = 674.

附　　录

王承绪学术成果一览表

一、著　　作

（一）译著

1. 联合国教科文组织. 基本教育：上册［M］. 王承绪，译. 上海：商务印书馆，1947.

2. 联合国教科文组织. 基本教育：下册［M］. 王承绪，译. 上海：商务印书馆，1948.

3. 邓特. 英国教育［M］. 王承绪，译. 上海：商务印书馆，1949.

4. 沛西·能. 教育原理［M］. 王承绪，等译. 北京：人民教育出版社，1964.

5. 索尔兹伯里. 山顶王国锡金［M］. 王承绪，译. 杭州：浙江人民出版社，1978.

6. 现代西方资产阶级教育思想流派论著选［M］. 王承绪，赵祥麟，译. 北京：人民教育出版社，1980.

7. 杜威. 杜威教育论著选［M］. 赵祥麟，王承绪，译. 上海：华东师范大学出版社，1981.

8. 华东师范大学教育系，杭州大学教育

系. 西方古代教育论著选［M］. 北京：人民教育出版社，1985.

9. 伯顿·克拉克. 高等教育新论：多学科的研究［M］. 王承绪，等译. 杭州：浙江教育出版社，1988.

10. 埃德蒙·金. 别国的学校和我们的学校：今日比较教育［M］. 王承绪，等译. 北京：人民教育出版社，1989.

11. 约翰·范德格拉夫. 学术权力：七国高等教育管理体制比较［M］. 王承绪，等译. 杭州：浙江教育出版社，1989.

12. 杜威. 民主主义与教育［M］. 王承绪，译. 北京：人民教育出版社，1990.

13. 梅休·爱德华兹. 杜威学校［M］. 王承绪，等译. 上海：华东师范大学出版社，1991.

14. 伯顿·克拉克. 高等教育系统：学术组织的跨国研究［M］. 王承绪，等译. 杭州：杭州大学出版社，1994.

15. 赫·斯宾塞. 斯宾塞教育论著选［M］. 胡毅，王承绪，译. 北京：人民教育出版社，1997.

16. 弗兰斯·F·范富格特. 国际高等教育政策比较研究［M］. 王承绪，等译. 杭州：浙江教育出版社，2001.

17. 约翰·S·布鲁贝克. 高等教育哲学［M］. 王承绪，等译. 杭州：浙江教育出版社，2001.

18. 伯顿·克拉克. 探究的场所：现代大学的科研和研究生教育［M］. 王承绪，译. 杭州：浙江教育出版社，2001.

19. 伯顿·克拉克. 研究生教育的科学研究基础［M］. 王承绪，译. 杭州：浙江教育出版社，2001.

20. 克拉克·克尔. 高等教育不能回避历史：21 世纪的问题［M］. 王承绪，译. 杭州：浙江教育出版社，2001.

21. 艾萨克·康德尔. 教育的新时代［M］. 王承绪，等译. 北京：人民教育出版社，2001.

22. 杜威. 道德教育原理［M］. 王承绪，等译. 杭州：浙江教育出版社，2003.

23. 伯顿·克拉克. 建立创业型大学：组织上转型的途径［M］. 王承绪，译. 北京：人民教育出版社，2003.

24. 吕达，周满生. 当代外国教育改革著名文献：英国卷：第 2 册［M］. 王承绪，等译. 北京：人民教育出版社，2004.

25. 杜威. 杜威教育名篇 [M]. 赵祥麟，王承绪，译. 北京：教育科学出版社，2006.

26. 吕达，刘立德，邹海燕. 杜威教育文集：第2卷 [M]. 王承绪，译. 北京：人民教育出版社，2008.

27. 伯顿·克拉克. 大学的持续变革：创业型大学新案例和新概念 [M]. 王承绪，译. 北京：人民教育出版社，2008.

（二） 专著/编著

28. 王承绪. 战后英国的小学教育 [M]. 上海：商务印书馆，1948.

29. 王承绪. 新教育 [M]. 上海：华夏图书出版公司，1948.

30. 王承绪，朱勃，顾明远. 比较教育 [M]. 北京：人民教育出版社，1982.

31. 王承绪，徐辉. 战后英国教育研究 [M]. 南昌：江西教育出版社，1992.

32. 王承绪，徐辉. 发展战略：经费·教学科研·质量——中英高等教育学术讨论会论文集 [M]. 杭州：杭州大学出版社，1993.

33. 王承绪，赵端瑛. 郑晓沧教育论著选 [M]. 北京：人民教育出版社，1993.

34. 王承绪. 伦敦大学 [M]. 长沙：湖南教育出版社，1995.

35. 张瑞璠，王承绪. 中外教育比较史纲：古代卷、近代卷、现代卷 [M]. 济南：山东教育出版社，1997.

36. 王承绪. 比较教育学史 [M]. 北京：人民教育出版社，1999.

37. 王承绪. 英国教育 [M]. 长春：吉林教育出版社，2000.

38. 王承绪. 发展中国家高等教育模式国际移植比较研究 [M]. 杭州：浙江大学出版社，2009.

（三） 校著

39. 卡扎米亚斯，马西亚拉斯. 教育的传统与变革 [M]. 福建师范大学，杭州大学教育系，华南师范大学，等译. 王承绪，校. 北京：文化教育出版社，1981.

40. 布鲁纳. 教育过程 [M]. 邵瑞珍，译. 王承绪，校. 北京：文化教育出版社，1982.

41. “汉译世界高等教育名著丛书”的总编校工作.

二、论　文

（一）专文

1. 王承绪. 她的烦恼［J］. 妇女，1930，16（3）.

2. 王承绪. 旅琴杂感［J］. 中学生文艺，1930（1）.

3. 王承绪. 青年苦闷的分析及其补救［J］. 中学生文艺，1930（1）.

4. 廖茂如（讲），王承绪，殷秋松（记）. 道德教育与学生自治［J］. 无锡中学月刊，1930，1（3）.

5. 王承绪. 月夜［J］. 现代学生（上海1930），1931，1（4）.

6. 王承绪. 悲剧的人生［J］. 中学生创作，1931（1）.

7. 王承绪. 囚徒的死［J］. 中学生创作，1931（2）.

8. 王承绪. 游琴归来［J］. 中学生创作，1931（2）.

9. 王承绪. 参观了实施生产教育的小学：慈幼以后［J］. 浙江教育行政周刊，1933，5（5）.

10. 王承绪. 物质建设与心理建设［J］. 青年（杭州），1934，1（12）.

11. 王承绪. 春光旖旎中的西子湖［J］. 小学生（上海1931），1934，4（1）.

12. 梁漱溟（讲），王承绪（记）. 中国农村建设［J］. 国立浙江大学日刊，1934（57）.

13. 张其昀（讲），王承绪，赵端瑛（记）. 浙江省在中国之地位［J］. 国立浙江大学校刊，1934（168）.

14. 沈有乾（讲），王承绪（记）. 记分法：五月五日在师资进修会议［J］. 杭州市政府教育周刊，1934（166）.

15. 王承绪. 苏俄教育的新趋势［J］. 教育杂志，1935，25（11）.

16. 王承绪. 墨西哥新教育给我们的启示［J］. 教育杂志，1935，25（4）.

17. 王承绪. 成人教育的心理基础［J］. 民众教育季刊，1935，4（3）.

18. 作者小传：王承绪［J］. 江苏教育，1935，4（4）.

19. 王承绪. 波兰教育鸟瞰 [J]. 中华教育界, 1936, 24 (1).

20. 王承绪. 第七届世界新教育会议纪要 [J]. 中华教育界, 1936, 24 (6).

21. 王承绪. 现阶段苏联教育文化事业的剖视 [J]. 教育杂志, 1936, 26 (11).

22. 王承绪. 英国儿童保护事业的借镜 [J]. 教育杂志, 1936, 26 (1).

23. 刘大佐, 王承绪. 美国学制的改革 [J]. 教育杂志, 1937, 27 (3).

24. 刘大佐, 王承绪. 日本教育的改革 [J]. 教育杂志, 1937, 27 (3).

25. 王承绪. 战后欧洲各国教育的总检讨 [J]. 教育杂志, 1937, 27 (4).

26. 王承绪. 最近苏俄教育的再检视 [J]. 教育杂志, 1937, 27 (7).

27. 王承绪. 土耳其教育的今昔 [J]. 教育杂志, 1938, 28 (1).

28. 王承绪. 英国教育制度之改造 [J]. 东方副刊, 1944 (1) E.

29. 王承绪. 国际教育合作之前途 [J]. 东方副刊, 1945 (2).

30. 王承绪. 战后处置德国问题各方意见管窥 [J]. 东方副刊, 1945 (3).

31. 王承绪. 法国现状之各面观 [J]. 东方副刊, 1945 (4).

32. 王承绪. 西欧同盟的商榷 [J]. 东方副刊, 1945 (5).

33. 王承绪. 英国公学的前途 [J]. 东方副刊, 1945 (6).

34. 王承绪. 英国公学的改选 [J]. 东方副刊, 1945 (7).

35. 王承绪. 德国统治下之波兰教育 [J]. 东方副刊, 1945 (9).

36. 王承绪. 英国高等工程教育的改进 [J]. 东方副刊, 1946 (15).

37. 王承绪. 英国青年就业机构 [J]. 东方副刊, 1946 (16).

38. 王承绪. 法国教育之改造 [J]. 东方副刊, 1946 (17).

39. 王承绪. 国际联盟与教育合作 [J]. 东方副刊, 1946 (10).

40. 王承绪. 英国军队复员前之教育 [J]. 东方副刊, 1946 (9).

41. 王承绪. 联合国教育科学文化组织会议的经过和观感 [N]. 大公报, 1947-1-12.

42. 王承绪. 迎联合国教育科学文化组织远东区基本教育研究会议[J]. 浙江民众教育, 1947, 复1 (1).

43. 王承绪. 介绍联合国教育科学文化组织 [J]. 基本教育, 1947 (1).

44. 王承绪. 出席南京基本教育分区研究会议的经过和感想 [J]. 基本教育, 1947 (3).

45. 程其保, 陈友松, 王承绪. 远东区各国及各地区基本教育概述[J]. 教育通讯月刊, 1947, 4 (4).

46. 王承绪. 战后德国教育 [J]. 教育通讯月刊, 1947, 4 (7).

47. 王承绪. 伦敦通讯: 英国书籍之输出 [J]. 社报, 1947, 7 (2版).

48. 王承绪. 英国教育的展望 [J]. 基本教育, 1948 (5).

49. 王承绪. 几点体会 [J]. 浙江文教, 1951 (2).

50. 王承绪. 西德、日本的职业技术教育 [J]. 教育研究 (北京), 1979 (2).

51. 王承绪. 从国外比较教育学科发展的现状看我国比较教育教学中的若干问题 [J]. 外国教育, 1979 (1).

52. 王承绪. 西方主要资本主义国家小学教育的改革 [J]. 外国教育, 1981 (2).

53. 王承绪. 英国高等教育发展的历史和现行体制述略 [J]. 教育论丛, 1983 (2).

54. 王承绪. 比较高等教育引论 [J]. 外国教育, 1983 (6).

55. 王承绪. 比较教育组讨论纪要 [J]. 外国教育, 1983 (6).

56. 缪进鸿, 王承绪. 从杭州大学看中国一所地方大学面临的问题[J]. 高等教育学报, 1987 (3).

57. 缪进鸿, 王承绪. 从浙江看中国一个海滨省的高等教育面临的问题 [J]. 高等教育学报, 1987 (3).

58. 王承绪. 比较教育研究在杭州大学 [J]. 文化交流, 1988 (1).

59. 王承绪. 英国高等师范教育 [J]. 高师教育, 1988 (1).

60. 王承绪. 从组织的观点看各国高等教育的特点和协调模式 [J]. 高教学刊, 1989 (1).

61. 王承绪. 未来劳动世界对人才素质的要求与职业教育 [M] //未

来教育面临的困惑与挑战面向21世纪教育国际研讨会论文集，1991.

62. 王承绪. 英国高等教育改革新阶段［J］. 比较教育研究，1991（3）.

63. 王承绪. 发扬办刊特色繁荣教育科学［J］. 华东师范大学学报（教科版），1993（3）.

64. 王承绪. 日本比较教育研究的历史与现状［J］. 比较教育研究，1996（2）.

65. 王承绪. 我与联合国教科文组织［J］. 回忆录，未发表，2005.

66. 本刊编辑部，王承绪，朱玉. 浙江树人大学的办学理念与实践：朱玉新著《树人为本》序和跋［J］. 浙江树人大学学报，2005（6）.

67. 王承绪. 中华本土教育家陶行知［J］. 生活教育，2010（1）.

68. 王承绪. 关于研制大学发展规划的几点思考［J］. 华南师范大学学报（社会科学版），2010（5）.

69. 王承绪. 国际比较教育正迎来最引人注目的发展新机遇［J］. 世界教育信息，2011（3）.

（二）译文

1. KILPATRICK W H. 教育之新趋势［J］. 王承绪，译. 文理，1933（4）.

2. KILPATRICK W H. 现代教育之三种趋势［J］. 王承绪，译. 江苏教育，1933，2（1－2）.

3. MARRARO H R. 意大利的新教育［J］. 王承绪，译. 江苏教育，1933，2（9）.

4. MEYER A E. 德可乐利及其学校（主张兴趣中心主义的现代比利时教育家）［J］. 王承绪，译. 江苏省小学教师半月刊，1934，1（19）.

5. REXROAD C N. 替代反射说的检讨［J］. 王承绪，译. 中华教育界，1934，21（12）.

6. BAGLEY W C. 教学技术概要［J］. 王承绪，译. 教师之友，1935，1（7）.

7. BAGLEY W C. 教学技术概要（续）［J］. 王承绪，译. 教师之友，1935，1（8）.

8. BAGLEY W C. 教学技术概要（续）［J］. 王承绪，译. 教师之友，1935，1（9）.

9. BAGLEY W C. 教学技术概要（续）[J]. 王承绪，译. 教师之友，1935，1（10）.

10. HANS N A. 各国成人教育政策的比较观 [J]. 王承绪，译. 民众教育季刊，1935，4（2）.

11. MONTMARTIN K V. 德国教育新动向 [J]. 王承绪，译. 江苏教育，1935，4（3）.

12. STAVRIANOS L S. 独裁国家统治下的教育动态 [J]. 王承绪，译. 国际评论，1937，1（4）.

13. MITRENY D. 国际和平机构的商榷 [J]. 王承绪译东方副刊，1944（1）.

14. MANNHEIM K. 卡尔曼海姆. 现时代的诊断 [J]. 王承绪，译. 东方副刊，1944（1）.

15. E. H. Мединский. 二十五年来之苏联哲学界 [J]. 王承绪，译. 东方副刊，1945（2）.

16. McNay Report. 英国师范教育之现状及其改进 [J]. 王承绪，译. 东方副刊，1945（5）.

17. McNay Report. 英国师范教育之现状及其改进（续）[J]. 王承绪，译. 东方副刊，1945（6）.

18. KOTSCHING W M. 美国教育改选声中的教育机会均等问题 [J]. 王承绪，译. 东方副刊，1945（7）.

19. VERMEIL E. 德国民族心理的剖析 [J]. 王承绪，译. 东方副刊，1945（8）.

20. CRYDELOTTE F. 美国大学课程的改制运动 [J]. 王承绪，译. 东方副刊，1946（14）.

21. PRIESTLEY J B. 秘密的梦：英美苏与自由平等博爱 [J]. 王承绪，译. 东方副刊，1946（18）.

22. BARKER E. 英国大学教育 [J]. 王承绪，译. 东方副刊，1946（19）.

23. BREED F S. 教育与新实在论 [J]. 王承绪，译. 东方副刊，1946（11）.

24. FORSTER F S. 瑞典的民众高等学校 [J]. 王承绪，译. 东方副刊，1946（12）.

25. WOTSON H S. 两次大战期间的东欧［J］. 王承绪，译. 东方副刊，1946（13）.

26. GASSET J O Y. 西班牙学者奥德加论大学的使命［J］. 王承绪，译. 东方副刊，1947（20）.

27. 宇巴伦. 缅甸、暹罗、印度、锡兰、马来及印尼的基教概况：远东区基本教育会议代表对本市教师讲演之一［J］. 王承绪，译. 首都教育，1947，2（2－3）.

28. 王承绪. 郑晓沧译"东方白"：美国派赴日本教育团［J］. 思想与时代，1948（51）.

29. CLIEN J. 三藩市的中国移民［J］. 潘鹤松，译. 王承绪，校. 浙江华侨历史研究室资料汇辑，1984（1）.

三、创办《东方副刊》时的部分信札[①]

（一）

敬启者：

东方副刊稿件英国宣传部允许用航空寄外交邮袋。第一期业已寄出一月，约可寄到，第二期稿件必须于本月二十□日寄出，务祈足下多赐宏文，如尚有未交题目者请于今明后三日内将题目寄交常务编辑，截稿期特展至本月底，兹就写稿办法，请列以下数点：

一、稿纸：□□航空信纸。

二、每张纸字数：直行每行五十字，十二行，请略留空边。

三、每篇字数：以二千五百至三千字为度，经与常务编辑商□者除外。

四、写稿时能节译最好，以省篇幅。

关于稿费事尚未得王云五先生请得外汇之通知，特此附函转致树屏先生。

---

① 该部分资料选摘自：日月，朱谨. 朱树屏信札［M］. 北京：海洋出版社，2007.

第二期已改，大珩稿，三千字，已看过否？

弟　王承绪
（1944 年）五月十九日

（二）

树屏我兄：

惠书早奉悉。多承我兄关怀弟等安全，至以为感。一月来因飞弹扰人，心绪不定，未及早日作复，甚歉。自德始用飞弹后，相当惊惶，弟等于两周前下乡，至温莎附近之一小镇英友处暂住，为期约四星期。两星期后即拟另想办法。关于北来事，恐难成事实，为避弹计，北来当为最理想办法，但内人与小孩北上后，弟一人在伦，仍难安心，故颇想于伦敦外二十哩左右之地，找一住处，一时尚无眉目。今暑假期弟奉召来湖区一游之主意，唯就目前情形而论，已无远游之雅兴。下周为弟假日，拟在（温莎）一带畅游一番。关于定房子事，请作罢。因事实上殊困难也。盛意谢谢。此间各友均安好，家宜兄嫂仍住伦，仲秀嫂寓剑桥。

东方副刊第一期稿已寄出，故不必再寄重份。仍留兄处可也。第二期稿即寄发出，请即将正副双份寄弟处。地址为：6 The Avenue，Datchet，Buck. 一份请大使馆寄，一份请 M. O. I. 寄。

近况如何？殊念。□□内部生裂痕，时局或将急转直下，果尔，则返国之期当不在远。匆匆。祝

大好

弟　承绪顿首
（1944 年 5 月）二十三日

（三）

树屏我兄：

惠书奉悉，前发通知，实为不得已之办法，当时因时间太匆促，未能函告我兄。唯此事既强接受，当努力干去，所发通知，但望大家努力到。稿荒仅在社会科学方面，自然科学则毫无问题也。第一期稿件，仍在 M. O. I.，现拟另托大使馆再寄一份，故兄处所留份，能否寄弟。明觉兄一稿，拟另函彼是否有副本。第二期稿件，尚未集齐，家宜兄稿即寄兄，吾兄编就后，请将两份同寄弟处，因以后仍须寄两份，一由 M. O. I. 寄，

一由大使馆寄。Durham U. C. C. 周末集会，何日举行，弟尚不得而知。仅知在九月中。此亦从利物浦方面计出版之《中华周报》得来。近来此间情形极坏，半月来未得好睡，或须暂避，多人已去剑桥。我兄早已北上，未经飞弹惊扰，真是大幸。湖区风景甚佳，前曾拟北来盘桓数日，就目前看来，颇成问题矣。余再谈，匆匆。祝

健康

弟　承绪　敬上
(1944 年) 六月二十九日

(四)

树屏兄：

久未函矣，近况如何，念念。王云五先生钱已汇下二百镑，以后稿子，大概毫无问题。每念头两期拉稿之难，未免一叹人心不古也。大珩来信，没译飞行限制一文，老史原已开始，抱牺牲精神，已作罢，另撰他稿。弟等仍住郊外，何时搬回，未定。余再述。即祝

大安

弟　承绪顿首
(1944 年)

(五)

敬启者：

顷接王云五先生来函，略谓已将副刊经费一千二百镑汇存大使馆，并嘱大使馆先支二百镑，业已照收。兹经本社常务会议议决，先发还各社员所垫经费及第一期稿费，由史会计核算后径行寄奉。按本社社章常务编辑每三个月一任，现第三期稿件即将寄出，下届常务编辑亟待产生，爰定于本月二十一日（星期六）下午二时假中华协会举行全体社员大会共商进行，务祈拨冗莅临并将提案先期寄下为荷。

此致

树屏先生

惠函请寄 70 Gloucester Crescent，London N. W. I

弟　王承绪　敬启
(1944 年) 十月十二日

（六）

敬启者：

二十一日本社大会议决要案多则，兹择要奉告于后：

（一）社章社员项下加“本社社员一连三期不投稿以退出本社论，其因不能控制之事故而得大会之认可者例外”一条，并议决首三期并未投稿之社员如愿继续为本社社员请于短期内通知总干事［C. S. Wang（王承绪），70 Gloucester Crescent，N. W. I］。

（二）本社暂停接受新会员，非本社会员亦得投稿。

（三）蒋硕杰、张自存两先生当选为下任社会科学常务编辑，王大珩先生当选为下任自然科学常务编辑［社会科学稿件请寄 S. C. Tsiang（蒋硕杰），24 East St.，Cambridge，自然科学稿件请寄 T. H. Wang（王大珩），96，Lightwoods Hill，Bear wood Birmingham］。

（四）副刊月出一期，每月十日前应将稿题交常务编辑，每月二十日截稿（第四期稿件定十一月二十三日寄渝）。

（五）写稿用规定簿纸并依规定之格子（并附），稿件须誊写清楚。

（六）稿费增至每千字三十五先令。（暂依旧标准分发）

此致

树屏先生

东方副刊社启

（1944 年）十月二十五日

（七）

树屏兄：

叠奉大作，谢谢。我兄第二篇较长，已用家宜兄一短稿寄渝，幸勿见责。

尊稿留下次用，如何？英文附件当一并寄去，但可刊出与否，恐难定，因国内英文排字甚难也。弟近日整理东西，待搬家，忙甚，恕不多写。祝

健康

弟　承绪　上

（1945 年）四月二十九日

四、其他资料中收录的王承绪成果

1. 王承绪. 国际教育成就评估协会与比较教育研究［M］//“中华民国”比较教育学会. 比较教育理论与实际：迈向新世纪. 台北：台湾书店，2000.

2. 王承绪. 沛西·能［M］//赵祥麟. 外国教育家评传（3）. 上海：上海教育出版社，1992：351－383.

3. 王承绪. 克拉克［M］//赵祥麟. 外国教育家评传（4）. 上海：上海教育出版社，2002：3－28.

4. 王承绪，赵端瑛. 忆恩师孟宪承先生［M］//俞立中. 师范之师：怀念孟宪承. 上海：华东师范大学出版社，2009：1－5.

5. 王承绪. 共同的事业永远的怀念：痛悼陈立先生［M］//陈立先生纪念文集编辑小组. 陈立先生纪念文集. 杭州：浙江大学出版社，2006：9－11.

6. 王承绪. 沛西·能与《教育原理》［M］//李明德，金锵. 教育名著评介：外国卷. 福州：福建教育出版社，2008：257－271.

7. 王承绪. 教育改革的先锋［M］//王建磐. 怀念刘佛年. 上海：华东师范大学出版社，2004：88－91.

8. 王承绪. 最近英国高等教育的动向［M］//国家教育委员会教育发展与政策研究中心. 北京：高等教育出版社当代国际高等教育改革的趋向，1988：135－151.

9. 王承绪. 几个国家高等教育的发展模式［M］//人民教育出版社《外国教育丛书》编辑组. 高等教育的发展与改革. 北京：人民教育出版社，1984：1－20.

10. 王承绪，朱勃. 英法两国比较教育考察报告［M］//王承绪《朱勃教育论文选集》序言. 1994：296－308.

11. 王承绪. 英国高等教育改革的新阶段［M］//王一兵. 八十年代发达国家教育改革的动向和趋势述评. 北京：人民教育出版社，1994：74－123.

12. 王承绪.《林社九十周年纪念册》前言［M］//浙江大学校友会. 林社九十周年纪念册. 杭州：杭州大学出版社，1991：1－5.

13. 王承绪.《高等教育发展的新阶段——论大学与工业的关系》序［M］//徐辉. 高等教育发展的新阶段：论大学与工业的关系. 杭州：杭州大学出版社，1990：1－2.

14. 王承绪.《高等教育规划论》序［M］//郑继伟. 高等教育规划论. 杭州：杭州大学出版社，1991：1－2.

15. 王承绪.《春风化雨——郑晓沧先生诞辰百年纪念集》序［M］//《郑晓沧先生诞辰百年纪念集》编委会. 春风化雨：郑晓沧先生诞辰百年纪念集. 杭州：杭州大学出版社，1992.

16. 王承绪.《英国高等科技教育》序［M］//殷企平. 英国高等科技教育. 杭州：杭州大学出版社，1995：1－2.

17. 王承绪.《霍姆斯比较教育思想研究》序［M］//祝怀新. 霍姆斯比较教育思想研究. 广州：广东教育出版社，2007：1－4.

18. 王承绪.《西方大学教师专业化》序［M］//陈伟. 西方大学教师专业化. 北京：北京大学出版社，2008：1－3.

19. 王承绪.《当代英国高等教育绩效评估研究》序二［M］//阚阅. 当代英国高等教育绩效评估研究. 北京：高等教育出版社，2010：3－4.

20. 王承绪.《国际组织与教育发展》序［M］//张民选. 国际组织与教育发展. 上海：上海教育出版社，2010：1－2.

21. 王承绪.《英国大学权力协调与制衡》序［M］//郑文. 英国大学权力协调与制衡. 北京：北京大学出版社，2011：1－2.

22. 王承绪.《高等教育系统的专业协调力量：美国大学教授协会研究》序［M］//付淑琼. 高等教育系统的专业协调力量：美国大学教授协会研究. 杭州：浙江大学出版社，2011：1－3.

23. 王承绪.《大学学科文化研究》序［M］//蒋洪池. 大学学科文化. 北京：光明日报出版社，2011：1.

24. 王承绪，等. 博士学位论文答辩委员会决议［M］//薛理银. 当代比较教育方法论研究：作为国际教育交流论坛的比较教育. 北京：首都师范大学出版社，1993：11－12.

25. 西蒙. 教育与右派的进攻［G］//王承绪，译. 瞿葆奎. 教育学文集·英国教育改革. 北京：人民教育出版社，1993：537－541.

26. 泰勒. 20世纪70年代英国师范教育改革的背景［G］//瞿葆奎. 教育学文集·英国教育改革. 北京：人民教育出版社，1993：511－530.

27. 罗素. 教育上的竞争［G］//瞿葆奎. 教育学文集·英国教育改革. 北京：人民教育出版社，1993：61－72.

28. 王承绪，赵端瑛. 郑晓沧［G］//海宁县政协文史资料编辑室. 海宁人物资料：第1辑. 1985：169－172.

29. 王承绪. 郑晓沧教授［G］//贵州省遵义地区地方志编纂委员会. 浙江大学在遵义. 杭州：浙江大学出版社，1990：592－598.

30. 王承绪，等. 第五届政协工作的回顾［G］//浙江省政协文史资料委员会. 浙江文史资料：第66辑. 杭州：浙江人民出版社，1999：36－47.

31. 王承绪. 英国教育［Z］//中国大百科全书出版社编辑部. 中国大百科全书：教育. 北京：中国大百科全书出版社，1985：492－499.

32. 王承绪. 伦敦大学［Z］//中国大百科全书出版社编辑部. 中国大百科全书：教育. 北京：中国大百科全书出版社，1985：234.

33. 王承绪. 阿根廷教育［Z］//中国大百科全书出版社编辑部. 中国大百科全书：教育. 北京：中国大百科全书出版社，1985：1－2.

34. 王承绪. 巴基斯坦教育［Z］//中国大百科全书出版社编辑部. 中国大百科全书：教育. 北京：中国大百科全书出版社，1985：7.

35. 王承绪. 巴西教育［Z］//中国大百科全书出版社编辑部. 中国大百科全书：教育. 北京：中国大百科全书出版社，1985：9－10.

36. 王承绪. 英国高等教育研究［R］//华东师大高校干部进修班. 高等教育专题报告选编：下册. 上海：华东师范大学教科所高教研究室，1982：815－859.

37. 王承绪. 中国高等教育评估概述［C］//王承绪，徐辉. 发展战略：经费·教学科研·质量——中英高等教育学术讨论会论文集. 杭州：杭州大学出版社，1993：169－183.

38. WANG C X, HE P. Higher education in China［C］. Unesco Bangkok. Bulletin of the Unesco regional office for education in Asia and the Pacific, 1983 (24): 7－11.

后　记

“王承绪研究丛书”，从2001年确立选题到2018年最终出版，历时17年。

17年间，我们遇到了、看到了，也领悟到了许多人和事，都是值得怀念和珍藏的人和事，都是与这套丛书密切相关的人和事，需要在后记中不厌其烦地予以叙述。

一

如果没有赵端瑛先生的鼓励和支持，肯定没有这套丛书。

在中国漫长的历史中，中国人称教书育人者为“先生”，即便是乡野私塾课徒者亦被称为“先生”，这是对特定职业的普通称谓。改革开放以来，“先生”一词在学术界逐渐演变成一种极具荣誉感的尊称，特指那些资历长、学问深、修养高、人品好的“老师”。

赵端瑛先生是王承绪先生的夫人。她专长于教育学、心理学，她的教学与研究一直备受赞赏，学生们都尊称她为“赵先生”。

由于篇幅及选题所限，我们很遗憾没有从女性知识分子的角度，围绕赵端瑛先生的学术生涯和学术思想开展研究。但事实上，赵先生出身书香门第，且极富知性魅力，极具研究价值。

赵端瑛先生的父亲赵宗孟（1882—1955），字纯夫，号尘俯，室名有“吟秋草堂”等，今浙江省嘉兴市下属的海宁市盐官镇人；诗人、书法家，抗战期间寓沪，求书者络绎不绝，至今仍有不少书法作品传世。赵宗孟先生有三儿三女，依次为：赵万里、赵苐因（女）、赵端瑛（女）、赵芳瑛（女）、赵万鹏、赵万程。

赵端瑛先生的长兄赵万里（1905—1980），字斐云，别号芸盦、舜盦；著名文献学家、敦煌学家，精于版本、目录、校勘、辑佚之学，国学大师王国维的门生（王国维夫人潘氏是赵瑞瑛先生母亲的表妹）。1921 年考入东南大学中文系，从吴梅习词学，肄业。1925 年赴清华大学任教，担任国学研究所助教，并在王国维指导下，进行诗词、戏曲、版本学、目录学的考证和研究。曾任北京图书馆研究员、善本特藏部主任，全国人大代表。编辑有《北京图书馆善本书目》《中国版刻图录》《汉魏南北朝墓铭集释》《宋金元词》《王忠悫公遗书》等。

赵端瑛先生的胞妹赵芳瑛，1938 年考入清华大学物理系，与建构“智慧说”哲学思想体系的冯契（1915—1995）先生为同一级校友，后结为连理；先后任上海市第一女子中学副校长、华东师范大学物理系副主任等职，物理教材教法理论专家，全国中学物理统编教材的编撰者之一；重译《圣经》的著名学者冯象是她的次子。

出生书香门第的赵端瑛先生，才学极佳、修养极高。她与王承绪先生一样毕业于浙江大学，后留学伦敦大学教育学院，师从精神分析学派的创始人西格蒙德·弗洛伊德的女儿、儿童精神分析学家安娜·弗洛伊德（1895—1982），专攻发展心理学，并成为英国儿童心理学会会员。1947 年应竺可桢之邀回国，历任浙江大学、浙江师范学院、杭州大学教育系副教授；1979 年起任杭州大学心理学系副教授、教授。著有《中老年心理学》《裴斯泰洛齐生平》《裴斯泰洛齐生平评传》等，翻译、编撰多部教育学、心理学名著和名著资料选集。

赵端瑛先生的人生境界，非常人所能企及。对人生的坎坷经历，她淡然处之，还能以“天下无易境，天下无难境”“终身有乐处，终身有忧处”的大智慧，安慰王先生、教育儿孙。在人生的最后半年时光里，尽管身体日渐衰弱，赵先生也没有虚度光阴，而是凭借学者的理性、百岁老人通透人生的智识，以中国传统文人优雅高贵的方式，细读《古文观止》，品味“落霞与孤鹜齐飞，秋水共长天一色”，进入天人合一、物我两忘的天地境界！

赵端瑛先生虽然个人修养极高，但为人低调，一生甘为绿叶、甘当人梯，愿意在相夫教子、教书育人的平淡生活中倾注自己的心血。在我们萌生研究、梳理王承绪先生学术思想的想法后，虽然王承绪先生自己多次微笑婉拒，谦称自己“没有什么东西值得研究”，但赵端瑛先生坚信“王承绪学术思想研究”的选题具有学术价值，因此坚决支持并多次鼓励我们。有了赵端瑛先生的鼓励和支持，我们才更具信心、更有动力。令人扼腕抱憾的是，赵先生离世多年之后，我们才最终完成丛书的全部整理和研究工作。而今最终出版“王承绪研究丛书”，其实不仅是在表达我们对王承绪先生的敬仰，同时也在表达我们对赵端瑛先生的怀念和感激之情！

定稿前，我们根据王承绪先生长子王重为先生、次子王重鸣教授的建议，在每本书的首页，没有按惯例使用王承绪先生个人的照片，而是采用了王承绪先生与其夫人赵端瑛先生泛舟湖面的生活照。王重为先生用充满深情的语言，阐述他的理由：没有妈妈的支持和呵护，爸爸就不可能挺过多次的人生艰难困苦、跨越世纪寿过百岁，更不可能有爸爸在改革开放之后以近70岁的高龄重振中国比较教育、开创比较高等教育的学术成就；而且，这张照片是爸妈新婚不久、留学英伦时所拍，泛舟湖上，意喻“百年修得同船渡”。

在王承绪先生住浙江医院疗养期间，门人弟子不时结伴前去探望。有一天，恰逢出版社送来了王先生主编的著作《发展中国家高等教育模式的国际移植比较研究》，王先生欣然签名赠书。盖签名章时，王先生说：“我把赵先生的名字也一并写上，行不行？”王先生与赵先生70多年相敬如宾、相濡以沫的伉俪深情，令人敬佩！

二

编撰这套丛书的过程中，我们逐渐明白了一个道理：学术研究可以有感情、有温度。

出版这套丛书，小而言之，意在表达所有弟子对王承绪先生的无限敬仰；大而言之，则旨在表达后辈学人对中国近百年教育发展史和教育学史的敬畏！

正是因为想表达出这些不可抑制的敬仰和敬畏，我们在编撰这套丛书时，一直面临着“理性”与“情感”的两难拷问；事实上，我们一直想在“理性”与“情感”之间找到一条可两全齐美的解决之道。

理解人物思想、研究历史变迁，首先需要以理性思考为基础。这套丛书的编撰、写作虽然历时17年，但到了交付出版时，我们仍然惴惴不安，担心理解有偏差、思考太肤浅。为了能够恰当地表达编撰者对历史的敬畏、对作为研究对象的人物及其思想的敬仰，需要以感性的感受为内核。作为王承绪先生的弟子及再传弟子，我们在编撰这套丛书时，无法不满含深情。唯其如此，我们在研究、编撰的过程中，更加深切地理解了梁启超“笔端常带感情”的写作选择，理解了这种写作选择在逻辑上的必然性和在策略上的高超性。

研究人物思想，却又不能完全抛却情感的缠缚、不能摆脱情绪的左右，这对于强调“学术中立”、客观冷静的西方学术传统而言，是无法理解的，他们会认为这不利于保证研究的科学性；但对于自古以来就强调师承、重视家学的中国学术界而言，又是那样势成必然、顺理成章！在中国诸学派思想的研讨中，总能看到后辈学人、晚辈学生以充满深情的方式，对师长的学问、道德进行回顾，并且同样以充满深情的方式向下一代弟子传播授受。也许，这会引起西方学术界以“科学”“客观”“中立”之名的诘难，但是，在学术生活日益面临商业化冲击、官僚化拷问的时代，在导师与研究生的关系被类比为老板与打工者的时代，这种充满温情的师生关系和研究立场，难道不是一种少见的优雅、难得的高贵？难道不是对中国传统师道之“传道、授业、解惑”模式最有效的历史继承？难道不恰是对中国传统文化教育中“文以载道”思想最生动的现代注解？

既然饱含深情并不会必然导致学术研究的失控，既然王承绪先生本身就是一位至情至性的学者，我们索性就不再拘泥于如何平衡“理性”与“情感”的关系，而是放任情感的牵引，在深情理解的基础上，对王承绪先生的为人与为学进行研究，并以饱含深情的方式，向世人展示这套丛书。

理性的起点是情感，研究的归宿是仰望。与其剥离情感以求客观中立，不如充满深情地高山仰止。

三

这套丛书能够顺利编撰完成并出版，要感谢许许多多师长前辈、学界朋友、同窗好友以及各界同仁，他们提供了无私的帮助，倾注了大量的心血。

为了支持本套丛书的出版，顾明远先生爽快答应撰写序言，并且很快发来了盖有电子签名章的序言文稿！

国内外学术界、浙江大学的历届领导，以及校外的许多党政领导，都曾撰写文章，论述王承绪先生的思想，表彰王承绪先生的精神。《王承绪研究文集》中收录了这些论文、讲话等。在此，对这些论文、讲话等的原作者谨致谢意！

感谢《教育研究》及高宝立教授，慷慨出版论文《学海勤耕百年灯——王承绪先生的比较教育研究》（《教育研究》2011 年第 4 期）；感谢《比较教育研究》及曲恒昌教授等，连续出版《论作为教育学家的王承绪先生》（《比较教育研究》2016 年第 6 期）、《超越战争的战时比较教育研究——论参与创办〈东方副刊〉时期的王承绪》（《比较教育研究》2012 年第 4 期）、《论王承绪的比较教育研究方法》（《比较教育研究》2010 年第 9 期）等论文；感谢《教育发展研究》及张民选教授、翁伟斌教授，出版了《我国比较教育研究的奠基者——记王承绪先生的学术生涯》（《教育发展研究》2010 年第 30 卷 Z1 期）；感谢《华南师范大学学报（社会科学版）》及王建平教授，2015 年第 5 期专辟《纪念王承绪先生逝世两周年专题笔谈》，刊发了《不言之教，嘉惠后学》（汪利兵）、《王承绪先生与比较教育研究的“杭州学派”》（郑文）、《王承绪先生的“百年之功”与“百年之耕”》（陈伟）、《善教者使人继其志——追忆王承绪先生的学术生涯与教育艺术》（李振玉）、《王承绪先生的基础教育情缘》（吴世勇）等论文。感谢其他所有组稿、刊发研究王承绪先生的论文的期刊、杂志及其编辑！

在开展《王承绪学术思想研究》课题研究的过程中，徐辉教授、张民选教授、徐小洲教授、顾建民教授、汪利兵教授、吴雪萍教授、祝怀新教授、董标教授、万秀兰教授、张德伟教授、阚阅教授等都给予了中肯而专业的指导。徐小洲教授主编的《王承绪教育文集》（江苏教育出版社 2010

年出版)，是本套丛书赖以继续开展研究并最终能够顺利出版的重要基础，没有这本文集的前期工作和方向性引导，本套丛书的编撰工作会更加困难。

在搜集历史资料、寻找研究线索的过程中，连进军、王国钧、李振玉、潘发勤、温正胞、王雁琳、阚阅、朱宗顺、贺武华、刘淑华、张燕军、李志永等同门学者，蒋凯等学界好友，都给予了非常热情的帮助。阚阅尤其费力劳心，一直帮忙收集相关研究资料，比如，复印并惠赠《东方副刊》杂志中所有与王承绪先生相关的资料，整整两大本；搜集到了王承绪先生庚款留学出国时的合影；还随时提供存放在浙江大学的各类资料。

衷心感谢王承绪、赵端瑛先生的儿子王重为和王重鸣！感谢冯象教授！

广东高等教育出版社为本套丛书的出版，倾注了心血。在此，特别感谢王亚芳副总编辑、高等教育编辑部黄跃升主任，以及冯沪萍、邱丽芳、郑泽宇、周景芳、蔡晓文、陈博霞等诸位编辑，他们用专业的精神和严谨的态度保证了丛书的出版质量。

本套丛书的出版，特别是《王承绪文集》(上、下)的编撰，工作量非常大。为了少出差错，许多在读的和已毕业的博士研究生、硕士研究生多次参加校对工作。特别感谢在读博士研究生王喜红、薛亚涛，在读硕士研究生李姿、袁双、谢平、王雪、李伶倩、韩娟，以及已经毕业的肖丰、彭琪珺等人，他们在文稿录入和校对工作中付出了辛勤的劳动。

“吾爱吾师，吾更爱真理”——这是以柏拉图与亚里士多德为代表的西方师生关系传统。“为学莫重于尊师”——这是我们所坚信的东方智慧，也是我们怀着敬仰和敬畏编撰这套丛书所要彰显的意义和希望达成的目标。

陈伟　郑文　吴世勇

2018 年 1 月